KB220364

유마경

維摩經

유마경

김태완 역주

침묵의 향기

머리말

그때 문수사리가 유마힐에게 물었다.

"보살은 어떻게 모든 불법에서 최상의 길에 도달합니까?"

유마힐이 말했다.

"만약 보살이 중생의 나쁜 길로 간다면, 곧 불법에서 최상의 길에 도달합니다."

문수사리가 말했다.

"보살은 어떻게 중생의 나쁜 길로 갑니까?"

그 길이 보살의 일상생활이기 때문이고,

그 길이 안락하고 걸림 없이 자유롭기 때문이고,

그 길에는 생사윤회도 없고 해탈열반도 없기 때문이다.

2014년 6월

해운대 무심선원에서

김태완

5

1. 유마경 명칭에 관하여

여기에 번역된 유마경(維摩經)의 원전은 당(唐)나라의 현장(玄奘)이 번역한 『설무구칭경(說無垢稱經)』이다. 무구칭(無垢稱)이란 이 경전의 주인공인 Vimalakīrti라는 거사(居士)의 이름을 그 뜻에 따라 의역한 것이다. Vimalakīrti를 고유 명사의 특징을 살려서 음역한 것이 유마힐(維摩詰)이다. 고유 명사는 그 뜻에 따라 의역하지 않고 그 소리를 그대로 부르거나 소리에 따라 음역하는 것이 통례이고, 우리에게도 무구칭이라는 이름보다는 유마힐이라는 이름이 더욱 친근하므로 여기에서도 원전(原典)의 명칭인 설무구칭경 대신 유마경이라는 이름을 붙였다.

2. 번역 원전 소개

유마경의 범어는 Vimalakīrtinirdeśasūtra이다. 유마경의 한역본(漢譯本)은 다음과 같이 7종이 있다.

① 『고유마힐경(古維摩詰經)』엄불조(嚴佛調) 역. 188년(후한(後漢) 중평(中平) 5년). 전하지 않음.

② 『유마힐경(維摩詰經)』혹은『불법보입도문삼매경(佛法普入道門三昧經)』지겸(支謙) 역. 222-229년. 현존 가장 오래된 판본.

③ 『이유마힐경(異維摩詰經)』축숙란(竺叔蘭) 역. 서진(西晉) 원강(元康) 원년. 전하지 않음.

④ 『유마힐소설법문경(維摩詰所說法門經)』축법호(竺法護) 역. 서진(西晉) 대안(大安) 2년. 전하지 않음.

⑤ 『유마힐경(維摩詰經)』기다밀(祇多蜜) 역. 동진(東晋). 전하지 않음.

⑥ 『유마힐소설경(維摩詰所說經)』구마라집(鳩摩羅什) 역. 406년. 현존.

⑦ 『설무구칭경(說無垢稱經)』현장(玄奘) 역. 650년. 현존.

현재 남아 있는 판본은 3종이며, 이 가운데 구마라집의 『유마힐소설경』은 구역(舊譯)이라 하며 내용을 요약하여 의역한 것이고, 현장의 『설무구칭경』은 신역(新譯)이라 하며 현재 티베트에 남아 있는 유마경과 비교해서 내용을 빠짐없이 번역한 직역이라고 할 수 있다. 여기 유마경은 현장의 『설무구칭경』을 저본으로 하여 번역하고, 내용이 애매한 경우에는 구마라집의 『유마힐소설경』과 지겸의 『유마힐경』을 참조하였다.

『설무구칭경』은 6권으로 되어 있고, 당나라 때 현장이 대자은사(大慈恩寺)에서 650년 3월에 번역을 시작하여 9월에 끝마친 것이다. 현재 남아 있는 세 한역본은 티베트어 본과는 약간 차이가 있으며, 그 가운데 지겸의 번역본이 가장 짧고 현장의 번역본이 가장 길다. 특히 현장의 번역본은 티베트어 본과 내용이 가장 유사하며, 산스크리트어 원본에 가장 충실한 번역본으로 알려져 있다. 이 경의 제목은 유마힐의 산스크리트어 이름인 '비말라키르티(Vimalakīrti)'를 의역한 것으로, 비말라는 '깨끗함·때가 없음'의 뜻이고, 키르티는 '이름명(名)칭(稱)'의 의미이다. 비말라키르티에 해당하는 음역어는 '비마라힐저'(毗摩羅詰底) 또는 '비마라계리제'(鼻磨羅鷄利帝)가 있다.

이 경의 구성을 보면, 제1권에는 「서품」과 「현부사의방편선교품」이, 제2권에는 「성문품」과 「보살품」이, 제3권에는 「문질품」과 「부사의품」이, 제4권에는 「관유정품」과 「보리분품」 및 「불이법문품」이, 제5권에는 「향대불품」과 「보살행품」이, 제6권에는 「관여래품」과 「법공양품」 및 「촉루품」이 들어 있다. 각 품의 내용은 다른 이역본들인『유마힐소설경』이나『유마힐경』과 크게 다르지 않다.

이 번역에서 사용한『설무구칭경』의 저본은『대정신수대장경』제14권에 실린 것이다.

3. 고유 명사의 번역

앞서 보았듯이 현장이 번역한『유마경』은 Vimalakīrti라는 고유 명사를 유마힐이라고 음역하지 않고 그 뜻에 따라 의역하여 무구칭이라고 하였듯이, 고유 명사들까지도 많은 것들을 의역하였기 때문에 우리가 평소 듣는 이름과는 다르게 번역하였다. 그러나 본 번역에서는 그러한 어색함을 줄이기 위하여 우리가 흔히 듣는 음역의 이름으로 표기하였다. 예컨대 자씨(慈氏)는 미륵(彌勒)으로, 묘길상(妙吉祥)은 문수(文殊)로, 감인세계(堪忍世界)는 사바세계(娑婆世界)로 번역하였다.

4. 소제목에 관하여

본 번역에서 권수(卷數)와 품명(品名)은 원전을 그대로 따랐으나, 각 품(品) 속에 1,2,3,4로 번호가 붙은 소제목들은 그 내용에 따라 독자의 이해를 돕기 위하여 역자가 임의로 내용을 구분하여 붙인 것이다.

5. 역주(譯註)의 원칙에 관하여

불교 경전에는 불교에서만 사용하는 전문적인 용어가 많아서 불교에 대한 소양이 풍부하지 못한 독자들이 읽기에는 부담이 있는 것이 사실이다. 이러한 불편을 최소화하기 위하여 본 번역에서는 불교의 전문적인 용어를 이해하기 쉬운 말로 풀어서 번역하려고 노력하였다. 그러나 그렇게 번역한다고 하여도 그 용어의 의미를 바르게 전달할 수 없는 경우가 많으므로, 주석(註釋)을 달아서 그 용어의 의미를 설명하는 것은 반드시 필요하였다. 어떤 경우에는 주석조차도 이해하기 어려운 경우가 있는데, 이런 경우에는 독자가 불교 사전을 찾아보는 수고를 할 수밖에 없을 것이다.

6. 감사의 말

본 유마경 번역은 무심선원(無心禪院)에서 2009년 5월부터 2014년 2월까지 220여 시간에 걸쳐 매주 한 시간씩 행해진 유마경 법문에 따라 약 5년간에 걸쳐 번역된 것이다. 매주 법회에 참석하여 함께 유마경을 공부하신 도반님들에게 감사를 드린다. 또한 교정을 보아 주신 주경림 거사님과 임순희 보살님께 고마움을 전해 드리고, 어려운 사정에도 불서의 출판을 꾸준히 해 오시는 침묵의 향기 출판사 김윤 사장님께도 감사드린다.

목차

제1권 ───────────────────────────────

제1 서품

1. 법회의 인연　　　　　　_19
2. 보살들의 이름　　　　　_29
3. 범왕들　　　　　　　　_31
4. 보성보살의 찬양　　　　_34
5. 보성보살의 질문　　　　_43

제2 현불사의방편선교품

1. 유마힐 소개　　　　　　_61
2. 유마힐의 질병　　　　　_68

제2권 ───────────────────────────────

제3 성문품

1. 사리자의 문병　　　　　_77
2. 목건련의 문병　　　　　_80
3. 가섭의 문병　　　　　　_85
4. 수보리의 문병　　　　　_89

5. 부루나의 문병 _ 96

6. 마하가다연나의 문병 _100

7. 아나율의 문병 _103

8. 우파리의 문병 _107

9. 라훌라의 문병 _112

10. 아난다의 문병 _117

제4 보살품

1. 미륵보살의 문병 _123

2. 광엄동자의 문병 _134

3. 지세보살의 문병 _142

4. 소달다 장자의 문병 _152

제3권

제5 문질품

1. 문수사리의 문병 _163

2. 유마힐의 치유법 _173

제6 불사의품

1. 법을 구하는 자 _195

2. 뛰어나고 묘한 사자좌 _200

3. 불가사의 해탈에 머무는 보살 _203

제7 관유정품

1. 보살이 중생을 보는 법   _217

2. 보살의 사무량심   _221

3. 만법의 뿌리 무주   _229

4. 천녀의 하늘꽃   _233

5. 천녀의 지혜와 말솜씨   _235

6. 여인의 몸은 어디에   _244

7. 위없는 깨달음   _246

제8 보리분품

1. 악도가 지극한 길이다   _250

2. 여래의 혈통   _259

3. 모두 누구이고 어디 있는가   _266

제9 불이법문품

1. 유마힐의 질문   _284

2. 여러 보살들의 답변   _285

3. 문수보살의 답변   _301

4. 유마힐보살의 답변   _302

제10 향대불품

1. 식사 대접을 약속함 _304

2. 일체묘향의 불세계 _305

3. 문수보살의 위신력 _307

4. 유마힐의 조화보살 _308

5. 조화보살의 일체묘향세계 방문 _310

6. 유마힐보살의 공덕 _311

7. 묘향의 밥을 가져옴 _313

8. 한 그릇 밥으로 모두 배부르다 _316

9. 최상향대여래의 설법 _319

10. 석가모니불의 설법 _320

11. 정토에 태어날 조건 _328

제11 보살행품

1. 여래를 찾아뵙다 _331

2. 털구멍에서 나오는 향기 _333

3. 묘향 음식의 소화 _335

4. 불사 _338

5. 정등각 여래 불타 _342

6. 성문은 보살을 알 수 없다 _346

7. 다함 있음과 다함 없음 _347

8. 보살은 유위를 버리지 않는다 _349

9. 보살은 무위에 머물지 않는다 _357

제6권

제12 관여래품

1. 유마힐이 보는 여래 _365
2. 삶과 죽음은 환상이다 _373
3. 무동여래의 묘희세계 _375
4. 묘희세계와 사바세계 _377
5. 사리자의 서원 _382

제13 법공양품

1. 제석천의 감탄 _386
2. 법문을 듣는 공덕 _388
3. 월개왕자의 질문 _393
4. 어떤 것이 법공양인가 _396
5. 월개왕자의 출가 _403

제14 촉루품

1. 미륵보살에게 부촉하다 _407
2. 두 종류의 보살 _410
3. 법인을 얻지 못하는 이유 _411
4. 법인을 깨닫지 못하는 이유 _412
5. 미륵보살의 약속 _413
6. 보살들과 사천왕의 약속 _415
7. 이 경전의 이름 _416

유마경

維摩經

현장(玄奘) 한역(漢譯)

김태완 번역 및 주석

제1권

제1 서품(序品)[1]

1. 법회의 인연

이와 같이 나는 들었다.

한때에 세존(世尊)[2]께서 광엄성(廣嚴城)[3]의 암라위림(菴羅衛林)[4]에 비구의 무리 8천, 보살의 무리 3만 2천 명과 함께 머무시었다.

이들은 모두 온갖 명망(名望)으로 알려져 있고,[5]

크게 신통(神通)한 업(業)을 닦아 이미 이루었고,

모든 부처의 위덕(威德)[6]의 가피(加被)[7]를 늘 입고 있었고,[8]

---

1) 『유마힐소설경(維摩詰所說經)』에서는 불국품(佛國品)이라 함.

2) 박가범(薄伽梵) : bhagavat의 음역. 번역하면 세존(世尊).

3) 광엄성(廣嚴城) : Vaiśālī. 비사리(毘舍離)라 음역하고, 광엄(廣嚴)이라 번역한다. 중인도(中印度)에 있는 도시. 『유마경』과 『약사경』의 무대이다.

4) 라위림(菴羅衛林) : 암라(菴羅)라는 여신도가 세존에게 바친 과수원. 비야리성에 있었다.

5) 중망소식(衆望所識) : 온갖 명망으로 널리 알려진 자. 덕 높은 장로(長老)나 승려를 가리키는 말.

6) 위덕(威德) : 악(惡)을 제지하는 위력(威力)이 있으므로 위(威)라 하고, 선(善)을 수호하는 공덕(功德)이 있으므로 덕(德)이라 함.

7) 가피(加被) : =가우(加祐)·가비(加備)·가호(加護). 부처님께서 자비의 힘을 베풀어 중생을 이롭게 하는 것.

법성(法城)[9]을 잘 보호하여 바른 법을 잘 지켰다.

커다란 사자의 울음소리[10] 같은 목소리로 자세히 말하니,

아름다운 소리가 온 우주에 빠짐없이 두루 울렸고,

모든 중생에게는 청하지 않은 선우(善友)[11]가 되었고,

삼보(三寶)[12]의 종자를 이어받아 끊어지지 않게 할 수 있었다.

악마(惡魔)[13]를 항복시켰고,

모든 외도(外道)[14]를 통제하였고,

모든 장애와 번뇌[15]를 영원히 끊었다.

염정(念定)[16]을 모두 지녀[17] 두루 가득하지 않음이 없고,

---

8) 가지(加持) : 가(加)는 가피(加被), 지(持)는 섭지(攝持)의 뜻. 부처님의 큰 자비가 중생에게 베풀어지고, 중생의 신심(信心)이 부처님의 마음에 감명되어 서로 어울림.

9) 법성(法城) : 진리에 대한 부처님의 가르침인 교법(敎法). 교법의 내용은 굳고 단단하여 의지할 수 있고, 비법(非法)을 막으므로 성(城)에 비유하였다.

10) 사자후(獅子吼) : 부처님이나 종사(宗師)의 뛰어난 설법(說法)을 사자의 울부짖음에 비유한 말. 사자가 울부짖으면 모든 짐승들이 두려워하고 따르듯이, 부처님이나 종사의 뛰어난 설법은 어떤 외도(外道)의 견해도 두려워하지 않는다는 뜻.

11) 선우(善友) : 선지식(善知識)·선친우(善親友)·친우(親友)·승우(勝友)라고도 함. 부처님의 정도(正道)를 가르쳐 주어 좋은 이익을 얻게 하는 스승이나 친구. 나와 마음을 같이 하여 선행을 하는 사람. 도반(道伴).

12) 삼보(三寶) : 불보(佛寶)·법보(法寶)·승보(僧寶). ①불보는 부처님의 깨달음. ②법보는 깨달은 부처님의 가르침인 말씀. ③승보는 부처님의 가르대로 수행하는 이. 보(寶)는 귀중하다는 뜻.

13) 마원(魔怨) : 악마. 악마는 사람들이 남을 원망하도록 만들기 때문에 마원(魔怨)이라 함.

14) 외도(外道) : 외교(外敎)·외학(外學)·외법(外法)이라고도 함. 인도에서 불교 이외의 모든 가르침. 종류가 많아 96종이 있고, 석가모니 당시에 6종의 외도가 있었음.

15) 개전(蓋纏) : 번뇌의 다른 이름. 개(蓋)는 착한 마음을 덮는다는 뜻. 전(纏)은 속박하여 자유롭지 못하다는 뜻.

16) 염정(念定) : 염(念)은 정념(正念), 정(定)은 정정(正定). 정념이란 참된 지혜로 정도(正道)를 생각하여 삿된 생각과 욕심이 없는 것. 정정이란 참된 지혜로서 산란하고 흔들리는 생

걸림 없는 해탈지혜(解脫智慧)의 문(門)을 세웠다.

모든 끊어짐 없이 뛰어난 염혜(念慧)[18]·등지(等持)[19]·다라니변재(陀羅尼辯才)[20]를 얻었고,

각을 여의고 몸과 마음을 고요하게 하고 진공(眞空)의 이치를 관하여 만족함을 알아 마음이 흔들리지 아니하는 것. 소욕지족(少欲知足)과 가까운 말.

17) 총지(摠持) : 모든 부처의 가르침을 잘 지켜 잃지 않는 것. 또 선법(善法)을 잃지 않고, 악법(惡法)이 일어나지 않게 하는 것.

18) 염혜(念慧) : 『대반열반경(大般涅槃經)』에 다음 내용이 있다 : "만약 대열반경을 듣는다면 지혜를 얻을 것이고, 지혜를 얻기 때문에 곧 전념(專念)을 얻을 것이다. 전념을 얻으면 오근(五根)이 산란하더라도 곧 멈출 수 있다. 왜 그럴까? 이 전념이 곧 지혜이기 때문이다. 선남자여, 마치 소를 잘 먹이는 자가 소를 풀밭에 놓되 동쪽이나 서쪽에 있는 남의 곡식을 소가 먹으려 하면 곧 제지하여 남의 곡식을 먹지 못하도록 하는 것과 같다. 보살마하살 역시 그와 같아서 염혜로 인하여 오근(五根)을 잘 지켜서 흩어져 달아나지 않게 한다. 보살마하살에게 염혜가 있으면, 나라는 개념을 보지 않고 내 것이라는 개념을 보지 않고 중생과 중생이 받아들이는 것을 보지 않는다. 모든 법을 동일한 성상(性相)이라고 보고서 흙, 돌, 기와, 자갈의 모습을 낸다. 비유하면 집은 여러 가지 인연으로 생겨날 뿐 정해진 본성(本性)이 없는 것과 같이, 모든 중생도 사대(四大)와 오온(五蘊)으로 이루어져 나타난 것일 뿐 정해진 본성이 없다고 본다. 정해진 본성이 없는 까닭에 보살은 그 속에서 탐내거나 집착하지 않는다. 모든 범부는 중생이 있다고 보기 때문에 번뇌를 일으키지만, 보살마하살은 대열반을 닦아 염혜가 있기 때문에 모든 중생에 대하여 탐내거나 집착하지 않는다."(若得聞是大涅槃經則得智慧, 得智慧故則得專念, 五根若散念則能止. 何以故? 是念慧故. 善男子, 如善牧者設牛東西嘅他苗稼則便遮止不令犯暴. 菩薩摩訶薩亦復如是, 念慧因緣故守攝五根不令馳散. 菩薩摩訶薩有念慧者, 不見我相不見我所相不見衆生及所受用, 見一切法同法性相, 生於土石瓦礫之相. 譬如屋舍從衆緣生無有定性, 見諸衆生四大五陰之所成立推無定性. 無定性故菩薩於中不生貪著. 一切凡夫見有衆生故起煩惱, 菩薩摩訶薩修大涅槃有念慧故於諸衆生不生貪著.)

19) 등지(等持) : samādhi. 삼마지(三摩地)·삼마제(三摩提)·삼매(三昧)라 음역. 정(定)의 다른 이름. 정(定)에 들어 마음을 한곳에 머물러 산란치 않게 함을 말함. 평등하게 유지하므로 등지라 한다.

20) 다라니변재(陀羅尼辯才) : 다라니(陀羅尼)는 총지(摠持)·능지(能持)라 번역되며, 말을 잊지 않고 뜻을 분별하며, 우주의 실상에 계합하여 수많은 법문(法門)을 보존하여 가진다는 뜻이고, 변재(辯才)는 법을 가르치고 방편의 말을 하는 데 거침이 없는 능력.

모두 가장 뛰어난 보시(布施)[21] · 조복(調伏)[22]되고 적정(寂靜)[23]한 지계(持戒)[24] · 인욕(忍辱)[25] · 정진(精進)[26] · 선정(禪定)[27] · 반야(般若)[28] · 방편(方便)[29] · 묘(妙)한 원(願)[30] · 역(力)[31] · 지(智)[32] 등의 바라밀(波羅蜜)[33]을 얻었다.

---

21) 보시(布施): 6바라밀 또는 10바라밀 중 하나. 자신의 것을 아낌없이 남에게 베풀어 주는 것을 말함. 물질적인 재물 보시뿐 아니라 정신적인 불법을 남에게 베풀어 가르쳐 주는 것도 포함된다. 시바라밀(施波羅蜜).

22) 조복(調伏): 조절하고 굴복시킴. 몸 · 입 · 뜻의 3업을 조화하여 모든 악행을 굴복하는 것.

23) 적정(寂靜): 마음에 번뇌가 없고, 몸에 괴로움이 없는 편안한 모양.

24) 지계(持戒): 계율을 지켜 범하지 않음. 계상(戒相)에는 비구 250계, 비구니 500계가 있음

25) 인욕(忍辱): 6바라밀의 하나. 10바라밀의 하나. 욕됨을 참고, 안주(安住)하는 뜻. 온갖 모욕과 번뇌를 참고 원한을 일으키지 않음.

26) 정진(精進): 6도(度)의 하나. 비리야(毘梨耶)라 음역. 수행을 게을리하지 않고 항상 용맹하게 나아가는 것.

27) 정려(靜慮): 선정(禪定). 고요한 적정(寂靜) 속에서 생각이 이루어지므로 정려(靜慮)라 함.

28) 반야(般若): 혜(慧) · 명(明) · 지혜(智慧)라 번역. 법의 참다운 이치에 계합한 최상의 지혜. 이 반야를 얻어야만 성불(成佛)하며, 반야를 얻은 이는 부처님이므로 반야는 모든 부처님의 스승 또는 어머니라 일컬으며, 또 이는 법의 여실한 이치에 계합한 평등 · 절대 · 무념(無念) · 무분별일 뿐만 아니라, 반드시 상대 차별을 관조하여 중생을 교화하는 힘을 가지고 있다.

29) 방편선교(方便善巧): 매우 교묘하고 뛰어난 방편(方便). 방편(方便)에서 방(方)은 방법, 편(便)은 편리니, 모든 중생의 다양한 근성(根性)에 계합하는 방법 수단을 편리하게 쓰는 것. 또 방은 방정한 이치, 편은 교묘한 말. 여러 가지 기류에 대하여 방정한 이치와 교묘한 말을 하는 것. 또 방은 중생의 방역(方域), 편은 교화하는 편법이니, 모든 기류의 방역에 순응하여 적당히 교화하는 편법을 쓰는 것. 곧 중생을 제도하기 위하여 여러 가지 수단 방법을 강구하는 것. 혹은 그 수단 방법을 말함. 방편은 진실(眞實)의 반대이니, 근기가 아직 성숙하지 못하여 깊고 묘한 교법을 받을 수 없는 이를 위하여, 그를 깊고 묘한 진실도에 꾀어들이는 수단 방법으로서 권가방편(權假方便) · 선교방편(善巧方便)이라 함.

30) 원(願): 니저(尼底)라 음역. 바란다는 뜻으로, 바라는 것을 반드시 얻으려는 희망.

31) 역(力): 10바라밀의 하나. 선행을 실천하는 힘과, 진위를 판별하는 힘.

32) 지(智): 10바라밀의 하나. 실상(實相)을 보는 지혜.

33) 바라밀(波羅蜜): 도피안(到彼岸) · 도무극(度無極) · 사구경(事究竟) · 도(度)라 번역. 피

얻을 것 없는 무생법인(無生法忍)[34]을 이루었고,

물러나지 않는 법바퀴[35]를 인연따라 잘 굴렸고,

모두 모양 없는 묘한 법의 도장[36]을 얻었다.

상하(上下)의 여러 근기(根器)[37]를 가진 중생들을 잘 알았고,

모든 무리들이 조복하지 못하는 것을 잘 조복하고 제어하여[38] 두려움이 없어졌고,[39)

안(彼岸)은 곧 이상(理想)의 경지에 이르고자 하는 보살 수행의 총칭. 이것을 6종·10종으로 나누어 6바라밀·10바라밀이라 하며, 또는 6도(度)·10도(度)라고도 한다. 10바라밀은 여기에 언급된 것과 같이, 보시·지계·인욕·정진·선정·반야 등 6바라밀에, 방편·원·역·지 등 4가지를 더한 것이다.

34) 무생법인(無生法忍) : 불생법인(不生法忍), 불기법인(不起法忍)이라고도 함. 인(忍)은 인(認)과 같이 인정하고 수용한다는 뜻이니, 법인(法忍)은 법을 인정하고 수용하여 의심하지 않는 것. 『유마경』 중권(中卷) 「입불이법문품(入不二法門品)」 제9에 "생멸(生滅)은 이법(二法)이지만, 법(法)은 본래 생하지 않는 것이어서 지금 멸하지도 않습니다. 이러한 무생법인을 얻는 것이 바로 불이법문(不二法門)에 들어가는 것입니다."(生滅爲二, 法本不生今則無滅. 得此無生法忍, 是爲入不二法門.)라 하고 있다. 무생법인은 불생불멸(不生不滅)하는 법(法), 즉 생겨나거나 소멸함이 없는 법을 인정하고 의심 없이 수용한다는 뜻이다.

35) 법륜(法輪) : 교법을 말함. 부처님의 교법이 중생의 번뇌·망상을 없애는 것이, 마치 전륜성왕의 윤보(輪寶)가 산과 바위를 부수는 것 같으므로 법륜이라 한다. 또 교법은 한 사람한곳에 머물러 있지 아니하고, 늘 굴러서 여러 사람에게 이르는 것이 마치 수레바퀴와 같으므로 이렇게 이름.

36) 법인(法印) : 교법의 표시. 인(印)은 인신(印信)·표장(標章)이란 뜻. 세상의 공문에 인장을 찍어야 비로소 정식으로 효과를 발생하는 것과 같다. 3법인·4법인 등이 있어, 외도의 법과 다른 것을 나타냄.

37) 근기(根器) : 근성(根性)에 따른 그릇. 중생은 그 근성에 따라 제각기 법을 받아들이는 그릇이 차별되므로 기(器)라 함.

38) 조어(調御) : 조복제어(調伏制御)의 뜻. 중생의 3업을 잘 다스려서 여러 가지 악한 행위를 굴복시키고 다시는 악업을 짓지 않도록 바르게 다스리는 것.

39) 무외(無畏) : 무소외(無所畏)라고도 한다. 불·보살이 대중을 향하여 법을 설할 때에 마음에 두려움이 없는 것. 여기에 4종이 있어 4무외(無畏)라 한다.

다함없는 복덕과 지혜의 양식(糧食)[40]을 이미 쌓았다.

훌륭한 용모[41]와 뛰어난[42] 모습[43]이 가장 훌륭하여,

세속에 있는 모든 아름다운 장식은 버렸고,

이름은 드높아서 제석(帝釋)[44]을 훨씬 뛰어넘었다.

염원(念願)[45]은 굳고 단단하여 마치 금강석과 같았고,

모든 불법에 대하여 부서지지 않는 믿음을 가졌다.

법보(法寶)의 광명(光明)이 흘러 감로(甘露)의 비가 되어 내리고,

온갖 말소리는 미묘(微妙)하여 가장 뛰어나고,

깊은 법의 뜻에서 크고 넓게 연기(緣起)[46]하여,

---

40) 자량(資糧) : 자재(資財)와 식량(食糧). 보살 수행의 5위(位) 가운데 첫 번째를 자량위라
   함. 이것은 보리 · 열반에 이르기 위하여 여러 가지 선근 공덕의 자량을 모으기 때문임.

41) 상호(相好) : 용모, 형상. 상(相)은 몸에 드러나게 잘생긴 부분, 호(好)는 상(相) 중의 세상
   (細相)에 대하여 말함. 이 상호가 모두 완전하여 하나도 모자람이 없는 것을 불신(佛身)이
   라 함. 불신에는 32상(相)과 80종호(種好)가 있다 함.

42) 엄신(嚴身) : 훌륭한 몸. 아름다운 몸. 뛰어난 몸.

43) 색상(色像) : =색신(色身). 지수화풍(地水火風)의 사대(四大)로 이루어진 빛깔과 모습이
   있는 육신(肉身). 불 · 보살의 상호신(相好身). 빛깔도 형상도 없는 법신(法身)에 대하여 빛
   깔과 모습이 있는 육신(肉身)을 말함.

44) 제석(帝釋) : 석제환인다라(釋提桓因陀羅) · 석가제바인다라(釋迦提婆因陀羅). 제(帝)는
   인다라의 번역. 석(釋)은 석가(釋迦)의 음역. 한문과 범어를 함께 한 이름. 수미산 꼭대기
   도리천의 임금. 선견성(善見城)에 살면서 4천왕과 32천을 통솔하면서 불법과 불법에 귀의
   하는 사람을 보호하며 아수라의 군대를 정벌한다는 하늘 임금.

45) 의요(意樂) : āśaya. 아세야(阿世耶)의 번역. 의념요욕(意念樂欲)하는 뜻. 어떤 목적을 향하
   여 나아가려는 취지. 의욕(意欲). 의향. 뜻. 정신. 바람. 바라는 마음. 염원(念願). 여기에서
   는 의요(意樂)를 염원(念願)으로 번역한다. 이 염원이란 깨달음을 바라는 마음, 불법을 수
   호하기를 바라는 마음, 불법을 널리 펴기를 바라는 마음 등 문맥에 따라 다양한 뜻을 가질
   것이다.

46) 연기(緣起) : 세계의 실상(實相)을 가리키는 말. 삼라만상의 모든 법은 다만 인연하여 일어
   날 뿐, 진실로 생겨나거나 사라지는 것은 없다는 것이 법의 실상(實相)이다. 세계는 이것과

두 가지 치우친 견해[47]의 습관적 상속(相續)을 이미 끊었다.

법을 두려움 없이 말함은 사자의 울음소리와 같고,

그 설명은 우레와 같았고,

헤아릴 수 없으니 헤아림을 넘어선 경계이다.

법보(法寶)인 지혜를 모아 위대한 길잡이가 되고,

정직하고 명백[48]하고 부드럽고[49] 미묘하고 비밀스러웠고,

모든 법의 보기 어렵고 알기 어려운 매우 깊고 참된 뜻에 미묘하게
통달하였고,

중생이 돌아가고자 염원하는 유무(有無)의 모든 곳[50]에 따라 들어가,

저것이 구분되고, 이것과 저것이 생겨나고 사라지는 것처럼 보이나, 실상은 생겨나고 사라지는 이것과 저것에 그러한 자성(自性)이 없다. 마치 꿈 속의 장면을 보듯이, 이것과 저것이 생겨나고 사라지는 것처럼 보이지만, 생겨나고 사라지는 이것과 저것은 없다는 것이 세계의 실상이다. 이것이 따로 있고 저것이 따로 있는 것처럼 보이나, 실상은 이것과 저것은 서로 의지하여 동시에 일어나고 동시에 사라지는 연기(緣起)하는 법일 뿐이다. "이것이 있으므로 저것이 있고, 이것이 없으면 저것도 없다. 이것이 생겨나면 저것도 생겨나고, 이것이 사라지면 저것도 사라진다." 혹은 "생겨나고 사라지는 이것과 저것이 보이지만, 생겨나고 사라지는 이것과 저것은 없다."라고 표현되는 연기법(緣起法)이 세계의 실상을 나타내는 말이다. 생겨나고 사라지는 모습이 보이지만, 실상은 생겨나는 것도 없고 사라지는 것도 없다는 무생법인 또한 연기법을 달리 표현한 말이다. 『반야심경』에서 "모든 법은 공(空)인 모습이니, 생겨나지도 않고 사라지지도 않고, 늘어나지도 않고 줄어들지도 않고, 더럽지도 않고 깨끗하지도 않다."고 하는 것 역시, 연기(緣起)를 말하는 것이다.

47) 이변견(二邊見) : =변견(邊見). 중도(中道)에 있지 못하고 어느 한쪽으로 치우친 견해. 유(有) · 무(無), 단(斷) · 상(常) 등의 변견이 있다.

48) 심체(審諦) : 명백하다. 확실하다. 명백히 밝히다.

49) 유화(柔和) : 부드럽다. 순하다.

50) 취(趣) : 중생이 번뇌로 말미암아 말 · 행동 · 생각 등으로 악업을 짓고, 그 업인(業因)으로 인하여 가게 되는 국토(國土). 5취 · 6취의 구별이 있음. 도(道)라고도 함.

견줄 바 없는 깨달음[51]의 지혜를 얻었다.[52]

십력(十力)[53] · 사무소외(四無所畏)[54] 등 불공법(不共法)[55]을 가까이 하여,

---

51) 관정(灌頂) : ①물을 정수리에 붓는다는 뜻. 본래 인도에서 임금의 즉위식이나 입태자식을 할 때 바닷물을 정수리에 붓는 의식. ②여러 부처님이 대자비의 물로써 보살의 정수리에 붓는 것. 등각(等覺) 보살이 묘각위(妙覺位)에 오를 때에 부처님이 그에게 관정하여 불과(佛果)를 증득케 함. 여기에는 여러 부처님이 정수리를 만져 수기하는 마정관정(摩頂灌頂), 말로 수기하는 수기관정(授記灌頂), 광명을 놓아 이롭게 하는 방광관정(放光灌頂)의 3종이 있다.

52) 이 두 구절은 지겸(支謙) 역『불설유마힐경(佛說維摩詰經)』에서는 "博入諸道順化衆生, 說無比正佛之智慧."라 하였고, 구마라집(鳩摩羅什) 역『유마힐소설경(維摩詰所說經)』에서는 "善知衆生往來所趣及心所行."라 하였다.

53) 십력(十力) : (1) 부처님께만 있는 열 가지 심력(心力). ① 처비처지력(處非處智力). ② 업이숙지력(業異熟智力). ③ 정려해탈등지등지지력(靜慮解脫等持等至智力). ④ 근상하지력(根上下智力). ⑤ 종종승해지력(種種勝解智力). ⑥ 종종계지력(種種界智力). ⑦ 변취행지력(遍趣行智力). ⑧ 숙주수념지력(宿住隨念智力). ⑨ 사생지력(死生智力). ⑩ 누진지력(漏盡智力). 이는『구사론(俱舍論)』제27권,『순정리론(順正理論)』제75권 등에 의함. (2) 보살에게 있는 열 가지 지력(智力). ① 심심력(深心力). ② 증상심심력(增上深心力). ③ 방편력. ④ 지력. ⑤ 원력. ⑥ 행력. ⑦ 승력(乘力). ⑧ 신변력. ⑨ 보리력. ⑩ 전법륜력(轉法輪力).『화엄경(華嚴經)』제39권,『신역화엄경』제56권에 있음.

54) 사무소외(四無所畏) : 불 · 보살이 설법할 적에 두려운 생각이 없는 지력(智力)의 네 가지. (1)부처님의 4무소외. ①정등각무외(正等覺無畏)는 일체 모든 법을 평등하게 깨달아, 다른 이의 힐난(詰難)을 두려워하지 않음. ②누영진무외(漏永盡無畏)는 온갖 번뇌를 다 끊었노라고 하여, 외난(外難)을 두려워하지 않음. ③설장법무외(說障法無畏)는 보리를 장애하는 것을 말하되, 악법(惡法)은 장애되는 것이라고 말하면서도 다른 이의 비난을 두려워하지 않음. ④설출도무외(說出道無畏)는 고통 세계를 벗어나는 요긴한 길을 표시해서, 다른 이의 비난을 두려워하지 않음. (2)보살의 4무소외. ①능지무외(能持無畏)는 교법을 듣고 명구문(名句文)과 그 의리(義理)를 잊지 아니하여 남에게 가르치면서 두려워하지 않는 것. ②지근무외(知根無畏)는 대기(對機)의 근성이 예리하고, 우둔함을 알고, 알맞는 법을 말해 주어 두려워하지 않는 것. ③결의무외(決疑無畏)는 다른 이의 의심을 판결하여 적당한 대답을 하여 두려워하지 않는 것. ④답보무외(答報無畏)는 여러 가지 문난(問難)에 대하여 자유자재하게 응답하여 두려워하지 않는 것.

55) 불공법(不共法) : 자기와 다른 이가 따로 따로 받는 법(法)으로서, 다른 이와 공통하지 않는 독특한 법. 비유하면, 제 몸은 저 한 사람의 업으로 받는 것과 같은 따위. 부처님께는 18

두려운 악취(惡趣)⁵⁶⁾를 이미 제거하였고,

다시 모든 위험하고 더러운 깊은 구덩이⁵⁷⁾를 뛰어넘어,

연기(緣起)하는 금강신(金剛神)⁵⁸⁾의 무기⁵⁹⁾는 영원히 버렸다.

늘 생각하기를, 모든 국토에 태어나 몸을 드러내어,

방편(方便)⁶⁰⁾의 솜씨를 잘 아는 대의왕(大醫王)⁶¹⁾이 되어,

종 불공법이 있음. 10력(力)·4무소외(無所畏)·3념주(念住)·대비(大悲), 이상은 소승의 말. 또 신무실(身無失)·구무실(口無失)·염무실(念無失)·무이상(無異想)·무부정심(無不定心)·무부지이사(無不知已捨)·욕무감(欲無減)·정진무감(精進無減)·염무감(念無減)·혜무감(慧無減)·해탈무감(解脫無減)·해탈지견무감(解脫知見無減)·일체신업수지혜행(一切身業隨智慧行)·일체구업수지혜행(一切口業隨智慧行)·일체의업수지혜행(一切意業隨智慧行)·지혜지과거세무애(智慧知過去世無礙)·지혜지미래세무애(智慧知未來世無礙)·지혜지현재세무애(智慧知現在世無礙).

56) 악취(惡趣) : 악도(惡道)와 같음. 나쁜 일을 지은 탓으로 장차 태어날 곳. 업을 지어 윤회하는 길. 지옥·아수라·축생·아귀·인간·천상 등 여섯 가지 윤회의 길. 지옥·아귀·축생을 특히 삼악도(三惡道)라 하여 악도 중에서도 가장 나쁜 길이라고 한다.

57) 심갱(深坑) : 깊은 구덩이. 한 번 빠지면 다시는 나올 수 없는 깊은 수렁이라는 뜻으로, 이승(二乘)의 열반을 얻은 이와 선근(善根)을 끊은 이를 비유함.

58) 금강(金剛) : 금강신(金剛神). 금강신은 불교의 수호신으로 절 문의 양쪽에 안치해 놓은 한 쌍의 신장(神將)을 가리킨다. 손에 금강저(金剛杵)를 들고, 허리만 가린 채 억센 알몸을 드러내는 등 용맹한 형상(形相)을 나타낸다. 금강역사(金剛力士), 혹은 인왕(仁王)이라고도 한다.

59) 도장(刀杖) : 무기.

60) 방편(方便) : (1)방(方)은 방법, 편(便)은 편리니, 일체 중생의 기류근성(機類根性)에 계합하는 방법 수단을 편리하게 쓰는 것. 또 방은 방정한 이치, 편은 교묘한 말. 여러 가지 기류에 대하여 방정한 이치와 교묘한 말을 하는 것. 또 방은 중생의 방역(方域), 편은 교화하는 편법이니, 모든 기류의 방역에 순응하여 적당히 교화하는 편법을 쓰는 것. 곧 중생을 제도하기 위하여 여러 가지 수단 방법을 강구하는 것. 혹은 그 수단 방법을 말함. (2)진실(眞實)의 반대. 근기가 아직 성숙하지 못하여 깊고 묘한 교법을 받을 수 없는 이를 위하여, 그를 깊고 묘한 진실도에 꾀어들이는 수단 방법으로서 권도로 시설한 낮고 보잘것없는 법문. 권가방편(權假方便)·선교방편(善巧方便)이라 함.

61) 대의왕(大醫王) : 부처님을 말함. 어진 의사가 병에 따라 약을 주어 병자를 낫게 하듯이, 부

병에 따라 약을 주어 병을 치유하고 안락하게 함으로써,

한량없는 공덕(功德)[62]을 모두 성취하고자 하였고,

헤아릴 수 없는 불국토(佛國土)가 모두 아름답고 깨끗하여,[63]

그것을 보고 듣는 자가 도움을 얻지 않은 사람이 없도록 하고,

모든 만들어진 것들 역시 헛되이 버려지지[64] 않도록 하고자 하였다.

설령[65] 헤아릴 수 없이 많은[66] 세월을 지내면서,

그 공덕을 찬양한다고 하더라도 다 찬양할 수 없을 것이다.

如是我聞. 一時薄伽梵, 住廣嚴城菴羅衛林, 與大苾芻衆八千人俱, 菩薩摩訶薩三萬二千. 皆爲一切衆望所識, 大神通業修已成辦, 諸佛威德常所加持, 善護法城能攝正法. 爲大師子吼聲敷演, 美音遐振周遍十方, 爲諸衆生不請善友, 紹三寶種能使不絶. 降伏魔怨制諸外道, 永離一切障及蓋纏. 念定總持無不圓滿, 建立無障解脫智門.

처님께서 중생의 근기에 따라 거기에 알맞은 가르침을 주어, 그 고통을 없애고 편안하게 하므로 대의왕이라 한다.

62) 공덕(功德) : 범어 구나(求那, guṇa)의 번역. 또는 구낭(懼囊)·우낭(麌囊)이라고도 씀. 좋은 일을 쌓은 공과 불도를 수행한 덕을 말함. 공덕을 해석하는 데 여러 가지 말이 있음. ① 복덕과 같은 뜻으로, 복은 복리, 선(善)을 수행하는 이를 도와 복되게 하므로 복이라 하며, 복의 덕이므로 복덕이라 함. ②공(功)을 공능(功能)이라 해석. 선(善)을 수행하는 이를 도와 이롭게 하므로 공이라 하고, 공의 덕이란 뜻으로 공덕이라 함. ③공을 베푸는 것을 공이라 하고, 자기에게 돌아옴을 덕이라 함. ④악(惡)이 다함을 공, 선이 가득 차는 것을 덕이라 함. ⑤덕은 얻었다(得)는 것이니, 공을 닦은 뒤에 얻는 것이므로 공덕이라 함.

63) 엄정(嚴淨) : 아름답고 깨끗하다. 깨끗하고 아름답게 장식하다.

64) 당연(唐捐) : 헛되이 없애다. 헛되이 버리다.

65) 설(設) : ①만약. 만일. ②설령 -라 하더라도. 설사 -일지라도.

66) 구지나유타 : 구지(俱胝)는 수(數)의 단위로 10의 7승(乘). 십만, 천만, 혹은 억, 만억, 혹은 경(京)이라 함. 나유타(那庾多; nayuta)는 인도에서 아주 많은 수를 표시하는 수량의 이름.

逮得一切無斷殊勝念慧等持陀羅尼辯, 皆獲第一布施調伏寂靜尸羅安忍正勤靜慮般若方便善巧妙願力智波羅蜜多. 成無所得不起法忍, 已能隨轉不退法輪, 咸得無相妙印所印. 善知有情諸根勝劣, 一切大衆所不能伏而能調御得無所畏, 已積無盡福智資糧. 相好嚴身色像第一, 捨諸世間所有飾好, 名稱高遠踰於帝釋. 意樂堅固猶若金剛, 於諸佛法得不壞信. 流法寶光澍甘露雨, 於衆言音微妙第一, 於深法義廣大緣起, 已斷二邊見習相續. 演法無畏猶師子吼, 其所講說乃如雷震, 不可稱量過稱量境. 集法寶慧爲大導師, 正直審諦柔和微密, 妙達諸法難見難知甚深實義, 隨入一切有趣無趣意樂所歸, 獲無等等佛智灌頂. 近力無畏不共佛法, 已除所有怖畏惡趣, 復超一切險穢深坑, 永棄緣起金剛刀仗. 常思示現諸有趣生, 爲大醫王善知方術, 應病與藥愈疾施安, 無量功德皆成就, 無量佛土皆嚴淨, 其見聞者無不蒙益, 諸有所作亦不唐捐. 設經無量百千俱胝那庾多劫, 讚其功德亦不能盡.

2. 보살들의 이름

그 보살들의 이름은 다음과 같았다. 등관보살(等觀菩薩), 부등관보살(不等觀菩薩), 등부등관보살(等不等觀菩薩), 정신변왕보살(定神變王菩薩), 법자재보살(法自在菩薩), 법당보살(法幢菩薩), 광당보살(光幢菩薩), 대엄보살(大嚴菩薩), 보봉보살(寶峰菩薩), 변봉보살(辯峰菩薩), 보수보살(寶手菩薩), 보인수보살(寶印手菩薩), 상거수보살(常擧手菩薩), 상하수보살(常下

手菩薩), 상연경보살(常延頸菩薩), 상희근보살(常喜根菩薩), 상희왕보살(常喜王菩薩), 무굴변보살(無屈辯菩薩), 허공장보살(虛空藏菩薩), 집보거보살(執寶炬菩薩), 보길상보살(寶吉祥菩薩), 보시보살(寶施菩薩), 제망보살(帝網菩薩), 광망보살(光網菩薩), 무장정려보살(無障靜慮菩薩), 혜봉보살(慧峰菩薩), 천왕보살(天王菩薩), 괴마보살(壞魔菩薩), 전천보살(電天菩薩), 현신변왕보살(現神變王菩薩), 봉상등엄보살(峰相等嚴菩薩), 사자후보살(師子吼菩薩), 운뢰음보살(雲雷音菩薩), 산상격왕보살(山相擊王菩薩), 향상보살(香象菩薩), 대향상보살(大香象菩薩), 상정진보살(常精進菩薩), 불사선액보살(不捨善軛菩薩), 묘혜보살(妙慧菩薩), 묘생보살(妙生菩薩), 연화승장보살(蓮花勝藏菩薩), 삼마지왕보살(三摩地王菩薩), 연화엄보살(蓮花嚴菩薩), 관자재보살(觀自在菩薩), 득대세보살(得大勢菩薩), 범망보살(梵網菩薩), 보장보살(寶杖菩薩), 무승보살(無勝菩薩), 승마보살(勝魔菩薩), 엄토보살(嚴土菩薩), 금계보살(金髻菩薩), 주계보살(珠髻菩薩), 자씨보살(慈氏菩薩), 묘길상보살(妙吉祥菩薩), 주보개보살(珠寶蓋菩薩), 이러한 보살들이 우두머리가 되어 보살마하살(菩薩摩訶薩)이 3만 2천이었다.

其名曰: 等觀菩薩, 不等觀菩薩, 等不等觀菩薩, 定神變王菩薩, 法自在菩薩, 法幢菩薩, 光幢菩薩, 光嚴菩薩, 大嚴菩薩, 寶峰菩薩, 辯峰菩薩, 寶手菩薩, 寶印手菩薩, 常擧手菩薩, 常下手菩薩, 常延頸菩薩, 常喜根菩薩, 常喜王菩薩, 無屈辯菩薩, 虛空藏菩薩, 執寶炬菩薩, 寶吉祥菩薩, 寶施菩薩, 帝網菩薩, 光網菩薩, 無障靜慮菩薩, 慧峰菩薩, 天王菩薩, 壞魔菩薩, 電天菩薩, 現神變王菩薩, 峰相等嚴菩薩, 師子吼菩薩, 雲雷音菩薩, 山相擊王菩薩, 香象菩薩,大香象菩薩, 常精進菩薩, 不捨善軛菩薩, 妙慧菩薩, 妙生菩薩, 蓮花勝藏菩薩, 三摩地王菩薩, 蓮花嚴菩薩, 觀自在菩薩, 得大勢菩薩, 梵網菩薩, 寶杖菩薩, 無勝菩薩, 勝魔菩薩, 嚴土菩薩, 金髻菩薩, 珠髻菩薩, 慈氏菩薩, 妙吉祥菩薩, 珠寶蓋菩薩, 如是等上首, 菩薩摩訶薩三萬二千.

3. 범왕들

다시 만 명의 범왕(梵王)[67]이 있었으니, 지계범왕(持髻梵王)이 그 우두머리였다. 본래 근심 없는 사대주(四大洲)[68] 세계로부터 세존을 우러러보고 절하고 공양(供養)[69]하고 법(法)을 들으려고 하였기 때문에 이 모임에 와서 앉았다. 다시 만 이천의 천제(天帝)[70]가 각각 나머지 방향의 사대주

---

67) 범왕(梵王) : 범어 brahma의 음역으로 몰라함마(沒羅含摩). 범마(梵摩)라 번역하며 범왕천(梵王天)·대범천왕(大梵天王)이라고도 한다. 색계초선천(色界初禪天)의 주(主)로 부처님이 출세하실 때면 항상 제일 먼저 설법을 청한다 하며, 언제나 부처님을 오른편에 모시고 손에는 흰 불자(拂子)를 들고 있다고 한다.

68) 사대주(四大洲) : 수미산(須彌山)의 사방 짠물 바다 가운데 있는 대륙. 남섬부주(염부제)·동승신주(불바제)·서우화주(구야니)·북구로주(울단월).

69) 공양 : pūjanā. 공시(供施)·공급(供給)·공(供)이라고도 함. 공급하여 자양(資養)한다는 뜻. 깨끗한 마음으로 음식, 꽃, 향(香), 촛불, 등(燈), 음악 등을 삼보(三寶; 佛, 法, 僧) 혹은 부모나 스승에게 받들어 올리거나, 이웃의 모든 사람들에게 필요한 어떤 물건이나 참다운 진리의 가르침을 베풀어 주는 것을 말한다.

70) 천제(天帝) : 제석천(帝釋天), 산스크리트 Indra의 역어인데, '석가제환인다라(釋迦提桓因陀羅)'를 줄인 말로 "제천을 주재하는 샤크라"라는 뜻이다. 능천주(能天主)·천주제석(天主帝釋)·천제석(天帝釋)·천제(天帝)·제석(帝釋) 등으로도 쓴다. 우레의 번갯불을 신격화한 것으로, 베다 시대에는 신들 가운데서 가장 강력한 존재로 간주되었고, 항상 악신인

세계로부터 역시 세존을 우러러보고 절하고 공양하고 법(法)을 들으려고 하였기 때문에 이 모임에 와서 앉았다. 더불어 나머지 큰 위력(威力)을 갖춘 모든 천(天)·용(龍)·야차·건달바·아수라·가루라·긴나라·마후라가[71]·제석·범천(梵天)[72]·호세사천왕(護世四天王)[73]등이 모두 모

아수라들과 싸워서 깨뜨렸다고 한다. 그러다가 불교 시대가 되자, 제석을 대신하여 범천(梵天)이 세계를 지배하는 최고신이 되었고, 제석은 지상 최고인 수미산에 있는 삼십삼천(三十三天, 忉利天)의 최고궁인 선견성(善見城)에 머물면서 지상을 지배하는 존재가 되었다. 범천과 함께 불교를 수호하는 신으로 간주된다.

71) 여기까지는 팔부신중이다. 팔부신중(八部神衆)은 불법을 수호하는 8종의 신장(神將)으로서, 팔부중(八部衆)·천룡팔부(天龍八部)라고도 한다. ①천(天): 천계(天界)에 거주하는 제신(諸神). 천은 삼계(三界: 欲界·色界·無色界) 27천(天)으로 구분되나, 지상의 천으로는 세계의 중심에 있는 수미산(須彌山) 정상의 도리천(忉利天: 三十三天)이 최고의 천이며, 제석천이 그 주인이다. ②용(龍): 물 속에 살면서 바람과 비를 오게 하는 능력을 가진 존재. 호국의 선신(善神)으로 간주되며 팔대용신(八大龍神) 등 여러 종류가 있다. ③야차(夜叉): 고대 인도에서는 악신(惡神)으로 생각되었으나, 불교에서는 사람을 도와 이익을 주며 불법을 수호하는 신이 되었다. ④건달바(乾達婆): 인도 신화에서는 천상의 신성한 물 소마(Soma)를 지키는 신. 그 소마는 신령스러운 약으로 알려져 왔으므로 건달바는 훌륭한 의사이기도 하며, 향만 먹으므로 식향(食香)이라고도 한다. ⑤아수라(阿修羅): 인도 신화에서는 다면(多面)·다비(多臂), 즉 얼굴도 많고 팔도 많은 악신(惡神)으로 간주되었으나, 불교에서는 조복을 받아 선신(善神)의 역할을 한다. ⑥가루라(迦樓羅): 새벽 또는 태양을 인격화한 신화적인 새로서 금시조(金翅鳥)라고도 한다. 불교 수호신이 되었다. ⑦긴나라(緊那羅): 인간은 아니나 부처를 만날 때 사람의 모습을 취한다. 때로는 말의 머리로 표현되기도 한다. 가무(歌舞)의 신이다. ⑧마후라가(摩睺羅迦): 사람의 몸에 뱀의 머리를 가진 음악(音樂)의 신. 땅속의 모든 요귀를 쫓아내는 임무가 있는 것으로 알려져 있다. 천룡팔부중(天龍八部衆)에 관한 기록은 『법화경(法華經)』등의 대승불교 경전에 보이며, 사천왕(四天王)의 전속으로 기술되고 있다.

72) 범천(梵天): brahma-deva 바라하마천(婆羅賀麼天)이라고도 쓴다. 색계 초선천(初禪天). 범(梵)은 맑고 깨끗하다는 뜻. 이 하늘은 욕계(欲界)의 음욕(淫欲)을 여의어서 항상 깨끗하고 조용하므로 범천이라 한다. 여기에 다시 세 하늘이 있으니 범중천·범보천·대범천이지만, 범천이라 통칭한다. 보통 범천이라 할 때는 초선천의 주(主)인 범천왕을 가리킴.

73) 호세사천왕(護世四天王): 사천왕(四天王)·사대천왕(四大天王)이라고도 한다. 욕계육천(欲界六天)의 최하위를 차지한다. 수미산 정상의 중앙부에 있는 제석천을 섬기며, 불법뿐

임에 와서 앉았다. 또 모든 사부대중(四部大衆)들인 비구·비구니·우바
새·우바이 등도 모두 이 모임에 와서 앉았다. 그때 세존께서는 이처럼
찾아온 헤아릴 수 없이 많은 대중들이 공경하며 둘러싼 가운데 법을 말
씀하시니, 마치 대보묘고산왕(大寶妙高山王)[74]이 대해(大海) 속에서 우뚝
하게 솟아 있는 것처럼 대사자승장좌(大師子勝藏座)[75]에 걸터앉아서 빛
나는 위광(威光)[76]을 드러내어 모든 중생을 덮어 쌌다.

復有萬梵, 持髻梵王而爲上首. 從本無憂四大洲界爲欲瞻禮供養世
尊及聽法故, 來在會坐. 復有萬二千天帝, 各從餘方四大洲界, 亦爲

아니라, 불법에 귀의하는 사람들을 수호하는 호법신이다. 동쪽의 지국천왕(持國天王), 남
쪽의 증장천왕(增長天王), 서쪽의 광목천왕(廣目天王), 북쪽의 다문천왕(多聞天王:毘沙
門天王)을 말한다. 그 부하로는 견수(堅手)·지만(持鬘)·항교(恒憍)가 있는데, 이들은 수
미산의 아래쪽에 있다. 또한 사천왕은 이들 외에도 수미산을 둘러싸고 있는 지쌍산(持雙
山) 등 일곱 겹의 산맥과 태양·달 등도 지배하고 있다.

74) 대보묘고산왕(大寶妙高山王) : 묘고산왕(妙高山王) 즉 수미산을 가리킨다. 수미산은 고대
인도의 우주관에서 세계의 중심에 있다는 상상의 산을 말한다. 수미·소미루(蘇迷漏) 등은
산스크리트의 수메루(Sumeru)의 음사(音寫)이며, 약해서 '메루'라고도 하는데, 미루(彌樓:
彌漏) 등으로 음사하고 묘고(妙高)·묘광(妙光) 등으로 의역한다. 이것이 불교에 도입되어
오랫동안 불설(佛說)로서 신봉되어 왔다. 세계의 최하부를 풍륜(風輪)이라 하고 그 위에
수륜(水輪)·금륜(金輪:地輪)이 겹쳐 있으며, 금륜 위에 구산팔해(九山八海), 즉 수미산을
중심으로 그 주위를 8개의 큰 산이 둘러싸고 있고, 산과 산 사이에는 각각 대해가 있는데
그 수가 8개라고 한다. 또한 가장 바깥쪽 바다의 사방에 섬(四洲)이 있는데, 그 중 남쪽에
있는 섬, 즉 남염부제(南閻浮提)에 인간이 살고 있다고 한다. 수미산은 4보(寶), 즉 황금·
백은(白銀)·유리(瑠璃)·파리(璃)로 이루어졌고, 중허리의 사방에 사천왕(四天王)이 살
고 있으며, 정상에는 제석천이 주인인 33천(天)의 궁전이 있고, 해와 달은 수미산의 허리를
돈다고 한다.

75) 대사자승장(大師子勝藏) : 큰 사자의 뛰어남을 품고 있는 좌석(座席). 사자(師子)는 백수
의 왕이므로 곧 부처님을 가리킨다. 부처님이 앉는 좌석.

76) 위광(威光) : 감히 범하기 어려운 위엄(威嚴)과 권위(權威).

瞻禮供養世尊及聽法故, 來在會坐. 幷餘大威力諸天 · 龍 · 藥叉 · 健達縛 · 阿素洛 · 揭路荼 · 緊捺洛 · 莫呼洛伽 · 釋 · 梵 · 護世等, 悉來會坐. 及諸四衆芯芻 · 芯芻尼 · 鄔波索迦 · 鄔波斯迦, 俱來會坐. 爾時, 世尊, 無量百千諸來大衆, 恭敬圍繞而爲說法, 譬如大寶妙高山王處于大海巍然迴出, 踞大師子勝藏之座, 顯耀威光蔽諸大衆.

4. 보성보살의 찬양

그때 광엄성에 리차비[77] 종족의 한 보살(菩薩)이 있었는데, 이름이 보성(寶性)이었다. 그는 각자 칠보(七寶)로 장식된 한 개의 보개(寶蓋)[78]를 지닌 리차비족 오백 명 동자들과 함께 암라림(菴羅林)의 여래가 계신 곳을 찾아왔다. 각자 그 보개를 세존께 바치고서, 세존의 두 발에 머리를 대고 절을 올리고, 오른쪽으로 일곱 바퀴 돌고서 한쪽에 머물렀다.

부처님은 위신력(威神力)[79]을 가지고 모든 보개를 합하여 하나의 보개로 만들어 삼천대천세계를 두루 뒤덮으니, 이 세계의 드넓은 모습이 모두 그 속에 나타났다. 다시 이 삼천대천세계에 있는 대보묘고산왕(大

---

77) 리차비 : 고대 인도의 종족. 리차비족은 고대 인도의 밧지 마하자나파다의 지배 연맹 씨족 중의 가장 유명한 종족이었다. 바이샬리는 리차비의 수도로 밧지 마하자나파다의 수도이기도 하였다. 그곳은 후에 아자타샤트루에 의해 점령되었다. 그는 밧지 영토를 그의 왕국에 복속시켰다.
78) 보개(寶蓋) : 보물인 덮개. 우산(雨傘)이나 일산(日傘)의 미칭(美稱). 천개(天蓋)라고도 한다. 원래 인도에서 햇볕을 피하기 위한 비단 일산이었으나, 불상(佛像) 위에 덮는 덮개를 가리킨다.
79) 위신력(威神力) : 부처님께 있는 존엄하고 측량할 수 없는 불가사의한 힘.

寶妙高山王) · 일체설산(一切雪山) · 목진린타산(目眞?陀山) · 마하목진린

타산(摩訶目眞鄰陀山) · 향산(香山) · 보산(寶山) · 금산(金山) · 흑산(黑山) ·

윤위산(輪圍山) · 대윤위산(大輪圍山) 등과 큰 바다와 강 · 하천 · 샘 · 연

못 · 늪지 등과 백 구지(拘胝)나 되는 사대주(四大洲)와 해 · 달 · 별들과

천궁(天宮) · 용궁(龍宮) 및 모든 존신(尊神)들의 궁전과 모든 나라의 왕도

(王都)와 마을들이 이와 같이 모두 이 보개 속에 나타났다.

다시 시방세계(十方世界)의 모든 부처님이자 여래께서 말씀하신 바른

법(法)이 모두 메아리치듯이[80] 이 보개 속에는 들리지 않는 곳이 없었

다. 이때 모든 대중들은 부처님의 이러한 위신력을 보고서 매우 기뻐하

면서 일찍이 본 적이 없었던 일이라고 찬탄하고, 합장하여 부처님께 절

하고 그 존귀한 얼굴을 우러러보며 눈을 잠시도 떼지 못하면서 말없이

머물러 있었다.

그때 보성은 곧 부처님 앞에 오른쪽 무릎을 꿇고서 합장 공경하고 묘

한 게송(偈頌)[81]으로써 부처님을 찬양하였다.

눈은 깨끗하고 고상하고 드넓고 묘하고 단정하고 엄격하고

밝아서 마치 검푸른 연꽃잎과 같은 모습이로다.

이미 가장 깨끗한 마음의 즐겁고

---

80) 향응(響應) : 호응(呼應)하다. 응답(應答)하다. 공명(共鳴)하다. 메아리가 울리다.

81) 가타(伽他) : gāthā. 9부교(部教)의 하나. 12부경(部經)의 하나. 가타(伽陀) · 게타(偈陀)
   혹은 게(偈)라고만 쓰기도 함. 풍송(諷誦 · 諷頌) · 게송(偈頌) · 조송(造頌) · 고기송(孤起
   頌) · 송(頌)이라 번역. 노래라는 뜻을 가진 어근(語根) gai에서 생긴 명사. 가요(歌謠) · 성
   가(聖歌) 등의 뜻으로 쓰임. 지금은 산문체(散文體)로 된 경전의 1절 또는 총결(總結)한 끝
   에 아름다운 글귀로써 묘한 뜻을 읊어 놓은 운문(韻文).

뛰어난 사마타(奢摩他)[82]를 얻어 피안(彼岸)에 이르셨도다.

가없는 깨끗한 업(業)을 오래도록 쌓으셔서

크고 뛰어난 명성을 얻으셨도다.

그러므로 나는 머리 숙여 절하오니, 큰 사문(沙門)[83]이시며

드물고 편안하고 고요한 길을 열어 이끄시는 분이시로다.

이미 보았나니, 큰 성인(聖人)께서 신통으로써

온 우주에 헤아릴 수 없는 국토를 두루 드러내심을.

그 속의 모든 부처님들께서 법(法)을 말씀하시니

여기에서 모든 중생은 전부 보고 듣는구나.

법왕(法王)의 법의 힘은 중생과는 다르셔서

늘 법의 재물을 모든 중생에게 베푸신다네.

모든 법의 모습을 잘 분별하시면서도

제일의(第一義)[84]를 보시며 번뇌망상을 쳐부수신다.

이미 모든 법에서 자재(自在)를 얻으시니

이 까닭에 이러한 법왕에게 머리 숙여 절한다네.

법은 있는 것도 아니고 없는 것도 아니라고 말씀하시고

---

82) 사마타(奢摩他) : śamatha. 지(止)·지식(止息)·적정(寂靜)·능멸(能滅)이라 번역. 우리
의 마음 가운데 일어나는 망념(妄念)을 쉬고, 마음을 한곳에 머무는 것.

83) 사문(沙門) : śramaṇa. 상문(桑門·喪門)·사문(娑門)·사문나(沙門那)·사라마나(舍囉
摩拏)라고도 쓰며, 식심(息心)·공로(功勞)·근식(勤息)이라 번역. 부지런히 모든 좋은 일
을 닦고, 나쁜 일을 일으키지 않는 이란 뜻. 외도(外道)·불교도를 불문하고, 처자 권속을
버리고 수도 생활을 하는 이를 총칭함. 후세에는 오로지 불문(佛門)에서 출가한 이를 말한
다. 비구(比丘)와 같은 뜻으로 씀.

84) 제일의(第一義) : 제일의제(第一義諦). 승의제(勝義諦)와 같음. 승의제(勝義諦)는 최승진
실(最勝眞實)의 도리를 말한다. 진여나 열반과 같다.

모든 법은 전부 인연(因緣)으로 말미암아 이루어진다고 말씀하신다네.

내[我]가 없음에 만드는 자도 없고 받는 자도 없으나

좋고 나쁜 업(業)은 또한 없지가 않다네.

처음 보리수[85] 밑에서 마귀의 힘을 항복시키시고

열반(涅槃)[86]의 뛰어난 깨달음을 얻으셨다네.

이 속은 심의식(心意識)[87]으로 받아들이거나 행할 것이 아니고

외도(外道)의 무리가 삿되이 헤아리지 못하는 것이로다.

온 세계에 세 번 법바퀴를 굴리셨지만[88] 그 법바퀴도 고요하고 본성 (本性)도 고요하도다.

희유한 법의 지혜를 하늘과 사람[89]에게 증명하니

---

85) 불수(佛樹) : 보리수(菩提樹). 도수(道樹)라 번역. 석가모니가 그 밑에서 깨달음을 얻었다 고 하는 나무.

86) 감로멸(甘露滅) : 열반(涅槃). 모든 번뇌가 사라진 불생불멸한 적멸(寂滅)을 가리킨다. 감 로(甘露) 즉 amṛta는 불사(不死)라는 뜻.

87) 심의식(心意識) : 심(心)은 범어 질다(質多)의 번역, 모여서 발생한다는(集起) 뜻. 의(意)는 범어 말나(末那)의 번역, 헤아려 생각한다는(思量) 뜻. 식(識)은 범어 비야남(毘若南)의 번 역, 분별하여 알아차린다는(了別) 뜻. 곧 분별심(分別心)을 말함.

88) 삼전법륜(三轉法輪) : 두 개의 뜻이 있다. (1)시전(示轉) · 권전(勸轉) · 증전(證轉)의 삼전 법륜. 석존이 세 번 4제(諦)의 교(敎)를 말씀한 것. ①시전(示轉). 이것은 고(苦), 이것은 집 (集), 이것은 멸(滅), 이것은 도(道)라고 그 모양을 보인 것. ②권전(勸轉). 고(苦)를 알라, 집(集)을 끊으라, 멸(滅)을 증득하라, 도(道)를 닦으라고 권한 것. ③증전(證轉). 석존이 스 스로 고를 알아 집을 끊고, 멸을 증득하려고, 도를 닦은 것을 보여 다른 이들로 하여금 증 득(證得)케 하는 것. (2)근본(根本) · 지말(枝末) · 섭말귀본(攝末歸本)의 3법륜. 삼론종(三 論宗)에서 석존의 50년 동안의 설법을 교판(敎判)하여, 『화엄경』에 말한 교법을 근본법륜, 다음에 지혜가 얕은 이에게 일불승(一佛乘)의 교법을 열어 3승의 교를 말씀함을 지말법륜, 최후에 법화(法花) · 삼론(三論)의 교와 같이 삼승(三乘)으로 말한 교법을 일불승(一佛乘) 에 귀입(歸入)하여 말함을 섭말귀본법륜이라 함.

89) 천인(天人) : 중생이 살아가는 육도(六道) 가운데 하늘과 지상의 사람.

삼보(三寶)가 이에 세간에서 드러났도다.

이 묘한 법으로써 중생을 제도하니

생각도 없고 두려움도 없이 늘 편안하고 고요하다네.

생로병사(生老病死)에서 건져 주시는 대의왕(大醫王)의

가없는 공덕의 바다에 머리 숙여 절합니다.

팔법(八法)[90]에 흔들리지 않음은 마치 산과 같고

선한 자든 선하지 않은 자든 모두 불쌍히 여기고 사랑하시네.

마음을 씀에 허공처럼 평등하게 머무니

누가 이 능인(能仁)을 받들고 공경하지 않으리?

이 조그만 보개(寶蓋)를 세존께 드리오니

그 속에 삼천세계를 두루 드러내셨도다.

모든 천룡팔부(天龍八部) 신중(神衆)들의 궁전과 같으니

그 까닭에 지견(智見)[91]과 공덕을 갖춘 몸에 절합니다.

십력(十力)[92]의 신통변화(神通變化)로 세간(世間)을 보이시니

---

90) 팔법(八法) : ①이(利)·예(譽)·칭(稱)·낙(樂)의 4순(順)과 쇠(衰)·훼(毀)·기(譏)·고 (苦)의 4위(違). ②지(地)·수(水)·화(火)·풍(風)의 4대(大)와 색(色)·향(香)·미(味)·촉 (觸)의 4미(微). ③일체의 법을 8종으로 나눈 것. 교(教)·이(理)·지(智)·단(斷)·행(行)· 위(位)·인(因)·과(果).

91) 지견(智見) : 인과(因果)와 이법(理法)에 대한 올바른 인식. 정지견(正知見)·지견(知見)과 같음.

92) 십력(十力) : (1)부처님께만 있는 열 가지 지력(智力). ①처비처지력(處非處智力). ②업이 숙지력(業異熟智力). ③정려해탈등지등지력(靜慮解脫等持等至智力). ④근상하지력 (根上下智力). ⑤종종승해지력(種種勝解智力). ⑥종종계지력(種種界智力). ⑦변취행지 력(遍趣行智力). ⑧숙주수념지력(宿住隨念智力). ⑨사생지력(死生智力). ⑩누진지력(漏 盡智力). 이는 『구사론(俱舍論)』 제27권, 『순정리론(順正理論)』 제75권 등에 의함. (2)보살 에게 있는 열 가지 지력(智力). ①심심력(深心力). ②증상심심력(增上深心力). ③방편력. ④지력. ⑤원력. ⑥행력. ⑦승력(乘力). ⑧신변력. ⑨보리력. ⑩전법륜력(轉法輪力). 『화엄

모든 것이 전부 그림자⁹³⁾와 같도다.

모두들 보고서 처음 있는 일이라고 경탄하니

그러므로 십력(十力)의 대지견(大智見)을 갖춘 분께 절합니다.

둘러싼 사람들이 대모니(大牟尼)⁹⁴⁾를 우러러보며

마음에서 깨끗한 믿음이 생기지 않는 이 없었다네.

각자는 자기 앞에 세존이 계심을 보니

이것이 곧 여래의 불공상(不共相)⁹⁵⁾이로다.

부처님께서는 하나의 음성으로 법(法)을 말씀하시지만

중생들은 부류에 따라 각자 알아들을 수 있도다.

모두들 세존은 같은 말을 하신다고 말하니

이것이 곧 여래의 불공상(不共相)이로다.

부처님은 하나의 음성으로 법을 말씀하시지만

중생들은 각자 분수에 따라 알아듣는다네.

모두들 가르침에 따라 행하여⁹⁶⁾ 그 이익을 얻으니

이것이 곧 여래의 불공상(不共相)이로다.

부처님은 하나의 음성으로 법을 말씀하시지만

경(華嚴經)』 제39권, 『신역화엄경』 제56권에 있음.

93) 광영(光影) : (빛이 아니라, 빛에 의해 나타나는) 그림자.

94) 대모니(大牟尼) : 모니(牟尼)는 muni의 음역으로서, 적묵(寂默)·적정(寂靜)·인(仁)·선 (仙)·지자(智者)라 번역. 선인(仙人)이란 말, 출가하여 마음을 닦고 도를 배우는 이의 존 칭. 불교와 외도들이 함께 쓰는 말. 석존은 석가족의 모니란 뜻으로 석가모니라 한다.

95) 불공상(不共相) : ↔공상(共相). 다른 것과 공통하지 않고 자기에게만 속한 모양, 곧 개별 적 특성(特性). 이에 대하여 공상(共相)은 많은 사람이 함께 느끼고 함께 받아 쓰는 과보인 기세간(器世間)을 말함.

96) 수행(受行) : 가르침을 받아들여 가르침에 따라 행하다.

두려워하는 자도 있고 기뻐하는 자도 있다네.

번뇌를 싫어하여 떠나는 이도 있고 의심을 끊는 자도 있으니

이것이 곧 여래의 불공상(不共相)이로다.

십력(十力)의 진실한 용맹을 갖춘 분께 절하옵고

두려움 없음을 이미 얻으신 분께 절하옵니다.

불공법(不共法)을 확실히 정하신 분께 절하옵고

모두를 이끄시는 대도사(大導師)께 절하옵니다.

온갖 결박⁹⁷⁾을 잘 끊으신 분께 절하옵고

이미 피안(彼岸)⁹⁸⁾에 머무신 분께 절하옵니다.

괴로운 중생들을 두루 구제(救濟)하시는 분께 절하옵고

생사(生死)의 길⁹⁹⁾에 머물지 않는 분께 절하옵니다.

중생들과 평등한 길에 이미 도달하셨고

모든 길에서 마음의 해탈(解脫)을 잘 얻으셨도다.

---

97) 결박(結縛) : 번뇌의 다른 이름. 번뇌는 몸과 마음을 속박하여 자유롭지 못하게 하므로 결박이라 함.

98) 피안(彼岸) : 도피안(到彼岸)과 같음. 범어 바라밀다의 번역. 온갖 번뇌에 얽매인 고통의 세계인 생사(生死)의 고해(苦海)를 건너서, 이상경(理想境)인 열반(涅槃)의 저 언덕에 도달하는 것.

99) 취(趣) : 취(趣)는 도(道)와 같음. 육취(六趣), 육도(六道)라고 함. 어리석은 중생이 업인(業因)에 따라 흘러가는 곳을 여섯 곳으로 나눈 것. (1)지옥취(地獄趣). 8한(寒) · 8열(熱) 등의 고통받는 곳으로 지하에 있음. (2)아귀취(餓鬼趣). 항상 밥을 구하는 귀신들이 사는 곳. 사람들과 섞여 있어도 보지 못함. (3)축생취(畜生趣). 금수가 사는 곳으로 인계(人界)와 있는 곳을 같이 함. (4)아수라취(阿修羅趣). 항상 분노(忿怒)하며 싸움을 좋아한다는 대력신(大力神)이 사는 곳으로 심산유곡(深山幽谷)에 있음. (5)인간취(人間趣). 인간들이 사는 곳. 남섬부주 등의 4대주(大洲). (6)천상취(天上趣). 몸에 광명을 갖추고 쾌락을 받는 중생이 사는 곳으로 육욕천(六欲天) · 색계천(色界天) · 무색계천(無色界天).

모니(牟尼)께서는 이와 같이 공(空)[100]을 잘 닦으시니

마치 연꽃이 물에 젖지 않는 것과 같도다.

모든 모습을 버리지만 버려진 것이 없고

모든 서원[101]이 충족되지만 원한 바가 없도다.

커다란 위신력이 불가사의(不可思議)하시고

허공(虛空)처럼 머물 곳 없는 분께 절하옵니다.

時廣嚴城有一菩薩離呫毘種, 名曰寶性. 與離呫毘五百童子, 各持一蓋七寶莊嚴, 往菴羅林詣如來所. 各以其蓋奉上世尊, 奉已頂禮世尊雙足, 右繞七匝卻住一面. 佛之威神令諸寶蓋合成一蓋, 遍覆三千大千世界, 而此世界廣長之相悉於中現. 又此三千大千世界, 所有大寶妙高山王, 一切雪山, 目眞鄰陀山, 摩訶目眞鄰陀山, 香山, 寶山, 金山, 黑山, 輪圍山, 大輪圍山, 大海, 江河, 陂泉, 池沼, 及百拘胝四大洲渚, 日月, 星辰, 天宮龍宮, 諸尊神宮, 并諸國邑王都聚落, 如是皆現此寶蓋中. 又十方界諸佛如來, 所說正法, 皆如響應, 於此蓋內, 無不見聞. 時諸大衆, 睹佛神力, 歡喜踊躍, 歎未曾有, 合掌禮佛, 瞻仰尊顏, 目不暫捨, 默然而住.

爾時寶性卽於佛前, 右膝著地合掌恭敬, 以妙伽他而讚佛曰:

---

100) 공(空) : 실체가 없고 자성(自性)이 없는 것. 자아(自我)란 실재(實在)가 아니라 어리석고 허망한 분별이라는 아공(我空)과, 세계의 삼라만상은 실재(實在)가 아니라 어리석고 허망한 분별이라는 법공(法空)의 두 가지가 있음.

101) 원(願) : 바란다는 뜻으로, 바라는 것을 반드시 얻으려는 희망. 서원(誓願).

目淨脩廣妙端嚴, 皎如靑紺蓮花葉.

已證第一淨意樂, 勝奢摩陀到彼岸.

久積無邊淸淨業, 獲得廣大勝名聞.

故我稽首大沙門, 開導希夷寂路者.

旣見大聖以神變, 普現十方無量土.

其中諸佛演說法, 於是一切悉見聞.

法王法力超群生, 常以法財施一切.

能善分別諸法相, 觀第一義摧怨敵.

已於諸法得自在, 是故稽首此法王.

說法不有亦不無, 一切皆得因緣立.

無我無造無受者, 善惡之業亦不亡.

始在佛樹降魔力, 得甘露滅勝菩提.

此中非心意受行, 外道群邪所不測.

三轉法輪於大千, 其輪能寂本性寂.

希有法智天人證, 三寶於是現世間.

以斯妙法濟群生, 無思無怖常安寂.

度生老死大醫王, 稽首無邊功德海.

八法不動如山王, 於善不善俱慈愍.

心行如空平等住, 孰不承敬此能仁.

以斯微蓋奉世尊, 於中普現三千界.

諸天龍神宮殿等, 故禮智見功德身.

十力神變示世間, 一切皆如光影等.

衆睹驚歎未曾有, 故禮十力大智見.

衆會瞻仰大牟尼, 靡不心生清淨信.

各見世尊在其前, 斯則如來不共相.

佛以一音演說法, 衆生隨類各得解.

皆謂世尊同其語, 斯則如來不共相.

佛以一音演說法, 衆生各各隨所解.

普得受行獲其利, 斯則如來不共相.

佛以一音演說法, 或有恐畏或歡喜.

或生厭離或斷疑, 斯則如來不共相.

稽首十力諦勇猛, 稽首已得無怖畏.

稽首至定不共法, 稽首一切大導師.

稽首能斷衆結縛, 稽首已住於彼岸.

稽首普濟苦群生, 稽首不依生死趣.

已到有情平等趣, 善於諸趣心解脫.

牟尼如是善修空, 猶如蓮花不著水.

一切相遣無所遣, 一切願滿無所願.

大威神力不思議, 稽首如空無所住.

5. 보성보살의 질문

그때 보성이 이러한 게송으로 세존을 찬탄하고서 다시 부처님께 아뢰었다.

"이와 같이 오백 명 동자보살(童子菩薩)이 모두 이미 위없이 바르고 평등한 깨달음으로 나아가고자 마음을 내었습니다. 저들은 함께 저에게 아름답게 꾸며진 깨끗한 불국토에 대하여 물었습니다. 원컨대 여래께서 저들을 불쌍히 여기셔서 깨끗한 불국토의 모습을 말씀해 주십시오. 어떻게 보살은 깨끗한 불국토를 수행(修行)합니까?"

이 말을 끝내자 부처님이 보성에게 말씀하셨다.

"좋구나, 좋구나! 그대는 지금 모든 보살을 위하여 여래에게 깨끗한 불국토의 모습과 보살이 깨끗한 불국토를 수행하는 것을 잘 물었다. 그대들은 이제 잘 듣고 잘 생각하여라. 이제 그대들을 위하여 분별하여 설명하리라."

이에 보성과 모든 보살들은 함께 이렇게 말했다.

"훌륭하십니다, 세존이시여! 말씀해 주십시오. 저희들은 이제 모두 듣기를 바랍니다."

그때 세존께서 보살의 무리에게 말씀하셨다.

"모든 중생의 땅이 곧 보살의 아름답고 깨끗한 불국토이다.

까닭이 무엇인가?

모든 착한 남자[102]들이여!

모든 보살은, 모든 중생이 성숙하고[103] 이익을 얻음에 따라 곧장 아름답고 깨끗한 불국토를 거두어들이고,[104]

---

102) 선남자(善男子) : 선남(善男), 청신사(淸信士), 신사(信士)라고도 하며, 부처님을 믿고 불법을 배우는 남자 신도를 가리키는 말.

103) 증장(增長) : 횡증수장(橫增竪長). 가로로 커지고, 세로로 자라나는 것. 지혜가 성숙해지는 것을 가리킴.

104) 섭수(攝受) : ①중생의 사정을 받아들여 진실한 가르침에 들어가게 함. 곧 중생을 교화(敎化)하는 순적(順的) 방법. 이에 대한 역적(逆的) 방법은 절복(折伏). ②부처님의 자비심으로 중생을 받아들이고 용납하여 교화(敎化)하는 것.

모든 중생이 여러 가지 깨끗한 공덕을 일으키는[105] 것을 따라 곧장 아름답고 깨끗한 불국토를 거두어들이고,

모든 중생이 마땅히 이와 같은 아름답고 깨끗한 불국토를 가지고 조복을 얻음을 따라 곧장 이와 같은 불국토를 거두어들이고,

모든 중생이 마땅히 이와 같이 깨끗한 불국도를 가지고 부처님의 지혜 속으로 깨달아 들어가는 것을 따라 곧장 이와 같은 불국토를 거두어들이고,

모든 중생이 마땅히 이와 같이 아름답고 깨끗한 불국토를 가지고 성인(聖人)의 근행(根行)[106]을 일으킴을 따라 곧장 이와 같은 불국토를 거두어들인다.

까닭이 무엇인가? 모든 착한 남자들이여!

보살이 아름답고 깨끗한 불국토를 거두어들이는 것은 모두 중생의 성숙과 이익을 위한 것이고, 중생이 여러 가지 깨끗한 공덕을 일으키도록 하기 위한 것이다.

여러 착한 남자들이여!

비유하면, 어떤 사람이 빈터에 집을 지으면서 다시 집을 꾸미고자 한다면 자기 뜻에 따라 장애가 없겠지만, 만약 허공에다 집을 짓고자 한다면 결코 짓지 못하는 것과 같다.

보살도 이와 같아서, 모든 법이 전부 허공과 같음을 알면서도, 오직 중생의 성숙과 이익을 위하고 중생이 깨끗한 공덕을 내도록 하기 위하

---

105) 발기(發起) : 물체가 처음 생김. 기획하기 시작하는 것. 생각을 냄.
106) 근행(根行) : 수행 능력. 근(根)은 중생이 갖추고 있는 성불(成佛)할 능력, 소질. 행(行)은 그 성불할 능력을 실행하여 발휘하는 것.

여 곧 이와 같은 불국토를 거두어들이는 것이다. 그러니 이와 같은 깨끗한 불국토를 거두어들이는 것은 허공에서가 아니다.

또[107] 보성아, 그대들은 마땅히 알아야 한다.

위없는 깨달음의 마음을 낸 땅이 곧 보살의 아름답고 깨끗한 불국토이니, 보살이 큰 깨달음을 얻을 때에 모든 대승(大乘)의 마음을 낸 중생이 그 나라에 와서 태어난다.

깨끗한 염원(念願)의 땅이 곧 보살의 아름답고 깨끗한 불국토이니, 보살이 큰 깨달음을 얻을 때에 아첨하지 않고 속이지 않는 중생이 그 나라에 와서 태어난다.

좋은 가행(加行)[108]의 땅이 곧 보살의 아름답고 깨끗한 불국토이니, 보살이 큰 깨달음을 얻을 때에 묘하고 좋은 가행에 머물고자 마음을 낸 모든 중생이 그 나라에 와서 태어난다.

뛰어난 염원의 땅이 곧 보살의 아름답고 깨끗한 불국토이니, 보살이 큰 깨달음을 얻을 때에 선법(善法)[109]을 다 갖추어 성취한 중생이 그 나라에 와서 태어난다.

보시를 실천하는 땅이 곧 보살의 아름답고 깨끗한 불국토이니, 보살이 큰 깨달음을 얻을 때에 재물을 잘 내버리는 모든 중생이 그 나라에 와서 태어난다.

---

107) 부차(復次) : 또. 거듭해서. 재차(再次).
108) 가행(加行) : ①행위를 할 준비. 준비 단계의 노력. ②어떤 일을 하기 위하여 방편으로 하는 준비의 수행. 정행(正行)에 대한 예비로서 공용(功用)을 가하여 행하는 방편.
109) 선법(善法) : ←악법. 좋은 교법(敎法). 5계 · 10선 · 3학 · 6도 등 이치에 맞고, 자기를 이익케 하는 법.

깨끗한 계(戒)를 실천하는 땅이 곧 보살의 아름답고 깨끗한 불국토이니, 보살이 큰 깨달음을 얻을 때에 십선업도(十善業道)[110]와 염원을 두루 성취한 중생이 그 나라에 와서 태어난다.

인욕(忍辱)[111]을 실천하는 땅이 곧 보살의 아름답고 깨끗한 불국토이니, 보살이 큰 깨달음을 얻을 때에 32상(相)으로 그 몸을 꾸미고 참고 견디며 부드럽게 조화하는 조용한 중생이 그 나라에 와서 태어난다.

정진(精進)을 실천하는 땅이 곧 보살의 아름답고 깨끗한 불국토이니, 보살이 큰 깨달음을 얻을 때에 용맹하게 정진을 잘 하는 모든 중생이 그 나라에 와서 태어난다.

선정(禪定)[112]를 실천하는 땅이 곧 보살의 아름답고 깨끗한 불국토이니, 보살이 큰 깨달음을 얻을 때에 바른 생각 · 바른 앎 · 바른 선정(禪定)을 두루 성취한 중생이 그 나라에 와서 태어난다.

반야(般若)[113]를 실천하는 땅이 곧 보살의 아름답고 깨끗한 불국토이니, 보살이 큰 깨달음을 얻을 때에 이미 바른 선정에 든 모든 중생이 그

---

110) 십선업도(十善業道) : 십선행(十善行) · 십선업(十善業) · 십선(十善)이라고도 한다. 열 가지의 선한 행위를 말하는데, 십악(十惡)의 반대말이다. 십악이란, 살생(殺生) · 투도(偷盜) · 사음(邪婬) · 망어(妄語: 거짓말을 하는 것) · 양설(兩舌) · 악구(惡口) · 기어(綺語: 재미있게 꾸며 만드는 말) · 탐욕(貪慾) · 진에(瞋恚: 화내고 미워하는 것) · 사견(邪見: 잘못된 견해를 말함) 등을 말한다. 이상의 십악을 행하지 않는 것을 십선이라고 하는데, 불살생(不殺生)에서 불사견(不邪見)까지를 뜻한다. 즉 죽이지 않는다, 훔치지 않는다, 사음하지 않는다, 망어하지 않는다, 욕하지 않는다, 기어하지 않는다, 양설하지 않는다, 탐욕하지 않는다, 화내지 않는다, 사견을 품지 않는다 등이다.

111) 안인(安忍) : 마음이 안정되어 안팎의 장애에 흔들리지 않고 끝까지 참고 나아가는 것. 육바라밀의 인욕(忍辱)과 같음.

112) 정려(靜慮) : 선정(禪定)과 같음.

113) 반야(般若) : 지혜(智慧)라 번역. 깨달음의 지혜이니 곧 깨달음이다.

나라에 와서 태어난다.

사무량(四無量)¹¹⁴)의 땅이 곧 보살의 아름답고 깨끗한 불국토이니, 보살이 큰 깨달음을 얻을 때에 자비희사(慈悲喜捨)에 늘 머무는 중생이 그 나라에 와서 태어난다.

사섭사(四攝事)¹¹⁵)의 땅이 곧 보살의 아름답고 깨끗한 불국토이니, 보살이 큰 깨달음을 얻을 때에 해탈로 이끌어진 모든 중생이 그 나라에 와서 태어난다.

뛰어난 방편의 땅이 곧 보살의 아름답고 깨끗한 불국토이니, 보살이 큰 깨달음을 얻을 때에 모든 법문(法門)을 뛰어나게 잘 관찰하는 중생이 그 나라에 와서 태어난다.

삼십칠보리분법(三十七菩提分法)¹¹⁶)을 실천하는 땅이 곧 보살의 아름답고 깨끗한 불국토이니, 보살이 큰 깨달음을 얻을 때에 모든 4념처(念

---

114) 사무량(四無量) : 사무량심(四無量心). 중생을 어여삐 여기는 한량없는 네 가지 마음인 자비희사(慈悲喜捨). ①자무량심(慈無量心). 무진(無瞋)을 체(體)로 하고, 한량없는 중생에게 즐거움을 주려는 마음. ②비무량심(悲無量心). 무진(無瞋)을 체(體)로 하고, 남의 고통을 벗겨 주려는 마음. ③희무량심(喜無量心). 희수(喜受)를 체로 하고, 다른 이로 하여금 고통을 여의고 즐거움을 얻어 희열(喜悅)케 하려는 마음. ④사무량심(捨無量心). 무탐(無貪)을 체로 하여 원(怨) · 친(親)의 구별을 두지 않고 중생을 평등하게 보려는 마음.

115) 사섭사(四攝事) : 사섭법(四攝法). 고통 세계의 중생을 구제하려는 보살이, 중생을 불도에 이끌어 들이기 위한 네 가지 방법. ①보시섭(布施攝). 상대편이 좋아하는 재물이나 법을 보시하여 친절한 정의(情誼)를 감동케 하여 이끌어 들임. ②애어섭(愛語攝). 부드럽고 온화한 말을 하여 친해서 이끌어 들임. ③이행섭(利行攝). 동작 · 언어 · 의념(意念)에 선행(善行)으로 중생을 이익케 하여 이끌어 들임. ④동사섭(同事攝). 상대편의 근성(根性)을 따라 변신(變身)하여 친하며, 행동을 같이하여 이끌어 들임.

116) 삼십칠보리분법(三十七菩提分法) : 삼십칠조도품(三十七助道品). 열반의 이상경(理想境)에 나아가기 위하여 닦는 도행(道行)의 종류. 4념처(念處) · 4정근(正勤) · 4여의족(如意足) · 5근(根) · 5력(力) · 7각분(覺分) · 8정도분(正道分).

處)[117] · 4정근(正勤)[118] · 4여의족(如意足)[119] · 5근(根)[120] · 5력(力)[121] · 7각지(覺支)[122] · 8정도(正道)[123]에 두루 통달한 중생이 그 나라에 와서 태어난다.

---

117) 사념처(四念處): 신역(新譯)은 사념주(四念住). 소승의 수행자가 3현위(賢位)에서 5정심관(停心觀) 다음에 닦는 관(觀). 신념처(身念處) · 수념처(受念處) · 심념처(心念處) · 법념처(法念處). (1)신념처. 부모에게 받은 육신이 깨끗하지 못하다고 관하는 것. (2)수념처. 우리의 마음에 즐거움이라고 하는 음행 · 자녀 · 재물 등을 보고, 참 즐거움이 아니고 모두 고통이라고 관하는 것. (3)심념처. 우리의 마음은 항상 그대로 있는 것이 아니고, 늘 변화 생멸하는 무상(無常)한 것이라고 관하는 것. (4)법념처. 위의 셋을 제하고, 다른 만유(萬有)에 대하여 실로 자아(自我)인 실체(實體)가 없으며, 또 나에게 속한 모든 물건을 나의 소유물이라고 하는 데 대해서도, 모두 일정한 소유자(所有者)가 없다고, 무아관(無我觀)을 하는 것. 이 사념처관을 신(身) · 수(受) · 심(心) · 법(法)의 순서로 따로따로 관하는 것을 별상념처관(別相念處觀), 총합하여 관하는 것을 총상념처관(總相念處觀)이라 함.

118) 사정근(四正勤): 사정단(四正斷) · 사정승(四正勝) · 사의단(四意端) · 사의단(四意斷). 열반에 나아가기 위하여 수행함에 37류(類)가 있는 중에 4념처(念處)의 다음에 닦는 법. 선법(善法)을 더욱 자라게 하고, 악법(惡法)을 멀리 여의려고 부지런히 수행하는 네 가지 법. ①이미 생긴 악을 없애려고 부지런함. ②아직 생기지 않은 악을 미리 방지하려고 부지런함. ③이미 생긴 선을 더욱더 자라게 하려고 부지런함. ④아직 생기지 않은 선을 생기도록 부지런히 행함.

119) 사여의족(四如意足): 사여의분(四如意分) · 사신족(四神足)이라고도 함. 여의는 뜻대로 자유자재한 신통, 족은 신통이 일어나는 받침이 되는 뜻으로 여의족이라 한다. 이 여의족을 얻는 수단에 욕(欲) · 정진(精進) · 심(心) · 사유(思惟)의 넷이 있으므로, 일어나는 원인에 의하여 여의족을 나눈다. 욕여의족 · 정진여의족 · 심여의족 · 사유여의족.

120) 오근(五根): 5력(力)이라고도 함. 보리에 도달하기 위한 뿌리가 되는 유력한 5종. 신근(信根) · 진근(進根) · 염근(念根) · 정근(定根) · 혜근(慧根).

121) 오력(五力): 불교에 대한 실천 방면의 기초적 덕목(德目)이 되는 5종. (1)신력(信力). 불법을 믿고 다른 것을 믿지 않는 것. (2)진력(進力). 선을 짓고 악을 폐하기를 부지런히 하는 것. (3)염력(念力). 생각을 바르게 하고 사특한 생각을 버리는 것. (4)정력(定力). 선정(禪定)을 닦아 어지러운 생각을 없게 하는 것. (5)혜력(慧力). 지혜를 닦아 불교의 진리인

122) 칠각지(七覺支): 칠각분(七覺分). 열반에 이르기 위하여 닦는 37가지 도행(道行) 가운데 제6. 칠보리분(七菩提分) · 칠각의(七覺意) · 칠각(七覺)이라고도 함. 불도를 수행하

회향(廻向)[124]을 실천하는 땅이 곧 보살의 아름답고 깨끗한 불국토이니, 보살이 큰 깨달음을 얻을 때에 그 나라는 온갖 덕(德)을 모두 갖추어 아름답게 꾸민다.

는 데, 지혜로써 참되고 거짓되고 선하고 악한 것을 살펴서 골라내고 알아차리는 데 7종이 있다. (1)택법각분(擇法覺分). 지혜로 모든 법을 살펴서 선한 것은 골라내고, 악한 것은 버리는 것. (2)정진각분(精進覺分). 여러 가지 수행을 할 때에 쓸데없는 고행은 그만두고, 바른 도에 전력하여 게으르지 않는 것. (3)희각분(喜覺分). 참된 법을 얻어서 기뻐하는 것. (4)제각분(除覺分). 그릇된 견해나 번뇌를 끊어 버릴 때에 능히 참되고 거짓됨을 알아서 올바른 선근을 기르는 것. (5)사각분(捨覺分). 바깥 경계에 집착하던 마음을 여읠 때 거짓되고 참되지 못한 것을 기억하는 마음을 버리는 것. (6)정각분(定覺分). 정에 들어서 번뇌 망상을 일으키지 않는 것. (7)염각분(念覺分). 불도를 수행함에 있어서 잘 생각하여 정(定)·혜(慧)가 고르게 하는 것. 만일 마음이 혼침하면 택법각분·정진각분·희각분으로 마음을 일깨우고, 마음이 들떠서 흔들리면 제각분·사각분·정각분으로 마음을 고요하게 함.

123) 팔정도(八正道) : 팔성도지(八聖道支)·팔정도분(八正道分)·팔정도지(八正道支). 불교의 실천 수행하는 중요한 종목을 8종으로 나눈 것. 이것이 중정(中正)·중도(中道)의 완전한 수행법이므로 정도(正道), 성인의 도이므로 성도(聖道), 또 8종으로 나누었으므로 지(支), 또는 분(分)이라 한다. 정견(正見)·정사유(正思惟)·정어(正語)·정업(正業)·정명(正命)·정정진(正精進)·정념(正念)·정정(正定)의 8가지. 부처님이 최초의 설법에서 설하셨으며 4제·12인연과 함께 불교의 원시적 근본 교의가 되는 것.

124) 회향(廻向) : 회전취향(廻轉趣向). 자기가 닦은 선근 공덕을 다른 중생이나 또는 불과(佛果)에 돌려 향함.『대승의장(大乘義章)』에 3종 회향을 말함. (1)중생회향(衆生廻向). 자기가 지은 선근 공덕을 다른 중생에게 회향하여 공덕 이익을 주려는 것이니, 불·보살의 회향과, 세속에서 영가(靈駕)를 천도하기 위한 독경 등이 그것. (2)보리회향(菩提廻向). 자기가 지은 온갖 선근을 회향하여 보리의 과덕(果德)을 얻으려고 취구(趣求)하는 것. (3)실제회향(實際廻向). 자기가 닦은 선근 공덕으로 무위적정(無爲寂靜)한 열반을 취구하는 것. 또 일반적으로는 왕상회향(往相廻向)과 환상회향(還相廻向)이 있음. 왕상회향은, 자기가 지은 과거와 금생의 선근 공덕을 중생에게 베풀어서 함께 정토에 왕생하기를 원하는 것. 환상회향은, 정토에 왕생한 뒤에 다시 대비심을 일으켜 이 세계에 돌아와서 중생을 교화하여 함께 불도에 들게 하는 것.

팔무가(八無暇)[125]를 없애기를 잘 말하는 땅이 곧 보살의 아름답고 깨끗한 불국토이니, 보살이 큰 깨달음을 얻을 때에 그 나라에서 악취(惡趣)와 무가(無暇)를 영원히 벗어난다.

스스로 계행(戒行)[126]을 지키고 남을 비난하지 않는 땅이 곧 보살의 아름답고 깨끗한 불국토이니, 보살이 큰 깨달음을 얻을 때에 그 나라에는 계율[127]을 어긴다는 말이 없다.

십선업도(十善業道)가 지극히 깨끗한 땅이 곧 보살의 아름답고 깨끗한 불국토이니, 보살이 큰 깨달음을 얻을 때에 수명이 결정되고, 범행(梵行)[128]을 매우 풍부하게 하고, 하는 말이 참되고, 늘 부드럽게 말하고, 권속(眷屬)이 떠나지 않고, 비밀한 뜻을 잘 말하고, 모든 탐욕에서 떠나고, 마음에 분노가 없고, 바르게 보는 중생이 그 나라에 와서 태어난다.

---

125) 팔무가(八無暇) : 팔난(八難). 부처님을 보지도 법을 듣지도 못하는 여덟 가지 장애. ①지옥(地獄) · ②축생(畜生) · ③아귀(餓鬼) (이 삼악도(三惡道)는 고통이 심해서 불법을 듣지 못한다). ④장수천(長壽天; 오래도록 살고 죽지 않기 때문에 구도심(求道心)이 일어나지 않는다) · ⑤울단월(鬱單越) 변지(邊地)라고도 함. 이곳은 즐거움이 너무 많아서 불법을 듣지 않는다) · ⑥농맹음아(聾盲瘖瘂; 귀먹고 눈멀고 말 못하는 결함 때문에 불법을 배우지 못한다) · ⑦세지변총(世智辨聰; 세속의 지혜와 판단력이 뛰어나 불법을 들으려 하지 않는다) · ⑧불전불후(佛前佛後; 부처님을 만나지 못하기 때문에 불법을 배우지 못한다).

126) 계행(戒行) : 계를 받은 뒤, 계법(戒法)의 조목에 따라 이를 실천 수행하는 것.

127) 계금(戒禁) : 금계(禁戒). 계율(戒律). 금지하는 계(戒)라는 뜻.

128) 범행(梵行) : 범(brahmacara)은 청정(淸淨) · 적정(寂靜)의 뜻. 맑고 깨끗한 행실. 정행(淨行)과 같음. ① 더럽고 추한 음욕을 끊는 것을 범행이라 한다. 곧 범천(梵天)의 행이란 말. ② 공(空) · 유(有)의 양쪽에 치우쳐 물들지 않고, 맑고 깨끗한 자비심으로 중생의 고통을 건지고 낙을 주는 보살행을 가리킨다. 일반적으로는 불교 수행자의 바른 행위를 가리킨다.

모든 착한 남자들이여, 이와 같이 보살이 발보리심(發菩提心)[129]을 따르면 순수하고 깨끗한 염원이 있고, 그 순수하고 깨끗한 염원을 따르면 묘하고 좋은 가행(加行)이 있고, 그 묘하고 좋은 가행을 따르면 더욱 커다란 염원이 있고, 그 더욱 커다란 염원을 따르면 지식(止息)[130]이 있고, 그 지식을 따르면 발기(發起)[131]가 있고, 그 발기를 따르면 회향(廻向)이 있고, 그 회향을 따르면 적정(寂靜)이 있고, 그 적정을 따르면 깨끗한 중생이 있고, 그 깨끗한 중생을 따르면 아름답고 깨끗한 불국토가 있고, 그 아름답고 깨끗한 불국토를 따르면 깨끗한 법(法)의 가르침이 있고, 그 깨끗한 법의 가르침을 따르면 깨끗하고 묘한 복(福)이 있고, 그 깨끗하고 묘한 복을 따르면 깨끗하고 묘한 혜(慧)[132]가 있고, 그 깨끗하고 묘한 혜를 따르면 깨끗하고 묘한 지(智)[133]가 있고, 그 깨끗하고 묘한 지를 따르면 깨끗하고 묘한 행(行)이 있고, 그 깨끗하고 묘한 행을 따르면 깨끗한 자기 마음이 있고, 그 깨끗한 자기 마음을 따르면 온갖 깨끗하고 묘한 공덕이 있다.

---

129) 발보리심(發菩提心) : 줄여서 발심(發心)이라고도 한다. 깨달음을 얻겠다는 마음인 보리심(菩提心)을 내는 것. 위로는 무상(無上)의 보리를 구하고, 아래로는 중생을 교화하려는 큰 뜻을 일으킴.

130) 지식(止息) : ①고통이 멈추어 사라지는 것. ②사마타(奢摩他, śamatha)의 역어(譯語). 망념(妄念)이 쉬어지는 것.

131) 발기(發起) : ①나타나기 시작함. 나타남. 생겨남. ②마음을 일으키는 것. 결심하는 것. 깨달음을 구하려고 마음을 내는 것.

132) 혜(慧) : prajñā의 의역(意譯). 반야(般若)라 음역. 사물의 이치를 추리하는 정신작용. 심소(心所)의 이름.

133) 지(智) : Jnāna 사나(闍那)·야나(若那)라 음역. 결단(決斷)하는 뜻. 앎. 지식. 모든 사상(事象)과 도리에 대하여 그 옳고 그름을 분별 판단하는 마음의 작용. 지는 혜(慧)의 여러 작용 가운데 하나이나, 지혜(知慧)라 붙여서 쓴다. 불교에서는 오계(悟界)의 진인(眞因)은 지를 얻는 데 있다 하고, 불과(佛果)에 이르러서도 지를 주덕(主德)으로 한다.

모든 착한 남자들이여, 이 까닭에 보살이 만약 아름답고 깨끗한 불국토를 부지런히 닦고자 한다면 먼저 마땅히 방편에 응하여 자기의 마음을 아름답고 깨끗하게 해야 한다. 까닭이 무엇인가? 모든 보살 자신의 마음이 아름답고 깨끗함을 따르면 이와 같은 아름답고 깨끗한 불국토를 얻는다."

그때 사리자(舍利子)가 부처님의 위신력을 받아서 이렇게 생각하였다.

"만약 모든 보살의 마음이 아름답고 깨끗하기 때문에 불국토가 아름답고 깨끗하다면, 우리 세존께서 보살 노릇을 하실 때에는 마음이 아름답고 깨끗하지 못하기 때문에 불국토가 이렇게 복잡하고 더러운 것인가?"

부처님께서 그러한 생각을 알아채시고서 곧 그에게 말씀하셨다.

"어떻게 생각하느냐? 세간의 해와 달이 어찌 깨끗하지 않느냐? 그렇지만 눈이 멀었는데도 그 깨끗함을 보겠느냐?"

수보리가 대답하였다.

"아닙니다. 그것은 눈먼 사람의 허물이지, 해와 달이 더러운 것이 아닙니다."

부처님께서 말씀하셨다.

"그와 같이 중생이 죄(罪) 때문에 세존의 불국토가 아름답고 깨끗함을 보지 못하는 것이지, 여래가 더러운 것은 아니니라. 사리자여, 나의 국토는 아름답고 깨끗하지만, 그대가 보지 못할 뿐이다."

그때 지계범왕이 수보리에게 말했다.

"이 불국토가 아름답고 깨끗하지 않다고 생각하지 마시오. 까닭이 무엇인가? 이와 같은 불국토는 가장 아름답고 깨끗하기 때문입니다."

사리자가 말했다.

"대범천왕(大梵天王)이여, 지금 이 불국토가 아름답고 깨끗합니까?"

지계범왕이 말했다.

"그렇습니다, 사리자여. 비유하면, 타화자재천(他化自在天)[134]의 궁전이 헤아릴 수 없이 보배로운 공덕으로 아름답게 꾸며진 것과 같습니다. 내가 보건대, 세존이신 석가모니의 불국토가 아름답고 깨끗함도 역시 마찬가지여서 헤아릴 수 없이 보배로운 공덕으로 아름답게 꾸며져 있습니다."

사리자가 말했다.

"대범천왕이여, 내가 보건대, 이 국토에는 그 땅이 높고 낮으며, 언덕이 있고 골짜기가 있고 독침이 있고 자갈이 있는 등 흙과 돌로 된 모든 산은 더럽고 나쁜 것들로 가득 차 있습니다."

지계범왕이 말했다.

"그렇습니다, 대존자시여! 마음에 아름답지도 않고 깨끗하지도 않은 높고 낮음이 있기 때문에, 부처님의 지혜와 염원 역시 그렇다고 여깁니다. 그 까닭에 불국토가 아름답지도 않고 깨끗하지도 않게 보입니다. 모든 보살들처럼 모든 중생이 그 마음이 평등하고 공덕이 아름답고 깨끗하여 부처님의 지혜와 염원 역시 그렇다고 여긴다면, 곧 불국토가 가

---

134) 타화자재천(他化自在天)：Paranirmitava-śavarti deva. 파라유마바사(波羅維摩婆奢)라 음역. 타화천(他化天)·제6천이라고도 함. 6욕천(欲天)의 하나. 욕계의 가장 높은 데에 있는 하늘. 욕계천의 임금인 마왕이 있는 곳. 이 하늘은 남이 변해 나타내는 즐거운 일을 자유롭게 자기의 쾌락으로 삼는 까닭에 타화자재천이라 함. 이 하늘의 남녀는 서로 마주 보는 것만으로 음행이 만족하고, 아들을 낳으려는 생각을 일으키기만 해도 아들이 무릎 위에 나타난다고 함. 또 이 하늘 사람의 키는 3리(里), 수명은 1만 6천세. 이 하늘의 1일 은 인간의 1천 6백 년에 해당.

장 아름답고 가장 깨끗하게 보일 것입니다."

그때 세존께서 모든 무리들이 마음에 망설임을 품고 있는 것을 아시고는 곧 발가락을 가지고 이 대지(大地)를 쓰다듬으니, 즉시 삼천대천세계가 헤아릴 수 없이 묘하고 보배롭고 아름답게 꾸며졌는데, 마치 공덕보장엄불(功德寶莊嚴佛)이 헤아릴 수 없는 공덕으로써 국토를 보배롭고 아름답게 꾸미는 것과 같았다. 모든 무리들이 처음 있는 일이라고 찬탄하였는데, 모두 스스로가 보배 연꽃 자리에 앉아 있는 것을 보았다.

그때 세존께서 사리불에게 말씀하셨다.

"그대는 이렇게 온갖 공덕으로 아름답게 꾸며진 깨끗한 불국토를 보느냐?"

사리자가 말했다.

"그렇습니다, 세존이시여! 이전에는 보이지 않았고 들리지 않았는데, 이제는 이 불국토의 아름답고 깨끗함이 전부 드러났습니다."

세존께서 사리자에게 말씀하셨다.

"나의 불국토는 늘 이와 같이 깨끗하지만, 못난 중생의 지혜를 성숙시키려[135] 하기 때문에 헤아릴 수 없는 허물이 있는 더러운 땅을 드러내는 것일 뿐이다.

사리자여, 비유하면 삼십삼천(三十三天)[136]이 모두 보배 그릇으로 밥

---

135) 성숙유정(成熟有情) : 유정(有情) 즉 중생의 지혜를 성숙시켜서 부처로 만들다. 중생의 지혜를 성숙시키다. 성취중생(成就衆生)과 같음.

136) 삼십삼천(三十三天) : 욕계의 6천의 제 2천인 도리천(忉利天)을 가리키는 이름.'도리'는 33의 음사(音寫)이며 삼십삼천(三十三天)으로 의역한다. 도리천은 세계의 중심인 수미산(須彌山:Sumeru)의 정상에 있으며 제석천의 천궁(天宮)이 있다. 사방에 봉우리가 있으며, 그 봉우리마다에 8천이 있기 때문에 제석천과 합하여 33천이 된다. 이 33이란 숫자는 불교 고유의 것이 아니라, 이미 《베다[吠陀] : Veda》에 천(天)·공(空)·지(地)의 3계에

을 먹지만, 그 업을 따라서 먹는 음식이 달라지는 것과 같다.

이와 같이 사리자여, 헤아릴 수 없는 중생이 하나의 불국토에 태어나지만, 그 마음의 깨끗하고 더러움을 따라 보이는 것들이 달라진다.

만약 사람의 마음이 깨끗하면, 곧 이 땅이 헤아릴 수 없는 공덕과 묘한 보배로써 꾸며져 있음을 볼 것이고, 부처님도 이 아름답고 깨끗한 땅에 나타나실 것이다."

그때 보성이 거느린 500동자들이 모두 무생법인(無生法忍)을 얻었고, 8만 4천의 모든 중생이 모두 위없는 바르고 평등한 깨달음의 마음을 내었다.

그때 불세존(佛世尊)께서 곧 신령스러운 발을 거두어들이시니, 이에 세계는 다시 이전과 같이 되돌아왔다.

성문승(聲聞乘)을 구하는 3만 2천의 모든 하늘과 사람들은 유위법(有爲法)이 모두 무상(無常)함을 알고서 번뇌를 멀리 벗어나 법을 보는 깨끗한 눈을 얻었고, 8천 비구도 바깥 경계를 뒤쫓던 모든 번뇌망상[137]을 영원히 벗어나 마음이 잘 해탈하였다.

爾時寶性, 說此伽他讚世尊已, 復白佛言:"如是五百童子菩薩, 皆已發趣阿耨多羅三藐三菩提. 彼咸問我嚴淨佛土. 唯願如來哀愍爲說淨佛土相. 云何菩薩修淨佛土?"作是語已, 佛言寶性:"善哉善哉!

33신(神)이 있다고 기록되어 있다. 이러한 사상이 불교에 수용되어 하나의 우주관을 형성하고 있는 것이다. 후세 대승불교의 정토(淨土)신앙은 이 도리천 사상이 발전한 형태라고 볼 수 있다.

137) 유루(有漏) : ↔ 무루(無漏). 루(漏)는 누설(漏泄)된다는 뜻. 우리의 6문(門)으로 누설되는 것. 곧 번뇌를 가리킴. 사제(四諦) 가운데 고제(苦諦)·집제(集諦)를 유루라 함.

汝今乃能爲諸菩薩, 請問如來淨佛土相, 及問菩薩修淨佛土. 汝今諦聽, 善思念之. 當爲汝等分別解說." 於是寶性及諸菩薩, 咸作是言: "善哉, 世尊! 唯願爲說, 我等今者皆希聽受."

爾時世尊, 告衆菩薩: "諸有情土是爲菩薩嚴淨佛土. 所以者何? 諸善男子!

一切菩薩隨諸有情增長饒益, 卽便攝受嚴淨佛土,

隨諸有情發起種種淸淨功德, 卽便攝受嚴淨佛土,

隨諸有情應以如是嚴淨佛土而得調伏, 卽便攝受如是佛土,

隨諸有情應以如是嚴淨佛土悟入佛智, 卽便攝受如是佛土,

隨諸有情應以如是嚴淨佛土起聖根行, 卽便攝受如是佛土.

所以者何? 諸善男子!

菩薩攝受嚴淨佛土, 皆爲有情增長饒益, 發起種種淸淨功德.

諸善男子! 譬如有人欲於空地造立宮室或復莊嚴, 隨意無礙, 若於虛空, 終不能成. 菩薩如是, 知一切法皆如虛空, 唯爲有情增長饒益生淨功德, 卽便攝受如是佛土. 攝受如是淨佛土者非於空也.

復次寶性, 汝等當知.

發起無上菩提心土, 是爲菩薩嚴淨佛土, 菩薩證得大菩提時, 一切發起大乘有情來生其國.

純意樂土, 是爲菩薩嚴淨佛土, 菩薩證得大菩提時, 所有不諂不誑有情來生其國.

善加行土, 是爲菩薩嚴淨佛土, 菩薩證得大菩提時, 發起住持妙善加行一切有情來生其國.

上意樂土, 是爲菩薩嚴淨佛土, 菩薩證得大菩提時, 具足成就善法

有情來生其國.

　修布施土, 是爲菩薩嚴淨佛土, 菩薩證得大菩提時, 一切能捨財法有情來生其國.

　修淨戒土, 是爲菩薩嚴淨佛土, 菩薩證得大菩提時, 圓滿成就十善業道意樂有情來生其國.

　修安忍土, 是爲菩薩嚴淨佛土, 菩薩證得大菩提時, 三十二相莊嚴其身堪忍柔和寂靜有情來生其國.

　修精進土, 是爲菩薩嚴淨佛土, 菩薩證得大菩提時, 諸善勇猛精進有情來生其國.

　修靜慮土, 是爲菩薩嚴淨佛土, 菩薩證得大菩提時, 具足成就正念正知正定有情來生其國.

　修般若土, 是爲菩薩嚴淨佛土, 菩薩證得大菩提時, 一切已入正定有情來生其國.

　四無量土, 是爲菩薩嚴淨佛土, 菩薩證得大菩提時, 常住慈悲喜捨有情來生其國.

　四攝事土, 是爲菩薩嚴淨佛土, 菩薩證得大菩提時, 諸有解脫所攝有情來生其國.

　巧方便土, 是爲菩薩嚴淨佛土, 菩薩證得大菩提時, 善巧觀察諸法有情來生其國.

　修三十七菩提分土, 是爲菩薩嚴淨佛土, 菩薩證得大菩提時, 通達一切念住·正斷·神足·根·力·覺支·道支圓滿有情來生其國.

　修迴向土, 是爲菩薩嚴淨佛土, 菩薩證得大菩提時, 其國具足衆德莊嚴.

善說息除八無暇土, 是爲菩薩嚴淨佛土, 菩薩證得大菩提時, 其國永離惡趣無暇.

自守戒行不譏彼土, 是爲菩薩嚴淨佛土, 菩薩證得大菩提時, 其國無有犯禁之名.

十善業道極清淨土, 是爲菩薩嚴淨佛土, 菩薩證得大菩提時, 壽量決定, 大富梵行, 所言誠諦, 常以軟語, 眷屬不離, 善宣密意, 離諸貪欲, 心無瞋恚, 正見有情來生其國.

諸善男子, 如是菩薩隨發菩提心則有純淨意樂, 隨其純淨意樂則有妙善加行, 隨其妙善加行則有增上意樂, 隨其增上意樂則有止息, 隨其止息則有發起, 隨其發起則有迴向, 隨其迴向則有寂靜, 隨其寂靜則有清淨有情, 隨其清淨有情則有嚴淨佛土, 隨其嚴淨佛土則有清淨法教, 隨其清淨法教卽有清淨妙福, 隨其清淨妙福則有清淨妙慧, 隨其清淨妙慧則有清淨妙智, 隨其清淨妙智則有清淨妙行, 隨其清淨妙行則有清淨自心, 隨其清淨自心則有清淨諸妙功德.

諸善男子, 是故, 菩薩若欲勤修嚴淨佛土, 先應方便嚴淨自心. 所以者何? 隨諸菩薩自心嚴淨, 卽得如是嚴淨佛土."

爾時, 舍利子, 承佛威神, 作如是念 :"若諸菩薩心嚴淨故佛土嚴淨, 而我世尊行菩薩時, 心不嚴淨故, 是佛土雜穢若此?"

佛知其念卽告之言:"於意云何? 世間日月豈不淨耶? 而盲不見?"

對曰:"不也. 是盲者過, 非日月咎."

佛言 :"如是衆生罪故, 不見世尊佛土嚴淨, 非如來咎. 舍利子, 我土嚴淨而汝不見."

爾時, 持髻梵王語舍利子 :"勿作是意謂此佛土爲不嚴淨. 所以者何? 如是佛土最極嚴淨."

舍利子言：“大梵天王，今此佛土嚴淨云何?"

持髻梵言：“唯，舍利子. 譬如他化自在天宮，有無量寶功德莊嚴. 我見世尊釋迦牟尼佛土嚴淨，有無量寶功德莊嚴，亦復如是."

舍利子言：“大梵天王，我見此土其地高下，丘陵坑坎毒刺沙礫，土石諸山穢惡充滿."

持髻梵言：“唯，大尊者! 心有高下不嚴淨故，謂佛智慧意樂亦爾. 故見佛土爲不嚴淨. 若諸菩薩於諸有情，其心平等功德嚴淨，謂佛智慧意樂亦爾，便見佛土最極嚴淨."

爾時世尊知諸大眾心懷猶豫，便以足指按此大地，卽時三千大千世界無量百千妙寶莊嚴，譬如功德寶莊嚴佛無量功德寶莊嚴土. 一切大眾歎未曾有，而皆自見坐寶蓮華.

爾時世尊告舍利子：“汝見如是衆德莊嚴淨佛土不?"

舍利子言：“唯然，世尊! 本所不見本所不聞，今此佛土嚴淨悉現."

告舍利子：“我佛國土常淨若此，爲欲成熟下劣有情，是故示現無量過失雜穢土耳. 舍利子，譬如三十三天共寶器食，隨業所招其食有異. 如是，舍利子，無量有情生一佛土，隨心淨穢所見有異. 若人心淨，便見此土無量功德妙寶莊嚴，當佛現此嚴淨土."

時寶性所將五百童子，一切皆得無生法忍，八萬四千諸有情類，皆發無上正等覺心. 時佛世尊卽攝神足，於是世界還復如故. 求聲聞乘三萬二千諸天及人，知有爲法皆悉無常，遠塵離垢得法眼淨，八千苾芻永離諸漏心善解脫.

제2 현불사의방편선교품(顯不思議方便善巧品)

1. 유마힐 소개

그때 광엄성에 이름이 유마힐[138]이라고 불리는 리차비족 대보살이 있었다.

그는 일찍이 헤아릴 수 없는 모든 부처님을 공양하였으며,

모든 부처님이 계신 곳에서 선근(善根)[139]을 깊이 심었으며,

묘한 말솜씨를 얻었으며,

무생법인을 갖추었으며,

모든 총지(總持)[140]를 붙잡았으며,

---

138) 무구칭(無垢稱) : 유마힐의 산스크리트어 이름인 '비말라키르티'를 의역한 것으로, 비말라는 '깨끗함 · 때가 없음'의 뜻이고 키르티는 '이름 · 명(名) · 칭(稱)'의 의미이다. 비말라키르티에 해당하는 음역어는 '비마라힐저'(毗摩羅詰底) 또는 '비마라계리제'(鼻磨羅鷄利帝)가 있다.

139) 선근(善根) : 깨달음을 가져오는 좋은 원인. ①좋은 결과를 가져올 좋은 원인이란 뜻. 선행(善行)을 나무의 뿌리에 비유한 것. 착한 행업의 공덕 선근을 심으면 반드시 선과(善果)를 맺는다 함. ②온갖 선을 내는 근본이란 뜻. 무탐(無貪) · 무진(無瞋) · 무치(無癡)를 3선근이라 일컬음과 같은 것.

140) 총지(總持) : 다라니(陀羅尼)라 음역. 한량없는 뜻을 포함하여 잃지 않게 하는 것. 또 선법(善法)을 잃지 않고, 악법(惡法)을 일어나지 않게 하는 것.

신통을 가지고 놀았으며,

무소외(無所畏)[141]를 얻었으며,

마귀가 미워하는 힘을 막았으며,

깊은 법문(法門)[142]으로 들어갔으며,

반야바라밀[143]에 능하였으며,

방편에 통달하였으며,

대원(大願)[144]을 원만히 성취하였으며,

중생의 염원과 행위를 밝게 알았으며,

---

141) 사무소외(四無所畏) : 불·보살이 설법할 적에 두려운 생각이 없는 지력(智力)의 네 가지. (1)부처님의 4무소외. ①정등각무외(正等覺無畏)는 일체 모든 법을 평등하게 깨달아, 다른 이의 힐난(詰難)을 두려워하지 않음. ②누영진무외(漏永盡無畏)는 온갖 번뇌를 다 끊었노라고 하여, 외난(外難)을 두려워하지 않음. ③설장법무외(說障法無畏)는 보리를 장애하는 것을 말하되, 악법(惡法)은 장애되는 것이라고 말해서 다른 이의 비난을 두려워하지 않음. ④설출도무외(說出道無畏)는 고통 세계를 벗어나는 요긴한 길을 표시해서, 다른 이의 비난을 두려워하지 않음. (2)보살의 4무소외. ①능지무외(能持無畏)는 교법을 듣고 명구문(名句文)과 그 의리(義理)를 잊지 아니하여 남에게 가르치면서 두려워하지 않는 것. ②지근무외(知根無畏)는 대기(對機)의 근성이 예리하고, 우둔함을 알고, 알맞는 법을 말해 주어 두려워하지 않는 것. ③결의무외(決疑無畏)는 다른 이의 의심을 판결하여 적당한 대답을 하여 두려워하지 않는 것. ④답보무외(答報無畏)는 여러 가지 문난(問難)에 대하여 자유자재하게 응답하여 두려워하지 않는 것.

142) 법문(法門) : 법은 가르침 즉 교법(敎法), 문은 드나든다는 뜻. 부처님의 교법은 중생으로 하여금 나고 죽는 고통 세계를 벗어나, 이상경(理想境)인 열반에 들게 하는 문이므로 이렇게 이름.

143) 반야바라밀(般若波羅蜜) : 구족하게는 반야바라밀다(般若波羅蜜多)라 음역. 지도(智度)·도피안(到彼岸)이라 번역. 6바라밀의 하나. 반야는 실상(實相)을 비춰 보는 지혜로서, 나고 죽는 이 언덕을 건너 열반의 저 언덕에 이르는 배나 뗏목과 같으므로 바라밀이라 한다.

144) 대원(大願) : 한없이 넓고 큰 서원(誓願). 중생이 부처 되려는 소원. 부처가 중생을 구제하려는 서원.

중생의 뛰어나고 못난 모든 근기를 잘 알았으며,

반야바라밀이 모두 갖추어졌으며,

법을 말함이 능숙하였으며,

대승(大乘) 속에서 철저히 실천하여 익숙하게 되었으며,

지은 업(業)을 잘 생각하였으며,

부처님의 위엄 있는 용모[145]에 머물렀으며,

마음의 지혜 바다에 들어갔다.

모든 부처님이 법을 드러내어 말하는[146] 것을 찬탄하고 칭찬하였으며,

제석천과 범천과 호세사천왕[147]이 늘 예경(禮敬)하였다.

모든 중생들의 지혜를 성숙시키려고 하였기 때문에,

뛰어난 방편을 가지고 광엄성에 머물렀다.

다함없는 재물을 갖추고서 의지할 데 없고 믿을 데 없는 가난을 두루 끌어모아 이익 되게 하였고,

깨끗한 계율을 갖추고서 계율을 범하고 어긋난 허물을 두루 끌어모아 이익 되게 하였다.

조순(調順)[148]의 인(忍)[149]으로써 분노 · 원한 · 포악 · 질투 · 매질의 아

---

145) 위의(威儀) : 위엄 있는 용모. 곧 손을 들고 발을 내딛는 것이 모두 규칙에 맞고 방정하여 숭배할 생각을 내게 하는 태도.

146) 현설(顯說) : 법을 드러내어 말함. 밀설(密說)의 반대.

147) 호세사천왕(護世四天王) : 또는 호국사왕(護國四王) · 호세사왕(護世四王) · 호천(護天). 지구천왕(持國天王) · 증장천왕(增長天王) · 광목천왕(廣目天王) · 다문천왕(多聞天王)은 항상 수미세계(須彌世界)에 딸린 4주(洲)를 수호하므로 이렇게 이름.

148) 조순(調順) : 갖가지 모습들이 마음을 흐트러지게 하니, 소위 색 · 성 · 향 · 미 · 촉의 오진(五塵)과 탐 · 진 · 치의 삼독(三毒)과 남녀(男女) 등의 모습들이다. 이 모든 모습을 근심 거리로 여겨서, 이 모든 모습에 대하여 마음이 꺾이거나 흐트러지지 않게 하는 것.

149) 인(忍) : 인내(忍耐)하는 뜻. 자기의 마음에 거슬리는 일에 대하여, 진심(瞋心)을 내지 않

품[150] 등을 두루 끌어모아 이익 되게 하였고,

큰 정진(精進)으로써 모든 게으름과 나태함을 두루 끌어모아 이익 되게 하였다.

선정[151] · 정념(正念)[152] · 해탈(解脫) · 등지(等持) · 등지(等至)[153]에 안주(安住)하여 모든 산란한 마음을 두루 끌어모아 이익 되게 하였고,

바른 결택(決擇)[154]으로써 모든 허망한 견해와 나쁜 지혜를 두루 끌어모아 이익 되게 하였다.

비록 세속의 옷을 입었으나, 사문(沙門)의 위엄 있는 용모와 공덕을 갖추었고,

비록 속가(俗家)에 머물렀으나, 삼계(三界)[155]에 집착하지 않았다.

음. 또 안인(安忍)의 뜻, 도리에 안주(安住)하여 마음을 움직이지 않는 것.

150) 초독(楚毒) : 매를 맞아서 느끼는 쓰라린 아픔.

151) 정려(靜慮) : 범어 선나(禪那; dhyāna)의 번역어. 정(定) · 기악(棄惡) · 사유수(思惟修)라고도 번역한다. 생각을 고요히 하여 산란치 않게 하는 것. 마음을 한 곳에 모아 고요한 경지에 드는 일. 조용히 앉아 선악을 생각지 않고, 시비에 관계치 않고, 유무(有無)에 간섭하지 않아서 마음을 안락 자재한 경계에 소요(逍遙)케 하는 것.

152) 정념(正念) : 8정도(正道)의 하나. 그릇된 생각을 버리고, 항상 수행하기에 정신을 집중하는 것.

153) 등지(等至) : samāpatti. 삼마발저(三摩鉢底)라 음역. 정(定)의 다른 이름. 마음과 몸이 평등 · 안온해지는 것을 등(等)이라 한다. 정(定)은 사람으로 하여금 이 등(等)의 상태에 이르게 하므로 등지(等至)라 함.

154) 결택(決擇) : nairvedhika. 의심을 결단하여 이치를 분별하는 것.

155) 삼계(三界) : 아직 해탈하지 못한 중생(衆生)의 정신세계를 셋으로 분류한 것. 욕계(欲界) · 색계(色界) · 무색계(無色界). 욕계는 욕망에 사로잡힌 중생이 거주하는 세계로, 천(天) · 인간(人間) · 축생(畜生) · 아귀(餓鬼) · 지옥(地獄) · 아수라(阿修羅) 등의 육도(六道)가 포함된다. 색계는 욕망은 초월하였지만 물질적 조건[色]에 사로잡힌 수행자의 세계이다. 무색계는 욕망도 물질적 조건도 초월하고 순수한 정신만을 지닌 수행자의 세계이다. 무색계에는 물질인 색(色)은 없고, 수(受) · 상(想) · 행(行) · 식(識)의 4온(蘊)만 있는데, 여기에는 공무변처(空無邊處) · 식무변처(識無邊處) · 무소유처(無所有處) · 비상비

처자(妻子)를 거느렸지만, 늘 범행을 닦았고,

권속(眷屬)을 가졌지만, 늘 즐겨 멀리 벗어났다.

비록 보배로 장식한 옷을 입더라도, 뛰어난 영웅의 용모[156]로써 그
몸을 꾸몄고,

비록 보시된 밥을 받더라도,[157] 선정과 삼매를 맛으로 삼았다.

비록 함께 도박[158]과 장난을 즐기더라도, 사실은 늘 중생의 지혜를
성숙시키는 일을 하였고,

비록 모든 외도(外道)의 법도와 예식을 따르더라도, 불법을 원하는 마
음이 부서지지 않았다.

비록 모든 세간의 글과 논의에 밝았지만, 마음속[159]으로는 법의 즐거
움[160]을 즐겼고,

비록 모든 마을 사람들 속에 섞여 있었지만, 늘 법을 가장 잘 말하는
자였다.

세간의 가르침에 따를 때에는 윗사람과 아랫사람들에게 행하는 일
에서 어긋남이 없었고,

비록 세간의 재보(財寶)를 구하지는 않았지만, 세속의 이익에 대하여

비상처(非想非非想處)의 넷이 있다.

156) 상호(相好) : 용모 형상. 상(相)은 몸에 드러나게 잘생긴 부분, 호(好)는 상(相) 중의 세상
(細相)에 대하여 말함. 이 상호가 모두 완전하여 하나도 모자람이 없는 것을 불신(佛身)이
라 함. 불신에는 32상(相)과 80종호(種好)가 있다 함.

157) 수식(受食) : 비구가 단월이 보시한 밥을 받는 것.

158) 박혁(博奕) : 주사위(雙六) 놀이와 바둑. 도박을 뜻하기도 한다.

159) 내원(內苑) : 궁중의 동산. 마음속.

160) 법락(法樂) : ①불법의 묘하고 깊은 맛에 맛들여 즐김. 또 선행(禪行)을 닦고 덕을 쌓아서
마음이 즐거운 것. ②법회를 마칠 때 아름다운 음악을 하거나, 시(詩)·노래를 지어서 부
처님께 공양하는 것.

익숙함을 드러내었다.

중생[161]들을 이익 되게 하려고 모든 거리에서 노닐었고,

중생을 보호하기 위하여 모든 왕의 업무를 다스렸다.

강론하는 곳에 들어가 대승(大乘)으로써 이끌었고,

온갖 학당(學堂)에 들어가 어린아이들을 깨우쳤고,

온갖 음란한 집에 들어가 욕망의 허물을 보였고,

바른 생각과 바른 앎을 세우기 위하여 온갖 즐기는 곳을 노닐었다.

장자들 사이에서는 장자들 속에서 존귀하여 뛰어난 법을 말했고,

거사들 사이에서는 거사들 속에서 존귀하여 그 탐욕과 집착을 끊었고,

왕족들 사이에서는 왕족 속에서 존귀하여 인욕(忍辱)을 가르쳤고,

바라문들 사이에서는 바라문 속에서 존귀하여 그 아만(我慢)을 없앴고,

대신들 사이에서는 대신들 속에서 존귀하여 바른 법을 가르쳤고,

왕자들 사이에서는 왕자들 속에서 존귀하여 충효(忠孝)를 보였고,

내관들 사이에서는 내관들 속에서 존귀하여 궁녀들을 바르게 교화하였고,

서인들 사이에서는 서인들 속에서 존귀하여 상사복(相似福)[162]과 뛰어난 염원을 닦았고,

범천들 사이에서는 범천들 속에서 존귀하여 모든 범천들에게 선정

---

161) 함식(含識) : 함령(含靈)과 같음. 중생(衆生)을 가리킴.

162) 상사복(相似福) : 세간에서 보시, 지계, 선정을 닦는 것은 출세간의 복인 보리, 반야와 비슷하므로 상사복(相似福)이라 한다.

의 차별을 보였고,

제석들 사이에서는 제석들 속에서 존귀하여 자재(自在)함이 모두 무상(無常)함을 드러내 보였고,

사천왕들 사이에서는 사천왕 속에서 존귀하여 모든 이익과 안락을 수호하였다.

爾時, 廣嚴城中, 有大菩薩, 離呫毘種, 名無垢稱. 已曾供養無量諸佛, 於諸佛所深殖善根, 得妙辯才具無生忍, 逮諸總持遊戲神通, 獲無所畏摧魔怨力, 入深法門善於智度, 通達方便大願成滿, 明了有情意樂及行, 善知有情諸根勝劣, 智度成辦說法淳熟, 於大乘中決定修習, 於所作業能善思量, 住佛威儀入心慧海.

諸佛咨嗟稱揚顯說, 釋梵護世常所禮敬. 爲欲成熟諸有情故, 以善方便居廣嚴城. 具無盡財, 攝益貧窮無依無怙, 具淸淨戒, 攝益一切有犯有越. 以調順忍, 攝益瞋恨暴嫉楚毒, 以大精進, 攝益一切懈怠懶惰. 安住靜慮正念解脫等持等至, 攝益一切諸有亂心, 以正決擇, 攝益一切妄見惡慧. 雖爲白衣, 而具沙門威儀功德, 雖處居家, 不著三界. 示有妻子, 常修梵行, 現有眷屬, 常樂遠離.

雖服寶飾, 而以相好莊嚴其身. 雖現受食, 而以靜慮等至爲味. 雖同樂著博弈嬉戲, 而實恒爲成熟有情. 雖稟一切外道軌儀, 而於佛法意樂不壞. 雖明一切世間書論, 而於內苑賞玩法樂. 雖現一切邑會衆中, 而恒爲最說法上首. 爲隨世敎於尊卑等, 所作事業示無與乖. 雖不希求世間財寶, 然於俗利示有所習. 爲益含識遊諸市衢, 爲護群生理諸王務. 入講論處導以大乘, 入諸學堂誘開童蒙, 入諸婬舍示欲之過, 爲令建立正念正知遊諸伎樂.

若在長者, 長者中尊, 爲說勝法, 若在居士, 居士中尊, 斷其貪著,
若在刹帝利, 刹帝利中尊, 敎以忍辱, 若在婆羅門, 婆羅門中尊, 除
其我慢, 若在大臣, 大臣中尊, 敎以正法, 若在王子, 王子中尊, 示
以忠孝, 若在內官, 內官中尊, 化正宮女, 若在庶人, 庶人中尊, 修
相似福殊勝意樂, 若在梵天, 梵天中尊, 示諸梵衆靜慮差別. 若在帝
釋, 帝釋中尊, 示現自在悉皆無常, 若在護世, 護世中尊, 守護一切
利益安樂.

2. 유마힐의 질병

유마힐은 이와 같이 불가사의하고 헤아릴 수 없이 뛰어난 방편의 지
혜문(智慧門)을 가지고 중생을 이익 되게 하였는데, 그러한 방편을 가지
고 병든 몸을 나타내었다.

그가 병이 들었기 때문에 국왕, 대신, 장자, 거사, 바라문 등과 여러 왕
자와 기타 관속(官屬) 등 헤아릴 수 없이 많은 사람들이 병문안을 왔다.

그때에 유마힐은 몸의 병을 핑계 삼아 널리 법을 말하였다.

"여러분,

이렇게 사대(四大)가 모여 이룬 몸은

덧없고, 강하지 않고, 견고하지 않고, 힘이 없어,

늙고 병듦이 재빨라서 믿고 지킬 수 없고,

쓰고 괴로운 온갖 질병이 담기는 그릇이 되고,

수많은 허물과 걱정거리가 되고 변하여 부서지는 법입니다.

여러분, 이와 같은 몸을 총명하고 지혜로운 자는 믿고 의지하지 않습니다.

이 몸은 물거품이 모인 것과 같아서 붙잡을 수 없습니다.

이 몸은 물 위에 뜬 물거품과 같아서 오래 버틸 수 없습니다.

이 몸은 아지랑이와 같아서 모든 번뇌와 갈애(渴愛)로 말미암아 생겨난 것입니다.

이 몸은 파초(芭蕉)[163]와 같아서 전혀 진실한 것이 없습니다.

이 몸은 환상과 같아서 전도(顚倒)[164]로부터 발생합니다.

이 몸은 꿈과 같아서 허망하게 나타나 보입니다.

이 몸은 거울에 비친 그림자와 같아서 업연(業緣)[165]으로 말미암아 나타납니다.

이 몸은 메아리와 같아서 모든 인연에 엮입니다.

이 몸은 구름과 같아서 잠깐 사이에 변하여 사라집니다.

이 몸은 번개와 같아서 순간순간 머물지 않습니다.

이 몸에는 주인이 없으니 땅과 같기 때문입니다.

이 몸에는 나[我][166]가 없으니 물과 같기 때문입니다.

---

163) 파초(芭蕉) : 관상용의 여러해살이풀. 구경할 만하지만 실용적인 열매를 얻을 수 없으므로, 실체가 없는 헛된 모습에 비유하기도 한다.

164) 전도(顚倒) : 뒤집힘. 뒤바뀜. 세계의 실상을 보지 못하고 망상을 진실이라고 잘못 아는 것. 번뇌의 다른 이름.

165) 업연(業緣) : 지은 업에 의하여 피할 수 없이 만나는 인연.

166) 아(我) : ātman. 주재(主宰) · 자아(自我) · 신체(身體)의 뜻. 자기의 자체, 곧 자기 주관의 중심. 일반 불교에서는 이것을 나누어 실아(實我) · 가아(假我) · 진아(眞我)의 3종으로 분별. ①실아는 인도 재래의 외도가 주장하는 것으로, 범부의 망정(妄情)에 스스로 존재한

이 몸에는 유정(有情)[167]이 없으니 불과 같기 때문입니다.

이 몸에는 목숨[168]이 없으니 바람과 같기 때문입니다.

이 몸에는 보특가라(補特伽羅)[169]가 없으니 허공과 같기 때문입니다.

이 몸은 진실하지 않으니 사대(四大)가 집을 이루기 때문입니다.

이 몸은 공(空)이니 나[我]와 내 것[我所]을 벗어났습니다.

이 몸은 앎이 없으니 풀이나 나무와 같습니다.

이 몸은 조작이 없으니 바람의 힘으로 움직입니다.

이 몸은 깨끗하지 않으니 더러움으로 가득 차 있습니다.

이 몸은 헛되고 거짓되니 비록 임시로 음식을 담아서 부양하지만 반드시 소멸하게 됩니다.

이 몸은 큰 근심거리이니 404가지의 질병들이 모여 있습니다.

이 몸은 쉽사리 부서지니 마치 지하 수로(水路)의 계단이 늘 쉽사리 부서지는 것과 같습니다.

이 몸은 안정됨이 없으니 반드시 죽음을 맞이하게 됩니다.

이 몸은 마치 원한과 해침이 두루하고 독사로 가득 차 있는 것과 같

아(我)의 사상을 말함. 이 아는 무상(無常)이 아니고 상주(常住)하여 독존하는 것으로, 그 능동(能動)은 국왕·재상과 같이 자재한 것. ②가아는 실제로 '나'라 할 만한 것이 존재하는 것이 아니고 5온(蘊)이 화합하여, 인과가 상속하는 몸이기 때문에 다른 것과 구별하기 위하여 나라고 이름한 것. ③진아는 대승에서만 말하는 것으로 열반의 4덕인 상(常)·낙(樂)·아(我)·정(淨)의 아덕(我德)을 말함. 진(眞)으로써 성품을 삼는 뜻으로 진아라 함.

167) 유정(有情) : 정식(情識)을 가지고 있는 모든 것, 살아 있는 모든 것. 중생(衆生).

168) 명자(命者) : 목숨이 있는 것. 목숨. 유정(有情).

169) 보특가라(補特伽羅) : pudgala 부특가라(富特伽羅)·복가라(福伽羅)·보가라(補伽羅)·불가라(弗伽羅)·부특가야(富特伽耶)라고도 쓰며, 삭취취(數取趣)라 번역. 유정(有情) 또는 중생의 아(我)를 말함. 중생은 번뇌와 업의 인연으로 자주 6취에 왕래하므로 삭취취라고 함.

습니다.

이 몸은 마치 텅 빈 마을[170]과 같으니 오온(五蘊)·십팔계(十八界)·십이처(十二處)가 함께 모여 이룬 것입니다.

여러분, 이와 같은 몸은 마땅히 싫어하고 떠나야 하며, 여래의 몸은 마땅히 즐거워하고 좋아해야 합니다.

까닭이 무엇일까요?

여래의 몸은 헤아릴 수 없이 좋은 법들이 함께 모여 이루어졌으며,

헤아릴 수 없이 뛰어난 복덕과 지혜를 닦아서 생겨났으며,

헤아릴 수 없이 뛰어난 계정혜(戒定慧)·해탈(解脫)·해탈지견(解脫知見)[171]을 닦아서 생겨났으며,

자비희사(慈悲喜捨)를 닦아서 생겨났으며,

보시(布施)·조복(調伏)·적정(寂靜)·계(戒)·인욕(忍辱)·정진(精進)·정려(靜慮)·해탈(解脫)·등지(等持)·등지(等至)·반야(般若)·방편(方便)·원력(願力)[172]·지(智)를 닦아서 생겨났으며,

모든 도피안(度彼岸)[173]을 닦아서 생겨났으며,

---

170) 공취(空聚) : 텅 빈 마을. 육체는 오온(五蘊)·십팔계(十八界)·십이처(十二處)가 임시로 모여 이루기 때문에 진실한 주체가 없는 것이 마치 텅 빈 마을과 같다는 말.

171) 해탈지견(解脫知見) : 해탈지견(解脫智見)이라고도 씀. 해탈했다는 사실을 스스로 알 수 있는 지혜. 해탈하면 저절로 나타나는 지혜.

172) 원력(願力) : 무엇을 하기를 원하는 마음이 가진 힘. 부처님의 원력은 스스로 해탈하여 중생을 제도하고자 하는 서원(誓願)이 발휘하는 힘. 본원력(本願力)·숙원력(宿願力)·대원업력(大願業力)이라고도 함. 본원의 힘이란 뜻. 부처님이 보살이던 때에 세운 본원(本願)이 완성되어 그 힘을 나타내는 것.

173) 도피안(度彼岸) : pāramitā. 바라밀(波羅蜜)·바라밀다(波羅蜜多)·파라미다(播囉弭多)라고도 음역하고, 도피안(到彼岸)·도무극(度無極)·사구경(事究竟)·도(度)라 번역. 피안(彼岸)은 곧 이상(理想)의 경지에 이르고자 하는 보살 수행의 총칭. 이것을 6종·10종

육신통(六神通)[174]을 닦아서 생겨났으며,

삼명(三明)[175]을 닦아서 생겨났으며,

삼십칠보리분법(三十七菩提分法)을 닦아서 생겨났으며,

지관(止觀)[176]을 닦아서 생겨났으며,

십력(十力)·사무외(四無畏)를 닦아서 생겨났으며,

십팔불공법(十八不共法)[177]을 닦아서 생겨났으며,

으로 나누어 6바라밀·10바라밀이라 하며, 또는 6도(度)·10도(度)라고도 한다.

174) 육신통(六神通) : 육종신통력(六種神通力)·육통(六通)이라고도 함. 6종의 신통력. 부사의한 공덕 작용. ①천안통(天眼通). 육안으로 볼 수 없는 것을 보는 신통. ②천이통(天耳通). 보통 귀로는 듣지 못할 음성을 듣는 신통. ③타심통(他心通). 다른 사람의 의사를 자재하게 아는 신통. ④숙명통(宿命通). 지나간 세상의 생사를 자재하게 아는 신통. ⑤신족통(神足通). 또는 여의통(如意通). 부사의하게 경계를 변하여 나타내기도 하고 마음대로 날아다니기도 하는 신통. ⑥누진통(漏盡通). 자재하게 번뇌를 끊는 힘. 앞의 다섯은 외도(外道)의 신통이고 여섯 번째가 부처의 신통이다.

175) 삼명(三明) : 아라한의 지혜에 갖추어 있는 자재하고 묘한 작용. 지혜가 분명히 대경을 아는 것을 명(明)이라 함. 6신통 중의 숙명통·천안통·누진통에 해당하는 숙명명(宿命明)·천안명(天眼明)·누진명(漏盡明). ①숙명명. 구족하는 숙주수념지작증명(宿住隨念智作證明). 자기와 남의 지난 세상에 생활하던 상태를 아는 것. ②천안명. 구족하게는 천안지작증명(天眼智作證明). 또는 사생지작증명(死生智作證明)이라 하니, 자기나 다른 이의 다음 세상의 생활상태를 아는 것. ③누진명. 누진지작증명(漏盡智作證明)이라고도 하니, 지금 세상의 고통을 알아 번뇌를 끊는 지혜. 부처님에 대하여는 3달(達)이라 함.

176) 지관(止觀) : 지(止)는 범어로 사마타(śamatha), 관(觀)은 비파사나(vipaśyanā). 지(止)를 통하여 정(定)을 닦고, 관(觀)을 통하여 혜(慧)를 닦는 불교의 2가지 수행법. 지(止)는 '멈춘다'는 뜻으로, 마음이 고요히 생각을 쉬고 흔들림 없이 한곳에 머무는 것으로, 충분히 흔들림 없이 머물면 정(定)이라 한다. 관(觀)은 '바라본다'는 뜻으로, 마음에 나타나는 대상을 거울이 비추어 보듯이 끄달림 없이 바라보는 것으로, 충분히 끄달림 없이 바라보게 되면 혜(慧)라 한다. 이 둘은 서로 떨어질 수 없이 함께 수행되고 함께 성취되어서 해탈을 이루므로 지관(止觀)이라 한다.

177) 십팔불공법(十八不共法) : 또는 십팔불공불법(十八不共佛法). 부처님께만 있는 공덕으로서 2승이나 보살들에게는 공동(共同)하지 않는 열여덟 가지. 신무실(身無失)·구무실(口無失)·의무실(意無失)·무이상(無異想)·무부정심(無不定心)·무부지이사(無不知

---

72 유마경

모든 불선법(不善法)을 끊고 모든 선법(善法)을 모아서 생겨났으며,

진실을 잘 알고 게으르지 않음을 닦아서 생겨났으며,

헤아릴 수 없이 깨끗한 업(業)을 닦아서 생겨났기 때문입니다.

여러분, 여래의 몸의 공덕은 이와 같습니다.

그대들은 모두 마땅히 마음을 내어 깨달음을 구하여야 합니다.

그대들이 이와 같은 몸을 얻어 모든 중생의 병을 없애고자 한다면,
마땅히 무상정등각(無上正等覺)의 마음을 내어야 합니다."

유마힐이 병문안을 와서 모여 있는 모든 이들을 위하여 이와 같이 알
맞게 법을 말하자, 헤아릴 수 없이 많은 사람들이 모두 무상정등각(無上
正等覺)의 마음을 내었다.

유마경(설무구칭경) 제1권 끝

是無垢稱, 以如是等不可思議無量善巧方便慧門, 饒益有情, 其以
方便, 現身有疾. 以其疾故, 國王大臣長者居士婆羅門等, 及諸王子
并餘官屬, 無數千人皆往問疾. 時無垢稱, 因以身疾, 廣爲說法言:

"諸仁者, 是四大種所合成身, 無常無强無堅無力, 朽故迅速不可
保信, 爲苦爲惱衆病之器, 多諸過患變壞之法.

諸仁者, 如此之身, 其聰慧者所不爲怙.

已捨) · 욕무감(欲無減) · 정진무감(精進無減) · 염무감(念無減) · 혜무감(慧無減) · 해
탈무감(解脫無減) · 해탈지견무감(解脫知見無減) · 일체신업수지혜행(一切身業隨智慧
行) · 일체구업수지혜행(一切口業隨智慧行) · 일체의업수지혜행(一切意業隨智慧行) ·
지혜지견과거세무애무장(智慧知見過去世無礙無障) · 지혜지견미래세무애무장(智慧知
見未來世無礙無障) · 지혜지견현재세무애무장(智慧知見現在世無礙無障).

是身如聚沫不可撮摩.

是身如浮泡不得久立.

是身如陽焰從諸煩惱渴愛所生.

是身如芭蕉都無有實.

是身如幻從顛倒起.

是身如夢爲虛妄見.

是身如影從業緣現.

是身如響屬諸因緣.

是身如雲須臾變滅.

是身如電念念不住.

是身無主爲如地.

是身無我爲如水.

是身無有情爲如火.

是身無命者爲如風.

是身無有補特伽羅與虛空等.

是身不實四大爲家.

是身爲空離我我所.

是身無知如草木等.

是身無作風力所轉.

是身不淨穢惡充滿.

是身虛僞雖假覆蔽飲食將養必歸磨滅.

是身多患四百四病之所集成.

是身易壞如水隧級常爲朽老之所逼迫.

是身無定爲要當死.

是身如怨害周遍毒蛇之所充滿.

是身如空聚諸蘊界處所共合成.

諸仁者, 於如是身應生厭離, 於如來身應起欣樂.

所以者何?

如來身者, 無量善法共所集成,

從修無量殊勝福德智慧所生,

從修無量勝戒定慧解脫解脫知見所生,

從修慈悲喜捨所生,

從修布施調伏寂靜戒忍精進靜慮解脫等持等至般若方便願力智生,

從修一切到彼岸生,

修六通生,

修三明生,

修三十七菩提分生,

修止觀生,

從修十力四無畏生,

從修十八不共法生,

從斷一切不善法集一切善法生,

從修諦實不放逸生,

從修無量清淨業生.

諸仁者, 如來之身功德如是.

汝等皆應發心求證.

汝等欲得如是之身息除一切有情病者, 當發阿耨多羅三藐三菩提心.”

是無垢稱, 爲諸集會來問疾者如應說法, 令無數千人皆發阿耨多羅三藐三菩提心.

說無垢稱經卷第一

제2권

제3 성문품(聲聞品)

1. 사리자의 문병

그때 유마힐은 이렇게 생각하였다.

"내가 이러한 병에 걸려 침상에 누워 있는데, 세존께서는 크게 자비로우신데도 어찌하여 불쌍히 여기시지도 않고 병문안하는 사람을 보내시지도 않으실까?"

그때 세존께서 그의 이러한 생각을 아시고 유마힐을 애처롭게 여기셨기 때문에 사리자(舍利子)[178]에게 말씀하셨다.

"그대는 유마힐을 찾아가서 병문안을 하여라."

---

178) 사리자(舍利子) : 사리불(舍利弗). 석가모니의 제자. 산스크리트의 샤리푸트라, 팔리어(語) 샤리푸타의 음역(音譯)이며, 추자(鶖子)·사리자(舍利子)라고도 한다. 인도 중부의 마가다왕국 수도 왕사성(王舍城) 근처의 브라만 출신으로, 젊었을 때부터 학문에 뛰어났는데, 당시 유명한 논사(論師)라고 일컬어지는 육사외도(六師外道)의 한 사람인 산자야 밑에서 출가승이 되었다. 불제자 아사지의 가르침을 듣고 깨달아 목건련(目犍連) 및 250명의 제자들과 함께 불제자가 되었는데, 석가도 그를 높이 평가하였다. 그는 주로 교화활동에 종사하였는데, 경전 중에는 석가를 대신하여 설법한 경우도 적지 않음을 볼 수 있다. 소위 10대 제자 중 수제자로, 지혜가 가장 뛰어나서 지혜제일(智慧第一)로 칭송되었다고 전한다.

그때 사리자가 말씀드렸다.

"세존이시여, 저는 감히 그곳에 가서 병문안을 할 수 없습니다. 무슨 까닭인가 하면, 기억하건대, 제가 옛날 한때 큰 숲 속의 나무 아래에서 좌선(坐禪)[179]하고 있었습니다. 그때 유마힐이 그곳에 와서 저의 발에 이마를 대어 절을 하고는 이렇게 말했습니다.

'여보세요[180], 사리자님.

앉는 것을 좌선이라 여기지는 마십시오.

무릇 좌선이라는 것은, 삼계(三界)에 있으면서도 몸과 마음을 나타내지 않는 것이 곧 좌선입니다.

멸정(滅定)[181]에서 나오지 않으면서도 모든 행동거지(行動擧止)를 나타내는 것이 곧 좌선입니다.

모든 깨달은 모습을 버리지 않으면서도 중생[182]의 온갖 모습을 나타내는 것이 곧 좌선입니다.

마음이 안에 머물지도 않고 밖으로 나가지도 않는 것이 곧 좌선입니다.

삼십칠보리분법(三十七菩提分法)에 머물면서도 모든 견취(見趣)[183]에서 벗어나지 않는 것이 곧 좌선입니다.

생사(生死)에서 벗어나지 않으면서도 번뇌가 없고, 열반을 얻고도 머

---

179) 연좌(宴坐) : 단정히 앉아 몸과 마음을 고요히 하여 좌선(坐禪)함.
180) 유(唯) : 이봐. 여보세요.(부르는 소리)
181) 멸정(滅定) : 마음의 작용을 모두 멸한 무심(無心). 일체의 정신작용을 소멸한 선정(禪定). 멸진정(滅盡定).
182) 이생(異生) : 범부 중생의 다른 이름. 성자(聖者)와 다른 생류(生類)라는 뜻.
183) 견취(見趣) : =견취(見取). 4취(取)의 하나. 3계(界)의 사제(四諦) 아래 일어나는 아견(我見)·변견(邊見)·사견(邪見)·견취견(見取見) 등 모든 견혹(見惑)을 말함.

묶임이 없는 것이 곧 좌선입니다.

만약 이와 같이 좌선할 수 있다면, 부처님께서 인가(印可)하실 것입니다.'

그때 저는, 세존이시여, 이 말을 듣고서 말없이 있었을 뿐 대답할 수 없었습니다. 그러므로 저는 그를 찾아가 문병하는 일을 맡을 수 없습니다."

時無垢稱作是思惟: "我?斯疾寢頓于床, 世尊大悲寧不垂愍, 而不遣人來問我疾." 爾時世尊知其所念, 哀愍彼故告舍利子: "汝應往詣無垢稱所問安其疾." 時舍利子白言: "世尊, 我不堪任詣彼問疾. 所以者何? 憶念我昔於一時間, 在大林中宴坐樹下. 時無垢稱來到彼所, 稽首我足而作是言:

'唯舍利子, 不必是坐爲宴坐也. 夫宴坐者, 不於三界, 而現身心, 是爲宴坐. 不起滅定, 而現諸威儀, 是爲宴坐. 不捨一切所證得相, 而現一切異生諸法, 是爲宴坐. 心不住內, 亦不行外, 是爲宴坐. 住三十七菩提分法, 而不離於一切見趣, 是爲宴坐. 不捨生死, 而無煩惱, 雖證涅槃, 而無所住, 是爲宴坐. 若能如是而宴坐者, 佛所印可.'時我世尊, 聞是語已, ?然而住, 不能加報. 故我不任詣彼問疾."

2. 목건련의 문병

그때 세존께서 목건련[184]에게 말씀하셨다.

"그대가 유마힐을 찾아가 문병하여라."

그때 목건련이 말씀드렸다.

"세존이시여, 저는 감히 그를 찾아가 문병할 수 없습니다. 무슨 까닭인가 하면, 기억하건대, 제가 옛날 한때에 광엄성에 들어가 네거리 도로에서 여러 거사(居士)들에게 법의 요지(要旨)를 말하고 있었습니다. 그때 유마힐이 그곳에 와서 저의 발에 이마를 대고 절을 하고서 이렇게 말했습니다.

'여보세요, 목건련 존자(尊者)님.

재가(在家)[185]의 여러 거사들에게 법을 말씀하시려면, 존자처럼 말씀하시면 안 됩니다. 무릇 법을 말할 때에는 법답게 말해야 합니다.'

그때 제가 물었습니다.

'어떤 것이 법답게 말하는 것입니까?'

---

184) 목건련(目犍連) : 부처님의 10대 제자 중의 하나. 마하목건련(摩訶目犍連) · 마하몰특가라(摩訶沒特伽羅) · 대목건련(大目犍連) · 대목건라야나(大目犍羅夜那), 줄여서 목건련(目犍連) · 목련(目連)이라 하고, 번역하여 대찬송(大讚頌) · 대호두(大胡豆) · 대채숙(大採菽)이라 함. 이름은 구률타(拘律陀, Kolita). 처음에 사리자(舍利子)와 함께 외도를 배워 자못 그 학문에 정통하여 백 명의 제자를 두었다. 사리자가 석존의 설법을 듣고 법안정(法眼淨)을 얻었다는 말을 듣고, 1백 제자와 함께 석존에게 귀의하였다. 불제자 중 신통제일(神通第一)이라 한다.

185) 백의(白衣) : 인도에서 출가한 승려 이외의 재가의 사람을 가리킴. 일반적으로 출가 승려는 검은 옷인 치의(緇衣)를 입고, 재가의 신도는 흰 옷인 백의(白衣)를 입었다.

그가 곧 답했습니다.

'법에는 나(我)라고 할 것이 없으니, 나라는 더러움을 벗어났기 때문입니다.

법에는 정식(情識)[186]이 없으니, 정식이라는 경계를 벗어났기 때문입니다.

법에는 목숨[187]이 없으니, 삶과 죽음을 벗어났기 때문입니다.

법에는 윤회하는 나[188]가 없으니, 앞뒤의 시간이 끊어졌기 때문입니다.

법은 늘 고요하니, 모든 모습이 사라졌기 때문입니다.

법은 탐욕과 집착을 벗어났으니, 관계할 만한 것이 없기 때문입니다.

법에는 문자가 없으니, 언어가 끊어졌기 때문입니다.

법에는 비유로 설명할 것이 없으니, 모든 생각의 물결에서 멀리 벗어났기 때문입니다.

법은 모든 것에 두루하니, 허공과 같기 때문입니다.

법에는 드러나는 것이 없고 모습이 없으니, 모든 움직이고 행하는 일에서 멀리 벗어났기 때문입니다.

법에는 나의 것이라고 할 것이 없으니, 나의 것에서 벗어났기 때문입니다.

---

186) 유정(有情) : 정식(情識)을 가지고 있는 모든 것. 살아 있는 모든 것. 중생(衆生).

187) 명자(命者) : 목숨이 있는 것. 목숨. 유정(有情).

188) 보특가라(補特伽羅) : pudgala. 부특가라(富特伽羅)·복가라(福伽羅)·보가라(補伽羅)·불가라(弗伽羅)·부특가야(富特伽耶)라고도 쓰며, 삭취취(數取趣)라 번역. 윤회하는 유정(有情) 또는 중생이 삶과 죽음을 윤회하는 자아(自我)라고 여기는 것. 중생은 번뇌와 업의 인연으로 자주 육취(六趣)에 왕래하며 윤회하므로 삭취취라고 함.

법은 분별하여 알 수 없으니, 심식(心識)을 벗어났기 때문입니다.

법은 비교할 수 없으니, 상대할 수 없기 때문입니다.

법은 원인에 속하지 않으니, 인과(因果)에 속하지 않기 때문입니다.

법은 법계(法界)와 같으니, 모든 진실한 법계에 두루 들어가기 때문입니다.

법은 여여(如如)[189]를 따르니, 따를 것이 없기 때문입니다.[190]

법은 참된 끝[191]에 머무르니, 전혀 움직이지 않기 때문입니다.

법은 흔들림이 없으니, 육경(六境)[192]에 의지하지 않기 때문입니다.

법은 오고 감이 없으니, 머묾이 없기 때문입니다.

법은 공(空)·무상(無相)·무원(無願)에 해당하니, 모든 늘어나고 줄어들고 하는 사유(思惟)를 멀리 벗어났기 때문입니다.

법은 취하고 버릴 수 없으니, 생겨나고 사라짐에서 벗어났기 때문입니다.

---

189) 여여(如如): 진여(眞如). '진리'에 해당하는 말. 생멸(生滅)에 대칭되는 말이면서도, 불교에서는 제법(諸法)의 실상(實相)을 나타내고 있는 '있는 그대로'의 존재양식을 진리로 생각하고, 어떤 특수한 원리에 근거한 진리를 배척한다. 《대승기신론(大乘起信論)》에서는 진여를 이언진여(離言眞如)·의언진여(依言眞如)로 구분한다. 본래 진여는 인간의 개념적 사유를 초월한 말이지만, 굳이 언어로 설명한다면 여실공(如實空)·여실불공(如實不空)이 된다.

190) 언제나 변함없이 여여(如如)할 뿐, 무엇을 따라서 변화하지 않는다.

191) 실제(實際): 실제(實際) 즉 참된 끝이란 진여법성(眞如法性)을 가리킴. 이는 온갖 법의 가장자리가 되는 곳이므로 실제, 또 진여의 실리(實理)를 증득하여 그 궁극(窮極)에 이르므로 이렇게 이름.

192) 육경(六境): 인식되는 여섯 가지 대상. 색깔(色)·소리(聲)·냄새(香)·맛(味)·감촉(觸)·법(法). 눈(眼)·귀(耳)·코(鼻)·혀(舌)·살갗(身)·의식(意) 등 여섯 가지 인식기관인 육근(六根)에서 인식되는 대상을 가리킨다.

법에는 집장(執藏)[193]이 없으니, 모든 눈·귀·코·혀·몸·의식의 길을 초월했기 때문입니다.

법에는 높고 낮음이 없으니, 늘 머물러 움직이지 않기 때문입니다.

법은 모든 분별하는 행위를 벗어났으니, 모든 희론(戱論)이 완전히 끊어졌기 때문입니다.

그런데[194] 목건련 존자님, 법의 모습이 이와 같은데 어떻게 말할 수 있겠습니까?

무릇 법을 말하게 되면 모두 덧붙이거나 덜어 내거나 하는 것이며, 그 설법을 듣는 것 역시 모두 덧붙이거나 덜어 내거나 하는 것입니다.

만약 이곳에서 덧붙이지도 않고 덜어 내지도 않는다면, 이곳에서는 전혀 말할 수도 없고 들을 수도 없고 분별할 것도 없습니다.

존자 목건련이여, 비유하면 환술사(幻術士)가 환술로 만든 헛된 사람에게 모든 법을 설명하듯이, 다음과 같은 마음에 머물러야 법을 말할 수 있습니다.

마땅히 모든 중생들의 차별되는 근성(根性)을 잘 알아야 하고,

묘한 지혜로써 장에 없는 큰 자비(慈悲)가 나타나 있음을 보아야 하고,

대승(大乘)을 찬양하여야 하고,

부처님의 은혜를 갚을 생각을 하여야 하고,

---

193) 집장(執藏) : 제8식의 다른 이름. 제8아뢰야식의 '아뢰야'는 장(藏)의 뜻을 지녔는데 장에는 능장(能藏)·소장(所藏)·집장(執藏)의 세 뜻이 있다. 집장은 이 식이 항상 끊임없이 상속(相續)하여 중생의 주체가 되므로 제7말라식이 이것을 참으로 아(我)가 있는 줄로 집착하므로 이 식을 집장이라 함.

194) 유(唯) : ①다만. 단지. 오로지. ②그러나. 그런데. ③예(대답하는 말). ④이봐. 여보세요.(부르는 소리)

의욕이 깨끗하여야 하고,

법에 대한 말씀이 교묘해야 하고,

삼보(三寶)의 종자가 영원히 끊어지지 않도록 하기 위하여 법을 말해야 합니다.'

세존이시여, 저 훌륭한 거사가 이러한 법을 말할 때에 그곳에 모인 팔백 명의 거사들이 모두 위없는 바르고 평등한 깨달음의 마음을 내었습니다.

그때 저는, 세존이시여, 입을 열어 말을 할 수 없었습니다.

그러기 때문에 저는 그를 찾아가 문병하는 일을 맡을 수 없습니다."

爾時世尊告大目連: "汝應往詣無垢稱所問安其疾." 時大目連白言: "世尊, 我不堪任詣彼問疾. 所以者何? 憶念我昔於一時間, 入廣嚴城在四衢道, 爲諸居士演說法要. 時無垢稱來到彼所, 稽首我足而作是言: '唯大目連, 爲諸白衣居士說法, 不當應如尊者所說. 夫說法者應如法說.' 時我問言: '云何名爲如法說耶?'

彼卽答言: '法無有我, 離我垢故. 法無有情, 離情塵故. 法無命者, 離生死故. 法無補特伽羅, 前後際斷故. 法常寂然, 滅諸相故. 法離貪著, 無所緣故. 法無文字, 言語斷故. 法無譬說, 遠離一切波浪思故. 法遍一切, 如虛空故. 法無有顯無相無形, 遠離一切行動事故. 法無我所, 離我所故. 法無了別, 離心識故. 法無有比, 無相待故. 法不屬因, 不在緣故. 法同法界, 等入一切眞法界故. 法隨於如, 無所隨故. 法住實際, 畢竟不動故. 法無動搖, 不依六境故. 法無去來, 無所住故. 法順空隨無相應無願, 遠離一切增減思故. 法無取捨, 離生滅故. 法無執藏, 超過一切眼耳鼻舌身意道故. 法無高下, 常住不動故. 法離一切分別所行, 一切戱論畢竟斷故.

唯大目連, 法相如是豈可說乎? 夫說法者, 一切皆是增益損減, 其聽法者, 亦復皆是增益損減. 若於是處無增無減, 卽於是處都無可說, 亦無可聞, 無所了別. 尊者目連, 譬如幻士爲幻化者宣說諸法, 住如是心乃可說法. 應善了知一切有情根性差別, 妙慧觀見無所罣礙 大悲現前, 讚說大乘, 念報佛恩, 意樂淸淨, 法詞善巧, 爲三寶種永不斷絶乃應說法.' 世尊, 彼大居士說此法時, 於彼衆中八百居士, 皆發無上正等覺心. 時我世尊, ?無能辯. 故我不任詣彼問疾."

3. 가섭의 문병

그때 세존께서 가섭(迦葉)[195]에게 말씀하셨다.

"그대가 유마힐을 찾아가 문병하여라."

가섭이 세존께 아뢰었다.

---

195) 가섭(迦葉) : 석가의 십대(十大) 제자 중 한 사람. 음을 따서 마하가섭(摩訶迦葉), 의역하여 대음광(大飮光)·대구씨(大龜氏)라고도 한다. 욕심이 적고 족한 줄을 알아 항상 엄격한 계율로 두타(頭陀: 금욕 22행)를 행하고, 교단(敎團)의 우두머리로서 존경을 받았으며, 석가의 아낌을 받았다. 십대 제자 중 두타제일(頭陀第一)이라 하였다. 한때 바사성(婆娑城)에 머물다 돌아오는 도중에 석가가 열반했다는 소식을 듣고, 즉시 쿠시나가라의 천관사(天觀寺)로 달려가 스승의 발에 예배한 후 다비(茶毘)의식을 집행하였다. 이어 그는 500명의 아라한들을 모아 스스로 그 우두머리가 되어, 아난(阿難)과 우바리(優婆離)로 하여금 경(經)과 율(律)을 결집(結集)하도록 하였다. 석가가 죽은 뒤 제자들의 집단을 이끌어 가는 영도자가 되었는데, 선가(禪家)에서는 그를 부법장(付法藏) 제1조(祖)로 높이 받들고 있다.

"세존이시여, 저는 그를 문병하러 갈 수 없습니다. 왜냐하면, 기억하건대, 저는 옛날 한때 광엄성에 들어가 가난한 동네를 돌아다니며 걸식을 하고 있었습니다. 그때 유마힐이 그곳으로 와서 저의 발에 이마를 대어 절을 하고는 이렇게 말했습니다.

'여보세요, 대가섭(大迦葉) 존자여.

비록 자비심이 있지만 널리 베풀 수 없으니, 부잣집을 버리고 가난한 집에서 걸식을 하시는군요.

존자 가섭이여,

평등한 법에 머물러 차례차례 걸식을 해야 합니다.

음식을 먹지 않기 때문에 걸식해야 합니다.

음식에 대한 집착을 부수려 하기 때문에 걸식해야 합니다.

보시하는 음식을 받으려 하기 때문에 걸식해야 합니다.

텅 빈 마을과 같은 육체[196]라는 생각을 가지고 마을에 들어가고, 남녀노소의 지혜를 성숙시키기 위하여 모든 성읍(城邑)에 들어가 불가(佛家)[197]로 향한다는 생각으로 걸식할 집을 찾아야 합니다.

받지 않기 때문에 그 음식을 받아야 합니다.

색깔을 보면 보지 못하는 것과 같고, 소리를 들으면 메아리를 듣는 것과 같고, 냄새를 맡으면 바람이 스치는 것과 같고, 음식 맛을 보면 분별하지 않고, 모든 감촉은 깨달음의 지혜처럼 받아들이고, 모든 법은

---

196) 공취(空聚) : 텅 빈 마을. 육체를 가리킴. 육체는 오온(五蘊)·십팔계(十八界)·십이처 (十二處)가 임시로 모여 이루기 때문에 진실한 주체가 없는 것이 마치 텅 빈 마을과 같다는 말.

197) 불가(佛家) : ①불교, 또는 불교의 교단. ②부처님이 사는 곳, 즉 깨달음의 세계. ③불교도, 불제자. ④불도를 수행하는 도량(道場).

환상(幻相)과 같아서 자기의 존재도 없고 타인의 존재도 없고 화려하게 일어남도 없고 고요히 사라짐도 없음을 알아야 합니다.

존자 가섭이여,

만약 팔사(八邪)[198]를 버리지 않고 팔해탈(八解脫)에 들어갈 수 있으며

삿된 평등을 가지고 바른 평등에 들어갈 수 있다면,

한 움큼의 밥으로 모두에게 베풀 수 있어서

모든 부처님과 여러 현성(賢聖)들에게 공양을 올린 뒤에야 먹을 수 있습니다.

이와 같이 먹는다면, 더러운 것도 아니고 더러움에서 벗어난 것도 아니고,

고요한 선정(禪定)에 들어간 것도 아니고 선정에서 나온 것도 아니고,

생사(生死)에 머물지도 않고 열반에 머물지도 않으니,

이러해야 먹을 수 있습니다.

존자에게 음식을 보시하는 모든 이들에게는

작은 결과도 없고 큰 결과도 없고,

손해도 없고 이익도 없으니,

불도(佛道)로 나아가지 성문(聲聞)[199]으로 나아가지는 않습니다.

---

198) 팔사(八邪) : 팔미(八迷)·팔계(八計)·팔류(八謬)·팔사(八事). 모든 법의 진상(眞相)을 어기어 일어나는 생(生)·멸(滅)·거(去)·래(來)·일(一)·이(異)·단(斷)·상(常) 등 여덟 가지 미혹한 집착.

199) 성문(聲聞) : 3승의 하나. 가장 원시적 해석으로는 석존의 음성을 들은 불제자를 말함. 대승의 발달에 따라서 연각과 보살에 대할 때는 석존의 직접 제자에 국한한 것이 아니고, 부처님의 교법에 의하여 3생(生) 60겁(劫) 동안 4제(諦)의 이치를 관하고, 스스로 아라한 되기를 이상(理想)으로 하는 1종의 저열한 불도 수행자를 말함. 그러므로 대승교에서는 성문을 소승의 다른 이름처럼 보고, 성문으로 마치는 이와 대승으로 전향(轉向)하는 이를 구별

존자 가섭이여,

만약 이와 같이 음식을 먹을 수 있다면,

보시한 음식을 헛되이 먹는 것이 아닐 것입니다.'

그때, 세존이시여, 저는 이런 말을 듣고서 일찍이 경험하지 못했던 것을 얻었고,

곧 모든 보살들에 대하여 존경하는 마음을 깊이 내었습니다.

참으로 기이합니다, 세존이시여.

이 재가(在家) 거사(居士)[200]의 말솜씨와 지혜가 이와 같으니, 지혜를 가진 누가 그의 말을 듣고서 위없는 바르고 평등한 깨달음의 마음을 내지 않겠습니까?

저는 그때부터 중생들에게 성문(聲聞)이나 독각(獨覺)[201] 등 소승(小乘)을 구하라고 권하지 않고, 오직 위없는 바르고 평등한 깨달음을 구하는 마음만 내라고 가르쳐 왔습니다.

그러므로 저는 그의 병문안을 갈 수 없습니다."

爾時世尊告迦葉波: "汝應往詣無垢稱所問安其疾." 大迦葉波白言: "世尊, 我不堪任詣彼問疾. 所以者何? 憶念我昔於一時間, 入廣嚴城遊貧陋巷而巡乞食. 時無垢稱來到彼所, 稽首我足而作是言:

하여 우법(愚法)·불우법(不愚法)의 2종으로 나눔. 또 3종성문·4종성문의 말도 있음.

200) 유가사(有家士) : 재가(在家)의 거사(居士).

201) 독각(獨覺) : 연각(緣覺)이라고도 번역. 부처님 없는 세상에 나서 다른 이의 가르침을 받지 않고 혼자 수행하여 깨달은 이를 말함. 여기에는 인각유독각(鱗角喩獨覺)과 부행독각·(部行獨覺)의 2종이 있다. 기린의 뿔과 같이 독신으로 동무가 없는 이를 인각유독각, 몇 사람이 한곳에 모여 수행하여 깨닫는 일을 부행독각이라 한다. 부처님 없는 세상에 나서 남의 교화를 받지 않는 것은 둘이 모두 같다.

'唯, 大迦葉, 雖有慈悲而不能普, 捨豪富從貧乞. 尊者迦葉, 住平等
法應次行乞食. 爲不食故應行乞食. 爲欲壞彼於食執故應行乞食. 爲
欲受他所施食故應行乞食. 以空聚想入於聚落, 爲欲成熟男女大小,
入諸城邑趣佛家想詣乞食家. 爲不受故應受彼食. 所見色與盲等, 所
聞聲與嚮等, 所嗅香與風等, 所食味不分別, 受諸觸如智證, 知諸法如
幻相, 無自性無他性, 無熾然無寂滅.

尊者迦葉, 若能不捨八邪入八解脫, 以邪平等入正平等, 以一搏食
施于一切, 供養諸佛及衆賢聖然後可食, 如是食者非有雜染非離雜染,
非入靜定非出靜定, 非住生死非住涅槃爾乃可食. 諸有施於尊者之食,
無小果無大果, 無損減無增益, 趣入佛趣不趣聲聞. 尊者迦葉, 若能如
是而食於食, 爲不空食他所施食.

時我, 世尊, 聞說是語, 得未曾有, 卽於一切諸菩薩等, 深起敬心.
甚奇, 世尊. 斯有家士辯才智慧乃能如是, 誰有智者得聞斯說而不發
於阿耨多羅三藐三菩提心? 我從是來不勸有情求諸聲聞獨覺等乘, 唯
敎發心趣求無上正等菩提. 故我不任詣彼問疾."

4. 수보리의 문병

그때 세존께서 수보리[202]에게 말씀하셨다.

---

202) 대선현(大善現) : 수보리(須菩提; Subhuti). 석가세존의 10대 제자 가운데 한 명. 선현(善現)·선길(善吉)·선업(善業)·공생(空生) 등이라 번역. 온갖 법이 공(空)한 이치를 깨달은 첫째가는 이라 하여 해공제일(解空第一)이라고 함. 『증일아함경(增壹阿含經)』에 전기가 있음.

"그대가 유마힐을 찾아가 문병하여라."

그때 수보리가 말씀드렸다.

"세존이시여, 저는 그를 문병할 수 없습니다.

무슨 까닭인가 하면, 기억하건대, 제가 과거 한때 광엄성에 들어가 걸식(乞食)하며 다닐 때에 그의 집에 들어갔습니다. 그때 유마힐이 저에게 절을 하고는 저의 발우를 받아 맛있는 음식을 가득 담고서 저에게 말했습니다.

'존자 수보리여,

만약 음식에서의 평등한 본성으로써 모든 법의 평등한 본성으로 들어갈 수 있고, 모든 법의 평등한 본성으로써 모든 부처의 평등한 본성에 들어갈 수 있다면, 그렇다면 음식을 먹을 만합니다.

존자 수보리여,

만약 탐욕 · 분노 · 어리석음을 끊지도 않고 갖추고 있지도 않을 수 있다면,

유신견(有身見)[203]을 부수지 않고 하나로 통일된[204] 길에 들어갈 수 있다면,

무명(無明)과 모든 유애(有愛)[205]를 없애지 않고 밝은 지혜와 해탈을 일으킬 수 있다면,

---

203) 유신견(有身見) : 살가야견(薩迦耶見). 5견(見)의 하나. 나의 몸이 있다는 견해. 나[자아(自我)]와 나의 것[아소(我所)]에 집착하는 견해. 신견(身見) 혹은 유신견(有身見)이라 번역. 살가야달리슬치(薩迦耶達利瑟致)라 음역. 오온(五蘊)이라는 가(假) 화합물(化合物)을 진실로 있다고 집착하고, 또 오온을 소유하는 진실한 나[自我]가 있다고 집착하는 견해. 범어에 가야는 신(身), 달리슬치는 견(見), 살은 유(有)의 뜻.
204) 일취(一趣) : 하나로 통일되는 것.
205) 유애(有愛) : 있음에 대한 집착.

무간지옥(無間地獄)의 평등한 법성(法性)으로써 해탈의 평등한 법성에 들어가 벗어남도 없고 얽매임도 없을 수 있다면,

사제(四諦)[206]를 보는 것도 아니고 보지 않는 것도 아니고 불과(佛果)를 얻는 것도 아니라면,

중생[207]도 아니고 중생의 법을 떠나지도 않는다면,

성인(聖人)도 아니고 성인이 아닌 것도 아니라면,

비록 모든 법을 성취하나 모든 법이라는 개념을 떠난다면,

음식을 먹을 만합니다.

만약 존자 수보리께서 부처님을 만나 보지도 않고 법문(法門)을 듣지도 않고 스님을 모시지도 않고, 저 육사외도(六師外道)[208]—푸라나 카쉬

---

206) 사제(四諦) : 사성제(四聖諦)라고도 한다. 고(苦)·집(集)·멸(滅)·도(道)의 네 가지 진리. 어리석음과 깨달음이라는 두 경계의 인과(因果)를 설명한 불교의 근본 가르침으로, 석가세존이 녹야원에서 행한 초전법륜은 이 이치를 설한 것이다. 고제(苦諦)는 사바세계의 삶이 모두 고(苦)라는 것이고, 집제(集諦)는 이 고의 원인이니 망상하여 짓는 업의 모임 때문에 고가 생긴다는 것이고, 멸제(滅諦)는 번뇌와 업을 소멸하여 고가 사라진 열반이고, 도제(道諦)는 이러한 멸에 들어가는 길인 팔정도(八正道)의 수행을 가리킨다.

207) 이생(異生) : 범부 중생의 다른 이름. 성자(聖者)와 다른 생류(生類)라는 뜻.

208) 육사외도(六師外道) : 고대 인도의 대표적인 자유 사상가였던 여섯 명을 가리켜 불교에서 부르는 이름. 석가모니는 6사 외도와 그들의 추종자들을 논쟁을 통해서 설복시킴으로써, 당대 최고 스승의 자리에 올랐다. 불교 경전에는 석가모니가 그들과 대론하고, 논박을 통해서 불교가 우위를 차지하는 정황이 상세히 기록되어 있다. ①푸라나 카쉬야파(Purana Kasyapa)는 무작용설(無作用說)과 도덕 부정설을 주장하였다. ②막칼리 고샬라(Makkhali Gosala)는 영혼, 지(地), 수(水), 화(火), 풍(風), 허공(虛空), 득(得), 실(失), 고통, 쾌락, 태어남, 죽음 등의 12요소설과 결정론을 주장하였다. ③아지타 케사캄발린(Ajita Kesakambalin)는 지, 수, 화, 풍 등의 4요소설과 유물론을 주장하였다. ④파쿠다 캇차야나(Pakudha Kaccayana)는 무인무연설(無因無緣說)과 지, 수, 화, 풍, 고통, 쾌락, 영혼 등의 7요소설을 주장하였다. ⑤니르그란타 갸티푸트라(Nirgrantha Jatiputra)는 나중에 자이나교의 교조가 되었으며, 영혼, 운동, 정지, 허공, 시간, 물질 등의 6요소설을 주장했다. ⑥산자야 벨랏티풋타(Sanjaya Belathiputta)는 회의론과 불가지론을 주장했다.

야파(Purana Kasyapa) · 막칼리 고샬라(Makkhali Gosala) · 아지타 케샤캄발린(Ajita Kesakambalin) · 파쿠다 캇차야나(Pakudha Kaccayana) · 니르그란타 갸티푸트라(Nirgrantha Jatiputra) · 산자야 벨라티풋타(Sanjaya Belathiputta)——가 곧 존자의 스승으로서, 그들에 의지하여 출가하여, 저 육사외도가 떨어진 곳에 존자도 떨어진다면, 음식을 먹을 만합니다.

만약 존자 수보리께서 온갖 허망한 견해(見解)[209]에 떨어져 중도(中道)[210]에 이르지 못하고,

부처님을 보지도 법을 듣지도 못하는 여덟 가지 장애[211]에 들어가 부처님을 만나거나 법을 들을 기회를 얻지 못하고,

온갖 더러움과 같아서 깨끗함에서 벗어난다면,

만약 모든 중생이 얻은 무쟁(無諍)[212]을 존자도 얻었으나 그것을 깨끗한 복전(福田)[213]이라고 부르지 않고,

---

209) 견취(見趣) : 견취(見取), 견취견(見取見)과 같음. 5견의 하나. 소견(所見)을 고집하는 견(見)이란 뜻. 신견(身見) · 변견(邊見) · 사견(邪見) 등을 일으키고 이를 잘못 고집하여 진실하고 뛰어난 견해라고 하는 망견(妄見).

210) 중변(中邊) : 중(中)은 중도(中道), 변(邊)은 양변(兩邊). 대립하는 양변을 떠난 중도를 가리킴. 중도(中道)와 같은 뜻이다.

211) 팔무가(八無暇) : 팔난(八難). 부처님을 보지도 법을 듣지도 못하는 여덟 가지 장애. ①지옥(地獄) · ②축생(畜生) · ③아귀(餓鬼) (이 삼악도(三惡道)는 고통이 심해서 불법을 듣지 못한다). ④장수천(長壽天; 오래도록 살고 죽지 않기 때문에 구도심(求道心)이 일어나지 않는다) · ⑤울단월(鬱單越; 변지(邊地)라고도 함. 이 곳은 즐거움이 너무 많아서 불법을 듣지 않는다) · ⑥농맹음아(聾盲瘖瘂; 귀먹고 눈멀고 말 못하는 결함 때문에 불법을 배우지 못한다) · ⑦세지변총(世智辨聰; 세속의 지혜와 판단력이 뛰어나 불법을 들으려 하지 않는다) · ⑧불전불후(佛前佛後; 부처님을 만나지 못하기 때문에 불법을 배우지 못한다).

212) 무쟁(無諍) : ①공리(空理)에 철저하게 안주(安住)하여 다른 것과 다투는 일이 없는 것. ②쟁(諍)은 번뇌, 번뇌를 늘게 하지 않는다는 뜻으로 무루법(無漏法)을 말함.

213) 복전(福田) : 복의 씨앗을 뿌린 밭. 여래나 비구 등 공양을 받을 만한 안목이 있는 이에게

존자에게 음식을 보시한 모든 이가 온갖 악도(惡道)에 떨어져 존자를 온갖 마귀와 손잡은 이라 여기고,

온갖 번뇌를 동반자로 만들고,

모든 번뇌의 자성(自性)이 곧 존자의 자성이고,

모든 중생에 대하여 미워하고 해를 끼칠 생각을 내고,

모든 부처님을 비방하고 모든 법을 훼손하고 승가(僧家)에 참여하지 않고,

결국 완전한 열반의 때가 없다면,

만약 이와 같다면 음식을 먹을 만합니다.'

세존이시여, 그때 저는 이 말을 듣고서 마치 깊은 어둠에 갇혀서 방향을 잃어버린 것처럼, 이것이 무슨 말인지를 알지 못하고 어떻게 답해야 할지를 몰랐으므로, 곧장 저의 발우를 내버리고 그 집에서 빠져나오고자 하였습니다. 그때 유마힐이 저에게 말했습니다.

'존자 수보리여,

발우를 가져가시고 두려워하지 마소서.

어떻게 생각하십니까?

만약 모든 여래께서 환상으로 만들어 낸 사람이, 이 일 때문에 비난한다면 두려워하겠습니까?'

제가 말했습니다.

'아닙니다.'

공양하면 복이 되는 것이, 마치 농부가 밭에 씨를 뿌려 다음에 수확하는 것과 같으므로 복전이라 한다. 보시(布施)하고, 신봉하는 것에 의해 행복을 가져온다고 하는 대상. 부처님이나 법 또는 교단. 부처님·승려 또는 삼보를 가리킴. 이것을 존중하고 공양하는 것이 행복을 낳는다는 뜻으로 밭에 비유되었음. 복덕을 생성하고 복덕을 주는 사람.

유마힐이 말했습니다.

'모든 법의 자성(自性)과 모습[214]은 전부 환상으로 만들어진 것과 같고, 모든 중생과 온갖 말씀의 자성과 모습 역시 그렇습니다.

지혜로운 자들은 누구나 문자 속에서 집착하지도 않고 두려워하지도 않습니다.

까닭이 무엇일까요?

모든 말씀은 전부 자성과 모습에서 벗어났기 때문입니다.

왜 그럴까요?

모든 문자도 자성과 모습에서 역시 벗어났으니 전혀 문자가 아닙니다. 이렇다면 곧 해탈이니, 해탈의 모습은 곧 모든 법입니다.'[215]

세존이시여, 저 훌륭한 거사가 이러한 법을 말할 때에, 2만의 천자(天子)들이 번뇌를 멀리 벗어나 모든 법 속에서 법을 보는 눈이 깨끗해졌고, 5백의 천자(天子)들은 무생법인을 따르게 되었습니다.

그때 저는 묵묵히 할 말을 잃고서 대답할 수 없었습니다. 그러므로 저는 그를 문병하러 갈 수 없습니다."

爾時世尊告大善現: "汝應往詣無垢稱所問安其疾." 時大善現白言: "世尊, 我不堪任詣彼問疾. 所以者何? 憶念我昔於一時間, 入廣嚴城而行乞食次入其舍. 時無垢稱爲我作禮, 取我手鉢盛滿美食, 而謂我言:

---

214) 성상(性相): 법성(法性)과 법상(法相). 법의 미묘한 자성과 법의 드러난 모습.

215) 분별에 집착하는 중생에게는 일체법 그대로가 윤회의 모습이지만, 분별에서 벗어난 부처에게는 일체법 그대로가 해탈의 모습이다.

尊者善現, 若能於食以平等性, 而入一切法平等性, 以一切法平等之性, 入于一切佛平等性, 其能如是乃可取食.

尊者善現, 若能不斷貪恚愚癡亦不與俱, 不壞薩迦耶見入一趣道, 不滅無明并諸有愛而起慧明及以解脫, 能以無間平等法性而入解脫平等法性無脫無縛, 不見四諦非不見諦非得果, 非異生非離異生法, 非聖非不聖, 雖成就一切法而離諸法想, 乃可取食.

若尊者善現, 不見佛不聞法不事僧, 彼外道六師－滿迦葉波·末薩羯離瞿舍離子·想吠多子·無勝髮·犒犎迦衍邪·離繫親子－是尊者師, 依之出家, 彼六師墮, 尊者亦墮, 乃可取食.

若尊者善現, 墮諸見趣而不至中邊, 入八無暇不得有暇, 同諸雜染離於清淨, 若諸有情所得無諍尊者亦得, 而不名爲清淨福田, 諸有布施尊者之食墮諸惡趣, 而以尊者爲與衆魔共連一手, 將諸煩惱作其伴侶, 一切煩惱自性卽是尊者自性, 於諸有情起怨害想, 謗于諸佛毀一切法不預僧數, 畢竟無有般涅槃時, 若如是者乃可取食.

時我, 世尊, 得聞斯語, 猶拘重闇迷失諸方, 不識是何言, 不知以何答, 便捨白缽, 欲出其舍. 時無垢稱, 卽謂我言: '尊者善現, 取缽勿懼. 於意云何? 若諸如來, 所作化者, 以是事詰, 寧有懼不?' 我言: '不也.' 無垢稱言: '諸法性相, 皆如幻化, 一切有情, 及諸言說, 性相亦爾. 諸有智者, 於文字中, 不應執著, 亦無怖畏. 所以者何? 一切言說, 皆離性相. 何以故? 一切文字, 性相亦離, 都非文字. 是則解脫, 解脫相者, 卽一切法.'

世尊, 彼大居士, 說是法時, 二萬天子, 遠塵離垢, 於諸法中, 得法眼淨, 五百天子, 得順法忍. 時我?然, 頓喪言辯, 不能加對. 故我不任, 詣彼問疾."

5. 부루나의 문병

그때 세존께서 부루나[216]에게 말씀하셨다.

"그대가 유마힐을 찾아가 문병하여라."

그때 부루나가 아뢰었다.

"세존이시여, 저는 감히 그에게 문병할 수 없습니다. 왜 그런고 하니, 제가 옛날 한때에 큰 숲 속에서 새로 출가한 여러 비구[217]들에게 법을 말하고 있던 때가 기억납니다. 그때 유마힐이 그곳에 와서 저의 발에 이마를 대고 절하고서 이렇게 말했습니다.

'여보세요, 부루나 존자(尊者)시여.

마땅히 먼저 선정(禪定)에 들어가 비구들의 마음을 관찰한 뒤에 그들

---

216) 만자자(滿慈子) : 부루나(富樓那)의 의역(意譯). 부루나미다라니자(富樓那彌多羅尼子)·부라나매저려야부다라(富羅拏梅低黎夜富多羅)·부나만타불다라(富那曼陀弗多羅)·보랄나매달리니불달라(補剌拏梅呾利尼弗呾羅)라고 음역(音譯)하고, 만원자(滿願子)·만축자(滿祝子)·만자자(滿慈子)라고 의역한다. 인도 교살라국 사람. 바라문 종족의 출신. 아버지는 가비라성주(迦毘羅城主) 정반왕의 국사. 태어난 집은 큰 부자이고, 부처님과 생년월일이 같다. 대단히 총명하여 어려서 4베다(吠陀)·5명(明)을 통달. 세속을 싫어하여 입산 수도. 부처님이 깨달아 녹야원에서 설법하심을 듣고 친구들과 함께 부처님께 귀의하여 아라한과를 얻다. 변재(辯才 ; 말솜씨)가 훌륭하여 불제자 중에 설법제일(說法第一)로 불린다. 뒤에 여러 곳으로 다니며 중생 교화에 전력하였다.

217) 필추(苾芻) : bhikkhu. 비구(比丘)·픽추(煏芻)·비호(比呼)라고 음역(音譯). 걸사(乞士)·포마(怖魔)·파악(破惡)·제근(除饉)·근사남(勤事男)이라 의역(意譯). 남자로서 출가하여 걸식으로 생활하는 승려로 250계를 받아 지니는 이.

에게 법을 말씀하셔야, 더러운 음식을 보배 그릇에 담는 일이 없을 것입니다.

마땅히 먼저 모든 비구들이 어떤 염원을 가지고 있는지를 환하게 아셔서, 값을 매길 수 없는 폐유리(吠琉璃)²¹⁸⁾의 보물을 잘 깨지고 값싼 수정(水精)²¹⁹⁾ 구슬과 같다고 여기지 마십시오.

존자 부루나여,

모든 중생의 근성(根性)이 차별되는 것을 관찰하지도 않고서, 조그마한 근기가 받을 법을 주지는 마십시오.

그들 스스로 상처가 없는데, 그들을 상처 입히지 마십시오.

큰 길을 가려고 하는데, 작은 길을 보여 주지 마십시오.

햇빛을 반딧불과 같게 만들지 마십시오.

큰 바다를 소 발자국에 넣지 마십시오.

수미산을 겨자씨 속에 넣지 마십시오.

사자의 큰 울부짖음을 들여우의 울음소리와 같게 만들지 마십시오.

존자 부루나여,

이 모든 비구들은 전부 과거에 대승(大乘)의 마음을 내기 시작하였다가,²²⁰⁾ 깨달음을 바라는 가운데 이 뜻을 잊었을 뿐인데, 어찌 성문승(聲聞乘)의 법을 보여 주겠습니까?

제가 성문(聲聞)을 관찰해 보니, 성문은 지혜가 작고 얕아서 날 때부

---

218) 폐유리(吠琉璃) : 실론 섬에서 나는 석영의 일종인 묘안석(猫眼石). 아름답고 귀하여 보물로 취급됨. 비유리(毘瑠璃), 비두리(毘頭梨)라고도 음역함.

219) 수정(水精) : 수정(水晶)과 같다. 파려(玻瓈)라고도 한다.

220) 발취(發趣) : 시작하다. 어떤 마음을 일으키고, 그것을 성취하기 위하여 앞으로 나아가는 것. 도(道)를 이루고자 발심(發心)하고, 도를 향하여 나아가는 것.

터의 맹인[221]보다는 나으나, 모든 중생의 근성이 묘하고 지혜로움을 관찰하는 대승의 마음이 없는 까닭에, 모든 중생의 근성이 날카롭고 무딤을 분별치는 못합니다.'

그때 유마힐은 곧 이와 같이 뛰어난 삼매(三昧)[222]를 가지고 모든 비구로 하여금 헤아릴 수 없이 많은 전생[223]의 차별되는 일들을 기억하게 하니, 일찍이 과거의 오백 부처님이 계신 곳에서 심은 온갖 선근(善根)과 헤아릴 수 없이 많고 뛰어나게 쌓은 공덕을 위없는 바르고 평등한 깨달음의 마음으로 돌렸던[224] 일을 기억하였습니다.

비구들이 이와 같은 전생의 일들을 기억하고 나니, 깨달음을 구하는 마음이 다시 앞에 나타나 곧 저 유마힐 보살[225]의 발에 머리를 숙여 절하였습니다.

그때 유마힐은 그들에게 법을 말하여 위없는 바르고 평등한 깨달음

---

221) 생맹(生盲) : 날때부터의 장님. 생맹천제(生盲闡提)의 준말. 생맹천제(生盲闡提)는 부처님이 가르치신 정법(正法)을 의심하고 비난하는 자. 천제(闡提)는 일천제(一闡提)의 약자로서 불법에 대한 믿음을 전혀 가지고 있지 않은 자. 불법을 믿지 않는 자는 마치 태어나면서부터 맹인인 사람이 이 세상에 빛이 있음을 믿지 않는 것과 같으므로 생맹천제(生盲闡提)라고 부른다.

222) 삼마지(三摩地) : 삼매(三昧)의 다른 음역(音譯). 삼매(三昧)는 samādhi의 음역으로서, 삼마제(三摩提·三摩帝)·삼마지(三摩地)라고도 음역. 정(定)·등지(等持)·정수(正受)·조직정(調直定)·정심행처(正心行處)라 번역. 산란한 마음을 안정(安定)시켜 흔들리지 않게 하여 망념(妄念)에서 벗어나는 것.

223) 숙주(宿住) : ①과거 세상에서 살던 곳. 전생에 살던 곳. ②전생. ③옛날에 이루어진 일.

224) 회향(回向) : =회향(廻向). 회전취향(廻轉趣向)의 약자. (무엇을 어디로) 향하여 돌리다는 뜻. 자기가 닦은 선근(善根) 공덕을 다른 중생이나 불과(佛果)로 향하여 돌림. 보리회향(菩提廻向)은 자기가 지은 온갖 선근을 보리를 향하여 돌려서 보리 즉 깨달음인 불과(佛果)를 얻으려 하는 것.

225) 대사(大士) : 마하살(摩訶薩)의 번역. 보살과 같은 뜻.

에서 다시는 물러나지 않도록 하였습니다.

그때 저는, 세존이시여, 이렇게 생각하였습니다.

'모든 성문(聲聞)의 사람들은 중생의 근성이 차별됨을 알지 못하니, 여래에게 말씀드리지 않고서 저 중생들에게 곧장[226] 법을 말하면 안 되는구나. 까닭이 무엇인가? 모든 성문의 사람들은 중생의 뛰어나고 못난 차별되는 여러 근성을 알지 못하고, 부처님과 같은 선정에 늘 머물러 있지 못하기 때문이다.'

그러므로 저는 그를 찾아가 문병하는 일을 맡을 수 없습니다."

爾時世尊告滿慈子: "汝應往詣無垢稱所問安其疾." 時滿慈子白言: "世尊, 我不堪任詣彼問疾. 所以者何? 憶念我昔於一時間在大林中, 爲諸新學苾芻說法. 時無垢稱來到彼所, 稽首我足而作是言:

'唯, 滿慈子, 先當入定觀苾芻心, 然後乃應爲其說法, 無以穢食置於寶器. 應先了知是諸苾芻有何意樂, 勿以無價吠琉璃寶, 同諸危脆賤水精珠.

尊者滿慈, 勿不觀察諸有情類根性差別, 授以少分根所受法. 彼自無瘡, 勿傷之也. 欲行大道, 莫示小徑. 無以日光等彼螢火. 無以大海內於牛跡. 無以妙高山王內於芥子. 無以大師子吼同野干鳴.

尊者滿慈子, 是諸苾芻, 皆於往昔, 發趣大乘心, 祈菩提中, 忘是意, 如何示以聲聞乘法? 我觀聲聞, 智慧微淺, 過於生盲, 無有大乘, 觀諸有情, 根性妙智, 不能分別, 一切有情, 根之利鈍.'

---

226) 첩이(輒[爾]) : ①늘. 항상. ②곧. 바로. 즉시.

時無垢稱, 便以如是勝三摩地, 令諸苾芻, 隨憶無量宿住差別, 曾於過去五百佛所, 種諸善根, 積習無量殊勝功德, 迴向無上正等覺心. 隨憶如是宿住事已, 求菩提心, 還現在前, 卽便稽首彼大士足. 時無垢稱因爲說法, 令於無上正等菩提不復退轉.

時我世尊, 作如是念: '諸聲聞人不知有情根性差別, 不自如來不應輒爾爲他說法. 所以者何? 諸聲聞人不知有情諸根勝劣, 非常在定如佛世尊.' 故我不任詣彼問疾."

6. 마하가다연나의 문병

그때 세존께서 저 마하가다연나[227]에게 말씀하셨다.

"그대가 유마힐을 찾아가 병문안을 하도록 하여라."

가다연나(迦多衍那)가 세존께 아뢰었다.

"세존이시여, 저는 감히 그를 찾아가 문병할 수 없습니다. 왜 그런가 하면, 저는 옛날 한때의 일이 기억납니다. 부처님께서 비구들에게 법을 간략히 설명하시고 나서[228] 곧 고요히 머무시었습니다. 저는 그 뒤

---

227) 마하가다연나(摩訶迦多衍那) : 부처님의 10대 제자 가운데 하나. 마하가전연(摩訶迦旃延) · 마하가다연나(摩訶迦多衍那) · 대가전연(大迦旃延) · 대가다연나(大迦多衍那)라고도 하며, 문식(文飾) · 불공(佛空)이라 번역. 남인도 바라문 출신. 불제자 중에서 논의제일(論議第一)이다.

228) 결택(決擇) : 문제를 확실히 해결하다. 의심을 결단하여 이치를 분별하는 것.

에 경전(經典)[229]의 구절 뜻을 분별하고 결택(決擇)[230]하여서, 무상(無常)의 뜻과 고(苦)의 뜻과 공(空)의 뜻과 무아(無我)의 뜻과 적멸(寂滅)의 뜻을 말하였습니다. 그때 유마힐이 그곳으로 와서 저의 발에 머리를 대고 절을 하고서 이렇게 말했습니다.

'여보세요, 대존자 가다연나시여.

생멸(生滅)하는 분별심(分別心)을 행하여 법의 실상(實相)을 말하지 마십시오.

까닭이 무엇일까요?

모든 법은 결코 이미 생긴 것도 아니고, 지금 생기는 것도 아니고, 앞으로 생길 것도 아니고, 이미 사라진 것도 아니고, 지금 사라지는 것도 아니고, 앞으로 사라질 것도 아니니, 이것이 곧 무상(無常)의 뜻입니다.

오온(五蘊)[231]의 자성(自性)은 결국 공(空)이어서 발생할 이유[232]가 없음을 밝게 아는 것이 고(苦)의 뜻입니다.

---

229) 계경(契經) : 불교의 경전. 계(契)는 계합한다는 뜻. 경(經)은 관천(貫穿)·섭지(攝持)의 뜻. 경문은 위로는 진리에 계합하고, 아래로는 중생의 마음에 맞고 뜻에 계합하며, 의리를 꿰어 중생을 잡아 거둔다는 뜻으로 경이라 함.

230) 결택(決擇) : 문제를 확실히 해결하다. 의심을 결단하여 이치를 분별하는 것.

231) 오온(五蘊) : 5취온(取蘊)·5음(陰)·5중(衆)·5취(聚)라고도 함. 온(蘊)은 모아 쌓은 것. 곧 화합하여 모인 것. 무릇 생멸하고 변화하는 것을 종류대로 모아서 5종으로 구별. 경험 세계를 5가지로 분류한 것. ①색온(色蘊); 스스로 변화하고 또 다른 것을 장애하는 지수화풍(地水火風)의 사대(四大). ②수온(受蘊); 고(苦)·락(樂)·불고불락(不苦不樂)을 느끼는 마음의 작용. ③상온(想蘊); 외계(外界)의 사물을 마음속에 받아들이고, 그것을 생각해 보는 마음의 작용. ④행온(行蘊); 의지에 따라 실행하는 것. ⑤식온(識蘊); 의식(意識)하고 분별하는 것.

232) 소유(所由) : 근거. 이유.

모든 법은 결국 있는 것이 아님이 곧 공(空)의 뜻입니다.

아(我)와 무아(無我)가 둘이 아님을 아는 것이 곧 무아(無我)의 뜻입니다.

자성(自性)도 없고 타성(他性)도 없으며, 본래 세차게 타오른[233] 적이 없었고 지금 식어서 사라지는 것이 아니니, 적정(寂靜)이랄 것도 없는 것이 마지막 적정이고 궁극적 적정이니, 이것이 곧 적정의 뜻입니다.

이러한 법을 말했을 때에, 그곳의 모든 비구들의 모든 번뇌가 영원히 사라지고 마음은 해탈을 얻었습니다.

세존이시여, 그때 저는 할 말이 없어서 묵묵히 있었습니다. 그러므로 저는 그를 찾아가 병문안을 할 수 없습니다."

爾時世尊告彼摩訶迦多衍那:"汝應往詣無垢稱所問安其疾." 迦多衍那白言:"世尊, 我不堪任詣彼問疾. 所以者何? 憶念我昔於一時間. 佛爲苾芻略說法已便入靜住. 我卽於後分別決擇契經句義, 謂無常義苦義空義無我義寂滅義. 時無垢稱來到彼所, 稽首我足而作是言:

'唯, 大尊者, 迦多衍那. 無以生滅分別心行, 說實相法. 所以者何?

諸法畢竟, 非已生非今生非當生, 非已滅非今滅非當滅義, 是無常義.

洞達五蘊畢竟性空無所由起, 是苦義.

諸法究竟無所有, 是空義.

---

233) 치연(熾然) : 불이 세차게 타오르다. 왕성하다.

知我無我無有二, 是無我義.

無有自性亦無他性, 本無熾然今無息滅, 無有寂靜, 畢竟寂靜, 究竟寂靜, 是寂滅義.'

說是法時, 彼諸芯芻諸漏永盡心得解脫. 時我世尊?然無辯. 故我不任詣彼問疾."

7. 아나율의 문병

그때 세존께서는 아나율[234]에게 말씀하셨다.

"그대가 유마힐을 찾아가 문병하여라."

그때 아나율이 세존께 아뢰었다.

"세존이시여, 저는 그를 찾아가 문병할 수 없습니다. 까닭이 무엇인고 하니, 기억하건대, 옛날 한때에 저는 큰 숲 속의 한 곳에서 거닐고[235] 있었습니다. 그때 엄정(嚴淨)이라는 이름의 범왕(梵王)[236]이 만 명의

---

234) 대무멸(大無滅): Aniruddha. 아나율(阿那律)·아니루타(阿尼樓馱)·아니율타(阿泥律陀)·아니로두(阿泥盧豆)·아니루타(阿㝹樓陀)·아루타(阿樓陀)라 음역, 대적멸(大寂滅), 대무멸(大無滅)이라 번역. 부처님 10대 제자의 한 사람. 천안제일(天眼第一). 아누루타는 여의(如意)·이장(離障)·무탐(無貪)·무멸(無滅)·선의(善意)라 번역. 가비라성의 석가족. 부처님이 귀국하였을 때 아누림에까지 따라와서 난타·아난타·제바 등과 함께 출가. 후에 부처님 앞에서 자다가, 부처님의 꾸중을 듣고 밤새도록 자지 않으면서 수도에 정진하다가 눈이 멀고, 그 뒤 천안통을 얻어 불제자 중 천안제일(天眼第一)이 됨. 경전을 결집할 때 장로로서 원조한 공이 컸음.

235) 경행(經行): vihāra. 행도(行道)라고도 함. 일정한 구역을 거니는 것. 좌선하다가 졸음을 막기 위하여, 또는 병을 치료하기 위하여 가볍게 운동하는 것. 비하라(毘訶羅)라 음역.

236) 범왕(梵王): 범천왕(梵天王) 혹 범왕천(梵王天)과 같음. 범어 brahma의 음역으로 몰라함

범천(梵天)들과 함께 큰 광명(光明)을 내면서 제가 있는 곳으로 찾아와, 머리 숙여 절하고서 저에게 물었습니다.

'존자, 무멸이시여, 얻은 천안(天眼)으로 얼마나 볼 수 있습니까?'

그때 제가 답했습니다.

'대선인(大仙人)께서는 마땅히 아십시오. 저는 석가모니 부처님의 이 삼천대천세계를 마치 손바닥 안에 있는 아마락(阿摩洛)[237]의 열매를 보듯이 볼 수 있습니다.'

그때 유마힐이 그곳으로 와서 저의 발에 이마를 대고 절을 하고서 이렇게 말했습니다.

'존자 무멸이시여,

얻으신 천안(天眼)은 행상(行相)[238]이 있습니까? 행상이 없습니까?

만약 행상이 있다면, 외도(外道)의 오신통(五神通)[239]과 같습니다.

마(沒羅含摩). 범마(梵摩)라 번역하며 범왕(梵王)·대범천왕(大梵天王)이라고도 한다. 색계 초선천의 주(主)로서 색계 대범천의 높은 누각에 거주하며, 별명을 시기(尸棄)·세주(世主) 등이라 한다. 불교에서는 제석과 함께 정법을 옹호하는 신(神)이라 하여, 부처님이 세상에 나올 적마다 반드시 제일 먼저 설법하기를 청한다. 또 항상 부처님을 오른편에 모시면서 손에는 흰 불자(拂子)를 들고 있다.

237) 아마락(阿摩洛) : 아마륵(阿摩勒)·아말라(阿末羅)·아마라(阿摩羅)라고도 번역. 높고 큰 낙엽수로 껍질은 벗기기 쉬우며 예전에는 약으로 사용했음. 과실은 둥근 것이 호두 비슷하고, 맛은 조금 쓰고 떫은 맛이 있으나, 액즙(液汁)은 맛있음. 인도 히말라야 산록부터 남방 세일론까지 분포.

238) 행상(行相) : 마음의 작용. 마음의 작용이 행하여져서 상을 분별하는 것. 분별심이 대상을 이해하는 것. ①소승(小乘)에서는 주관의 인식 대상, 곧 객관의 사물이 주관인 마음 위에 비친 영상(影像)을 말함. ②대승(大乘)에서는 주관의 인지하는 작용을 말하니 곧 마음에 비친 객관의 영상을 인식하는 주관의 작용.

239) 오신통(五神通) : 5통(通), 5신변(神變)이라고도 함. 5종의 불가사의하고 자재하고 묘한 작용. 천안통(天眼通)·천이통(天耳通)·숙명통(宿命通)·타심통(他心通)·신족통(神足通)을 말함. 천안통(天眼通)은 지상세계와 하늘세계와 땅밑 지옥의 모든 모습을 막힘

만약 행상이 없다면, 무위(無爲)이니 마땅히 보이는 것[240]이 있지 않습니다.

그러니 어떻게 존자께서 얻은 천안으로 보이는 것이 있겠습니까?'

그때 저는 세존이시여, 할 말이 없어서 대답할 수 없었습니다. 그러나 그곳에 있던 모든 범천(梵天)들은 그의 말을 듣고서 이전에 못 들었던 법문이라고 놀라면서 곧 그에게 절을 올리고 물었습니다.

'세간에서 누가 참된 천안(天眼)을 얻었습니까?'

유마힐이 말했습니다.

'부처님이신 세존께서 참된 천안을 얻으셨으니, 적정(寂定)[241]을 버리지 않고 모든 불국토를 보시며, 두 개의 상(相)[242]이나 여러 가지 상(相)

없이 보는 눈, 천이통(天耳通)은 지상세계와 하늘세계와 땅밑 지옥의 모든 소리를 막힘없이 듣는 귀, 숙명통(宿命通)은 과거 전생(前生)의 운명을 아는 것, 타심통(他心通)은 타인의 마음을 아는 것, 신족통(神足通)은 어디든 자유롭게 갈 수 있는 능력이라는 뜻. 이 오신통은 누구든 수행을 통하여 얻을 수 있는 능력으로서 외도(外道)와 불도(佛道)를 구분할 수 없는 것이다. 불도에만 있는 신통은 곧 누진통(漏盡通)이니, 누진통은 번뇌망상을 완전히 소멸하여 막힘없이 자유롭게 세계의 실상(實相)을 보고 모든 미혹(迷惑)에서 해탈하는 능력이다. 부처의 신통은 누진통이라 함.

240) 유견(有見) : 눈에 보이는 것. 색(色)을 유견(有見)이라 함. 무견(無見)의 반대.

241) 적정(寂定) : =대적정(大寂定). ①대열반(大涅槃)을 말함. 이것은 절대 적정의 경지이므로 이와 같이 말함. ②대적정삼매(大寂定三昧) · 대적정묘삼마지(大寂靜妙三摩地). 정(定)은 선정(禪定) · 삼매(三昧) · 삼마지(三摩地)라고도 함. 마음을 한 대상에 머물게 하여 산란치 않는 것을 말한다. 대적정은 여래가 드는 선정으로 모든 산란에서 떠나 마침내 적정하다는 뜻으로 대적(大寂)이라 함.

242) 상(相) : 상(相)에는 두 가지 뜻이 있다. ①lakṣaṇā. 사물의 모양, 모습. 『반야심경』에서 "是諸法空相"의 상(相). 『금강경』에서 "凡所有相皆是虛妄, 若見諸相非相則見如來."의 상(相). ②saṃjñā. 개념. 상(想)과 같음. 마음이 분별한 사물의 모습. 작상(作相)은 '생각하다'는 뜻. 『반야심경』에서 "無色無受想行識"의 상(想). 『금강경』에서 "離一切相", "無復我相人相衆生相壽者相, 無法相亦無非法相."의 상(相).

을 만들지 않으십니다.'

그때 저 범왕과 오백 명의 권속들은 모두 위없는 바르고 평등한 깨달음의 마음을 내어, 유마힐에게 절하고서 문득[243] 보이지 않았습니다. 그 까닭에 저는 그를 찾아가 병문안을 할 수 없습니다."

爾時世尊告大無滅:"汝應往詣無垢稱所問安其疾."時大無滅白言:"世尊, 我不堪任詣彼問疾. 所以者何? 憶念我昔於一時間, 在大林中一處經行. 時有梵王名曰嚴淨, 與萬梵俱放大光明來詣我所, 稽首作禮而問我言:'尊者無滅, 所得天眼能見幾何?'時我答言;'大仙當知. 我能見此釋迦牟尼三千大千佛之世界, 如觀掌中阿摩洛果.'

時無垢稱來到彼所, 稽首我足而作是言:'尊者無滅, 所得天眼, 爲有行相, 爲無行相? 若有行相, 卽與外道五神通等. 若無行相, 卽是無爲不應有見. 云何尊者所得天眼能有見耶?'

時我世尊, ?無能對. 然彼諸梵聞其所說得未曾有, 卽爲作禮而問彼言:'世孰有得眞天眼者?'無垢稱言:'有佛世尊得眞天眼, 不捨寂定見諸佛國, 不作二相及種種相.'

時彼梵王五百眷屬, 皆發無上正等覺心, 禮無垢稱?然不現. 故我不任詣彼問疾."

---

243) 홀연(欻然) : 문득.

8. 우파리의 문병

그때 세존께서 우파리[244]에게 말씀하셨다.

"그대가 유마힐을 찾아가서 문병하여라."

그때 우파리가 부처님께 아뢰었다.

"세존이시여, 저는 그를 찾아가 문병할 수 없습니다. 왜 그런고 하니, 기억하건대, 과거 한때에 두 명의 비구가 받은 계(戒)를 어겼습니다. 그들은 부끄러워하는 마음이 깊이 들어서 감히 부처님을 찾아가지 못하고, 저에게 찾아와 저의 발에 머리를 조아리고는 말했습니다.

'여보세요, 우파리시여. 지금 저희 두 사람은 계율(戒律)을 많이 어겼습니다. 참으로 부끄러워서 감히 부처님을 찾아뵙지 못하겠습니다. 원컨대 우파리님께서 저희의 근심과 후회를 풀어 주셔서 이 허물에서 벗어나게 해 주십시오.'

저는 곧 그들에게 여법(如法)하게 설명해 주어, 그들이 근심과 후회를 제거하고 허물을 깨끗이 없애도록 해 주고는, 권도(勸導)[245]와 찬려(讚勵)[246]와 경위(慶慰)[247]를 드러내 보였습니다.

그때 유마힐이 그곳으로 와서 저의 발에 머리 숙여 절하고는 말했습

---

244) 우파리(優婆離) : Upāli. 부처님의 10대 제자 가운데 한 사람이며, 지계제일(持戒第一)이라 불린다. 우바리(優波離)·오바리(隖波離·波離)라 음역, 근집(近執)·근취(近取)로 번역되기도 한다. 계율을 지키는 데 있어 제1인자였다. 원래 석가족 여러 왕자들의 이발사였는데, 아난 등이 교단에 들어가는 것을 보고 따라갔다가 부처님의 허락을 받고 출가하였다. 결집 때에는 계율을 외워냈다.

245) 권도(勸導) : 권하고 이끌다. 중생을 교화하여 불도(佛道)에 귀의(歸依)시키는 것.

246) 찬려(讚勵) : 격려하다. 힘쓴다고 칭찬하다.

247) 경위(慶慰) : 축하하고 위로하다.

니다.

'여보세요, 우파리시여.

이 두 비구의 죄를 더욱 두텁게 만들지 마십시오.

마땅히 곧장 근심과 후회를 제거하여, 계율을 범한 허물이 그들의
마음을 어지럽히지 못하게 해야 합니다.

까닭이 무엇일까요?

그 죄의 자성은 안에 머물지도 않고, 밖으로 나가지도 않고, 둘의 사
이에 있지도 않기 때문입니다.

부처님의 말씀처럼, 마음이 더럽기 때문에 더럽다는 감정(感情)이 있
고, 마음이 깨끗하기 때문에 깨끗하다는 감정이 있습니다.

이와 같은 마음 역시 안에 머물지도 않고, 밖으로 나가지도 않고, 둘
사이에 있지도 않습니다.

그 마음이 그러한 것처럼, 죄와 허물 역시 그러합니다.

죄와 허물이 그러한 것처럼, 만법(萬法)도 그러하여 여여(如如)에서 벗
어나지 않습니다.

여보세요, 우파리시여.

그대의 마음은 본래 깨끗합니다. 해탈을 얻었을 때에, 이 본래 깨끗
한 마음이 더럽혀진 적이 있습니까?'

제가 말했습니다.

'아닙니다.'

유마힐이 말했습니다.

'모든 중생의 심성(心性)이 본래 깨끗하여 더럽혀진 적이 없었던 것
역시 그러합니다.

여보세요, 우파리님.

분별이나 차별[248]이 있다면 번뇌가 있고, 분별도 차별도 없다면 자성이 깨끗합니다.

전도(顚倒)가 있다면 번뇌가 있고, 전도가 없다면 자성이 깨끗합니다.

아상(我相)을 가진다면 더럽혀지고, 아상을 가지지 않는다면 자성이 깨끗합니다.

여보세요, 우파리시여.

모든 법의 자성(自性)은 생겨나고 사라지며 머물지 않으니, 마치 환상 같고 신기루 같고 번개 같고 구름 같습니다.

모든 법의 자성은 서로 마주 보고 응대하지[249] 않으며, 나아가 한 순간에도 머물지 않습니다.

모든 법의 자성은 전부 헛되고 망령된 견해이니, 마치 꿈 같고 불꽃 같고 건달바성(健達婆城)[250]과 같습니다.

모든 법의 자성은 전부 분별심(分別心)이 일으킨 영상(影像)이니, 물

---

248) 분별(分別)과 이분별(異分別) : 분별은 kalpa 혹은 vikalpa의 번역인데, 이분별(異分別)은 vikalpa에서 '둘로 나누어 달라진다'는 뜻의 접두어 vi를 특히 이(異)라고 번역한 것이다. kalpa와 vikalpa는 모두 분별(分別)이라는 뜻으로서 뜻의 차이가 없지만, 여기에서는 분별과 차별로 나누어 번역하였다.

249) 상고대(相顧待) : 서로 마주 보다. 서로 마주 보고 응대하다.

250) 건달바성(健達婆城) : gandharva-nagara. 번역하여 심향성(尋香城). 실체는 없이 공중에 나타나는 성곽. 바다 위나 사막 또는 열대지방에 있는 벌판의 상공(上空)에서 공기의 밀도와 광선의 굴절작용으로 일어나는 신기루(蜃氣樓)·해시(海市). 이것을 건달바성이라 하는 것은, 건달바는 항상 천상에 있다는 데서 생긴 것. 또는 서역에서 악사(樂師)를 건달바라 부르고, 그 악사는 환술로써 교묘하게 누각을 나타내어 사람에게 보이므로 이와 같이 부른다.

속의 달과 같고 거울 속의 모습과 같습니다.

이와 같이 아는 것을 일러 계율을 잘 지킨다고 하고, 이와 같이 아는 것을 일러 잘 조복한다고 합니다.'

그때 두 비구는 이 말을 듣고서 깜짝 놀라며[251] 함께 말했습니다.

'기이하도다! 거사(居士)가 이와 같이 뛰어난 지혜와 말솜씨를 가지고 있으니, 우파리님이 미칠 수 없구나. 부처님께서는 우파리님이 계율을 지키는 일에서 가장 뛰어나다고 하셨지만, 계율을 지키는 것 이상의 일에 대해서는 우파리님이 말할 수 없구나.'

이에 제가 곧 말했습니다.

'그대들은 그를 거사라고 생각하지 말라. 까닭이 무엇인가? 여래를 제외하고서 성문(聲聞)이나 나머지 보살들 가운데 이 거사의 지혜와 말솜씨를 넘어서는 자는 지금까지 없었으니, 그 지혜와 말솜씨의 밝고 뛰어나기가 이와 같다.'

그때 두 비구의 근심과 후회는 곧 사라지고, 두 비구는 모두 위없이 바르고 평등한 깨달음의 마음을 내었습니다. 그들은 곧 절을 올리고 원(願)을 내어 말했습니다.

'마땅히 중생들로 하여금 모두 이와 같이 뛰어난 지혜와 말솜씨를 얻도록 하시옵소서.'

그때 저는 묵묵히 있을 뿐, 할 말이 없었습니다. 그 까닭에 저는 감히 그를 찾아가 병문안을 할 수 없습니다.

爾時世尊告優波離: "汝應往詣無垢稱所問安其疾." 時優波離白

---

251) 미증유(未曾有) : 깜짝 놀라다. 깜짝 놀랄 만한 일.

言：“世尊，我不堪任詣彼問疾. 所以者何？ 憶念我昔於一時間，有二苾芻犯所受戒. 深懷愧恥不敢詣佛，來至我所稽首我足，而謂我言：‘唯，優波離. 今我二人違越律行. 誠以爲恥不敢詣佛. 願解憂悔得免斯咎.’ 我卽爲其如法解說，令除憂悔得淸所犯，示現勸導讚勵慶慰.

時無垢稱來到彼所，稽首我足而作是言：‘唯優波離. 無重增此二苾芻罪. 當直除滅憂悔，所犯勿擾其心. 所以者何？ 彼罪性，不住內，不出外，不在兩間. 如佛所說，心雜染故，有情雜染，心淸淨故，有情淸淨. 如是心者，亦不住內，亦不出外，不在兩間.

如其心然，罪垢亦然. 如罪垢然，諸法亦然，不出於如. 唯，優波離. 汝心本淨. 得解脫時，此本淨心曾有染不？’ 我言：‘不也.’ 無垢稱言：‘一切有情，心性本淨，曾無有染，亦復如是.

唯，優波離. 若有分別有異分別卽有煩惱，若無分別無異分別卽性淸淨. 若有顚倒卽有煩惱，若無顚倒卽性淸淨. 若有取我卽成雜染，若不取我卽性淸淨.

唯，優波離. 一切法性，生滅不住，如幻如化，如電如雲. 一切法性，不相顧待，乃至一念，亦不暫住. 一切法性，皆虛妄見，如夢如焰，如健達婆城. 一切法性，皆分別心，所起影像，如水中月，如鏡中像. 如是知者，名善持律，如是知者，名善調伏.’

時二苾芻聞說是已，得未曾有，咸作是言：‘奇哉！ 居士乃有如是殊勝慧辯，是優波離所不能及. 佛說持律最爲，其上而不能說.’

我卽告言：‘汝勿於彼起居士想. 所以者何？ 唯除如來，未有聲聞及餘菩薩而能制此大士慧辯，其慧辯明殊勝如是.’

時二苾芻憂悔卽除, 皆發無上正等覺心, 便爲作禮而發願言：'當
令有情皆得如是殊勝慧辯.'時我默然不能加對. 故我不任詣彼問疾.

9. 라훌라의 문병

그때 세존께서 라훌라[252]에게 말씀하셨다.

"그대가 유마힐을 찾아가 문병하여라."

라훌라가 세존께 말씀드렸다.

"세존이시여, 저는 그를 문병하러 갈 수 없습니다. 왜 그러냐 하면,
기억하건대, 옛날 한때에 리차비[253] 종족의 여러 동자(童子)들이 저를
찾아와 저의 발에 절을 하고는 저에게 물었습니다.

'여보시오, 라훌라여!

당신은 부처님의 아들이신데, 왕위를 내버리고 도(道)를 위하여 출가
(出家)하였습니다. 그렇게 출가하는 데에는 어떤 공덕과 뛰어난 이익이

---

252) 라호라(羅怙羅)：Rāhula. 라후라(羅睺羅)·할라호라(曷羅怙羅)·라운(羅云)으로 음역.
번역하여 부장(覆障). 석가세존의 아들. 석존이 태자로 있을 때 출가하여 도를 배우려고
마음을 내었다가, 아들을 낳고는 장애됨을 한탄하여 라후라라 이름하였다. 석존이 깨달
은 뒤에 출가하여 제자가 되었다. 밀행제일(密行第一). 사미의 시초.

253) 리차비 : licchavī. 리차(利車)·리사(離奢)·률창(栗唱)·례차(隷車)·려창(藜昌)·률차
(律車)·리차비(梨車毘)·률첩비(栗呫毘)·리첩비(離呫毘)라 음역, 번역하여 박피(薄
皮)·동피(同皮). 혹은 발지(跋祇, vrji)·비제하(毘提訶)라고도 한다. 찰제리 종족의 이
름. 혹은 선족왕종(仙族王種)이라고도 한다. 그 조상이 어떤 포육(胞肉) 안에서 나왔다고
하여 이같이 이름하였다. 비야리(毘耶離)에서 북쪽 미제라, 네팔 등지에 살았다. 예전부
터 그 이름이 알려졌고, 부처님이 계실 때에 비야리성의 리차족이 부처님께 공양한 적이
있다. 이 종족의 본고장은 지금의 벵갈지방 찬파란주(州)의 Motihari이다.

있습니까?'

저는 곧 출가의 공덕과 뛰어난 이익을 법에 맞게 설명해 주었습니다. 그때 유마힐이 그곳으로 와서 저의 발에 절하고는 이렇게 말했습니다.

'여보세요, 라훌라여!

출가의 공덕과 뛰어난 이익을 이와 같이 설명하면 안 됩니다.

까닭이 무엇일까요?

공덕이 없고, 뛰어난 이익이 없는 것이 곧 출가입니다.

여보세요, 라훌라여!

유위법(有爲法) 속에서는 공덕과 뛰어난 이익이 있다고 말할 수 있습니다만, 무릇 출가라는 것은 무위법(無爲法)입니다.

무위법 속에서는 공덕과 뛰어난 이익이 있다고 말할 수 없습니다.

여보세요, 라훌라여!

무릇 출가라는 것은 저쪽도 없고, 이쪽도 없고, 그 중간도 없습니다.

모든 견해(見解)를 멀리 벗어나, 색(色)도 없고 색 아님도 없는 것이 곧 열반의 길이요, 지혜로운 자가 칭찬하는 것입니다.

성인(聖人)에게 거두어들여져[254],

여러 마귀를 항복시키고,

오취(五趣)[255]를 뛰어넘고,

---

254) 섭수(攝受) : 섭절이문(攝折二門) 가운데 하나. 절복(折伏)의 반대. 중생의 선(善)을 받아들이고 거두어 참된 가르침에 들어가도록 이끄는 것. 곧 중생을 교화(敎化)하는 순적(順的) 방법. 역적(逆的) 방법은 중생의 악(惡)을 꺾어서 항복시키는 절복(折伏)이다.

255) 오취(五趣) : 5악취(惡趣) · 5도(道) · 5유(有)라고도 함. 취(趣)는 중생의 업인(業因)에 의하여 나아간다는 곳. 여기에 지옥 · 아귀(餓鬼) · 축생(畜生) · 인간 · 천상의 5종이 있음.

오안(五眼)²⁵⁶⁾을 깨끗하게 닦고,

오근(五根)²⁵⁷⁾을 확실히 세우고,

오력(五力)²⁵⁸⁾을 깨달아 얻어 그것에서 번뇌하지 않고,

모든 악법(惡法)을 떠나고,

많은 외도(外道)를 꺾고,

헛된 이름을 뛰어넘고,

욕망의 진흙탕을 벗어나고,

얽매임이 없고,

거두어들여짐이 없고,

나와 나의 것에서 벗어나고,

모든 집착²⁵⁹⁾이 없으니 모든 집착을 이미 끊었고,

어지럽고 시끄러움이 없으니 어지럽고 시끄러움을 이미 끊었고,

자기의 마음은 잘 다스리고 타인의 마음은 잘 보호하고,

고요한 지(止)를 따르고 뛰어난 관(觀)을 부지런히 닦고,

모든 악(惡)을 벗어나고 모든 선을 닦습니다.

만약 이렇게 할 수 있다면, 일러 참된 출가입니다.'

---

256) 오안(五眼) : 모든 법의 사(事) · 이(理)를 관조하는 5종의 눈. 곧 육안(肉眼) · 천안(天眼) · 혜안(慧眼) · 법안(法眼) · 불안(佛眼).

257) 오근(五根) : 5력(力)이라고도 함. 보리에 도달하기 위한 향상기관(向上機關) 방법으로 유력한 5종. 신근(信根) · 진근(進根) · 염근(念根) · 정근(定根) · 혜근(慧根).

258) 오력(五力) : 불가사의한 작용이 있는 5종의 힘. ㉠정력(定力). 일체 선정의 힘. ㉡통력(通力). 일체 신통의 힘. ㉢차식력(借識力). 이선천(二禪天) 이상에는 5식(識)이 없으므로 필요하면 신통으로 자유롭게 초선천(初禪天)의 5식을 일으키는 것. ㉣원력(願力). 불 · 보살의 큰 원. ㉤법위덕력(法威德力). 불법의 위덕의 힘.

259) 취(取) : 12연기의 하나. 애(愛)를 연하여 일어나는 집착(執着). 또 애의 다른 이름. 번뇌의 총칭.

그때 유마힐이 모든 동자들에게 말했습니다.

'너희들은 지금 잘 설명한 법(法)과 계율(戒律)²⁶⁰⁾ 속에서²⁶¹⁾ 마땅히 함께 출가해야 한다. 까닭이 무엇인가? 부처님이 세상에 나오시기도 어려운 일이고, 부처님을 만나지 못하는 불운²⁶²⁾을 벗어나기도 어렵고, 사람의 몸을 얻기도 어렵지만, 부처님을 만나서 설법을 들을 기회²⁶³⁾를 완전히 갖추는 것이 가장 어렵다.'

모든 동자들이 말했습니다.

'그런데, 대거사(大居士)시여. 저희들은 부처님의 말씀을 듣지만, 부모님께서 허락하지 않으시면 출가할 수 없습니다.'

유마힐이 말했습니다.

'너희들 동자들이 다만 위없는 바르고 평등한 깨달음의 마음을 내어 바른 행위를 부지런히 닦으면, 이것이 곧 출가(出家)이고, 이것이 곧 구족계(具足戒)를 받아 비구(比丘)의 자성(自性)을 성취하는 것이다.'

그때 32명의 리차비 동자들은 모두 위없는 바르고 평등한 깨달음의 마음을 내어 바른 행위를 닦을 것을 서원(誓願)하였습니다. 그때 저는 묵묵히 있으면서 더할 말이 없었습니다. 그러므로 저는 그를 문병하러 갈 수 없습니다."

---

260) 비나야(毘奈耶) : vinaya 비나야(鼻那耶)·비니(毘尼)라고도 쓰며, 제복(制伏)·조복(調伏)·선치(善治)·멸(滅)·율(律)이라 번역. 부처님이 제자들을 위하여 마련한 계율의 총칭.

261) 선설법비나야(善說法毘奈耶) : 선설법율(善說法律)이라고도 함. 잘 설명한 법과 계율이란 곧 불교(佛敎)를 가리킨다.

262) 무가(無暇) : akṣaṇa의 한역(漢譯). 재난(災難). 불운(不運). 불우(不遇). 무가처(無暇處)라고도 함. 부처님을 만나지 못하고 법을 듣지 못한다는 팔난(八難)과 같은 뜻.

263) 유가(有暇) : 무가(無暇)의 반대. 부처님을 만날 기회와 설법을 들은 기회가 있다.

爾時世尊告羅怙羅: "汝應往詣無垢稱所問安其疾." 時羅怙羅白言: "世尊, 我不堪任詣彼問疾. 所以者何? 憶念我昔於一時間, 有諸童子離咕毘種, 來詣我所稽首作禮, 而問我言: '唯, 羅怙羅. 汝佛之子, 捨輪王位出家爲道. 其出家者, 爲有何等功德勝利?' 我卽如法爲說出家功德勝利. 時無垢稱來到彼所, 稽首我足而作是言:

'唯, 羅怙羅. 不應如是宣說出家功德勝利. 所以者何? 無有功德, 無有勝利, 是爲出家.

唯, 羅怙羅. 有爲法中, 可得說有功德勝利, 夫出家者, 爲無爲法. 無爲法中, 不可說有功德勝利.

唯, 羅怙羅. 夫出家者, 無彼無此, 亦無中間. 遠離諸見, 無色非色, 是涅槃路, 智者稱讚.

聖所攝受, 降伏衆魔, 超越五趣, 淨修五眼, 安立五根, 證獲五力, 不惱於彼, 離諸惡法, 摧衆外道, 超越假名, 出欲游泥, 無所繫著, 無所攝受, 離我我所, 無有諸取, 已斷諸取, 無有擾亂, 已斷擾亂, 善調自心, 善護他心, 隨順寂止, 勤修勝觀, 離一切惡, 修一切善. 若能如是, 名眞出家.'

時無垢稱告諸童子: '汝等今者, 於善說法毘奈耶中, 宜共出家. 所以者何? 佛出世難, 離無暇難, 得人身難, 具足有暇第一最難.'

諸童子言: '唯, 大居士. 我聞佛說, 父母不聽, 不得出家.' 無垢稱言: '汝等童子, 但發無上正等覺心, 勤修正行, 是卽出家, 是卽受具, 成苾芻性.'

時三十二離咕童子, 皆發無上正等覺心, 誓修正行. 時我默然, 不能加辯. 故我不任詣彼問疾."

10. 아난다의 문병

그때 세존께서 아난다[264]에게 말씀하셨다.

"그대가 유마힐을 찾아가 문병하여라."

그때 아난다가 아뢰었다.

"세존이시여, 저는 그를 찾아가 문병할 수 없습니다. 왜 그러냐 하면, 제 기억에 옛날 한때에 세존의 몸에 약간 아픈 기색이 있어서 우유를 필요로 할 때가 있었습니다. 저는 아침 일찍이 옷을 차려입고 발우를 들고 광엄성의 바라문 집을 찾아가 우유를 동냥하려고 문 앞에 서서 기다리고 있었습니다. 그때 유마힐이 그곳으로 와서, 저의 발에 머리를 숙여 절하고는 이렇게 말했습니다.

'여보세요, 아난다시여! 어쩐 일로 아침 일찍이 발우를 들고 이곳에

---

264) 아난다(阿難陀) : 석가의 10대 제자 중 한 사람이다. 줄여 아난(阿難)이라고도 한다. 아난다라는 인도말은 환희·기쁨[慶喜]을 뜻한다. 아난은 석가의 사촌 동생이다. 불전(佛典)에는 그 아버지의 이름을 곡반왕(斛飯王)·감로반왕(甘露飯王)·백반왕(白飯王) 등으로 적고 있어 어떤 것이 옳은지 단정하기는 어려우나, 아난다의 아버지인 왕이 석가의 아버지인 정반왕(淨飯王)과 형제인 것만은 틀림없다. 석가가 성도(成道)하던 날 곡반왕 집안 하인이 정반왕에게 와서 "당신의 동생이 아들을 낳았다."라고 전하였다. 정반왕이 크게 기뻐하여 "오늘은 매우 행복한 날이요, 기쁜 날이다." 하면서, 그 이름을 아난다 즉 '기쁨'이라고 지었다고 한다. 『대지도론(大智度論)』에 따르면 아난다는 용모가 출중하였는데, 이것이 출가 후 아난다가 많은 부녀자들로부터 유혹을 당하는 원인이 되기도 했다. 석가가 성도 후 귀향하였을 때, 난다(難陀)·아나율(阿那律) 등과 함께 그를 따라 출가하였다고 한다. 대중들의 천거에 의하여 아난다가 20여 년 동안 시자(侍者)를 맡아 가까이서 석가를 모시면서 그의 말을 가장 많이 들었으므로, 다문제일(多聞第一) 아난다로 불렸다. 그가 남긴 업적으로는 석가의 이모 고타미(Gotami)가 출가를 청했을 때 석가를 설득하여 그녀의 출가를 성사시킨 일이 특기할 만한 것이다. 석가가 80세에 숨을 거둘 때 곁에서 지켜보았으며, 석가가 죽은 후 가섭의 지휘 아래 이루어진 경(經)의 편찬, 즉 결집(結集)에 참가하여 지대한 업적을 남겼는데, 경법(經法)이 후대에 전하는 것은 그의 공이 크다.

계십니까?'

제가 말했습니다.

'거사시여, 세존의 몸에 약간의 질병이 있어서 우유가 필요하기 때문에 이곳에 왔습니다.'

그때 유마힐이 저에게 말했습니다.

'그만두시오, 그만두시오, 존자시여. 그런 말씀은 하지 마세요. 세존을 비방하지 마세요. 헛된 일로써 여래를 비방하면 안 됩니다. 왜 그럴까요?

여래의 몸은 금강(金剛)이 모여 이루어졌으므로, 모든 악법(惡法)과 습(習)을 영원히 끊고 모든 선법(善法)을 원만하게 성취하는데, 무슨 질병이 있고 무슨 번뇌가 있겠습니까?

여보세요, 아난다시여! 잠자코 계신 곳으로 돌아가심으로써, 다른 사람이 이런 어설픈 말을 듣지 못하게 하시고, 큰 위덕(威德)을 갖춘 모든 천신(天神)들과 다른 부처님의 국토에서 온 모든 보살들이 이 말을 듣지 못하도록 하십시오.

여보세요, 아난다시여! 전륜성왕(轉輪聖王)[265]이 성취한 약간의 선근

---

265) 전륜성왕(轉輪聖王) : 전륜왕(轉輪王) · 전륜성제(轉輪聖帝)라고도 함. 줄여서 윤왕(輪王), 또는 비행(飛行) 황제라고도 한다. 수미(須彌) 4주(洲)의 세계를 통치하는 대왕. 이 왕은 몸에 32상을 갖추었으며 즉위할 때에는 하늘로부터 윤보(輪寶)를 감득(感得)하는데, 이 윤보를 굴리면서 사방을 위엄으로 굴복시키므로 전륜왕이라 불린다. 또한 공중을 날아다니므로 비행황제라고도 불린다. 증겁(增劫)에 인수(人壽) 2만 세 이상에 이르면, 이 왕이 세상에 나고, 감겁(減劫)에는 인수 무량세에서 8만 세까지의 사이에 나타난다 함. 윤보에는 금 · 은 · 동 · 철의 네 종류가 있어 이들 윤보의 종류에 따라 왕의 이름이 나뉨. 즉 금륜왕은 수미 4주를 통치, 은륜왕은 동 · 서 · 남 3주를, 동륜왕은 동 · 남 2주를, 철륜왕은 남섬부주의 1주를 통치한다고 함.

(善根)으로도 오히려 질병이 없게 되는데, 하물며 여래는 헤아릴 수 없는 선근으로 복과 지혜가 두루 가득한데 어찌 질병이 있겠습니까? 결단코 이런 경우는 없습니다.

여보세요, 아난다시여! 얼른 잠자코 돌아가셔서, 우리가 이런 더럽고 부끄러운 일을 당하지 않도록 해 주십시오.

만약 모든 외도(外道)들과 바라문들이 이런 어설픈 말을 듣는다면, 응당 이렇게 생각할 것입니다.

"어찌하여 스승이라고 부르겠는가? 자기 몸에 있는 질병도 치료하지 못하면서, 어떻게 모든 이에게 있는 질병을 치료할 수 있겠는가?"

남몰래 얼른 돌아가셔서, 남이 듣지 못하도록 하십시오.

또 아난다시여!

여래의 몸이라는 것은 곧 법의 몸이지 더러운 육신(肉身)이 아니며,

출세간의 몸으로서 세간법(世間法)에 더럽혀지지 않는 몸이며,

무루(無漏)²⁶⁶)의 몸으로서 모든 유루(有漏)를 벗어났으며,

무위(無爲)²⁶⁷)의 몸으로서 모든 유위(有爲)를 벗어났으며,

모든 숫자²⁶⁸)에서 벗어난 몸으로서 모든 숫자가 영원히 사라진 몸입니다.

---

266) 무루(無漏): ←유루(有漏). 누(漏)는 객관 대상에 대하여 끊임없이 6근에서 허물을 누출(漏出)한다는 뜻으로 번뇌의 다른 이름. 소승에서는 번뇌를 증상(增上)하지 않음을 말하고, 대승에서는 번뇌와 함께 있지 아니함을 말한다. =무루지(無漏智).

267) 무위(無爲): asaṃskṛta. 모든 법의 진실체를 말함. 위(爲)는 위작(爲作)·조작(造作)의 뜻. 곧 분별로 위작·조작을 하지않아 생·주·이·멸 4상(相)의 변천이 없는 진리를 말한다. 열반·법성·실상 등은 무위의 다른 이름이다.

268) 수(數): 24불상응행의 하나. 물(物)·심(心)의 온갖 법을 헤아려 세는 수. 곧 1·10·100 등의 분위(分位). 여기에서는 차별(差別)을 말함.

이와 같은 부처님의 몸에 무슨 질병이 있겠습니까?'

그때 저는 세존이시여, 이 말을 듣고서 참으로 부끄러워하며 이렇게 생각했습니다.

'부처님을 가까이 모시면서 그 가르침을 잘못 들었던 것은 아닌가?'

그때 공중에서 소리가 들렸습니다.

'그대 아난다여! 거사의 말과 같이 세존의 참된 몸에는 진실로 질병이 없다.

다만 여래께서 오탁악세(五濁惡世)[269]에 출현하시어, 가난하고 고통스럽고 번뇌하고 악한 행동을 하는 중생을 이끌어 교화(敎化)하려 하시기 때문에, 이러한 일을 드러내 보이시는 것이다.

가거라, 아난다여! 부끄러워하지 말고 우유를 받아서 가거라.'

그때 저는 세존이시여, 그 대사(大士)의 이와 같은 말씀을 듣고서 할 말이 없어서 입을 다물고서 대답하지 못했습니다.

그러므로 저는 그를 찾아가 문병할 수 없습니다."

이와 같이 세존께서는 오백 명의 성문(聲聞)인 모든 훌륭한 제자들 한 사람 한 사람에게 따로따로 "그대가 유마힐을 찾아가 문병하여라."라고 말씀하셨지만, 모든 성문들은 각자 부처님께 옛 인연을 말씀드리고

---

269) 오탁악세(五濁惡世) : 오탁(五濁)의 모양이 나타나 나쁜 일이 많은 세상. 오탁(五濁)이란 오재(五滓)·오혼(五渾)이라고도 하며, 나쁜 세상의 5종류 더러움. ①겁탁(劫濁). 사람의 수명이 차제로 감하여 30·20·10세로 됨을 따라, 각기 기근(饑饉)·질병(疾病)·전쟁(戰爭)이 일어나 흐려짐을 따라 입는 재액. ②견탁(見濁). 말법(末法)시대에 이르러 사견(邪見)·사법(邪法)이 다투어 일어나 부정한 사상(思想)의 탁함이 넘쳐흐름. ③번뇌탁(煩惱濁). 또는 혹탁(惑濁). 사람의 마음이 번뇌에 가득하여 흐려짐. ④중생탁(衆生濁). 또는 유정탁(有情濁). 사람이 악한 행위만을 행하여 인륜 도덕을 돌아보지 않고, 나쁜 결과를 두려워하지 않는 것. ⑤명탁(命濁). 또는 수탁(壽濁). 인간의 수명이 차례로 단축하는 것.

는 대사(大士) 유마힐을 칭찬하면서 모두들 말하기를 "감히 그를 찾아가 문병할 수 없습니다."라고 하였다.

爾時世尊告阿難陀: "汝應往詣無垢稱所問安其疾." 時阿難陀白言: "世尊, 我不堪任詣彼問疾. 所以者何? 憶念我昔於一時間, 世尊身現少有所疾當用牛乳. 我於晨朝整理常服執持衣鉢, 詣廣嚴城婆羅門家, 佇立門下從乞牛乳. 時無垢稱來到彼所, 稽首我足而作是言: '唯, 阿難陀! 何爲晨朝持鉢在此?' 我言: '居士, 爲世尊身少有所疾, 當用牛乳故來至此.'

時無垢稱而謂我言: '止止, 尊者. 莫作是語, 勿謗世尊. 無以虛事, 誹謗如來. 所以者何? 如來身者金剛合成, 一切惡法并習永斷, 一切善法圓滿成就, 當有何疾? 當有何惱?

唯, 阿難陀! 默還所止, 莫使異人聞此麤言, 無令大威德諸天及餘佛土諸來菩薩得聞斯語.

唯, 阿難陀! 轉輪聖王成就少分所集善根尙得無病, 豈況如來無量善根福智圓滿, 而當有疾? 定無是處.

唯, 阿難陀! 可速默往, 勿使我等受斯鄙恥. 若諸外道婆羅門等聞此麤言, 當作是念: 「何名於師? 自身有病尙不能救, 云何能救諸有疾乎?」 可密速去, 勿使人聞.

又, 阿難陀! 如來身者, 卽是法身非雜穢身, 是出世身世法不染, 是無漏身離一切漏, 是無爲身離諸有爲, 出過衆數諸數永寂. 如此佛身當有何疾?'

時我世尊, 聞是語已, 實懷慚愧. 得無近佛, 而謬聽耶? 卽聞空中聲曰：'汝, 阿難陀! 如居士言, 世尊眞身實無有病. 但以如來出五濁世, 爲欲化導貧窮苦惱惡行有情, 示現斯事. 行矣, 阿難陀! 取乳勿慚.'

時我世尊, 聞彼大士辯說如是, 不知所云, 默無酬對. 故我不任詣彼問疾."

如是世尊, 一一別告五百聲聞諸大弟子："汝應往詣無垢稱所問安其疾." 是諸聲聞各各向佛說其本緣, 讚述大士無垢稱言, 皆曰："不任詣彼問疾."

제4 보살품(菩薩品)

1. 미륵보살의 문병

그때 세존께서 미륵보살[270]에게 말씀하셨다.

"그대가 유마힐을 찾아가 병문안을 하여라."

미륵보살이 세존께 아뢰었다.

"세존이시여, 저는 감히 그를 찾아가 병문안을 할 수 없습니다. 왜 그런가 하면, 기억하건대, 옛날 한때에 제가 도솔천왕(兜率天王)[271]과 그

---

270) 미륵(彌勒) : Maitreya. 대승(大乘)의 보살. 매달려야(梅呾麗耶) · 매달례야(昧怛隸野)라 음역하고, 자씨(慈氏)라 번역한다. 이름은 아일다(阿逸多)인데, 무승(無勝) · 막승(莫勝)이라 번역한다. 인도 바라내국의 바라문 집에 태어나 석존의 교화를 받고, 미래에 성불하리라는 수기를 받아, 도솔천에 올라가 있으면서 지금 그 하늘에서 천인들을 교화한다. 석존 입멸 후 56억 7천만 년을 지나 다시 이 사바세계에 출현하여 화림원(華林園) 안의 용화수(龍華樹) 아래서 성도하여, 3회의 설법으로써 석존의 교화에서 빠진 모든 중생을 제도한다고 한다. 석존의 업적을 돕는다는 뜻으로 보처(補處)의 미륵이라 하며, 현겁(賢劫) 천불의 제5불(佛)이다. 이 법회를 용화삼회(龍華三會)라 함.

271) 도솔천(兜率天) : Tuṣita-deva. 욕계 6천의 하나. 도사다(覩史多) · 투슬다(鬪瑟哆) · 도솔타(兜率陀) · 도술(兜術)이라고도 쓰며, 상족(上足) · 묘족(妙足) · 희족(喜足) · 지족(知足)이라 번역. 수미산의 꼭대기서 12만 유순 되는 곳에 있는 천계(天界)로서 7보(寶)로 된 궁전이 있고 한량없는 하늘 사람들이 살고 있고, 여기에는 내 · 외의 2원(院)이 있다고 한다. 외원(外院)은 천중(天衆)의 욕락처(欲樂處)이고, 내원(內院)은 미륵보살의 정토라 한

권속들에게 모든 보살마하살들이 물러남이 없는[272] 지위에서 가지는 불법의 요점을 말해 주고 있었습니다. 그때 유마힐이 그곳으로 와서 저의 발에 머리를 숙여 절하고서 이렇게 말했습니다.

'존자, 미륵이시여! 그렇습니다.

부처님이신 세존께서 당신에게 한 생애만 매여서 지나면 위없는 바르고 평등한 깨달음을 얻을 것이라고 수기(授記)[273]하셨습니다.

그런데 어느 생을 가지고 수기를 얻었습니까?

과거생입니까? 미래생입니까? 현재생입니까?

만약 과거생이라면, 과거생은 이미 사라졌습니다.

만약 미래생이라면, 미래생은 아직 이르지 않았습니다.

만약 현재생이라면, 현재생은 머물지 않습니다.

세존께서 말씀하시길 그대들 비구들은 찰나찰나에 생노사(生老死)를 갖추고 있으니 죽음과도 함께 하고 삶과도 함께 한다고 하신 것과 같습니다.

다. 미륵은 여기에 있으면서 설법하여 남섬부주(南贍部洲)에 하생하여 성불할 시기를 기다리고 있다. 이 하늘은 아래에 있는 사왕천·도리천·야마천이 욕정에 잠겨 있고, 위에 있는 화락천·타화자재천이 들뜬 마음이 많은데 대하여, 잠기지도 들뜨지도 않으면서 5욕락에 만족한 마음을 내므로, 미륵 등의 보처 보살이 있다고 한다. 이 하늘 사람의 키는 2리, 옷 무게는 1수(銖) 반, 수명은 4천세. 인간의 4백세가 이 하늘의 1주야라고 함. 도솔천왕(兜率天王)은 도솔천의 왕(王).

272) 불퇴전(不退轉) : 물러나지 않음. 수행의 계위(階位)에서 믿음의 확립이나 법안(法眼)의 획득 등의 단계에 이르면 물러나서 악도에 떨어진다거나 이승지(二乘地)로 떨어진다거나 깨달아 얻은 법을 다시 잃게 된다거나 하는 일이 결코 없게 되는 것이다.

273) 수기(授記) : 부처님이 불법에 귀의한 중생에게 어느 시기, 어느 국토에서 어떤 이름의 부처로 태어날 것이며, 그 수명은 얼마나 될 것이라는 것 등을 낱낱이 제시하면서, 미래세의 언젠가는 반드시 부처가 될 것이라고 알려 주는 것. 화가라(和伽羅), 화가라나(和伽羅那), 기별(記別), 수기설(授記說).

만약 삶 없음으로써 수기를 얻는다면, 삶 없음은 곧 열반[274]에 들어간 것입니다.

이 삶 없음에서 들어간 열반 속에는 수기가 없고, 또 바르고 평등한 깨달음을 얻음도 없습니다.

그런데 어떻게 미륵께서는 수기를 얻습니까?

진여(眞如)[275]가 생겨남에 의지하기 때문에 수기를 얻었습니까?

진여가 사라짐에 의지하기 때문에 수기를 얻었습니까?

만약 진여가 생겨남에 의지하여 수기를 얻는다면, 진여는 생겨나는 것이 아닙니다.

만약 진여가 사라짐에 의지하여 수기를 얻는다면, 진여는 사라지는 것이 아닙니다.

생겨나지도 않고 사라지지도 않는 진여의 도리 속에는 수기가 없습니다.

모든 중생이 모두 진여입니다.

모든 법 역시 진여입니다.

모든 성현(聖賢)들 역시 진여입니다.

나아가 미륵보살도 진여입니다.

만약 존자 미륵께서 수기를 얻는다면, 모든 중생들 역시 마땅히 이와 같이 수기를 얻어야 합니다.

---

274) 정성(正性) : 정성이생(正性離生). 번뇌를 남김없이 끊어 버리는 것. 열반을 말함.

275) 여(如) : ①시간 · 공간을 초월하여 변하지 않은 자체. 제법(諸法)의 본체(本體). 이체(理體) · 이성(理性) · 진여(眞如) 등을 말하는 경우. ②현상 그대로의 모양. 으레 그렇다(法爾如然)는 것을 말하는 경우. ③평등하여 차별이 없다는 뜻. 일여(一如) · 여동(如同)이라 말하는 경우. ④사물이 서로 비슷한 것을 표하는 경우 등에 쓰는 말.

까닭이 무엇일까요?

무릇 진여라는 것은 둘로 드러나지 않고 또 여러 가지 다른 성질로 드러나지 않기 때문입니다.

만약 존자 미륵께서 위없는 바르고 평등한 깨달음을 반드시 얻으신다면, 모든 중생들 역시 마땅히 이와 같이 깨달음이 있어야만 합니다.

까닭이 무엇인가요?

무릇 깨달음이라는 것은 모든 중생이 평등하게 따르는 깨달음이기 때문입니다.

만약 존자 미륵께서 반드시 반열반(般涅槃)[276]에 들어가신다면, 모든 중생들에게도 역시 마땅히 이와 같이 열반이 있어야 합니다.

까닭이 무엇일까요?

모든 중생이 아니면 반열반에 들어가지 못하기 때문입니다.

부처님께서는 진여가 반열반이라고 말씀하십니다.

부처님께서 모든 중생들의 본성이 적정하여 곧 열반의 모습임을 보셨기 때문에 진여가 반열반이라고 말씀하신 것입니다.

이 까닭에 미륵이시여,

이 법으로써 모든 천자(天子)들을 이끌지 마십시오.

이 법으로써 모든 천자들을 막히게 하지 마십시오.

무릇 깨달음이라는 것은 나아가 구할 것도 없고, 물러날 것도 없습니다.

---

276) 반열반(般涅槃) : parinirvāṇa의 음역. 원적(圓寂)이라 번역한다. 완전한 소멸이란 뜻이다. 석가세존의 살아생전의 깨달음을 유여열반(有餘涅槃)이라고 하고 육체가 사라지는 것을 무여열반(無餘涅槃)이라고 하는데, 무여열반을 보통 반열반이라 한다. 그러므로 반열반은 육체의 죽음을 가리키기도 한다.

존자 미륵이시여, 마땅히 이 모든 천자(天子)들로 하여금 분별에서 깨달음이라는 견해를 버리게 하십시오.

까닭이 무엇일까요?

무릇 깨달음이라는 것은 몸으로써 증명할 수도 없고, 마음으로써 증명할 수도 없기 때문입니다.

적멸(寂滅)이 깨달음이니, 모든 중생과 모든 법의 모습이 전부 적멸하기 때문입니다.

더하지 않는 것이 깨달음이니, 모든 인연은 더해지지 않기 때문입니다.

행하지 않는 것이 깨달음이니, 모든 희론(戱論)[277]과 모든 의도적인 행동[278]이 전혀 행해지지 않기 때문입니다.

영원히 끊는 것이 깨달음이니, 모든 견해(見解)[279]가 모두 영원히 끊어지기 때문입니다.

---

277) 희론(戱論) : 희롱(戱弄)의 담론(談論). 부질없이 희롱하는 아무 뜻도 이익도 없는 말. 여기에는 사물에 집착하는 미혹한 마음으로 하는 여러 가지 옳지 못한 언론인 애론(愛論)과 여러 가지 치우친 소견으로 하는 의론인 견론(見論)의 2종이 있다. 둔근인(鈍根人)은 애론, 이근인(利根人)은 견론, 재가인(在家人)은 애론, 출가인(出家人)은 견론, 천마(天魔)는 애론, 외도(外道)는 견론, 범부(凡夫)는 애론, 2승(乘)은 견론을 고집함.

278) 작의(作意) : ①유의하다. 주의하다. 신경쓰다. 관심을 쏟다. ②『구사론』대지법(大地法)의 하나. 『유식론』5변행(遍行)의 하나. 선(善)·불선(不善)·무기(無記)의 일체 심왕(心王)에 따라 일어나는 마음의 작용. 마음을 일깨워 바깥 대상을 향하여 발동케 하는 정신 작용.

279) 견취(見趣) : =견취(見取). ①4취(取)의 하나. 3계(界)의 사제(四諦) 아래 일어나는 아견(我見)·변견(邊見)·사견(邪見)·견취견(見取見) 등 모든 견혹(見惑)을 말함. 이에 30혹이 있음. 3계에 각각 고제(苦諦) 아래 신견(身見)·변견(邊見)·사견(邪見)·견취견(見取見)의 4견과 집제(集諦)·멸제(滅諦)·도제(道諦) 아래에 각기 사견·견취견의 2견이 있으므로 30혹이 된다. ②견취견의 준말.

버리고 떠나는 것이 깨달음이니, 모든 집착을 전부 버리고 떠나기 때문입니다.

얽매임을 벗어나는 것이 깨달음이니, 모든 어지럽게 움직이는 법을 영원히 벗어나기 때문입니다.

고요함[280]이 깨달음이니, 모든 분별이 영원히 고요하기 때문입니다.

드넓음이 깨달음이니, 모든 넓고 큰 서원(誓願)[281]을 헤아릴 수 없기 때문입니다.

다투지 않는 것이 깨달음이니, 모든 집착과 모든 논쟁을 전부 멀리 벗어났기 때문입니다.

편안히 머묾이 깨달음이니, 법계(法界)에 머물기 때문입니다.

따라 이르는 것이 깨달음이니, 진여(眞如)를 따르기 때문입니다.

둘 아님이 깨달음이니, 차별법(差別法)의 성질을 모두 멀리 벗어나기 때문입니다.

만들어 세우는 것이 깨달음이니, 실제(實際)[282]에서 세워지기 때문입니다.

평등이 깨달음이니, 모든 눈과 색깔에서 의식(意識)과 법(法)에 이르

---

280) 적정(寂靜) : 고요하고 평화로움. 마음에 번뇌가 없고, 몸에 괴로움이 없는 편안한 모양.

281) 홍원(弘願) : 넓고 큰 서원(誓願). 시방의 중생을 널리 구제하려는 부처님의 높고 크신 희망과, 반드시 구제하리라 하는 견고한 서원. 곧 아미타불의 48원을 말함. 정토종에서는 48원을 모두 홍원이라 하나, 때로는 제18·제19·제20·제35의 4원을 가리키는 것이며, 이 가운데서도 제18원을 특히 중요하다 함.

282) 실제(實際) : 실제(實際) 즉 참된 끝이란 진여법성(眞如法性)을 가리킴. 이는 온갖 법의 끝이 되는 곳이므로 실제, 또 진여의 실리(實理)를 깨달아 그 궁극(窮極)에 이르므로 이렇게 이름.

기까지[283] 모두가 평등하여 허공(虛空)과 같기 때문입니다.

무위(無爲)가 깨달음이니, 생겨나고·머물고·바뀌고·사라짐에서 끝내 벗어나기 때문입니다.

두루 앎이 깨달음이니, 모든 중생이 가진 마음의 작용[284]을 모두 두루 알기 때문입니다.

틈 없음이 깨달음이니, 안의 육처(六處)[285]들이 뒤섞이지 않기 때문입니다.

뒤섞임 없음이 깨달음이니, 모든 번뇌와 이어지는 습기(習氣)[286]를 영원히 벗어나기 때문입니다.

머물 곳 없음이 깨달음이니, 진여 속에서는 모든 곳에서 멀리 떠났기 때문입니다.

머묾 없음이 깨달음이니, 모든 곳에서 볼 수 없기 때문입니다.

오직 이름뿐임이 깨달음이니, 이 깨달음이라는 이름은 작용(作用)이 없기 때문입니다.

---

283) 십이처(十二處) : 6근(根)과 그 대상인 6경(境). 지각기관인 안이비설신의(眼耳鼻舌身意)의 육근(六根)과 각 지각기관의 지각대상인 색성향미촉법(色聲香味觸法)의 육경(六境). 이 6근과 6경이 접촉하여 온갖 정신 작용이 일어남.

284) 심행(心行) : ①심사(心思). 생각. ②심의(心意)의 작용. ③정토교계(淨土敎系)에서 말하는 안심(安心)·기행(起行).

285) 내육처(內六處) : 지각기관인 안이비설신의(眼耳鼻舌身意)의 육근(六根).

286) 습기(習氣) : 번뇌의 체(體)를 정사(正使)라 함에 대하여, 습관(習慣)의 기분(氣分)으로 남아 있는 것을 습기라 함. 비유하면, 향 담았던 그릇은 향을 비웠어도 여전히 향기가 남아 있는 것과 같다. 버릇. 유식학(唯識學)에서 습기는 종자(種子)의 다른 이름. 모든 식(識)이 나타날 때에 그 기분(氣分)을 제8식에 훈습(熏習)시키는 것이 종자이므로 이렇게 말함.

물결[287] 없음이 깨달음이니, 모든 취하고 버림을 영원히 떠났기 때문입니다.

어지러움 없음이 깨달음이니, 늘 스스로 고요하기 때문입니다.

선적(善寂)[288]이 깨달음이니, 본성(本性)이 깨끗하기 때문입니다.

밝게 드러남이 깨달음이니, 자성(自性)에는 뒤섞임이 없기 때문입니다.

취함 없음이 깨달음이니, 반연(攀緣)[289]을 떠났기 때문입니다.

다름 없음이 깨달음이니, 모든 법의 평등한 자성을 깨닫기[290] 때문입니다.

비유 없음이 깨달음이니, 모든 비유[291]를 영원히 떠났기 때문입니다.

미묘(微妙)가 깨달음이니, 극히 어렵게 깨닫기 때문입니다.

두루 행함이 깨달음이니, 자성(自性)이 두루하여 허공과 같기 때문입니다.

꼭대기에 이름이 깨달음이니, 모든 법의 가장 꼭대기에 이르기 때문입니다.

오염 없음이 깨달음이니, 모든 세간법이 오염시킬 수 없기 때문입니다.

이와 같은 깨달음은 몸으로 확인할 수도 없고 마음으로 확인할 수도

---

287) 랑(浪) : 식랑(識浪)을 가리킨다. 의식(意識)을 물결에 비유한 것. 마음의 바탕인 진여(眞如)를 바다에 비유하면, 모든 의식(意識)이 인연에 따라 움직임은 바다에 일어나는 물결과 같다. 『능가경』에서 말했다. "물이 흐르는 곳이란, 여덟 번째인 장식(藏識)에서 현세에 나타나는 일곱 개의 식이 물결처럼 일어나는 것이다."(水流處, 藏識轉識浪生.)

288) 선적(善寂) : 열반, 적멸(寂滅)과 같음.

289) 반연(攀緣) : 인연을 붙잡다. 인연에 응하다. 인연을 대하다. 대하고 있는 인연.

290) 수각(隨覺) : 각(覺)과 같음. 깨닫다.

291) 비황(比況) : ①유사한 사례에 견주어 비교함. ②비유함.

없습니다.'

세존이시여, 저 대거사가 이러한 법을 말할 때에 하늘 무리들 가운데 200명의 천자(天子)가 무생법인을 얻었습니다. 그때 저는 한 마디 말도 더할 수 없어서 묵묵히 있었습니다. 그러므로 저는 그를 찾아가 병문안을 할 수 없습니다."

爾時世尊告慈氏菩薩摩訶薩言: "汝應往詣無垢稱所問安其疾." 慈氏菩薩白言: "世尊, 我不堪任詣彼問疾. 所以者何? 憶念我昔於一時間, 爲睹史多天王及其眷屬, 說諸菩薩摩訶薩等不退轉地所有法要. 時無垢稱來到彼所, 稽首我足而作是言:

'尊者, 慈氏! 唯. 佛世尊, 授仁者記, 一生所繫, 當得無上正等菩提. 爲用何生, 得授記乎? 過去耶? 未來耶? 現在耶? 若過去生, 過去生已滅. 若未來生, 未來生未至. 若現在生, 現在生無住. 如世尊說, 汝等苾芻, 刹那刹那具生老死, 卽沒卽生.

若以無生得授記者, 無生卽是所入正性. 於此無生所入性中無有授記, 亦無證得正等菩提. 云何慈氏得授記耶?

爲依如生, 得授記耶? 爲依如滅, 得授記耶? 若依如生得授記者, 如無有生. 若依如滅得授記者, 如無有滅. 無生無滅, 眞如理中, 無有授記. 一切有情皆如也. 一切法亦如也. 一切聖賢亦如也. 至於慈氏亦如也.

若尊者慈氏得授記者, 一切有情亦應如是而得授記. 所以者何? 夫眞如者非二所顯, 亦非種種異性所顯.

若尊者慈氏當證無上正等菩提, 一切有情亦應如是當有所證. 所以者何? 夫菩提者, 一切有情等所隨覺.

若尊者慈氏當般涅槃, 一切有情亦應如是當有涅槃. 所以者何? 非一切有情不般涅槃.

佛說眞如爲般涅槃. 以佛觀見, 一切有情, 本性寂靜, 卽涅槃相故, 說眞如爲般涅槃. 是故慈氏, 勿以此法誘諸天子, 勿以此法滯諸天子. 夫菩提者, 無有趣求, 亦無退轉.

尊者慈氏, 當令此諸天子, 捨於分別菩提之見. 所以者何? 夫菩提者, 非身能證, 非心能證.

寂滅是菩提, 一切有情, 一切法相, 皆寂滅故.

不增是菩提, 一切所緣, 不增益故.

不行是菩提, 一切戲論, 一切作意, 皆不行故.

永斷是菩提, 一切見趣, 皆永斷故.

捨離是菩提, 一切取著, 皆捨離故.

離繫是菩提, 永離一切動亂法故.

寂靜是菩提, 一切分別, 永寂靜故.

廣大是菩提, 一切弘願, 不測量故.

不諍是菩提, 一切執著, 一切諍論, 皆遠離故.

安住是菩提, 住法界故.

隨至是菩提, 隨眞如故.

不二是菩提, 差別法性, 皆遠離故.

建立是菩提, 實際所立故.

平等是菩提, 一切眼色, 乃至意法, 皆悉平等, 如虛空故.

無爲是菩提, 生住異滅, 畢竟離故.

遍知是菩提, 一切有情, 所有心行, 皆遍知故.

無間是菩提, 內六處等, 所不雜故.

無雜是菩提, 一切煩惱, 相續習氣, 永遠離故.

無處是菩提, 於眞如中, 一切方處, 所遠離故.

無住是菩提, 於一切處, 不可見故.

唯名是菩提, 此菩提名, 無作用故.

無浪是菩提, 一切取捨, 永遠離故.

無亂是菩提, 常自靜故.

善寂是菩提, 本性淨故.

明顯是菩提, 自性無雜故.

無取是菩提, 離攀緣故.

無異是菩提, 隨覺諸法, 平等性故.

無喻是菩提, 一切比況, 永遠離故.

微妙是菩提, 極難覺故.

遍行是菩提, 自性周遍, 如虛空故.

至頂是菩提, 至一切法, 最上首故.

無染是菩提, 一切世法, 不能染故.

如是菩提, 非身能證, 非心能證.'

世尊, 彼大居士說此法時, 於天衆中二百天子得無生法忍. 時我默
然不能加辯. 故我不任詣彼問疾."

2. 광엄동자의 문병

그때 세존께서 광엄동자(光嚴童子)에게 말씀하셨다.

"그대가 유마힐을 찾아가서 문병하여라."

광엄동자가 아뢰었다.

"세존이시여, 저는 감히 그를 문병하러 갈 수 없습니다. 까닭이 무엇인가 하면, 기억하건대, 제가 옛날 한때에 광엄성으로 나아갔는데, 그때 유마힐이 금방 그 성으로 들어왔습니다.

저는 절을 하고 그에게 물었습니다.

'거사께서는 어디에서 오십니까?'

그가 저에게 답했습니다.

'묘한 깨달음으로부터 왔습니다.'

제가 물었습니다.

'거사님, 묘한 깨달음이라는 것은 어떤 것입니까?'

그는 곧 저에게 답했습니다.

'순박하고 곧은 염원이 묘한 깨달음이니, 이 염원으로 말미암아 허망하지 않기 때문입니다.

일으킨 가행(加行)²⁹²)이 묘한 깨달음이니, 모든 베풂이 이루어질 수 있기 때문입니다.

증가²⁹³)된 염원이 묘한 깨달음이니, 마침내 뛰어난 법을 깨닫기 때문

---

292) 가행(加行) : ①행위를 할 준비. 준비 단계의 노력. ②어떤 일을 하기 위하여 방편으로 하는 준비의 수행. 정행(正行)에 대한 예비로서 공용(功用)을 가하여 행하는 방편.

293) 증상(增上) : ①증진(增進)·증가(增加)와 같다. 더 늘어감. 발달하는 것. ②힘을 주어 증진케 함. 조장(助長)하는 것.

입니다.

큰 보리심(菩提心)[294]이 묘한 깨달음이니, 모든 법에서 잊어버림이 없기 때문입니다.

깨끗한 보시가 묘한 깨달음이니, 세간의 이숙과(異熟果)[295]를 슬퍼하지 않기 때문입니다.

깨끗한 계(戒)를 굳게 지키는 것이 묘한 깨달음이니, 모든 원하는 것이 전부 이루어지기 때문입니다.

욕됨을 참고 부드럽게 조화함이 묘한 깨달음이니, 모든 중생의 마음에 성냄이 없기 때문입니다.

용맹하게 정진(精進)하는 것이 묘한 깨달음이니, 활발하고 열심히 수행하여 게으름이 없기 때문입니다.

고요히 멈춘 선정이 묘한 깨달음이니, 그 마음이 조화롭고 순조로워서 감당하는 능력이 있기 때문입니다.

뛰어난 지혜가 묘한 깨달음이니, 모든 법의 자성(自性)과 모습을 지금

---

294) 보리심(菩提心) : 위로는 깨달음을 구하고, 아래로는 중생을 교화하려는 마음. 이 마음의 내용은 "중생은 모두 다 제도하리라, 번뇌는 모두 다 끊으리라, 법문은 모두 다 배우리라, 불도는 모두 다 증득하리라."라는 사홍서원(四弘誓願)이다. 보살은 광대한 자리(自利)·이타(利他)의 서원(誓願)을 세우고, 3아승기 100대겁 동안 6도(度) 등의 행을 닦아야만 불과(佛果)를 얻는다고 함.

295) 이숙과(異熟果) : 5과(果)의 하나. 이숙인(異熟因)으로 받는 과보. 선(善) 또는 악(惡)의 업력(業力)이 원인이 되어 생겨나는 무기(無記)의 결과. 원인은 선악(善惡)이지만 결과는 무기(無記)이므로 이숙(異熟)이라고 한다. 예컨대 우리의 존재는 선도 악도 아닌 무기이지만, 선 또는 악의 원인에 의하여 존재하게 되었으므로 이숙과이다. 이것은 종자에서 싹이 나와 과실이 익을 때까지 시간이 걸리듯이, 원인으로부터 시간이 경과한 후에 생긴다. 『구사론』에서는 5근(根) 또는 7심계(心界)를 말하고, 『유식론(唯識論)』에서는 총보(總報)·별보(別報)를 모두 말함.

직접 보기²⁹⁶⁾ 때문입니다.

자(慈)가 묘한 깨달음이니, 모든 중생들의 마음에서 평등하기 때문입니다.

비(悲)가 묘한 깨달음이니, 모든 괴로움을 잘 견디기 때문입니다.

희(喜)가 묘한 깨달음이니, 법(法) 동산²⁹⁷⁾의 즐거움을 늘 누리기 때문입니다.

사(捨)가 묘한 깨달음이니, 모든 애욕(愛慾)과 성냄 등을 영원히 끊기 때문입니다.

신통이 묘한 깨달음이니, 육신통(六神通)을 갖추었기 때문입니다.

해탈이 묘한 깨달음이니, 분별의 움직임을 벗어났기 때문입니다.

방편(方便)이 묘한 깨달음이니, 중생의 지혜를 성숙(成熟)시키기 때문입니다.

섭사(攝事)²⁹⁸⁾가 묘한 깨달음이니, 모든 중생을 포섭(包攝)하기 때문입니다.

많이 들음²⁹⁹⁾이 묘한 깨달음이니, 진실한 행(行)을 일으키기 때문입니다.

---

296) 현견(現見) : ①직접 보다. 현재 보는 것. 현량(現量)의 특징 중 하나. ②경험하는 바. ③감각적 지각. ④현재 앞에 드러나 있음.

297) 법원(法苑) : 법의 동산. 법의 나라. 불국토(佛國土).

298) 섭사(攝事) : =사섭사(四攝事), 사섭법(四攝法). 고통 세계의 중생을 구제하려는 보살이 중생을 불도에 이끌어 들이기 위한 네 가지 방법. ①보시섭(布施攝). 상대편이 좋아하는 재물이나 법을 보시하여 친절한 정의(情誼)를 감동케 하여 이끌어 들임. ②애어섭(愛語攝). 부드럽고 온화한 말을 하여 친해서 이끌어 들임. ③이행섭(利行攝). 동작·언어·의념(意念)에 선행(善行)으로 중생을 이익케 하여 이끌어 들임. ④동사섭(同事攝). 상대편의 근성(根性)을 따라 변신(變身)하여 친하며, 행동을 같이하여 이끌어 들임.

299) 다문(多聞) : 설법을 많이 들어서 불법(佛法)에 대하여 자세히 아는 것.

조복(調伏)이 묘한 깨달음이니, 도리에 맞게 관찰(觀察)하기 때문입니다.

삼십칠보리분법(三十七菩提分法)이 묘한 깨달음이니, 모든 유위법(有爲法)을 버리기 때문입니다.

모든 체실(諦實)[300]이 묘한 깨달음이니, 모든 중생을 헛되이 속이지 않기 때문입니다.

십이연기(十二緣起)[301]가 묘한 깨달음이니, 무명(無明)이 다하지 않고 나아가 늙음·죽음·근심·고통·번뇌가 모두 다하지 않기 때문입니다.

모든 번뇌를 쉬는 것이 묘한 깨달음이니, 참된 법성(法性)을 진실하게 드러내어 증명하기[302] 때문입니다.

---

300) 체실(諦實) : 자세하고 진실함. 독실한 언행 속에 진실함이 있다.

301) 십이연기(十二緣起) : 또는 십이인연(十二因緣)·십이유지(十二有支)·십이지(十二支)·십이인생(十二因生)·십이연문(十二緣門)·십이견련(十二牽連)·십이극원(十二棘園)·십이중성(十二重城)·십이형극림(十二荊棘林). 3계에 대한 미(迷)의 인과를 12로 나눈 것. ①무명(無明). 밝은 깨달음이 없음. ②행(行). 분별의식을 일으킴. ③식(識). 분별의식. ④명색(名色). 이름과 모습으로 나타난 물질. ⑤육처(六處). 안(眼)·이(耳)·비(鼻)·설(舌)·신(身)·의(意) 등 6가지 감각기관. ⑥촉(觸). 명색(名色)과 육처(六處)가 접촉함. ⑦수(受). 분별의식을 받아들임. ⑧애(愛). 분별의식을 좋아함. ⑨취(取). 분별의식에 집착함. ⑩유(有). 의식 속에 분별된 대상이 있는 것으로 됨. ⑪생(生). 삶이 있음. ⑫노사(老死). 늙음과 죽음이 있음. 이처럼 연기를 해석할 적에 1찰나(刹那)에 12연기를 동시에 갖춘다는 학설과, 업설(業說)을 따라 삼세(三世)에 걸쳐 인과관계가 있다고 설명하는 2종이 있음. 뒤의 뜻을 따르면 양중인과(兩重因果)가 있음. 곧 식(識)으로 수(受)까지의 5를 현재의 5과(果)라 하고, 무명·행을 현재의 과보를 받게 한 과거의 2인(因)이라 함(過現一重因果). 다음에 애·취는 과거의 무명과 같은 혹(惑)이요, 유(有)는 과거의 행과 같은 업(業)이니, 이 현재는 3인(因)에 의하여 미래의 생·노사의 과(果)를 받는다 함(現末一重因果).

302) 현증(現證) : ①진실을 꿰뚫어 보고 있음. ②깨달음. ③현실의 증거. 현실의 증명. 앞에 나타나 있는 증거.

모든 중생이 묘한 깨달음이니, 모두 무아(無我)를 자성(自性)으로 삼고 있기 때문입니다.

모든 법이 묘한 깨달음이니, 모든 법의 자성이 공(空)임을 늘 깨닫기 [303] 때문입니다.

마귀와 원수를 항복시키는 것이 묘한 깨달음이니, 모든 마귀와 원수가 유혹하지[304] 못하기 때문입니다.

삼계(三界)를 떠나지 않는 것이 묘한 깨달음이니, 모든 발심하여 나아가는[305] 일에서 멀리 벗어나기 때문입니다.

큰 사자후(獅子吼)[306]가 묘한 깨달음이니, 모든 의심을 잘 해결할[307] 수 있어서 두려움이 없기 때문입니다.

십력(十力), 사무소외(四無所畏) 등 모든 불공법(不共法)[308]들이 묘한 깨

---

303) 수각(隨覺) : 각(覺)과 같음. 깨닫다.

304) ①뒤흔들림. 진동함. ②마음이 쏠림. 감동시킴. ③쓰러지거나 흔들림.

305) 발취(發趣) : 시작하다. 어떤 마음을 일으키고, 그것을 성취하기 위하여 앞으로 나아가는 것. 도(道)를 이루고자 발심(發心)하고, 도를 향하여 나아가는 것.

306) 사자후(獅子吼) : 부처님이나 종사(宗師)의 뛰어난 설법(說法)을 사자의 울부짖음에 비유한 말. 사자가 울부짖으면 모든 짐승들이 두려워하고 따르듯이, 부처님이나 종사의 뛰어난 설법은 어떤 외도(外道)의 견해도 두려워하지 않는다는 뜻.

307) 결택(決擇) : 결판을 내다. 문제를 확실히 해결하다. 의심을 결단하여 이치를 분별하는 것.

308) 불공법(不共法) : 자기와 다른 이가 따로 따로 받는 법(法)으로서, 다른 이와 공통하지 않는 독특한 법. 비유하면, 제 몸은 저 한 사람의 업으로 받는 것과 같은 따위. 부처님께는 18종 불공법이 있음. 10력(力)·4무소외(無所畏)·3념주(念住)·대비(大悲). 이상은 소승의 말. 또 신무실(身無失)·구무실(口無失)·염무실(念無失)·무이상(無異想)·무부정심(無不定心)·무부지이사(無不知已捨)·욕무감(欲無減)·정진무감(精進無減)·염무감(念無減)·혜무감(慧無減)·해탈무감(解脫無減)·해탈지견무감(解脫知見無減)·일체신업수지혜행(一切身業隨智慧行)·일체구업수지혜행(一切口業隨智慧行)·일체의업수지혜행(一切意業隨智慧行)·지혜지과거세무애(智慧知過去世無礙)·지혜지미래세무애(智慧知未來世無礙)·지혜지현재세무애(智慧知現在世無礙). 이상은 대승의 말.

달음이니, 두루 모든 것에서 꾸짖음과 싫어함이 없기 때문입니다.

삼명(三明)으로 비추어 보는 것이 묘한 깨달음이니, 모든 번뇌를 떠나 나머지 없는 마지막 지혜를 얻기 때문입니다.

한 순간에 마음이 모든 법의 마지막을 깨달아 나머지가 없는 것이 묘한 깨달음이니, 깨달음의 지혜[309]가 완전하게 증명되기 때문입니다.

이와 같이 착한 남자여,

만약 모든 보살이 참된 발심을 완전히 갖추어[310] 가지고 있고,[311]

바라밀다(波羅蜜多)[312]를 완전히 갖추어 가지고 있고,

중생의 지혜를 성숙시킴을 완전히 갖추어 가지고 있고,

모든 선근(善根)[313]을 완전히 갖추어 가지고 있고,

바른 법을 거두어들임을 완전히 갖추어 가지고 있고,

여래를 공양함을 완전히 갖추어 가지고 있다면,

모든 행하는 일들과 가고 옴, 나아가고 멈춤, 발을 들고 발을 놓는 등 모든 일이 모두 묘한 깨달음으로부터 나오고,

모든 불법으로부터 나와,

모든 부처님의 묘한 법에 편안히 머물 것입니다.'

---

309) 일체지지(一切智智) : 살바야나(薩婆若那)를 번역한 말. 모든 지혜 중에서도 가장 뛰어난 지혜. 즉 부처님의 지혜, 깨달음의 지혜.

310) 구족(具足) : 완전히 갖추다.

311) 상응(相應) : ①서로 맞아떨어지다. 서로 응하다. ②응당 −해야 한다. ③함께 하다. 동반하다. 함계 있다.

312) 바라밀다(波羅蜜多) : pāramitā. 바라밀(波羅蜜) · 파라미다(播囉弭多)라고도 음역하고, 도피안(到彼岸) · 도무극(度無極) · 사구경(事究竟) · 도(度)라 번역. 피안(彼岸)은 곧 이상(理想)의 경지에 이르고자 하는 보살 수행의 총칭. 이것을 6종 · 10종으로 나누어 6바라밀 · 10바라밀이라 하며, 또는 6도(度) · 10도(度)라고도 한다.

313) 선근(善根) : 깨달음을 가져오는 좋은 원인.

세존이시여, 저 대거사(大居士)께서 이러한 법을 말씀하실 때에 오백의 천자(天子)들은 모두 위없는 바르고 평등한 깨달음의 마음을 내었습니다. 그때 저는 묵묵히 있으면서, 덧붙일 말이 없었습니다. 그러므로 저는 그분의 병문안을 갈 수 없습니다."

爾時世尊告光嚴童子:"汝應往詣無垢稱所問安其疾."光嚴童子白言:"世尊, 我不堪任詣彼問疾. 所以者何? 憶念我昔於一時間出廣嚴城, 時無垢稱方入彼城.

我爲作禮問言:'居士從何所來?'彼答我言:'從妙菩提來.'我問:'居士, 妙菩提者爲何所是?'卽答我言:

'淳直意樂是妙菩提, 由此意樂不虛假故.

發起加行是妙菩提, 諸所施爲能成辦故.

增上意樂是妙菩提, 究竟證會殊勝法故.

大菩提心是妙菩提, 於一切法無忘失故.

淸淨布施是妙菩提, 不悕世間異熟果故.

固守淨戒是妙菩提, 諸所願求皆圓滿故.

忍辱柔和是妙菩提, 於諸有情心無恚故.

勇猛精進是妙菩提, 熾然勤修無懈退故.

寂止靜慮是妙菩提, 其心調順有堪能故.

殊勝般若是妙菩提, 現見一切法性相故.

慈是妙菩提, 於諸有情心平等故.

悲是妙菩提, 於諸疲苦能忍受故.

喜是妙菩提, 恒常領受法苑樂故.

捨是妙菩提, 永斷一切受恚等故.

神通是妙菩提, 具六神通故.

解脫是妙菩提, 離分別動故.

方便是妙菩提, 成熟有情故.

攝事是妙菩提, 攝諸有情故.

多聞是妙菩提, 起眞實行故.

調伏是妙菩提, 如理觀察故.

三十七種菩提分法是妙菩提, 棄捨一切有爲法故.

一切諦實是妙菩提, 於諸有情不虛誑故.

十二緣起是妙菩提, 無明不盡乃至老死憂苦熱惱皆不盡故.

息諸煩惱是妙菩提, 如實現證眞法性故.

一切有情是妙菩提, 皆用無我爲自性故.

一切諸法是妙菩提, 隨覺一切皆性空故.

降伏魔怨是妙菩提, 一切魔怨不傾動故.

不離三界是妙菩提, 遠離一切發趣事故.

大師子吼是妙菩提, 能善決擇無所畏故.

諸力無畏不共佛法是妙菩提, 普於一切無訶厭故.

三明鑒照是妙菩提, 離諸煩惱獲得究竟無餘智故.

一刹那心覺一切法究竟無餘是妙菩提, 一切智智圓滿證故.

　如是, 善男子, 若諸菩薩, 眞實發趣具足相應, 波羅蜜多具足相應, 成熟有情具足相應, 一切善根具足相應, 攝受正法具足相應, 供養如來具足相應, 諸有所作往來進止擧足下足, 一切皆從妙菩提來, 一切皆從諸佛法來, 安住一切諸佛妙法.'

世尊, 彼大居士說是法時, 五百天子皆發無上正等覺心. 時我默然
不能加辯. 故我不任詣彼問疾."

3. 지세보살의 문병

그때 세존께서 지세보살(持世菩薩)에게 말씀하셨다.

"그대가 유마힐을 찾아가서 문병하여라."

지세보살이 세존께 아뢰었다.

"세존이시여, 저는 감히 문병을 갈 수 없습니다. 까닭이 무엇일까
요? 기억해 보면, 제가 예전 한때에 제가 머무는 곳에 있을 때였습니
다. 그때 악마 파순(波旬)[314]이 모습을 제석천처럼 꾸미고는, 만 이천의
여러 천녀(天女)[315]들을 거느리고서 북과 거문고를 타고 노래를 부르면
서 제가 있는 곳으로 와서, 그 권속들과 함께 저의 발에 절하고 여러
하늘의 음악을 연주하여 저에게 공양하고는 합장하여 공경하고 한쪽
으로 물러나 서 있었습니다. 저는 그때 그를 진짜 제석천이라 여기고
서 말했습니다.

---

314) '악마원(惡魔怨)'에서 원(怨)은 파순(波旬)의 번역어. 구마라집(鳩摩羅什)이 번역한 『유마
힐소설경(維摩詰所說經)』에서는 '마파순(魔波旬)'이라 함. 파순(波旬)은 산스크리트로는
papīyas이다. 의역하면 악자(惡者)·살자(殺者)·극악(極惡)·악마(惡魔) 등이 된다. 그
래서 마파순(魔波旬)·천마파순(天魔波旬)·마왕파순(魔王波旬) 등으로도 불린다. 욕계
(欲界) 제6천의 임금인 마왕의 이름. 항상 악한 뜻을 품고, 나쁜 법을 만들어 수도인을 어
지럽히고 사람의 혜명(慧命)을 끊는다고 함.
315) 천녀(天女) : ①욕계 6천에 사는 여성. 색계(色界) 이상의 하늘에는 음욕(婬欲)이 없으므
로 남녀의 구별이 없음. ②여신(女神). 변재천녀(辯才天女) 따위.

'잘 오셨습니다, 교시가(憍尸迦)[316]여! 비록 복(福)이 있다고 하여도, 마땅히 스스로 제멋대로 누리지 말아야 하며, 마땅히 모든 욕망과 즐거움은 전부 덧없음을 부지런히 관찰하여, 몸과 목숨과 재물에서 마땅히 견고하고 진실한 법을 부지런히 닦고 익히고 깨달아야 합니다.'

그러자 악마가 저에게 말했습니다.

'여보세요, 크고 올바른 보살님! 이 여인들을 받아서 시중들게 하십시오.'

제가 곧 답했습니다.

'그만두시오, 교시가시여! 이와 같이 법 아닌 물건을 부처님의 제자요 사문인 나에게 주어서는 안 됩니다. 이것은 내가 가질 수 있는 것이 아닙니다.'

제 말이 채 끝나지도 않았을 때에 유마힐이 그곳으로 와서 저의 발에 머리를 숙여 절하고는 저에게 말했습니다.

'제석천이 아니니, 악마 파순이 당신을 희롱하고 있기 때문입니다.'

그때 유마힐이 악마에게 말했습니다.

'너는 지금 이 모든 천녀를 나에게 다오. 나는 재가(在家)의 사람으로서 세속의 옷을 입었고 사문인 불제자가 아니므로 받을 수 있다.'

그때 악마 파순은 곧 놀라고 두려워하며 유마힐이 자기를 괴롭히지 못하게 하리라 생각하고는 모습을 숨기려고 하였습니다. 그러나 유마힐이 신통력으로 붙잡고 있었기 때문에 악마는 몸을 숨길 수 없었습니다. 악마는 자신의 온갖 신통력을 다 써서 여러 가지 방편을 사용하였습니다만, 역시 도망갈 수 없었습니다. 악마는 곧 공중에서 들려오는

---

316) 교시가(憍尸迦) : Kauśika. 또는 교지가(憍支迦). 제석(帝釋)의 성(姓).

목소리를 들었습니다.

'너, 악마 파순은 마땅히 천녀를 이 거사에게 주어야, 원래 있던 천궁 (天宮)으로 돌아갈 수 있다.'

이에 악마 파순은 두려움 때문에 땅을 굽어보고 하늘을 우러러보면서 천녀를 주었습니다.

그때 유마힐이 모든 여인에게 말했습니다.

'이 악마 파순이 그대들을 나에게 주었습니다. 이제 모든 여인은 마땅히 위없는 바르고 평등한 깨달음의 마음을 내야 합니다.'

그러고는 여러 가지로 알맞은 말들을 해 주어 그 여인들의 묘한 깨달음의 법을 알맞게 성숙시켜 그들의 마음이 바르고 평등한 깨달음으로 향하도록 해 주고는 다시 말했습니다.

'그대들이 이미 위없는 바르고 평등한 깨달음의 마음을 내었으므로, 커다란 불국토[317]의 즐거움을 스스로 즐겨야 하고, 다시는 오욕(五欲)[318]의 즐거움을 즐겨서는 안 됩니다.'

이에 모든 천녀(天女)가 말했습니다.

'그런데 대거사(大居士)시여, 어떤 것을 일러 커다란 불국토의 즐거움이라고 합니까?'

유마힐이 말했습니다.

'불국토의 즐거움이란,

모든 부처님 속에서 부서지지 않는 깨끗함의 즐거움이고,

---

317) 법원(法苑) : 법의 동산. 법의 나라. 불국토(佛國土). 깨달음의 동산.

318) 오욕(五欲) : 색욕(色欲)·성욕(聲欲)·향욕(香欲)·미욕(味欲)·촉욕(觸欲) 등 다섯 가지 욕망을 가리키거나, 재욕(財欲)·색욕(色欲)·음식욕(飮食欲)·명예욕(名譽欲)·수면욕(睡眠欲) 등의 다섯을 가리킨다.

바른 법 속에서 늘 설법을 듣는 즐거움이고,

화합하는 대중 속에서 부지런하고 공손하게 모시는 즐거움이고,

이 삼계(三界) 속에서 영원히 벗어나는 즐거움이고,

모든 인연 속에서 의지하여 머묾이 없는 즐거움이고,

오온 속에서 무상(無常)이 해를 끼치는 원수와 같음을 관찰하는 즐거움이고,

삼계 속에서 독사와 같음을 뒤집힘 없이 관찰하는 즐거움이고,

십이처(十二處)[319] 속에서 텅 빈 마을[320]과 같음을 뒤집힘 없이 관찰하는 즐거움이고,

깨달은 마음을 굳게 지키는 즐거움이고,

모든 중생에게 이익을 주는 일의 즐거움이고,

모든 스승과 장로를 성실히 모시는 즐거움이고,

은혜로운 베풂 속에서 아끼고 탐냄을 벗어나는 즐거움이고,

깨끗한 계율 속에서 거만하거나 게으름이 없는 즐거움이고,

인욕(忍辱) 속에서 조화롭게 순응할 줄 아는 즐거움이고,

정진(精進) 속에서 선근(善根)을 익히는 즐거움이고,

정려(靜慮) 속에서 어지러움이 없음을 아는 즐거움이고,

반야(般若) 속에서 밝음에 헷갈리지 않는 즐거움이고,

---

319) 십이처(十二處) : 6근(根)과 그 대상인 6경(境). 지각기관인 안이비설신의(眼耳鼻舌身意)의 육근(六根)과 각 지각기관의 지각대상인 색성향미촉법(色聲香味觸法)의 육경(六境). 이 6근과 6경이 접촉하여 온갖 정신 작용이 일어남.

320) 공취(空聚) : 텅 빈 마을. 육체를 가리킴. 육체는 오온(五蘊)·십팔계(十八界)·십이처(十二處)가 임시로 모여 이루기 때문에 진실한 주체가 없는 것이 마치 텅 빈 마을과 같다는 말.

깨달음 속에서 넓고 묘한 즐거움이고,

여러 마귀의 원한을 잘 항복시킬 수 있는 즐거움이고,

모든 번뇌를 두루 알 수 있는 즐거움이고,

모든 불국토를 두루 다스리는 즐거움이고,

32상(相)[321]과 80수형호(隨形好)[322]로 아름답게 장식[323]한 몸 속에서 원만함을 지극히 하는 즐거움이고,

복(福)과 지혜(智慧) 2종의 자량(資糧)[324]을 바르게 닦고 익히는 즐거움

---

321) 32상(相) : 부처님 몸에 갖춘 32표상(標相). 삼십이대인상(三十二大人相)·삼십이대장부상(三十二大丈夫相)이라고도 함. 이 상을 갖춘 이는 세속에 있으면 전륜왕(轉輪王), 출가하면 부처님이 된다고 함. 1. 발바닥이 판판함. 2. 손바닥에 수레바퀴 같은 금(무늬)이 있음. 3. 손가락이 가늘면서 긴 것. 4. 손 발이 매우 보드라움. 5. 손가락·발가락 사이마다 얇은 비단결 같은 막(膜)이 있음. 6. 발꿈치가 원만함. 7. 발등이 높고 원만함. 8. 장딴지가 사슴 다리 같음. 9. 팔을 펴면 손이 무릎까지 내려감. 10. 남근(男根)이 오므라들어 몸 안에 숨어 있는 것이 말의 것과 같음. 11. 키가 한 발(두 팔을 편 길이)의 크기와 같음. 12. 털 구멍마다 새까만 털이 남. 13. 몸의 털이 위로 쓸려 남. 14. 온 몸 빛이 황금색임. 15. 몸에서 솟는 광명이 한길 됨. 16. 살결이 보드랍고 매끄러움. 17. 두 발바닥·두 손바닥·두 어깨·정수리가 모두 판판하고 둥글며 두터움. 18. 두 겨드랑이가 편편함. 19. 몸매가 사자와 같음. 20. 몸이 곧고 단정함. 21. 양 어깨가 둥글며 두둑함. 22. 이가 40개나 됨. 23. 이가 희고 가지런하고 빽빽함. 24. 송곳니가 희고 큼. 25. 뺨이 사자 것과 같음. 26. 목구멍에서 맛 좋은 진액이 나옴. 27. 혀가 길고 넓음. 28. 목소리가 맑고 멀리 들림. 29. 눈동자가 검푸름. 30. 속눈썹이 소의 것과 같음. 31. 두 눈썹 사이에 흰 털이 남. 32. 정수리에 살상투가 있음.

322) 80수형호(隨形好) : 부처님 몸에는 32대인상(大人相)을 갖추었고, 그 낱낱 상(相)마다 80종의 호(好)가 있는데, 이 호는 상에 따르는 모양이므로 이렇게 이름. 80종호(種好)라고도 함.

323) 장엄(莊嚴) : ①건립하다. 세우다. 배열하다. 배치하다. ②꾸미다. 장식하다. 좋고 아름다운 것으로 국토를 꾸미고, 훌륭한 공덕을 쌓아 몸을 장식하고, 향과 꽃들을 부처님께 올려 장식하는 일. 또 『관무량수경』에서는 "모든 악업(惡業)으로써 스스로 장엄한다."라고 하며 악한 업을 몸에 쌓아 모으는 것을 장엄(莊嚴)이라고 표현하기도 함.

324) 자량(資糧) : ①준비, 소재라는 뜻. 불도(佛道)를 실천하는 근본이 되는 선근공덕(善根功

146   유마경

이고,

묘한 깨달음을 갖추어 아름답게 장식하는 즐거움이고,

매우 깊은 법에 놀라거나 두려워함이 없는 즐거움이고,

삼해탈문(三解脫門)[325]을 바르게 관찰하는 즐거움이고,

완전한 열반에 바르게 관계하는 즐거움이고,

알맞지 않은 때에 관찰하지 않는 즐거움이고,

같은 부류의 중생에 대하여 그 공덕이 늘 친근함을 보는 즐거움이고,

다른 부류의 중생에 대하여 그 허물을 보지 않아 미워하거나 성냄이 없는 즐거움이고,

모든 선우(善友)[326]와 친근함을 좋아하는 즐거움이고,

모든 악우(惡友)를 장차 보호함을 좋아하는 즐거움이고,

교묘한 방편으로 잘 섭수(攝受)하는[327] 즐거움이고,

모든 법 속에서 즐거이 믿는 즐거움이고,

모든 보리분법(菩提分法)[328]을 게으름 없이 닦아 익히는 가장 묘한 즐

德)을 말함. ②재료를 뜻함.

325) 삼해탈문(三解脫門) : 또는 삼공문(三空門)·삼삼매(三三昧). 해탈을 얻는 세 가지 방법. ①공해탈문(空解脫門). 일체 만유가 다 공(空)하다고 관함. ②무상해탈문(無相解脫門). 상대적 차별한 모양이 없다고 관함. ③무작해탈문(無作解脫門). 무원해탈문(無願解脫門)이라고도 하니, 일체 것을 구할 것이 없다고 관함을 말함.

326) 선우(善友) : =선지식(善知識). 도반(道伴). 함께 공부하는 동료.

327) 섭수(攝受) : 섭절이문(攝折二門) 가운데 하나. 절복(折伏)의 반대. 중생의 선(善)을 받아들이고 거두어 참된 가르침에 들어가도록 이끄는 것. 곧 중생을 교화(敎化)하는 순적(順的) 방법. 역적(逆的) 방법은 중생의 악(惡)을 꺾어서 항복시키는 절복(折伏)이다.

328) 삼십칠보리분법(三十七菩提分法) : =삼십칠도품(三十七道品). 삼십칠조도품(三十七助道品). 열반의 이상경(理想境)에 나아가기 위하여 닦는 도행(道行)의 종류. 4념처(念處)·4정근(正勤)·4여의족(如意足)·5근(根)·5력(力)·7각분(覺分)·8정도분(正道分).

거움입니다.

모든 자매들이여,

이러한 것들이 바로 보살의 커다란 불국토의 즐거움입니다.

이 불국토의 즐거움 속에 모든 대보살은 늘 머물고 있으니, 그대들
도 마땅히 이것들을 즐기고 오욕(五欲)의 즐거움을 즐기지 마시오.'

그때 악마 파순이 천녀들에게 말했습니다.

'너희들은 오너라. 이제 너희들과 함께 천궁으로 돌아가고 싶다.'

모든 천녀들이 답했습니다.

'악마여, 그대는 가시오. 우리는 다시 그대와 함께 돌아가지 않겠소.
무슨 까닭인가 하면, 그대는 우리를 이 거사님께 주었는데 어찌 다시
우리와 함께 돌아갈 수 있겠소? 우리는 이제 불국토의 즐거움을 즐기
고 오욕의 즐거움을 즐기지 않을 것이오. 그대 혼자 돌아가시오.'

그때 악마 파순이 유마힐에게 말했습니다.

'여보시오, 대거사시여! 이 여인들을 놓아주시오. 모든 소유물에 마
음이 집착하지 않고 은혜롭게 베푸는 것이 곧 보살입니다.'

유마힐이 말했습니다.

'나는 놓아주었으니, 그대는 데리고 가도 좋다. 마땅히 그대들 모든
중생들의 법의 소원이 만족되도록 하겠다.'

그때 모든 천녀들은 유마힐에게 절을 올리고서 물었습니다.

'그런데 대거사님, 우리가 악마의 궁전으로 돌아가면 어떻게 수행해
야 합니까?'

유마힐이 말했습니다.

'여러 천녀들은 마땅히 알아야 합니다.

묘한 법문(法門)이 있으니, 그것을 일러 무진등(無盡燈)[329]이라고 합니다. 그대들은 응당 배워야 합니다.'

천녀가 다시 물었습니다.

'무엇을 일러 무진등이라고 합니까?'

유마힐이 답했습니다.

'여러 천녀들이여, 비유하면 한 개 등불이 헤아릴 수 없는 등불에 불을 붙이면 어둠이 모두 밝아져 밝음이 끝내 다함이 없고 또 줄어들지도 않는 것과 같습니다.

이와 같이 모든 천녀들이여, 무릇 한 보살이 발심을 권하는[330] 뜻을 세워 헤아릴 수 없이 많은 중생이 위없는 바르고 평등한 깨달음을 구하도록 하면, 이 보살의 깨달음의 마음은 끝내 다함이 없고 또 줄어들지도 않고 더욱 늘어납니다.

이와 같이 중생들을 위하여 뛰어난 방편으로 바른 법을 말하면, 모든 좋은 법들은 더욱 늘어나 끝내 다함이 없고 또 줄어들지도 않습니다.

여러 천녀들이여, 마땅히 알아야 합니다.

이 묘한 법문을 일러 무진등이라고 하니, 그대들은 응당 배워야 합니다.

비록 악마의 궁전에 머물고 있더라도, 헤아릴 수 없이 많은 천자(天子)와 천녀(天女)들에게 깨달음의 마음을 내도록 권해야 합니다.

그대들이 그렇게 한다면, 여래의 은혜를 알고 참으로 은혜를 갚는다

---

329) 무진등(無盡燈) : 다함이 없는 등불. 한 개의 등불로 수많은 등불을 켤 수 있듯이, 한 사람의 법으로써 백 천 사람을 교화하여도 다함이 없다는 뜻.

330) 권발(勸發) : 남에게 권하여 불도에 대한 마음을 내게 하는 것.

고 하고, 또 모든 중생들을 이익 되게 한다고 합니다.'

　이에 모든 천녀들은 공경하면서 유마힐의 발에 머리가 닿도록 절을 올렸습니다. 그때 유마힐은 앞서 악마의 신통력을 억누르고 있던 것을 풀어주어, 악마가 여러 권속들과 함께 문득 사라져 자신의 궁전으로 돌아가도록 하였습니다. 세존이시여, 유마힐은 이와 같이 자재한 신통력과 지혜와 말솜씨를 가지고 변화무쌍하게 법을 말했습니다. 그러므로 저는 감히 그의 병문안을 갈 수 없습니다.”

　爾時世尊告持世菩薩：“汝應往詣, 無垢稱所, 問安其疾.”持世菩薩白言：“世尊, 我不堪任, 詣彼問疾. 所以者何? 憶念我昔, 於一時間, 在自住處. 時惡魔怨, 從萬二千諸天女等, 狀如帝釋, 鼓樂絃歌, 來到我所, 與其眷屬, 稽首我足, 作諸天樂, 供養於我, 合掌恭敬, 在一面立. 我時意謂眞是帝釋, 而語之言：‘善來, 憍尸迦. 雖福應有, 不當自恣, 當勤觀察, 諸欲戲樂, 皆悉無常, 於身命財, 當勤修習, 證堅實法.’卽語我言：‘唯, 大正士, 可受此女, 以備供侍.’我卽答言：‘止, 憍尸迦! 無以如是, 非法之物, 而要施我, 沙門釋子. 此非我宜.’

　所言未訖時, 無垢稱來到彼所, 稽首我足, 而謂我言：‘非帝釋也. 是惡魔怨嬈汝故耳.’時無垢稱語惡魔言：‘汝今可以此諸天女迴施於我. 是我在家白衣所宜, 非諸沙門釋子應受.’時惡魔怨, 卽便驚怖, 念無垢稱, 將無惱我, 欲隱形去. 爲無垢稱, 神力所持, 而不能隱. 盡其神力, 種種方便, 亦不能去. 卽聞空中聲曰：‘汝惡魔怨, 應以天女, 施此居士, 乃可得還, 自所天宮.’是惡魔怨, 以怖畏故, 俛仰而與.

時無垢稱語諸女言:'是惡魔怨, 以汝施我. 今諸姊等, 當發無上正等覺心.' 卽隨所應, 爲說種種, 隨順成熟, 妙菩提法, 令其趣向, 正等菩提, 復言:'姊等已發, 無上正等覺心, 有大法苑樂, 可以自娛, 不應復樂, 五欲樂也.'

諸天女言:'唯大居士, 云何名爲大法苑樂?' 無垢稱言:'法苑樂者, 謂於諸佛不壞淨樂, 於正法中常聽聞樂, 於和合衆勤敬事樂, 於其三界永出離樂, 於諸所緣無依住樂,

於諸蘊中觀察無常如怨害樂, 於諸界中無倒觀察如毒蛇樂, 於諸處中無倒觀察如空聚樂, 於菩提心堅守護樂, 於諸有情饒益事樂, 於諸師長勤供侍樂,

於惠施中離?貪樂, 於淨戒中無慢緩樂, 於忍辱中堪調順樂, 於精進中習善根樂, 於靜慮中知無亂樂, 於般若中離惑明樂,

於菩提中廣大妙樂, 於衆魔怨能摧伏樂, 於諸煩惱能遍知樂, 於諸佛土遍修治樂, 於相隨好莊嚴身中極圓滿樂, 於其福智二種資糧正修習樂, 於妙菩提具莊嚴樂, 於甚深法無驚怖樂, 於三脫門正觀察樂, 於般涅槃正攀緣樂, 不於非時而觀察樂, 於同類生見其功德常親近樂, 於異類生不見過失無憎恚樂, 於諸善友樂親近樂, 於諸惡友樂將護樂, 於巧方便善攝受樂, 於諸法中歡喜信樂, 於不放逸修習一切菩提分法最上妙樂. 如是諸姊, 是爲菩薩大法苑樂. 此法苑樂, 諸大菩薩, 常住其中, 汝等當樂, 勿樂欲樂.'

時惡魔怨告天女曰:'汝等可來. 今欲與汝, 俱還天宮.' 諸女答言:'惡魔汝去. 我等不復, 與汝俱還. 所以者何? 汝以我等, 施此居士,

云何更得, 與汝等還? 我等今者, 樂法苑樂, 不樂欲樂, 汝可獨還.' 時惡魔怨白無垢稱: '唯, 大居士! 可捨此女. 一切所有, 心不耽著, 而惠施者, 是爲菩薩摩訶薩也.' 無垢稱言: '吾以捨矣, 汝可將去. 當令汝等, 一切有情, 法願滿足.'

時諸天女, 禮無垢稱, 而問之言: '唯, 大居士, 我等諸女, 還至魔宮, 云何修行?' 無垢稱言: '諸姉當知. 有妙法門, 名無盡燈. 汝等當學.' 天女復問: '云何名爲無盡燈耶?' 答言: '諸姉, 譬如一燈, 然百千燈, 暝者皆明, 明終不盡, 亦無退減. 如是諸姉, 夫一菩薩, 勸發建立, 百千俱胝那庾多衆, 趣求無上正等菩提, 而此菩薩菩提之心, 終無有盡, 亦無退減, 轉更增益. 如是爲他, 方便善巧, 宣說正法, 於諸善法, 轉更增長, 終無有盡, 亦無退減. 諸姉當知. 此妙法門, 名無盡燈, 汝等當學. 雖住魔宮, 當勸無量天子天女發菩提心. 汝等卽名, 知如來恩眞實酬報, 亦是饒益一切有情.'

是諸天女, 恭敬頂禮, 無垢稱足. 時無垢稱, 捨先制持, 惡魔神力, 令惡魔怨, 與諸眷屬, 忽然不現, 還於本宮. 世尊, 是無垢稱, 有如是等, 自在神力, 智慧辯才, 變現說法. 故我不任, 詣彼問疾.”

4. 소달다 장자의 문병

그때 세존께서 장자(長者) 소달다(蘇達多)[331]에게 말씀하셨다.

---

331) 소달다장자(蘇達多長者) : Sudatta. 수달다(須達多)라고도 함. B.C. 5세기 경 인도 사위국에 있던 부호(富豪). 부처님께 귀의하고, 기원정사를 지어 부처님께 드린 급고독장자

"그대가 유마힐을 찾아가 병문안을 하도록 하여라."

그때 소달다가 부처님께 아뢰었다.

"세존이시여, 저는 감히 그분에게 병문안을 갈 수 없습니다. 왜 그런가 하면, 제가 옛날 아버지 집에서 7일 낮 7일 밤 동안 큰 잔치[332)]를 열어서 여러 사문, 바라문, 외도, 가난한 자, 하천한 자, 고아, 과부, 거지들을 공양하였던 일이 기억납니다. 그 잔치가 7일째 되던 날, 유마힐이 그 모임에 와서 저에게 말했습니다.

'여보시오, 장자의 아들이시여! 무릇 잔치라면 그대가 지금 이렇게 베푸는 것처럼 해서는 안 됩니다. 그대는 지금 법을 베푸는 잔치를 열어야 합니다. 이렇게 재물을 베푸는 잔치를 열어서 무슨 소용이 있겠습니까?'

제가 말했습니다.

'거사시여, 어떤 것을 일러 법을 베푸는 잔치라고 합니까?'

그가 저에게 말했습니다.

'법을 베푸는 잔치란, 앞도 없고 뒤도 없이 일시에 모든 중생들을 공양하는 것이니, 이것을 일러 원만하게 법을 베푸는 잔치라고 합니다. 그 일은 어떤 것일까요?

위없는 깨달음을 행하는 모습[333)]으로써 대자(大慈)를 이끌어 내고, [334)]

_____

(給孤獨長者)의 범명(梵名).

332) 대사회(大祠會) : 큰 잔치. 사(祠)란 본래 신령에게 제사지내는 것을 가리키지만, 여기에서는 많은 사람들에게 공양을 베푸는 잔치라는 뜻.

333) 행상(行相) : ①소승에서는 주관의 인식 대상, 곧 객관의 사물이 주관인 마음 위에 비친 영상(影像)을 말함. ②대승에서는 주관의 인지하는 작용을 말하니 곧 마음에 비친 객관의 영상을 인식하는 주관의 작용.

334) 인발(引發) : 내도록 이끌다. 이끌어 내다.

모든 중생이 해탈하는 모습으로써 대비(大悲)를 이끌어 내고,

모든 중생들과 기쁨을 같이 하는[335] 모습으로써 대희(大喜)를 이끌어 내고,

바른 법을 거두어들이고 지혜를 거두어들이는 모습으로써 대사(大捨)를 이끌어 냅니다.[336]

뛰어난 적정(寂靜)과 조복을 행하는 모습으로써 보시바라밀을 이끌어 내고,

금계(禁戒)를 범한 중생을 교화하는 모습으로써 지계바라밀을 이끌어 내고,

모든 법에 아상(我相)이 없는 모습으로써 인욕바라밀을 이끌어 내고,

몸과 마음에서 멀리 잘 벗어나는 모습으로써 정진바라밀을 이끌어 내고,

깨달음으로 가는 가장 뛰어난 길[337]을 행하는 모습으로써 선정바라밀을 이끌어 내고,

깨달음의 지혜를 듣는 모습으로써 반야바라밀을 이끌어 냅니다.[338]

모든 중생을 교화하는 모습으로써 공(空)을 실천하도록 이끌고,

모든 유위(有爲)를 다스리는 모습으로써 무상(無相)을 실천하도록 이

---

335) 희(隨喜) : 기쁨을 같이 하다. 선행을 같이 하다.

336) 자비희사(慈悲喜捨)의 사무량심(四無量心)을 말한다.

337) 각지(覺支) : 또는 각분(覺分)·보리분(菩提分). 각오(覺悟)로 나아가는 갈래란 뜻. 그 법이 하나 뿐만 아니므로 지분(支分)이라 함. 이에 37법이 있어서 삼십칠도품(三十七道品) 혹은 삼십칠조도품(三十七助道品)이라고 함. 일반의 이상경(理想境)에 나아가기 위하여 닦는 도행(道行)의 종류. 4념처(念處)·4정근(正勤)·4여의족(如意足)·5근(根)·5력(力)·7각분(覺分)·8정도분(正道分).

338) 육바라밀(六波羅蜜)을 말한다.

끌고,

　일부러 뜻을 내어 생로병사(生老病死)의 고(苦)를 받는 모습으로써 무
원(無願)을 실천하도록 이끕니다.[339]

　바른 법을 잘 거두어들이는[340] 모습으로써 대력(大力)[341]을 내도록 이
끌고,

　사섭사(四攝事)[342]를 잘 실천하는[343] 모습으로써 명근(命根)[344]을 내도
록 이끌고,

　모든 중생의 하인과 노예가 되어 공경하고 모시는 것과 같은 일을 행
하는 모습으로써 오만(傲慢)함 없는 마음을 내도록 이끌고,

　견실(堅實)하지 못함을 모두 견실함으로 바꾸는 모습으로써 견실한
몸과 목숨과 재물[345]을 얻도록 이끕니다.

　그 여섯 종류의 기억[346]을 행하는 모습으로써 정념(正念)[347]을 내도록

---

339) 삼해탈문(三解脫門) 혹은 삼삼매(三三昧)라고 하는 것을 말한다.

340) 섭수(攝受) : 섭절이문(攝折二門) 가운데 하나. 절복(折伏)의 반대. 중생의 선(善)을 받아
　들이고 거두어 참된 가르침에 들어가도록 이끄는 것. 곧 중생을 교화(敎化)하는 순적(順
　的) 방법. 역적(逆的) 방법은 중생의 악(惡)을 꺾어서 항복시키는 절복(折伏)이다.

341) 대력(大力) : ①위대한 힘. 뛰어난 능력. ②삼매의 일종.

342) 사섭사(四攝事) : =사섭법(四攝法). 고통 세계의 중생을 구제하려는 보살이, 중생을 불도
　에 이끌어 들이기 위한 네 가지 방법. ①보시섭(布施攝). 상대편이 좋아하는 재물이나 법
　을 보시하여 친절한 정의(情誼)를 감동케 하여 이끌어 들임. ②애어섭(愛語攝). 부드럽고
　온화한 말을 하여 친해서 이끌어 들임. ③이행섭(利行攝). 동작·언어·의념(意念)에 선
　행(善行)으로 중생을 이익케 하여 이끌어 들임. ④동사섭(同事攝). 상대편의 근성(根性)
　을 따라 변신(變身)하여 친하며, 행동을 같이하여 이끌어 들임.

343) 수습(修習) : 실천하여 익숙하게 되다.

344) 명근(命根) : 목숨. 생명. 생명을 지속시키는 힘.

345) 신명재(身命財) : 신(身)은 법신(法身), 명(命)은 혜명(慧命), 재(財)는 법재(法財).

346) 수념(隨念) : 상기(想起)하다. 기억하다.

347) 정념(正念) : 8정도(正道)의 하나. 그릇된 생각을 버리고, 항상 수행하기에 정신을 집중하

이끌고,

　깨끗하고 묘한 모든 법을 닦는 모습으로써 염원을 내도록 이끌고,

　정행(正行)[348]을 부지런히 닦아 익히는 모습으로써 정명(淨命)[349]을 내도록 이끌고,

　깨끗하고 즐겁고 친밀하게 가까이 함을 행하는 모습으로써 성현(聖賢)을 가까이 하고 받들어 모시는[350] 마음을 내도록 이끌고,

　성스럽지 않은 것에 분노하거나 싫어하지 않는 모습으로써 마음을 조복하도록 이끌고,

　뛰어나고 깨끗하게 출가(出家)하는 모습으로써 깨끗하고 더 늘어난 염원을 내도록 이끌고,

　중도(中道)를 늘 실천하여 익숙해지는 모습으로써 뛰어나고 많이 듣는 방편을 내도록 이끕니다.

　무쟁법(無諍法)[351]에 통달하는 모습으로써 아련야처(阿練若處)35[352] 늘

는 것.

348) 정행(正行) : 불교를 믿는 사람이 닦는 바른 행업. (1) 10종의 정행. 서사(書寫) · 공양 · 유전(流轉) · 청수(聽受) · 전독(轉讀) · 교타(教他) · 습선(習禪) · 해탈(解脫) · 사택(思擇) · 수습(修習). 『법원주림(法苑珠林)』 제17권에 있다. (2) 정토교에서는 선도가 지은 『산선의(散善義)』에 있는 독송(讀誦) · 관찰(觀察) · 예배(禮拜) · 칭명(稱名) · 찬탄공양 (讚歎供養)을 5정행이라 하며, 이 가운데 제4 칭명을 정정업(正定業), 다른 넷을 조업(助業)이라 한다.

349) 정명(淨命) : 비구가 걸식을 하며, 다른 생활 방법을 구하지 않고, 깨끗한 마음으로 추잡하지 않은 생활을 영위하는 것.

350) 승사(承事) : 받들어 모시다.

351) 무쟁법(無諍法) : ①공리(空理)에 철저하게 안주(安住)하여 다른 것과 다투는 일이 없는 것. ②쟁(諍)은 번뇌, 번뇌를 늘게 하지 않는다는 뜻으로 무루법(無漏法)을 말함.

352) 아련야처(阿練若處) : 아련야(阿練若)는 아란야(阿蘭若), 아란나(阿蘭那)라고도 함. 무쟁성(無諍聲), 한적(閑寂), 원리처(遠離處)라는 뜻. 비구가 머무는 장소로서, 시끄러움이

머물려는 마음을 내도록 이끌고,

부처님의 지혜를 바르게 구하는 모습으로써 연좌(宴坐)[353]하는 마음을 내도록 이끌고,

모든 중생의 번뇌를 바르게 없애는 모습으로써 유가사지(瑜伽師地)[354]를 잘 닦으려는 마음을 내도록 이끕니다.

뛰어난 영웅의 용모를 갖추고 중생을 성숙시켜 깨끗한 불국토를 꾸미는 모습으로써 드넓고 묘한 복(福)의 재료와 식량[355]을 내도록 이끌고,

모든 중생의 마음 씀이 그 마땅한 바를 따름을 알고서 법을 말하는 모습으로써 드넓고 묘한 지(智)의 재료와 식량을 내도록 이끌고,

모든 법을 취하지도 않고 버리지도 않는 한결같고 바른 도리의 문으로 깨달아 들어가는 모습으로써 드넓고 묘한 혜(慧)의 재료와 식량을 내도록 이끌고,

모든 번뇌와 습기와 모든 불선법(不善法)의 장애를 끊는 모습으로써 모든 선법(善法)을 증득(證得)하는 마음을 내도록 이끌고,

---

없는 한적한 곳으로 수행하기에 적당한 삼림(森林)·넓은 들·모래사장 등을 가리키는 말. 한 사람 또는 두, 세 명 소수의 비구가 작은 승방(僧房) 등을 만들어 함께 거주한다. 십이두타행(十二頭陀行) 제일(第一)의 아란야처(阿蘭若處)에 있는 행자(行者)를 아란야 비구(阿蘭若比丘)라고 말한다.

353) 연좌(宴坐) : 단정히 앉아 몸과 마음을 고요히 하여 좌선(坐禪)함.

354) 유가사지(瑜伽師地) : 유가의 관행(觀行)을 닦는 이의 소의(所依)·소행(所行)·소섭(所攝)의 경계. 17지(地)가 있음. 오식신상응지(五識身相應地)·의지(意地)·유심유사지(有尋有伺地)·무심유사지(無尋唯伺地)·무심무사지(無尋無伺地)·삼마희다지(三摩呬多地)·비삼마희다지(非三摩呬多地)·유심지(有心地)·무심지(無心地)·문소성지(聞所成地)·사소성지(思所成地)·수소성지(修所成地)·성문지(聲聞地)·독각지(獨覺地)·보살지(菩薩地)·유여의지(有餘依地)·무여의지(無餘依地).

355) 자량(資糧) : 자재(資財)와 식량(食糧). 보살 수행의 5위(位) 가운데 첫 번째를 자량위라 함. 이것은 보리·열반에 이르기 위하여 여러 가지 선근 공덕의 자량을 모으기 때문임.

깨달음의 지혜를 깨닫는[356] 모든 선법(善法)의 재료와 식량을 행하는 모습으로써 닦은 보리분법(菩提分法)[357] 모두를 깨달아 행하려는 마음을 내도록 이끕니다.

그대 착한 남자여, 이와 같은 것을 일러 법을 베푸는 잔치라고 합니다.

만약 모든 보살이 법을 베푸는 이와 같은 잔치에 편안히 머문다면, 이를 일러 대시주(大施主)가 널리 세간과 천인들에게 공양한다고 합니다.'

세존이시여, 그 대거사(大居士)께서 이 법을 말씀하실 때에 범지(梵志)[358]의 무리 가운데 200의 범지가 모두 위없는 바르고 평등한 깨달음의 마음을 내었습니다.

저는 그때에 전에 들어 본 적이 없는 이러한 법에 감탄하며 깨끗한 즐거움을 얻었습니다. 그리하여 그 대거사의 발에 머리를 조아려 공손히 절을 올리고 큰 가치가 있는 보배인 영락(瓔珞)을 풀어서 정성을 다해 그에게 드렸으나, 그는 즐겨 받으려 하지 않았습니다. 제가 말했습니다.

'대사(大士)여, 저를 불쌍히 여기셔서 부디 받아 주십시오. 만약 스스로 필요하지 않으시다면, 마음이 가는 곳에 마음대로 주십시오.'

그때 유마힐은 영락을 받아서 둘로 나누어, 하나는 이 큰 잔치에 모인 사람들 가운데 가장 보기 흉하고 가난한 거지에게 주었고, 하나는

---

356) 수각(隨覺) : 각(覺)과 같음. 깨닫다.

357) 보리분법(菩提分法) : 삼십칠보리분법(三十七菩提分法) 즉 삼십칠도품(三十七道品)이다. 삼십칠도품(三十七道品)은 삼십칠조도품(三十七助道品)이라고도 하는데, 열반의 이상경(理想境)에 나아가기 위하여 닦는 37가지 도행(道行)의 종류이다. 4념처(念處)·4정근(正勤)·4여의족(如意足)·5근(根)·5력(力)·7각분(覺分)·8정도분(正道分).

358) 범지(梵志) : 산스크리트 brāhmaṇa, 즉 바라문(婆羅門)을 뜻으로 번역한 말이다. 범천(梵天)의 법을 구하려는 뜻을 지닌 자, 특히 출가바라문을 지칭하는 경우가 많다.

저 난승여래(難勝如來)에게 바쳤습니다. 신통력을 가지고 모든 대중이 저 양염세계(陽焰世界)의 난승여래를 보도록 만들고는, 다시 나누어 주어진 하나의 영락이 그 부처님 위에서 묘한 보배의 대(臺)를 이루고 사방 네 개의 대에 고르게 나누어져 장식되어 매우 아름다운 여러 가지 모습으로 보이게 하였습니다.

이와 같이 신령스럽게 변화하는 일을 드러내고는 다시 이렇게 말했습니다.

'만약 시주(施主)가 평등한 마음을 가지고 이 모임 속에서 가장 하천한 거지에게 주고는 마치 여래의 복전(福田)과 같다고 생각하고, 분별없이 그 마음이 평등하여 대자대비(大慈大悲)하게 모든 것을 두루 베풀면서 과보(果報)를 구하지도 않는다면, 이를 일러 원만하게 법을 베푸는 잔치라고 합니다.'

그때에 이 거지는 그 신통한 변화를 보고 그 말씀을 듣고는, 물러서지 않는 뛰어난 염원을 얻어서 곧 위없는 바르고 평등한 깨달음의 마음을 내었습니다.

세존이시여, 그 대거사는 이렇게 자재한 신통변화와 걸림 없는 말솜씨를 갖추었습니다. 그러므로 저는 그의 병문안을 갈 수 없습니다."

이와 같이 세존은 모든 대보살들 한 사람 한 사람에게 말씀하셔서 유마힐 거사에게 병문안을 가라고 시키셨지만, 모든 보살은 각각 그 거사와의 인연을 부처님께 아뢰면서 유마힐 거사를 칭찬하고는, 모두 말하기를 "저는 그분의 병문안을 갈 수 없습니다."라고 하였다.

유마경(설무구칭경) 제2권 끝

爾時世尊告長者子蘇達多言："汝應往詣無垢稱所問安其疾." 時蘇達多白言："世尊，我不堪任詣彼問疾. 所以者何? 憶念我昔自於父舍，七日七夜作大祠會，供養一切沙門婆羅門及諸外道貧窮下賤孤獨乞人. 而此大祠期滿七日，時無垢稱來入會中而謂我言：'唯，長者子! 夫祠會者，不應如汝今此所設. 汝今應設法施祠會. 何用如是財施祠爲?' 我言：'居士，何等名爲法施祠會?'

彼答我言：'法施祠者，無前無後，一時供養一切有情，是名圓滿法施祠會. 其事云何謂?

以無上菩提行相，引發大慈，

以諸有情解脫行相，引發大悲，

以諸有情隨喜行相，引發大喜，

以攝正法攝智行相，引發大捨.

以善寂靜調伏行相，引發布施波羅蜜多，

以化犯禁有情行相，引發淨戒波羅蜜多，

以一切法無我行相，引發堪忍波羅蜜多，

以善遠離身心行相，引發精進波羅蜜多，

以其最勝覺支行相，引發靜慮波羅蜜多，

以聞一切智智行相，引發般若波羅蜜多.

以化一切衆生行相，引發修空，

以治一切有爲行相，引修無相，

以故作意受生行相，引修無願.

以善攝受正法行相，引發大力，

以善修習攝事行相，引發命根，

以如一切有情僕隸敬事行相，引發無慢，

以不堅實貿易一切堅實行相，引發證得堅身命財．

以其六種隨念行相，引發正念，

以修淨妙諸法行相，引發意樂，

以勤修習正行行相，引發淨命，

以淨歡喜親近行相，引發親近承事聖賢，

以不憎恚非聖行相，引調伏心，

以善清淨出家行相，引發清淨增上意樂，

以常修習中道行相，引發方便善巧多聞，

以無諍法通達行相，引發常居阿練若處，

以正趣求佛智行相，引發宴坐，

以正息除一切有情煩惱行相，引發善修瑜伽師地．

以具相好成熟有情莊嚴清淨佛土行相，引發廣大妙福資糧，

以知一切有情心行隨其所應說法行相，引發廣大妙智資糧，

以於諸法無取無捨一正理門悟入行相，引發廣大妙慧資糧，

以斷一切煩惱習氣諸不善法障礙行相，引發證得一切善法，

以隨覺悟一切智智一切善法資糧行相，引發證行一切所修菩提分法．

汝善男子，如是名爲法施祠會．若諸菩薩安住如是法施祠會，名大施主普爲世間天人供養．'

世尊，彼大居士說此法時，梵志衆中二百梵志，皆發無上正等覺心．我於爾時歎未曾有得淨歡喜．恭敬頂禮彼大士足，解寶瓔珞價直百千，慇懃奉施彼不肯取．我言：'大士，哀愍我故願必納受．若自不

須, 心所信處隨意施與.'

時無垢稱, 乃受瓔珞分作二分, 一分施此大祠會中最可厭毀貧賤乞人, 一分奉彼難勝如來. 以神通力令諸大衆皆見他方陽焰世界難勝如來, 又見所施一分珠瓔, 在彼佛上成妙寶臺, 四方四臺等分間飾, 種種莊嚴甚可愛樂.

現如是等神變事已, 復作是言:'若有施主以平等心, 施此會中最下乞人, 猶如如來福田之想, 無所分別其心平等, 大慈大悲普施一切不求果報, 是名圓滿法施祠祀.'

時此乞人見彼神變聞其所說, 得不退轉增上意樂, 便發無上正等覺心. 世尊, 彼大居士具如是等自在神變無礙辯才. 故我不任詣彼問疾."

如是世尊一一別告諸大菩薩, 令往居士無垢稱所問安其疾, 是諸菩薩各各向佛說其本緣, 讚述大士無垢稱言, 皆曰:"不任詣彼問疾."

說無垢稱經卷第二

제3권
제5 문질품(問疾品)

1. 문수사리의 문병

그때 부처님께서 문수사리(文殊師利)[359]에게 말씀하셨다.

"그대가 지금 유마힐을 찾아가 그 병을 위문하여라."

그때 문수사리가 부처님께 아뢰었다.

"세존이시여, 그 대거사(大居士)는 응대하기가 어렵습니다.

법문(法門)에 깊이 들어가 있어서 말을 잘하며,

묘한 말솜씨에 머물면서 깨달음의 지혜에 장애가 없으며,

모든 보살이 하는 사업을 이미 모두 이루었으며,

모든 대보살과 모든 여래의 비밀스러운 곳에 모두 따라 들어갈 수 있으며,

여러 마구니들을 잘 포섭하는 교묘한 방편에 장애가 없으며,

---

359) 묘길상(妙吉祥) : 문수사리(文殊師利)를 번역한 이름. 보현보살과 짝하여 석가모니불의 보처로서 왼쪽에 있어 지혜를 맡음. 머리에 5계(髻)를 맺은 것은 대일(大日)의 5지(智)를 표함. 바른손에는 지혜의 칼을 들고, 왼손에는 꽃 위에 지혜의 그림이 있는 청련화를 쥐고 있다. 사자를 타고 있는 것은 위엄과 용맹을 나타낸 것.

최상의 뛰어남에 이미 이르러 둘이 없고 뒤섞임이 없으며,

법계(法界)에서 마침내 피안으로 갔으며,

하나의 모습에서 법계를 꾸밀[360] 수 있으며,

가없는 모습을 말하여 법문(法門)을 꾸미며,

모든 중생의 근기에 따른 행위[361]에 밝게 통달하였으며,

가장 뛰어난 신통을 잘 가지고 놀 수 있으며,

큰 지혜에 도달하여 교묘한 방편에 이르렀으며,

이미 온갖 문답을 해결[362]하여 두려움 없는 자재함을 얻었으며,

모든 못난 말솜씨로는 대응하여 말할 수 없습니다.

비록 그러하나, 저는 마땅히 부처님의 위신력을 받아서 그를 찾아가 병문안을 하겠습니다.

만약 그곳에 도착하면, 제 힘이 미치는 만큼 그와 말을 주고받을 수 있을 것입니다."

이에 대중 속에 있던 모든 보살들과 대제자(大弟子)들과 제석천·범천·호세사천왕 등 여러 천자(天子)들이 모두 이렇게 생각하였다.

'지금 이 두 분 보살은 모두 법에 대하여 매우 깊고 드넓고 뛰어난 이해를 갖추고 계시다. 만약 이 분들이 서로 논쟁한다면, 반드시 미묘한 법의 가르침을 하나하나 상세히 말씀하실[363] 것이다. 우리는 지금 법을

---

360) 장엄(莊嚴) : 좋고 아름다운 것으로 국토를 꾸미고, 훌륭한 공덕을 쌓아 몸을 장식하고, 향과 꽃들을 부처님께 올려 장식하는 일.

361) 근행(根行) : 근기에 따른 행위. 근(根)은 중생의 근기(根機)·소질·능력, 행(行)은 그 소질·능력을 행하는 것. 실천하는 능력, 수행하는 능력.

362) 결택(決擇) : 결판을 내다. 문제를 확실히 해결하다. 의심을 결단하여 이치를 분별하는 것.

363) 선설(宣說) : 하나하나 베풀어 상세히 말하다. 교법(敎法)을 자세히 설명하다.

듣기 위하여 마땅히 뒤따라 그분을 찾아가야 한다.'

이때에 대중 속에 있던 팔천의 보살들과 오백의 성문들과 헤아릴 수 없는 제석천·범천·호세사천왕 등 여러 천자들이 법을 듣기 위하여 모두 따라갈 것을 청하였다. 그때에 문수사리는 여러 보살들과 대제자들과 제석천·범천·호세사천왕 등 여러 천자들과 함께 모두 일어나 부처님께 머리를 조아려 예를 올리고, 앞뒤로 둘러싸서 암라림(菴羅林)을 떠나 광엄성으로 찾아가 유마힐이 있는 곳을 방문하여 병문안을 하고자 하였다.

그때 유마힐은 이렇게 생각하였다.

'지금 문수사리와 모든 대중이 함께 문병하러 오는구나. 나는 이제 마땅히 나의 신통력(神通力)을 가지고 방을 비우고, 모든 탁자와 의자와 물건들 및 모든 시자(侍者)와 경비원들을 없애고, 오직 한 개 침상을 놓고 앓아누워 있는 모습을 보여야겠다.'

그때 유마힐은 이런 생각을 하자마자 곧 큰 신통력을 가지고 그 방을 텅 비우고 방 안에 있던 것들을 모두 없애고서, 오직 한 개 침상만 놓고서 병들어 누워 있는 모습을 드러내었다.

그때 문수사리와 모든 대중이 함께 그 집으로 들어갔는데, 살림살이도 문인(門人)도 시자도 없이 텅 빈 방에 오직 유마힐 혼자 침대에 누워 있는 것을 볼 뿐이었다. 그때 유마힐이 문수사리를 보고서 큰 소리로 말했다.

"잘 오셨습니다. 오지 않으면서 오시고, 보지 않으면서 보시고, 듣지 않으면서 듣습니다."

문수사리가 말했다.

"그렇습니다, 거사시여. 만약 이미 왔다면 다시 올 수 없고, 이미 갔다면 다시 갈 수 없습니다. 까닭이 무엇일까요? 이미 오지 않아야 올 수가 있고, 이미 가지 않아야 갈 수가 있기 때문입니다. 그와 같이 이미 보았다면 다시 볼 수 없고, 이미 들었다면 다시 들을 수 없습니다.

이 일은 이제 그만두고, 거사께서는 아픔은 어떻게 견딜 수 있습니까? 목숨은 구제할 수 있습니까? 세계는 조복할 수 있습니까? 병은 치료할 수 있습니까? 이 병을 더 심하지 않게 만들 수 있습니까?

세존께서 간절하게[364] 안부를 물으심이 헤아릴 수 없습니다. 거사의 이 병이 조금 나으십니까? 거동하는 기력(氣力)은 조금 편안해지셨습니까? 오늘 이 병의 원인은 어디에서 비롯되었습니까? 그 병은 얼마나 오래되었고,[365] 어떻게 없애야 합니까?"

유마힐이 말했다.

"모든 중생의 무명(無明)과 갈애(渴愛)가 생겨난 지 이미 오래되었듯이, 저의 지금 이 병이 생긴 것 역시 그렇습니다. 멀리 전생에서 삶과 죽음을 겪은 이래로, 중생이 병들면 저도 따라서 병들고, 중생의 병이 나으면 저 역시 따라서 나았습니다.

까닭이 무엇일까요?

모든 보살은 모든 중생에 의지하여 오래도록 삶과 죽음을 따라 흐르는데, 삶과 죽음에 의지하는 까닭에 곧 병이 있는 것입니다.

만약 모든 중생이 병의 아픔에서 벗어난다면, 모든 보살에게도 역시 병이 없을 것입니다.

---

364) 은근(慇懃) : =은근(殷勤). 간절하다.
365) 구여(久如) : 얼마인가? 얼마나 되었는가?

비유하면 세간의 장자(長者)인 거사에게 오직 한 명의 아들이 있는데, 장자는 마음속에서 그 아이를 지극히 사랑하여 늘 그 아이가 기뻐하는 모습을 보면서 잠시도 눈을 떼는 때가 없는데, 그 아들이 병이 들면 부모 역시 병이 들고 그 아들의 병이 나으면 부모 역시 병이 낫는 것과 같습니다.

보살도 이와 같이 모든 중생을 불쌍히 여기니, 마치 아들을 사랑하는 것과 같습니다. 중생이 병이 들면 보살도 병이 들고, 중생이 병이 나으면 보살도 병이 낫습니다."

그러고는 다시 말했다.

"이 병이 어디에서 발생할까요? 보살의 병은 큰 자비심(慈悲心)으로 말미암아 일어납니다."

문수사리가 말했다.

"거사시여, 이 방은 어찌하여 시자조차 없이 텅 비었습니까?"

유마힐이 말했다.

"모든 불국토 역시 전부 텅 비었습니다."

"어찌하여 비었습니까?"

"비었기 때문에 비었습니다."

"이 빈 것은 무엇이 비었기 때문입니까?"

"이 빈 것에는 비었다는 분별이 없습니다."

"빈 것의 자성(自性)을 분별할 수 있습니까?"

"여기에서는 분별할 수 있는 것도 비었습니다. 까닭이 무엇일까요? 빈 것의 자성은 분별할 수 없기 때문에 빈 것이기 때문입니다."

"이 빈 것은 어디에서 구해야 합니까?"

"이 빈 것은 육십이견(六十二見)[366] 속에서 구해야 합니다."

"육십이견은 어디에서 구해야 합니까?"

"모든 부처님의 해탈 속에서 구해야 합니다."

"모든 부처님의 해탈은 어디에서 구해야 합니까?"

"모든 중생의 마음[367] 속에서 구해야 합니다. 또 당신은 어찌하여 저에게 시자가 없느냐 하고 질문하셨는데, 모든 마구니와 모든 외도들이 전부 저의 시자입니다. 까닭이 무엇일까요? 모든 마구니는 삶과 죽음을 좋아하고, 모든 외도들은 온갖 견해를 좋아하는데, 보살은 그 속에서 싫어하거나 버리는 것이 없기 때문입니다. 이 까닭에 마구니와 모든 외도들이 전부 저의 시자입니다."

문수사리가 말했다.

"거사님, 이 병은 무엇과 같은 모습인가요?"

유마힐이 답했다.

"나의 병은 색(色)의 모습이 전혀 없으므로 볼 수가 없습니다."

문수사리가 다시 물었다.

"이 병은 몸의 모습에 해당합니까? 마음의 모습에 해당합니까?"

---

366) 육십이견(六十二見) : 외도의 여러 주장을 분류하여 62종으로 한 것. ①본겁본견(本劫本見)・말겁말견(末劫末見)에 대한 여러 가지 말을 62종으로 나눔. 본겁(本劫)은 과거 시, 본견은 과거에서 상견(常見)을 일으킨 것. 말겁(末劫)은 미래, 말견은 미래세에서 단견(斷見)을 일으킨 것. 본겁본견의 설은 18로, 말겁말견의 설은 44종으로 하여 62견. ② 과거・현재・미래의 3세(世)에 각각 5온(蘊)이 있어, 공하여 15가 되고, 낱낱이 4구(句)의 이견(異見)이 있어 합하여 60견(見)이 되고, 근본인 단(斷)・상(常) 2견을 더한 것. ③ 5온・3세의 곱하는 것은 (2)와 같고, 4구(句)의 방식을 달리하여 이 4구로써 3세의 5온에 일관하여 62견으로 함.

367) 심행(心行) : ①심사(心思). 생각. ②심의(心意)의 작용.

유마힐이 말했다.

"나의 병은 몸의 모습에 해당하는 것이 아니니 몸의 모습을 벗어났기 때문이고, 또한 몸의 모습에 해당하니 영상(影像)과 같기 때문입니다. 나의 병은 마음의 모습에 해당하는 것이 아니니 마음의 모습을 떠났기 때문이고, 또한 마음의 모습에 해당하니 환화(幻化)와 같기 때문입니다."

문수사리가 다시 물었다.

"지수화풍(地水火風)의 사대(四大) 가운데 어느 것의 병입니까?"

유마힐이 답했다.

"모든 중생의 몸은 전부 사대(四大)로 이루어져 있습니다. 그 중생에게 병이 있기 때문에 내가 병든 것입니다. 그러나 이 병은 사대와 상관이 없으니, 사대의 성질을 떠났기 때문입니다."

유마힐이 말했다.

"보살은 마땅히 어떻게 병든 보살을 위로하여[368] 그를 기쁘게 만들어야 합니까?"

문수사리가 말했다.

"몸이 무상(無常)임을 보여 주면서도, 몸을 싫어하여 버리도록 권하지는 마십시오.

몸이 고(苦)임을 보여 주면서도, 열반을 좋아하도록 권하지는 마십시오.

몸이 무아(無我)임을 보여 주면서도, 유정(有情)을 성숙(成熟)[369]시키기도

---

368) 위유(慰喩) : 좋은 말로 위로하며 타이르다. =위유(慰論).
369) 성숙유정(成熟有情) : 유정(有情) 즉 중생의 지혜를 성숙시켜서 부처로 만들다. 중생의

록 권하십시오.

몸이 공적(空寂)임을 보여 주면서도, 마지막 적멸(寂滅)을 닦도록 권하지는 마십시오.

앞선 죄를 후회함을 보여 주면서도, 죄가 이전(移轉)된다고 말하지는 마십시오.

자기의 병 때문에 모든 중생을 불쌍히 여겨서 그들의 병을 없애도록 권하십시오.

과거에 받은 여러 가지 고통을 생각하여 중생들에게 이익을 주라고 권하십시오.

이미 닦은 헤아릴 수 없는 선본(善本)[370]을 기억하여 정명(淨命)[371]을 닦도록 권하십시오.

힘써 노력함[372]과 굳센 용기를 겁내지 말도록 권하십시오.

대의왕(大醫王)이 되어서 모든 중생의 몸과 마음의 여러 가지 병을 치료하여 영원히 사라지도록 만들려는 커다란 서원(誓願)을 내도록 권하십시오.

보살은 마땅히 이와 같이 병든 보살을 위로하여 그를 기쁘게 만들어야 합니다."

지혜를 성숙시키다. 성취중생(成就衆生)과 같음.

370) 선본(善本) : 본은 인(因)의 뜻. 좋은 결과를 얻을 원인. 곧 선근공덕(善根功德).

371) 명(淨命) : 비구가 걸식을 하며, 다른 생활 방법을 구하지 않고, 깨끗한 마음으로 추잡하지 않은 생활을 영위하는 것. 팔정도(八正道) 가운데 정명(正命)과 같음.

372) 정근(精勤) : 노력함. 힘써 일함.

說無垢稱經卷第三

大唐三藏法師玄奘譯

問疾品第五

爾時佛告妙吉祥言：“汝今應詣無垢稱所慰問其疾.”時妙吉祥白言：“世尊，彼大士者難爲酬對. 深入法門善能辯說，住妙辯才覺慧無礙，一切菩薩所爲事業皆已成辦，諸大菩薩及諸如來?密之處悉能隨入，善攝衆魔巧便無礙，已到最勝無二無雜，法界所行究竟彼岸，能於一相莊嚴法界，說無邊相莊嚴法門，了達一切有情根行，善能遊戲最勝神通，到大智慧巧方便趣，已得一切問答決擇無畏自在，非諸下劣言辯詞鋒所能抗對. 雖然，我當承佛威神，詣彼問疾. 若當至彼，隨己力，能與其談論.”

於是衆中，有諸菩薩，及大弟子，釋梵護世諸天子等，咸作是念：‘今二菩薩，皆具甚深廣大勝解. 若相抗論，決定宣說微妙法敎. 我等今者，爲聞法故，亦應相率，隨從詣彼.’是時衆中，八千菩薩，五百聲聞，無量百千釋梵護世諸天子等，爲聞法故，皆請隨往. 時妙吉祥，與諸菩薩大弟子衆釋梵護世及諸天子，咸起恭敬頂禮世尊，前後圍繞，出菴羅林，詣廣嚴城，至無垢稱所欲問其疾.

時無垢稱心作是念：‘今妙吉祥，與諸大衆，俱來問疾. 我今應以己之神力，空其室內，除去一切床座資具及諸侍者衛門人等，唯置一床現疾而臥.’時無垢稱作是念已，應時卽以大神通力，令其室空除諸所有，唯置一床現疾而臥.

時妙吉祥與諸大衆俱入其舍，但見室空無諸資具門人侍者，唯無垢稱獨寢一床. 時無垢稱見妙吉祥，唱言：“善來. 不來而來，不見而

見, 不聞而聞." 妙吉祥言: "如是, 居士. 若已來者, 不可復來, 若已
去者, 不可復去. 所以者何? 非已來者, 可施設來, 非已去者, 可施
設去. 其已見者, 不可復見, 其已聞者, 不可復聞. 且置是事, 居士
所苦, 寧可忍不? 命可濟不? 界可調不? 病可療不? 可令是疾, 不至
增乎? 世尊慇懃致問無量. 居士此病, 少得痊不? 動止氣力, 稍得安
不? 今此病源, 從何而起? 其生久如, 當云何滅?"

無垢稱言: "如諸有情無明有愛生來既久, 我今此病生亦復爾. 遠
從前際生死以來, 有情既病我卽隨病, 有情若愈我亦隨愈. 所以者
何? 一切菩薩, 依諸有情, 久流生死, 由依生死, 便卽有病. 若諸有
情得離疾苦, 則諸菩薩無復有病. 譬如世間長者居士, 唯有一子心極
憐愛, 見常歡喜無時暫捨, 其子若病父母亦病, 若子病愈父母亦愈.
菩薩如是, 愍諸有情, 猶如一子. 有情若病菩薩亦病, 有情病愈菩薩
亦愈." 又言: "是病何所因起? 菩薩疾者, 從大悲起."

妙吉祥言: "居士, 此室何以都空復無侍者?" 無垢稱言: "一切佛
土, 亦復皆空." 問: "何以空?" 答: "以空空." 又問: "此空爲是誰
空?" 答曰: "此空無分別空." 又問: "空性可分別耶?" 答曰: "此能
分別亦空. 所以者何? 空性不可分別爲空." 又問: "此空當於何求?"
答曰: "此空當於六十二見中求." 又問: "六十二見當於何求?" 答曰:
"當於諸佛解脫中求." 又問: "諸佛解脫當於何求?" 答曰: "當於一切
有情心行中求. 又仁所問何無侍者, 一切魔怨及諸外道皆吾侍也. 所
以者何? 一切魔怨欣讚生死, 一切外道欣讚諸見, 菩薩於中皆不厭
棄. 是故魔怨及諸外道皆吾侍者."

妙吉祥言: "居士, 此病爲何等相?" 答曰: "我病都無色相, 亦不可

見." 又問: "此病爲身相應? 爲心相應?" 答曰: "我病非身相應, 身相離故, 亦身相應, 如影像故. 非心相應, 心相離故, 亦心相應, 如幻化故." 又問: "地界水火風界, 於此四界, 何界之病?" 答曰: "諸有情身, 皆四大起. 以彼有病, 是故我病. 然此之病, 非卽四界, 界性離故."

無垢稱言: "菩薩應云何慰喻有疾菩薩令其歡喜?" 妙吉祥言: "示身無常而不勸厭離於身. 示身有苦而不勸樂於涅槃. 示身無我而勸成熟有情. 示身空寂而不勸修畢竟寂滅. 示悔先罪而不說罪有移轉. 勸以己疾愍諸有情令除彼疾. 勸念前際所受衆苦饒益有情. 勸憶所修無量善本令修淨命. 勸勿驚怖精勤堅勇. 勸發弘願作大醫王療諸有情身心衆病令永寂滅. 菩薩應如是慰喻有疾菩薩令其歡喜."

2. 유마힐의 치유법

문수사리가 말했다.

"병든 보살은 어떻게 그 마음을 조복합니까?"

유마힐이 말했다.

"병이 든 보살은 마땅히 이렇게 생각해야 합니다.

'지금 나의 이 병은 모두 앞날의 허망하고 뒤집어진 분별로 말미암은 번뇌가 일으킨 업(業)에서 생긴 것이다.

몸 속에는 진실한 법이 하나도 없으니, 누가 이 병을 얻을 수 있겠는가?

까닭이 무엇인가?

사대(四大)가 화합한 것을 임시로 일러 몸이라 하니, 사대 속에는 주인이 없고, 몸에도 나(我)라는 것은 없다.

이 병이 만약 일어나면, 집착으로 말미암아 나를 요구하지만, 이 속에서 아집(我執)을 헛되이 내지 말고, 이러한 집착이 병의 뿌리임을 알아야 한다.

이러한 까닭에 모든 중생의 아상(我想)을 없애고 법상(法想)에 머물러 마땅히 이렇게 생각해야 한다.

여러 가지 법이 화합하여 함께 이 몸을 이루어 생기고 사라짐을 따라 흘러가니, 생길 때에는 오직 법이 생기고, 사라질 때에는 오직 법이 사라진다.

이와 같이 모든 법이 엎치락뒤치락하며[373] 서로 이어 가니, 서로 알지를 못하고 생각이 전혀 없다.

생겨날 때에는 내가 생긴다고 말하지 않고, 사라질 때에는 내가 사라진다고 말하지 않는다.'

병이 든 보살은 마땅히 이와 같은 법상(法想)을 바르고 밝게 알아야 합니다.

'나의 이 법상(法想)은 곧 뒤집어진 것이다.

무릇 법상(法想)이란 것은 곧 커다란 재앙이니, 나는 마땅히 없애야 한다.

또한 모든 중생의 이와 같은 큰 재앙도 마땅히 없애야 한다.

---

373) 전전(展轉) : =전전(輾轉). 엎치락뒤치락하다. 몸을 뒤척이다. 여러 사람의 손이나 여러 장소를 거치다.

어떻게 이와 같은 커다란 재앙을 없앨 수 있는가?

나와 나의 집착을 없애야 하는 것이다.

어떻게 나와 나의 집착을 없앨 수 있는가?

이법(二法)에서 벗어나는 것이다.

어떻게 이법(二法)에서 벗어나는가?

안의 법과 밖의 법이 마침내 행해지지 않는다.

어떻게 이법(二法)이 마침내 행해지지 않는가?

평등함을 보면 움직임도 없고 흔들림도 없고 볼 것도 없다.

어떻게 평등한가?

나와 열반, 둘이 함께 평등하다.

까닭이 무엇인가?

둘의 자성이 공(空)이기 때문이다.

이 둘이 이미 없는데, 무엇이 다시 공(空)인가?

다만 이름을 가지고 임시로 공(空)이라고 말한다.

이 둘이 진실하지 않고 평등함을 보았다면, 남은 병은 없고 다만 공병(空病)이 있을 뿐인데, 이와 같은 공병(空病)도 역시 공(空)임을 보아야 한다.

까닭이 무엇인가?

이와 같은 공병(空病)은 마침내 공(空)이기 때문이다.'

병이 든 보살은 마땅히 느낄 것이 없으면서도 모든 느낌을 느껴야 합니다.

만약 불법에 아직 원만하게 통달하지 못했다면, 느낌을 없애고서 깨달음이 있어서는 안 되니, 마땅히 느끼는 자와 느껴지는 것이라는 모든 법을 벗어나야 합니다.

만약 고통이 몸에서 일어나면, 마땅히 험난(險難)한 육도(六道)³⁷⁴⁾를 윤회하는 모든 중생을 불쌍히 여겨서 그들의 여러 가지 고통을 없애 주려고 하는 큰 자비(慈悲)의 마음을 내야³⁷⁵⁾ 합니다.

병이 든 보살은 마땅히 이렇게 생각해야 합니다.

'이미 자기의 병을 제거하였다면 또한 마땅히 중생의 모든 병을 제거해야 한다.

이와 같이 자기와 타인의 병을 제거할 때에, 제거할 만한 법은 전혀 없다.

마땅히 질병이 일어나는 인연을 바르게 관찰하여, 재빨리 그 인연을 소멸시키고 바른 법을 말해야 한다.'

어떤 것을 일러 질병이 일어나는 인연이라 할까요?

대상을 생각하는 것³⁷⁶⁾을 말합니다.

무릇 대상을 생각하는 것은 모두 질병의 원인입니다.

대상에 대한 생각이 있으면 언제나 질병이 있기 때문입니다.

무엇을 대상으로 하는 생각일까요?

삼계(三界)를 대상으로 하는 생각입니다.

대상에 대한 이와 같은 생각을 어떻다고 알아야 할까요?

---

374) 취(趣) : 중생이 번뇌로 말미암아 말·행동·생각 등으로 악업을 짓고, 그 업인(業因)으로
 인하여 가게 되는 국토(國土). 5취·6취의 구별이 있음. 도(道)라고도 함.

375) 발취(發趣) : 시작하다. 어떤 마음을 일으키고, 그것을 성취하기 위하여 앞으로 나아가는
 것. 도(道)를 이루고자 발심(發心)하고, 도를 향하여 나아가는 것.

376) 연려(緣慮) : 대상을 생각함. 유식학(唯識學)에 의하면 제6식이 대상을 사려(思慮)하는
 것을 말한다. 바깥 경계를 대상으로서 생각하는 마음이다.

이렇게 대상을 생각하더라도 얻을 것은 전혀 없다는 것을 바르게 깨달아야 합니다.

만약 얻을 것이 없다면, 대상에 대한 생각도 없는 것입니다.

어떻게 대상에 대한 생각을 끊어 버릴까요?

두 견해에 관계하지 않는 것입니다.

어떤 것이 두 견해일까요?

안이라는 견해와 밖이라는 견해입니다.

만약 두 견해가 없다면, 얻을 것이 없습니다.

이미 얻을 것이 없다면, 대상에 대한 생각도 모두 끊어집니다.

대상에 대한 생각이 끊어지기 때문에 질병이 없습니다.

만약 스스로 질병이 없다면, 중생의 질병을 소멸시킬 수 있습니다.

또 문수사리여,

질병이 있는 보살은 마땅히 이와 같이 그 마음을 조복시켜야 합니다.

'오로지 보살의 깨달음만이 모든 생로병사의 고통을 없앨 수 있다.'

만약 이와 같지 않다면, 자기가 부지런히 닦은 것도 헛되이 내버리게 됩니다.

까닭이 무엇일까요?

비유하면, 사람이 원수인 적을 이길 수 있다면 그를 일러 용맹하고 강건(强健)하다고 하는 것과 같습니다.

만약 모든 생로병사의 고통을 이와 같이 영원히 끊어 버릴 수 있다면, 그를 일러 보살이라고 합니다.

또 문수사리여,

병이 든 보살은 마땅히 스스로 이렇게 관찰해야 합니다.

'나의 이 병이 진짜도 아니고 있는 것도 아닌 것처럼, 모든 중생이 가진 온갖 병들도 진짜도 아니고 있는 것도 아니다.'

이와 같이 관찰할 때에, 이 애착과 견해에 얽매인 마음을 가지고 모든 중생에 대하여 큰 자비를 내어서는 안 되고, 오직 객진번뇌[377]를 끊고자 하여 모든 중생에 대하여 큰 자비를 내어야 합니다.

까닭이 무엇일까요?

보살이 만약 애착과 견해에 얽매인 마음을 가지고 모든 중생에 대하여 큰 자비를 낸다면, 삶과 죽음에 지쳐서 삶과 죽음을 싫어하게 됩니다.

만약 객진번뇌를 끊어 버리기 위하여 모든 중생에게 큰 자비를 낸다면, 삶과 죽음에 지치거나 싫어함이 없습니다.

보살은 이와 같이 모든 중생이 삶과 죽음에 머물러 지치거나 싫어하지 않을 수 있기를 바라지, 애착과 견해로써 그 마음을 얽어매기를 바라지는 않습니다.

애착과 견해로써 그 마음을 얽어매지 않기 때문에, 삶과 죽음에 얽매이지 않는 것입니다.

삶과 죽음에 얽매이지 않기 때문에, 해탈을 얻는 것입니다.

삶과 죽음에서 해탈하기 때문에, 곧 묘한 법을 자세히 설명하여[378] 모든 중생으로 하여금 속박에서 벗어나 해탈을 얻도록 하는 힘을 가집니다.

---

377) 객진번뇌(客塵煩惱) : 객진(客塵)은 번뇌를 수식하는 말. 번뇌는 모든 법의 체성(體性)에 대하여 본래의 존재가 아니므로 객(客)이라 하고, 미세하고 수가 많으므로 진(塵)이라 함.
378) 선설(宣說) : 하나하나 베풀어 상세히 말하다. 교법(敎法)을 자세히 설명하다.

세존께서는 이러한 비밀스러운 뜻에 의지하여 말씀하시기를 '자기는 속박되어 있으면서 남을 속박에서 풀어 줄 수 있는 경우는 없다. 자기가 속박에서 풀려나야 남을 속박에서 풀어 줄 수 있다.'라고 하셨습니다.

그러므로 보살은 마땅히 모든 속박에서 풀려나 해탈하기를 추구해야 합니다.

또 문수사리여,

무엇을 일러 보살의 속박이라고 할까요?

무엇을 일러 보살의 해탈이라고 할까요?

만약 모든 보살이 자신이 닦은 정려(靜慮)·해탈(解脫)·등지(等持)·등지(等至)의 맛에 머물러 있다면, 이것을 일러 보살의 속박이라고 합니다.

만약 모든 보살이 뛰어난 방편으로 모든 중생을 섭수(攝受)[379]하면서도 탐냄과 집착이 없다면, 이것을 일러 보살의 해탈이라고 합니다.

만약 묘한 지혜를 잘 거두어들인 방편이 없다면, 이것을 일러 속박이라고 합니다.

만약 묘한 지혜를 잘 거두어들인 방편이 있다면, 이것을 일러 해탈이라고 합니다.

어떤 것이 보살에게 묘한 지혜를 잘 거두어들인 방편이 없어서 속박이라고 일컫는 것일까요?

모든 보살이 공(空)·무상(無相)·무원(無願)[380]의 법을 가지고 스스로

---

379) 섭수(攝受) : 섭절이문(攝折二門) 가운데 하나. 절복(折伏)의 반대. 중생의 선(善)을 받아들이고 거두어 참된 가르침에 들어가도록 이끄는 것. 곧 중생을 교화(敎化)하는 순적(順的) 방법. 역적(逆的) 방법은 중생의 악(惡)을 꺾어서 항복시키는 절복(折伏)이다.

380) 공삼매(空三昧)·무상삼매(無相三昧)·무원삼매(無願三昧)를 삼삼매(三三昧)·삼삼마

는 조복하면서도, 뛰어난 영웅의 용모로써 그 몸을 깨끗하게 장식[381]하거나 불국토를 아름답게 장식하거나 중생을 성숙시키지는 않는 것, 이것이 모든 보살에게 묘한 지혜를 잘 거두어들인 방편이 없어서 속박이라고 일컫는 것입니다.

어떤 것이 보살에게 묘한 지혜를 잘 거두어들인 뛰어난 방편이 있어서 해탈이라고 일컫는 것일까요?

모든 보살이 공(空)·무상(無相)·무원(無願)의 법을 가지고 그 마음을 조복시키고, 모든 법의 모습 있음과 모습 없음을 관찰하여 익히고[382] 체험하고는,[383] 다시 뛰어난 영웅의 용모로써 그 몸을 깨끗하게 장식하고 불국토를 아름답게 장식하고 중생을 성숙시키는 것, 이것이 모든 보살에게 묘한 지혜를 잘 거두어들인 뛰어난 방편이 있어서 해탈이라 일컫는 것입니다.

어떤 것이 보살에게 묘한 지혜를 잘 거두어들인 방편이 없어서 속박이라고 일컫는 것일까요?

모든 보살이 온갖 견해와 모든 번뇌에 속박되어 번뇌의 종자[384]를 가지고 온갖 선근(善根)을 닦는 것에 머물러 바르고 평등한 깨달음으로 돌아가지 않고 집착하는 마음을 깊이 내는 것, 이것이 모든 보살에게 묘한 지혜를 잘 거두어들인 뛰어난 방편이 없어서 속박이라고 일컫는 것

디(三三摩地)·삼등지(三等地)라고 한다.

381) 영식(瑩飾) : 맑게 장식하다. 깨끗하게 장식하다. 눈부시게 장식하다.

382) 수습(修習) : 실천하여 익숙하게 되다.

383) 작증(作證) : 스스로 체험하다. 참으로 체득하다. 깨닫다.

384) 수면(隨眠) : 번뇌의 종자. 온갖 번뇌의 종자는 항상 중생을 따라다니며 제8 아뢰야식 중에 면복(眠伏)해 있으므로 수면이라 하며, 또 중생을 따라다니며 더욱 허물을 더하게 함이 마치 사람이 잠자기를 좋아하여 오래 자는 것과 같으므로 이렇게 이름.

입니다.

어떤 것이 보살에게 묘한 지혜를 거두어들인 뛰어난 방편이 있어서 해탈이라고 일컫는 것일까요?

모든 보살이 온갖 견해와 모든 번뇌에 속박되어 번뇌의 종자를 가지고 온갖 선근을 닦는 것을 멀리 벗어나 바르고 평등한 깨달음으로 잘 돌아가 집착하는 마음을 내지 않는 것, 이것이 모든 보살에게 묘한 지혜를 거두어들인 뛰어난 방편이 있어서 해탈이라고 일컫는 것입니다.

또 문수사리여,

병이 든 보살은 마땅히 모든 법신(法身)과 질병이 전부 무상(無常) · 고(苦) · 공(空) · 무아(無我)임을 관찰하여야 하니, 이것을 일러 지혜라고 합니다.

비록 몸이 병들어 늘 삶과 죽음 속에 있더라도 중생을 이익 되게 하는 일에 싫증이나 게으름이 없으니, 이것을 일러 방편이라고 합니다.

또 몸과 마음과 모든 질병이 엎치락뒤치락[385] 서로 의지하여 끝없이 아득한 옛날부터 흘러오면서 생겨나고 사라지는 틈이 없고 새롭지도 않고 오래되지도 않음을 관찰하는 것을 일러 지혜라고 합니다.

몸과 마음과 모든 질병이 마침내 사라지기를 바라지 않는 것을 일러 방편이라고 합니다.

또 문수사리여,

병이 든 보살은 마땅히 이와 같이 그 마음을 조복해야 합니다.

마음을 조복함과 마음을 조복하지 못함에 머물러 있어선 안 됩니다.

---

385) 전전(展轉) : =전전(輾轉). 엎치락뒤치락하다. 몸을 뒤척이다. 여러 사람의 손이나 여러 장소를 거치다.

까닭이 무엇일까요?

만약 마음을 조복하지 않음에 머물러 있으면, 이것은 범부의 법입니다.

만약 마음을 조복함에 머물러 있으면, 이것은 성문(聲聞)의 법입니다.

이 까닭에 보살은 이 양쪽 모두에 머물지 않으니, 이것을 일러 보살의 행위라고 합니다.

만약 여기[386]에 머물러 범부의 행위도 아니고 성인의 행위도 아니라면, 이것을 일러 보살의 행위라고 합니다.

만약 삶과 죽음을 관찰함에 머무는 행위이면서도, 어떤 번뇌의 행위도 없다면, 이것을 일러 보살의 행위라고 합니다.

만약 열반을 관찰함에 머무는 행위이면서도, 마침내 적멸(寂滅)하지 않는 행위라면, 이것을 일러 보살의 행위라고 합니다.

만약 사마(四魔)[387]를 드러내 보임에 머무르는 행위이면서도, 모든 마구니의 일을 넘어서는 행위라면, 이것을 일러 보살의 행위라고 합니다.

만약 일체지지(一切智智)를 구하는 행위이면서도, 바로[388] 그때의 깨달음의 지혜[389]가 하는 행위라면, 이것을 일러 보살의 행위라고 합니다.

---

386) 여기는 두 쪽 모두에 머물지 않는 곳.

387) 사마(四魔) : 네 가지 마군(魔軍). ①번뇌마(煩惱魔). 탐욕을 비롯한 여러 가지 번뇌는 우리의 몸과 마음을 시끄럽게 하므로 마라 함. ②음마(陰魔). 5중마(衆魔)라고도 하니, 5음은 여러 가지 고통을 만들어 내므로 마라 함. ③사마(死魔). 죽음은 사람의 목숨을 빼앗으므로 마라 함. ④천자마(天子魔). 일명 자재천마(自在天魔). 욕계의 제6천 타화자재천왕이 좋은 일을 방해하므로 마라 함

388) '불비(不非)'는 이중부정이므로, 강한 긍정으로 해석함.

389) 증지(證智) : 깨달음의 지혜. 내면의 깨달음.

만약 사제(四諦)[390]의 묘한 지혜를 구하는 행위이면서도, 바로 그때의 깨달음의 진상(眞相)[391]이 하는 행위라면, 이것을 일러 보살의 행위라고 합니다.

만약 내면의 깨달음을 바르게 관찰하는 행위이면서도, 삶과 죽음을 일부러 거두어들이는 행위라면, 이것을 일러 보살의 행위라고 합니다.

만약 모든 연기(緣起)를 행하는 행위이면서도, 견취(見趣)[392]를 멀리 벗어날 수 있는 행위라면, 이것을 일러 보살의 행위라고 합니다.

만약 모든 중생과 모든 법이 서로 분리되도록 행하는 행위이면서도, 번뇌와 수면(隨眠)[393]이 없는 행위라면, 이것을 일러 보살의 행위라고

---

390) 사제(四諦) : 사성제(四聖諦)라고도 한다. 고(苦)·집(集)·멸(滅)·도(道)의 네 가지 진리. 어리석음과 깨달음이라는 두 경계의 인과(因果)를 설명한 불교의 근본 가르침으로, 석가세존이 녹야원에서 행한 초전법륜은 이 이치를 설한 것이다. 고제(苦諦)는 사바세계의 삶이 모두 고(苦)라는 것이고, 집제(集諦)는 이 고의 원인이니 망상하여 짓는 업의 모임 때문에 고가 생긴다는 것이고, 멸제(滅諦)는 번뇌와 업을 소멸하여 고가 사라진 열반이고, 도제(道諦)는 이러한 멸에 들어가는 길인 팔정도(八正道)의 수행을 가리킨다.

391) 증제(證諦) : 깨달음의 진상(眞相). 제(諦)는 불변(不變)하는 여실(如實)한 진상(眞相).

392) 견취(見趣) : 견취(見取)라고도 함. ①4취(取)의 하나. 3계(界)의 사제(四諦) 아래 일어나는 아견(我見)·변견(邊見)·사견(邪見)·견취견(見取見) 등 모든 견혹(見惑)을 말함. 이에 30혹이 있음. 3계에 각각 고제(苦諦) 아래 신견(身見)·변견(邊見)·사견(邪見)·견취견(見取見)의 4견과 집제(集諦)·멸제(滅諦)·도제(道諦) 아래에 각기 사견·견취견의 2견이 있으므로 30혹이 된다. ②견취견(見取見)의 준말. 견취견(見取見)은 5견의 하나. 소견을 고집하는 견이란 뜻. 신견(身見)·변견(邊見)·사견(邪見) 등을 일으키고 이를 잘못 고집하여 진실하고 뛰어난 견해라고 하는 망견(妄見).

393) 수면(隨眠) : ①번뇌의 다른 이름. 번뇌는 늘 중생을 따라다녀 여의지 아니하므로 수(隨)라 하고, 그 작용이 아득하여 알기 어려움이 마치 잠자는 상태와 비슷하므로 면(眠)이라 함. 또 중생을 쫓아다녀 마음을 혼미하게 하는 것이 잠자는 것과 같으므로 이렇게 이름. ②번뇌의 종자. 온갖 번뇌의 종자는 항상 중생을 따라다니며 제8 아뢰야식 중에 면복(眠伏)해 있으므로 수면이라 하며, 또 중생을 따라다니며 더욱 허물을 더하게 함이 마치 사람이 잠자기를 좋아하여 오래 자는 것과 같으므로 이렇게 이름.

합니다.

만약 무생(無生)³⁹⁴)을 바르게 관찰하는 행위이면서도, 성문(聲聞)의 정성(正性)³⁹⁵)에 떨어지지 않는 행위라면, 이것을 일러 보살의 행위라고 합니다.

만약 모든 중생을 거두어들이는 행위이면서도, 번뇌와 수면이 없는 행위라면, 이것을 일러 보살의 행위라고 합니다.

만약 멀리 벗어나는 것을 바르게 좋아하는 행위이면서도, 몸과 마음이 모두 사라짐을 구하지 않는 행위라면, 이것을 일러 보살의 행위라고 합니다.

만약 삼계(三界)를 즐겨 관찰하는 행위이면서도, 법계를 무너뜨리거나 혼란시키지 않는 행위라면, 이것을 일러 보살의 행위라고 합니다.

만약 공성(空性)을 즐겨 관찰하는 행위이면서도, 모든 공덕을 구하는 행위라면, 이것을 일러 보살의 행위라고 합니다.

만약 무상(無相)을 즐겨 관찰하면서도 중생을 해탈시키기를 바라는 행위라면, 이것을 일러 보살의 행위라고 합니다.

만약 무원(無願)을 즐겨 관찰하는 행위이면서도, 육취(六趣)³⁹⁶)를 드러내 보일 수 있는 행위라면, 이것을 일러 보살의 행위라고 합니다.

---

394) 무생(無生) : ①무생멸(無生滅) · 무생무멸(無生無滅)과 같음. 모든 법의 실상(實相)은 생멸(生滅)이 없다는 것. ②아라한 · 열반의 뜻 번역. 다시 미계(迷界)의 생을 받지 않는다는 뜻.

395) 정성(正性) : ①바로 그 성질. 그 자체. ②정성이생(正性離生). 번뇌를 남김없이 끊어버리는 것. 열반을 말함.

396) 유취(有趣) : 취(趣)가 있음. 취(趣)는 중생이 번뇌로 말미암아 말 · 행동 · 생각 등으로 악업을 짓고, 그 업인(業因)으로 인하여 가게 되는 국토(國土)로서, 5취 · 6취의 구별이 있고, 도(道)라고도 함. 유취(有趣)란 곧 육취(六趣)나 육도(六道)와 같음.

만약 무작(無作)을 즐겨 두루 행하는[397] 행위이면서도, 늘 온갖 선근(善根)을 이루어 그만두지 않는 행위라면, 이것을 일러 보살의 행위라고 합니다.

만약 육바라밀(六波羅蜜)을 즐겨 두루 행하는 행위이면서도, 피안으로 가는 묘한 지혜를 행하는 모든 중생의 마음으로 향하지 않는 행위라면, 이것을 일러 보살의 행위라고 합니다.

만약 자비희사(慈悲喜捨)의 사무량심(四無量心)[398]을 즐겨 관찰하는 행위이면서도, 깨끗한 세계[399]에 태어나기를 구하지 않는 행위라면, 이것을 일러 보살의 행위라고 합니다.

만약 육신통(六神通)을 즐겨 두루 행하는 행위이면서도, 깨달아 누진통(漏盡通)[400]을 실현하는 곳으로 나아가지 않는 행위라면, 이것을 일러 보살의 행위라고 합니다.

만약 모든 법을 즐겨 세우는 행위이면서도, 삿된 도(道)에 관계하지 않는 행위라면, 이것을 일러 보살의 행위라고 합니다.

---

397) 유리(遊履) : 두루 돌아다니다. 유람(遊覽)하다. 유력(遊歷)하다.

398) 사무량심(四無量心) : 중생을 어여삐 여기는 한량 없는 네 가지 마음인 자비희사(慈悲喜捨). ①자무량심(慈無量心). 무진(無瞋)을 체(體)로 하고, 한량없는 중생에게 즐거움을 주려는 마음. ②비무량심(悲無量心). 무진(無瞋)을 체(體)로 하고, 남의 고통을 벗겨 주려는 마음. ③희무량심(喜無量心). 희수(喜受)를 체로 하고, 다른 이로 하여금 고통을 여의고 즐거움을 얻어 희열(喜悅)케 하려는 마음. ④사무량심(捨無量心). 무탐(無貪)을 체로 하여 원(怨)·친(親)의 구별을 두지 않고 중생을 평등하게 보려는 마음.

399) 범세(梵世) : 청정한 세계란 뜻. 색계(色界)의 모든 하늘. 음욕(淫欲)을 여읜 범천(梵天)이 있는 세계.

400) 누진통(漏盡通) : 6통(通)의 하나. 또는 누진지통(漏盡智通)·누진지증통(漏盡智證通). 번뇌를 끊음이 자유자재하며, 여실(如實)하게 4제(諦)의 이치를 증(證)하여 다시 3계(界)에 미(迷)하지 않는 부사의한 힘.

만약 육념(六念)[401]을 즐겨 관찰하는 행위이면서도, 그에 따라 어떤 번뇌도 내지 않는 행위라면, 이것을 일러 보살의 행위라고 합니다.

만약 장애(障碍) 아닌 것을 즐겨 관찰하면서도 뒤섞여 물듦을 구하지 않는 행위라면, 이것을 일러 보살의 행위라고 합니다.

만약 정려(靜慮)·해탈(解脫)·등지(等持)·등지(等至) 등 여러 선정(禪定)을 즐겨 관찰하면서도 여러 선정의 세력을 따라서 삶을 받지 않을 수 있는 행위라면, 이것을 일러 보살의 행위라고 합니다.

만약 사념처(四念處)[402]를 즐겨 두루 행하는 행위이면서도, 신수심법

401) 육념(六念) : 6념법(念法)·6수념(隨念)이라고도 함. ①염불(念佛). 부처님은 10호(號)를 구비하고, 대자 대비한 광명을 놓으며 신통이 무량하여 중생의 고(苦)를 구제하니, 나도 부처님과 같기를 염원(念願). ②염법(念法). 여래의 설하신 법은 큰 공덕이 있어서 중생에게 좋은 약이 되니, 나도 이를 증득하여 중생에게 베풀고자 염원. ③염승(念僧). 스님들은 여래의 제자로서 무루법(無漏法)을 얻고, 계(戒)·정(定)·혜(慧)를 갖추어 세간의 좋은 복전(福田)이 되니, 나도 승행을 닦으려고 염원. ④염계(念戒). 모든 금계(禁戒)는 큰 세력이 있어서, 중생이 착하지 아니함을 제하니, 나도 정진하여 계를 호지(護持)하려고 염원. ⑤염시(念施). 보시행은 큰 공덕이 있어서 중생의 간탐(慳貪)이라는 중병(重病)을 제하니, 나도 보시하여 중생을 섭수(攝收)하려고 염원. ⑥염천(念天). 욕계(欲界)·색계(色界)·무색계(無色界)의 하늘들이 자연히 쾌락을 받음은 일찍 지계하고 보시하는 선근(善根)을 닦은 연유이니, 나도 공덕을 쌓아서 저 하늘에 나려고 염원. 사람이 만일 이 6념을 닦으면 마음에 선정을 얻어 열반에 이르게 됨.

402) 사념처(四念處) : 신역(新譯)은 사념주(四念住). 소승의 수행자가 3현위(賢位)에서 5정심관(停心觀) 다음에 닦는 관(觀). 신념처(身念處)·수념처(受念處)·심념처(心念處)·법념처(法念處). ①신념처. 부모에게 받은 육신이 부정하다고 관하는 것. ②수념처. 우리의 마음에 낙이라고 하는 음행·자녀·재물 등을 보고, 낙이라 하는 것은 참 낙이 아니고, 모두 고통이라고 관하는 것. ③심념처. 우리의 마음은 항상 그대로 있는 것이 아니고, 늘 변화 생멸하는 무상한 것이라고 관하는 것. ④법념처. 위의 셋을 제하고, 다른 만유에 대하여 실로 자아(自我)인 실체(實體)가 없으며, 또 나에게 속한 모든 물건을 나의 소유물이라고 하는데 대해서도, 모두 일정한 소유자(所有者)가 없다고, 무아관(無我觀)을 하는 것. 이 사념처관을 신(身)·수(受)·심(心)·법(法)의 순서로 따로따로 관하는 것을 별상념처관(別相念處觀), 총합하여 관하는 것을 총상념처관(總相念處觀)이라 함.

(身受心法)으로부터 멀리 벗어나는 것을 즐겨 구하지 않는 행위라면, 이것을 일러 보살의 행위라고 합니다.

만약 사정단(四正斷)[403]을 즐겨 두루 행하는 행위이면서도, 선(善)과 불선(不善)을 두 가지로 보지 않는 행위라면, 이것을 일러 보살의 행위라고 합니다.

만약 사신족(四神足)[404]을 즐겨 두루 행하는 행위이면서도, 공용(功用) 없이 변하여 나타남이 자재한 신족(神足)의 행위라면, 이것을 일러 보살의 행위라고 합니다.

만약 오근(五根)[405]을 즐겨 두루 행하는 행위이면서도, 모든 중생의 갖가지 근기(根機)의 뛰어나고 못함을 분별하지 않는 묘한 지혜의 행위라면, 이것을 일러 보살의 행위라고 합니다.

---

403) 사정단(四正斷) : 사정근(四正勤)·사정승(四正勝)·사의단(四意端)·사의단(四意斷)이 라고도 함. 열반에 나아가기 위하여 수행함에 37류(類)가 있는 가운데 사념처(四念處)의 다음에 닦는 법. 선법(善法)을 더욱 자라게 하고, 악법(惡法)을 멀리 여의려고 부지런히 수행하는 네 가지 법. ①이미 생긴 악을 없애려고 부지런함. ②아직 생기지 않은 악은 미리 방지하려고 부지런함. ③이미 생긴 선을 더욱더 자라게 하려고 부지런함. ④아직 생기지 않은 선은 생기도록 부지런히 행함.

404) 사신족(四神足) : 사여의족(四如意足)과 같음. 뜻대로 만족하게 된다는 것. ①욕신족(欲神足). 사념처(四念處)·사정근(四正勤)을 닦는 힘에 의하여 구도(求道)의 욕구가 강해져 공부하고 싶은 대로 되는 것을 말한다. ②정진신족(精進神足). 정진하여 나아가는 힘이 저절로 강해져서 물러남이 없이 계속 나아가는 것을 말한다. ③염신족(念神足). 바른 생각이 한결같이 계속되어 나아가는 것을 말한다. ④사유신족(四惟神足). 사유는 곧 선정(禪定)을 말함이니 선정이 마음대로 잘 진행되어 가는 것을 말한다.

405) 오근(五根) : ①5관(官). 곧 보고 듣고 맡보고 맛보고 접촉하는 5감각 기관인 눈·귀·코·혀·몸의 5근. ②5력(力)이라고도 함. 보리에 도달하기 위한 향상기관(向上機關) 방법으로 유력한 5종. 신근(信根)·진근(進根)·염근(念根)·정근(定根)·혜근(慧根).

만약 오력(五力)[406]을 즐겨 벌여 놓는[407] 행위이면서도, 여래의 십력(十力)[408]을 구하는 행위라면, 이것을 일러 보살의 행위라고 합니다.

만약 칠각지(七覺支)[409]를 즐겨 두루 벌여 놓는 행위이면서도, 불법을 차별되게 구하지 않는 묘한 지혜의 교묘한 행위라면, 이것을 일러 보살의 행위라고 합니다.

만약 팔정도(八正道)를 즐겨 두루 벌여 놓는 행위이면서도, 사도(邪道)

---

406) 오력(五力) : ①불교에 대한 실천 방면의 기초적 덕목(德目)이 되는 5종. ㉠신력(信力). 불법을 믿고 다른 것을 믿지 않는 것. ㉡진력(進力). 선을 짓고 악을 폐하기를 부지런히 하는 것. ㉢염력(念力). 사상을 바로 가지고 사특한 생각을 버리는 것. ㉣정력(定力). 선정(禪定)을 닦아 어지러운 생각을 없게 하는 것. ㉤혜력(慧力). 지혜를 닦아 불교의 진리인 4제(諦)를 깨닫는 것. ②불가사의한 작용이 있는 5종의 힘. ㉠정력(定力). 일체 선정의 힘. ㉡통력(通力). 일체 신통의 힘. ㉢차식력(借識力). 이선천(二禪天) 이상에는 5식(識)이 없으므로 필요하면 신통으로 자유롭게 초선천(初禪天)의 5식을 일으키는 것. ㉣원력(願力). 불ㆍ보살의 큰 원. ㉤법위덕력(法威德力). 불법의 위덕의 힘.

407) 안립(安立) : ①벌여 놓다. 설치하다. ②생각으로 헤아릴 수도 없고 말로서 나타낼 수도 없는 진여(眞如)를 방편으로 말로써 차별을 지어 나타내는 것.

408) 십력(十力) : 부처님께만 있는 열 가지 심력(心力). ①처비처지력(處非處智力). ②업이숙지력(業異熟智力). ③정려해탈등지등지지력(靜慮解脫等持等至智力). ④근상하지력(根上下智力). ⑤종종승해지력(種種勝解智力). ⑥종종계지력(種種界智力). ⑦변취행지력(遍趣行智力). ⑧숙주수념지력(宿住隨念智力). ⑨사생지력(死生智力). ⑩누진지력(漏盡智力). 이는 『구사론(俱舍論)』 제27권, 『순정리론(順正理論)』 제75권 등에 의함.

409) 칠각지(七覺支) : '칠각(七覺)'이라고도 하는데, 깨달음의 지혜를 돕는 일곱 가지를 뜻한다. 마음의 상태에 따라 존재를 관찰함에 있어서의 주의ㆍ방법을 일곱 가지로 정리한 것으로, 깨달음에 도움이 되는 일곱 가지 또는 깨달음으로 이끄는 일곱 가지 항목, 깨달음의 지혜를 돕는 일곱 가지의 수행을 말한다. ①택법각지(擇法覺支): 가르침 가운데서 진실된 것을 선택하고 거짓된 것을 버리는 것. ②정진각지(精進覺支): 한마음으로 노력하는 것. ③희각지(喜覺支): 진실의 가르침을 실행하는 기쁨으로 사는 것. ④경안각지(輕安覺支): 심신을 발랄하고 쾌적하게 하는 것. ⑤사각지(捨覺支): 대상에 대한 집착이나 속박을 버리는 것. ⑥정각지(定覺支): 마음을 집중하여 흔들리지 않는 것. ⑦염각지(念覺支): 생각을 평탄하게 하는 것.

를 싫어하거나 배척하지 않는 행위라면, 이것을 일러 보살의 행위라고
합니다.

만약 지관(止觀)이라는 양식을 구하는 행위이면서도, 마침내 적멸(寂
滅)에 떨어지지 않는 행위라면, 이것을 일러 보살의 행위라고 합니다.

만약 생멸하는 모습이 없는 모든 법을 즐겨 관찰하는 행위이면서도,
뛰어난 영웅의 용모로써 그 몸을 아름답게 장식하여 여러 가지 불사(佛
事)를 두루 이루는 행위라면, 이것을 일러 보살의 행위라고 합니다.

만약 성문(聲聞)과 독각(獨覺)의 위엄 있는 용모를 즐겨 드러내 보이는
행위이면서도, 모든 불법에 대한 생각410)을 버리지 않는 행위라면, 이
것을 일러 보살의 행위라고 합니다.

만약 모든 법의 가장 깨끗한 본성(本性)을 따라서 늘 고요하고 묘하게
선정(禪定)하는 행위이면서도, 모든 중생이 여러 가지로 좋아하는 위엄
있는 용모를 따르는 행위라면, 이것을 일러 보살의 행위라고 합니다.

만약 모든 불국토의 본성이 공적(空寂)하여 이루어짐도 없고 부서짐
도 없어서 공(空)과 같음을 즐겨 관찰하는 행위이면서도, 여러 가지 공
덕으로 불국토를 장엄하고 모든 중생을 이익 되게 함을 드러내 보이는
행위라면, 이것을 일러 보살의 행위라고 합니다.

만약 모든 불법의 법륜(法輪)을 굴려 대열반(大涅槃)에 들어가는 불사
(佛事)를 즐겨 드러내 보이는 행위이면서도, 모든 보살의 차별되는 행위
를 실천하는 행위라면, 이것을 일러 보살의 행위라고 합니다."

이렇게 모든 보살이 행할 희유한 일을 말했을 때에 문수사리가 거느

---

410) 연려(緣慮) : 대상을 생각함. 유식학(唯識學)에 의하면 제6식이 대상을 사려(思慮)하는
    것을 말한다. 바깥 경계를 대상으로서 생각하는 마음이다.

리는 대중 가운데 8억의 천자(天子)들이 이 말씀을 듣고서 모두 위없는 깨달음을 얻겠다는 마음을 내었다.

妙吉祥言："有疾菩薩云何調伏其心？"無垢稱言："有疾菩薩應作是念. 今我此病皆從前際虛妄顚倒分別煩惱所起業生. 身中都無一法眞實, 是誰可得而受此病？所以者何？四大和合假名爲身, 大中無主, 身亦無我. 此病若起, 要由執我, 是中不應妄生我執, 當了此執是病根本. 由此因緣, 應除一切有情我想, 安住法想, 應作是念. 衆法和合共成此身, 生滅流轉, 生唯法生滅唯法滅. 如是諸法展轉相續, 互不相知竟無思念. 生時不言我生, 滅時不言我滅. 有疾菩薩應正了知如是法想. 我此法想卽是顚倒. 夫法想者, 卽是大患我應除滅.

亦當除滅一切有情如是大患. 云何能除如是大患？謂當除滅我我所執. 云何能除我我所執？謂離二法. 云何離二法？謂內法外法畢竟不行. 云何二法畢竟不行？謂觀平等無動無搖無所觀察. 云何平等？謂我涅槃二俱平等. 所以者何？二性空故. 此二旣無, 誰復爲空？但以名字假說爲空. 此二不實平等見已, 無有餘病, 唯有空病. 應觀如是空病亦空. 所以者何？如是空病畢竟空故.

有疾菩薩應無所受而受諸受. 若於佛法未得圓滿, 不應滅受而有所證, 應離能受所受諸法. 若苦觸身, 應愍險趣一切有情, 發趣大悲除彼衆苦.

有疾菩薩應作是念. 旣除己疾亦當除去有情諸疾. 如是除去自他疾時, 無有少法而可除者. 應正觀察疾起因緣, 速令除滅爲說正法. 何等名爲疾之因緣？謂有緣慮. 諸有緣慮, 皆是疾因. 有緣慮者皆有疾

故. 何所緣慮? 謂緣三界. 云何應知如是緣慮? 謂正了達此有緣慮
都無所得. 若無所得, 則無緣慮. 云何絕緣慮? 謂不緣二見. 何等二
見? 謂內見外見. 若無二見, 則無所得. 旣無所得, 緣慮都絕. 緣慮
絕故, 則無有疾. 若自無疾, 則能斷滅有情之疾.

又妙吉祥, 有疾菩薩, 應如是調伏其心. 唯菩薩菩提, 能斷一切老
病死苦. 若不如是, 己所勤修卽爲虛棄. 所以者何? 譬如有人能勝怨
敵乃名勇健. 若能如是永斷一切老病死苦, 乃名菩薩.

又妙吉祥, 有疾菩薩應自觀察. 如我此病非眞非有, 一切有情所有
諸病, 亦非眞非有. 如是觀時, 不應以此愛見纏心, 於諸有情發起大
悲, 唯應爲斷客塵煩惱, 於諸有情發起大悲. 所以者何? 菩薩若以愛
見纏心, 於諸有情發起大悲, 卽於生死而有疲厭. 若爲斷除客塵煩惱,
於諸有情發起大悲, 卽於生死無有疲厭. 菩薩如是爲諸有情處在生死
能無疲厭, 不爲愛見纏繞其心. 以無愛見纏繞心故, 卽於生死無有繫
縛. 以於生死無繫縛故, 卽得解脫. 以於生死得解脫故, 卽便有力宣
說妙法, 令諸有情, 遠離繫縛, 證得解脫. 世尊依此密意說言: '若自
有縛能解他縛, 無有是處. 若自解縛能解他縛, 斯有是處.' 是故菩薩
應求解脫離諸繫縛.

又妙吉祥, 何等名爲菩薩繫縛? 何等名爲菩薩解脫? 若諸菩薩味著
所修靜慮解脫等持等至, 是則名爲菩薩繫縛. 若諸菩薩以巧方便攝諸
有生無所貪著, 是則名爲菩薩解脫. 若無方便善攝妙慧, 是名繫縛.
若有方便善攝妙慧, 是名解脫. 云何菩薩無有方便善攝妙慧名爲繫
縛? 謂諸菩薩以空無相無願之法而自調伏, 不以相好瑩飾其身莊嚴
佛土成熟有情, 此諸菩薩無有方便善攝妙慧名爲繫縛. 云何菩薩有巧

方便善攝妙慧名爲解脫? 謂諸菩薩以空無相無願之法調伏其心, 觀察諸法有相無相修習作證, 復以相好瑩飾其身莊嚴佛土成熟有情, 此諸菩薩有巧方便善攝妙慧名爲解脫. 云何菩薩無有方便善攝妙慧名爲繫縛? 謂諸菩薩安住諸見一切煩惱纏縛隨眠修諸善本, 而不迴向正等菩提, 深生執著, 此諸菩薩無巧方便善攝妙慧名爲繫縛. 云何菩薩有巧方便善攝妙慧名爲解脫? 謂諸菩薩遠離諸見一切煩惱纏縛隨眠修諸善本, 而能迴向正等菩提不生執著, 此諸菩薩有巧方便善攝妙慧名爲解脫.

又妙吉祥, 有疾菩薩應觀, 諸法身之與疾, 悉皆無常苦空無我, 是名爲慧. 雖身有疾, 常在生死, 饒益有情, 曾無厭倦, 是名方便. 又觀身心及與諸疾, 展轉相依, 無始流轉, 生滅無間, 非新非故, 是名爲慧. 不求身心及與諸疾畢竟寂滅, 是名方便.

又妙吉祥, 有疾菩薩應如是調伏其心. 不應安住調伏不調伏心. 所以者何? 若住不調伏心, 是凡愚法. 若住調伏心, 是聲聞法. 是故菩薩於此二邊俱不安住, 是則名爲菩薩所行. 若於是處非凡所行非聖所行, 是則名爲菩薩所行. 若處觀察生死所行, 而無一切煩惱所行, 是則名爲菩薩所行. 若處觀察涅槃所行, 而不畢竟寂滅所行, 是則名爲菩薩所行. 若處示現四魔所行, 而越一切魔事所行, 是則名爲菩薩所行. 若求一切智智所行, 而不非時證智所行, 是則名爲菩薩所行. 若求四諦妙智所行, 而不非時證諦所行, 是則名爲菩薩所行.

若正觀察內證所行, 而故攝受生死所行, 是則名爲菩薩所行. 若行一切緣起所行, 而能遠離見趣所行, 是則名爲菩薩所行. 若行一切有情諸法相離所行, 而無煩惱隨眠所行, 是則名爲菩薩所行. 若正觀察無生所行, 而不墮聲聞正性所行, 是則名爲菩薩所行. 若攝一切有情所行, 而無煩惱隨眠所行, 是則名爲菩薩所行. 若正欣樂遠離所行, 而不求身心盡滅所行, 是則名爲菩薩所行.

若樂觀察三界所行, 而不壞亂法界所行, 是則名爲菩薩所行. 若樂觀察空性所行, 而求一切功德所行, 是則名爲菩薩所行. 若樂觀察無相所行, 而求度脫有情所行, 是則名爲菩薩所行. 若樂觀察無願所行, 而能示現有趣所行, 是則名爲菩薩所行.

若樂遊履無作所行, 而常起作一切善根無替所行, 是則名爲菩薩所行. 若樂遊履六度所行, 而不趣向一切有情心行妙智彼岸所行, 是則名爲菩薩所行. 若樂觀察慈悲喜捨無量所行, 而不求生梵世所行, 是則名爲菩薩所行. 若樂遊履六通所行, 而不趣證漏盡所行, 是則名爲菩薩所行. 若樂建立諸法所行, 而不攀緣邪道所行, 是則名爲菩薩所行. 若樂觀察六念所行, 而不隨生諸漏所行, 是則名爲菩薩所行. 若樂觀察非障所行, 而不希求雜染所行, 是則名爲菩薩所行. 若樂觀察靜慮解脫等持等至諸定所行, 而能不隨諸定勢力受生所行, 是則名爲菩薩所行.

若樂遊履念住所行, 而不樂求身受心法遠離所行, 是則名爲菩薩所行. 若樂遊履正斷所行, 而不見善及與不善二種所行, 是則名爲菩薩所行. 若樂遊履神足所行, 而無功用變現自在神足所行, 是則名爲菩薩所行. 若樂遊履五根所行, 而不分別一切有情諸根勝劣妙智所行, 是則名爲菩薩所行.

若樂安立五力所行, 而求如來十力所行, 是則名爲菩薩所行. 若樂安立七等覺支圓滿所行, 不求佛法差別妙智善巧所行, 是則名爲菩薩所行. 若樂安立八聖道支圓滿所行, 而不厭背邪道所行, 是則名爲菩薩所行. 若求止觀資糧所行, 不墮畢竟寂滅所行, 是則名爲菩薩所行. 若樂觀察無生滅相諸法所行, 而以相好莊嚴其身成滿種種佛事所行, 是則名爲菩薩所行. 若樂示現聲聞獨覺威儀所行, 而不棄捨一切佛法緣慮所行, 是則名爲菩薩所行.

若隨諸法究竟淸淨本性常寂妙定所行, 非不隨順一切有情種種所樂威儀所行. 是則名爲菩薩所行. 若樂觀察一切佛土其性空寂無成無壞如空所行, 非不示現種種功德莊嚴佛土饒益一切有情所行, 是則名爲菩薩所行. 若樂示現一切佛法轉於法輪入大涅槃佛事所行, 非不修行諸菩薩行差別所行, 是則名爲菩薩所行.”

說是一切菩薩所行希有事時, 是妙吉祥所將衆中, 八億天子聞所說法, 皆於無上正等菩提, 發心趣向.

제6 불사의품(不思議品)

1. 법을 구하는 자

그때 사리자(舍利子)가 이 방 안에 앉을 의자가 없는 것을 보고서 몰래 이렇게 생각했다.

"이 모든 보살들과 대성문(大聲聞)들은 어디에 앉아야 할까?"

그때 유마힐은 사리자가 마음속으로 이렇게 생각하는 것을 알고서 곧 말했다.

"여보세요, 사리자님. 법을 위하여 왔습니까? 앉을 의자를 찾아서 왔습니까?"

사리자가 말했다.

"저는 법을 위하여 왔지 앉을 의자를 위하여 온 것이 아닙니다."

유마힐이 말했다.

"여보세요, 사라자님. 법을 구하는 자라면 목숨도 돌아보지 않는데, 하물며 의자에 관심을 두겠습니까?

또 사리자님. 법을 구하는 자라면, 색온(色蘊)·수온(受蘊)·상온(想蘊)·행온(行蘊)·식온(識蘊)을 구하지 않습니다.

법을 구하는 자라면, 안계(眼界) · 이계(耳界) · 비계(鼻界) · 설계(舌界) · 신계(身界) · 의식계(意識界)를 구하지 않습니다.

법을 구하는 자라면, 색처(色處)[411] · 성처(聲處) · 향처(香處) · 미처(味處) · 촉처(觸處) · 법처(法處)를 구하지 않습니다.

법을 구하는 자라면, 욕계(欲界) · 색계(色界) · 무색계(無色界)를 구하지 않습니다.

또 사리자님. 법을 구하는 자라면, 불(佛) · 법(法) · 승(僧)에 대한 집착을 구하지 않습니다.

법을 구하는 자라면, 지고(知苦) · 단집(斷集) · 증멸(證滅) · 수도(修道)[412]를 구하지 않습니다. 까닭이 무엇일까요? 법에는 희론(戱論)[413]이 없기 때문입니다. 만약 나는 마땅히 고(苦)를 알고 집(集)을 끊고 멸(滅)을 이루고 도(道)를 닦는다고 한다면, 이것은 희론(戱論)이니, 법을 구한

---

411) 원문의 안처(眼處)는 색처(色處)가 되어야 18계(界) 혹은 12처(處)로 분류하는 짝이 맞다.

412) 지고(知苦) · 단집(斷集) · 증멸(證滅) · 수도(修道) : 고(苦) · 집(集) · 멸(滅) · 도(道)는 사성제(四聖諦)라고 하는데, 어리석음과 깨달음이라는 두 경계의 인과(因果)를 설명한 불교의 근본 가르침으로, 석가세존이 녹야원에서 행한 초전법륜은 이 이치를 설한 것이다. 고(苦)는 사바세계의 삶이 모두 고(苦)라는 것이고, 집(集)은 이 고의 원인이니 망상하여 짓는 업의 모임 때문에 고가 생긴다는 것이고, 멸(滅)은 번뇌와 업을 소멸하여 고가 사라진 열반이고, 도(道)는 이러한 멸에 들어가는 길인 팔정도(八正道)의 수행을 가리킨다. 지고(知苦) · 단집(斷集) · 증멸(證滅) · 수도(修道)란, 고를 알고, 집을 끊고, 멸을 이루고, 도를 실천한다는 뜻이니, 사성제를 성취하는 것을 말한다.

413) 희론(戱論) : 희롱(戱弄)의 담론(談論). 부질없이 희롱하는 아무 뜻도 이익도 없는 말. 여기에는 사물에 집착하는 미혹한 마음으로 하는 여러 가지 옳지 못한 언론인 애론(愛論)과 여러 가지 치우친 소견으로 하는 의론인 견론(見論)의 2종이 있다. 둔근인(鈍根人)은 애론, 이근인(利根人)은 견론, 재가인(在家人)은 애론, 출가인(出家人)은 견론, 천마(天魔)는 애론, 외도(外道)는 견론, 범부(凡夫)는 애론, 2승(乘)은 견론을 고집함. 일반적으로 사려분별로써 헤아릴 수 없는 법을 분별로써 헤아리는 경우가 모두 희론이다.

다고 할 수 없습니다.

또 사리자님. 법을 구하는 자라면, 생(生)도 구하지 않고 멸(滅)도 구하지 않습니다. 까닭이 무엇일까요? 법은 적정(寂靜)이라고 일컬으며, 적정에 가깝기 때문입니다. 만약 생멸(生滅)을 행한다면, 이것은 생멸(生滅)을 구하는 것이니, 법을 구한다고 할 수 없고 멀리 벗어나기를 구하는 것도 아닙니다.

법을 구하는 자라면, 탐내고 물드는 것을 구하지 않습니다. 까닭이 무엇일까요? 법에는 탐내고 물듦이 없고, 모든 탐내고 물듦으로부터 벗어났기 때문입니다. 만약 온갖 법이나 열반 등을 조금이라도 탐내거나 이들에 조금이라도 물든다면, 이것은 탐내고 물듦을 구하는 것이니, 법을 구한다고 할 수 없습니다.

또 사리자님. 법을 구하는 자라면, 경계(境界)를 구하지 않습니다. 까닭이 무엇일까요? 법은 경계가 아니기 때문입니다. 만약 어떤 경계를 헤아린다면, 이것은 경계를 구하는 것이니, 법을 구한다고 할 수 없습니다.

또 사리자님. 법을 구하는 자라면, 취하고 버림을 구하지 않습니다. 까닭이 무엇일까요? 법에는 취하고 버림이 없기 때문입니다. 만약 법을 취하고 버린다면, 이것은 취하고 버림을 구하는 것이니, 법을 구한다고 할 수 없습니다.

또 사리자님. 법을 구하는 자라면, 거두어들여 감추는 일을 구하지 않습니다. 까닭이 무엇일까요? 법에는 거두어들여 감출 것이 없기 때문입니다. 만약 거두어들여 감추는 일을 즐긴다면, 이것은 거두어들여 감추는 일을 구하는 것이니, 법을 구한다고 할 수 없습니다.

또 사리자님. 법을 구하는 자라면, 법의 모습을 구하지 않습니다. 까닭이 무엇일까요? 법은 무상(無相)이라고 일컫기 때문입니다. 만약 모습을 따라서 인식(認識)한다면, 이것은 모습을 구하는 것이니, 법을 구한다고 할 수 없습니다.

또 사리자님. 법을 구하는 자라면, 법과 함께 머물지 않습니다. 까닭이 무엇일까요? 법은 머묾이 없기 때문입니다. 만약 법과 더불어 머문다면, 이것은 머묾을 구하는 것이니, 법을 구한다고 할 수 없습니다.

또 사리자님. 법을 구하는 자라면, 보고·듣고·느끼고·아는 일을 구하지 않습니다. 까닭이 무엇일까요? 법은 보거나 듣거나 느끼거나 알 수 없기 때문입니다. 만약 보고·듣고·느끼고·알려고 한다면, 이것은 보고·듣고·느끼고·아는 것을 구하는 것이니, 법을 구한다고 할 수 없습니다.

또 사리자님. 법을 구하는 자라면, 유위(有爲)[414]를 구하지 않습니다. 까닭이 무엇일까요? 법은 무위(無爲)라고 일컬으니, 유위(有爲)의 성질을 벗어났기 때문입니다. 만약 유위를 행한다면, 이것은 유위를 구하는 것이니, 법을 구한다고 할 수 없습니다.

이 까닭에, 사리자님, 만약 법을 구하고자 한다면, 모든 법에서 마땅히 구함이 없어야 합니다.”

이러한 법을 말했을 때에 500의 천자들이 번뇌망상을 멀리 벗어나 모든 법 속에서 법을 보는 눈이 맑아졌다.

---

414) 유위(有爲) : 위(爲)는 위작(爲作)·조작(造作)의 뜻. 분별하여 행위하고 조작하는 모든 일을 가리킨다. 이렇게 분별하여 행위하고 조작하는 모든 일들은 반드시 생(生)·주(住)·이(異)·멸(滅)의 변화를 따르는 허망(虛妄)한 일이다.

說無垢稱經

不思議品第六

時舍利子, 見此室中無有床座, 竊作是念: "此諸菩薩及大聲聞, 當於何坐?" 時無垢稱, 知舍利子心之所念, 便卽語言: "唯, 舍利子. 爲法來耶? 求床坐耶?" 舍利子言: "我爲法來非爲床座."

無垢稱言: "唯, 舍利子. 諸求法者, 不顧身命, 何況床座? 又舍利子. 諸求法者, 不求色蘊乃至識蘊. 諸求法者, 不求眼界乃至意識界. 諸求法者, 不求眼處乃至法處. 諸求法者, 不求欲界色無色界.

又舍利子. 諸求法者, 不求佛執及法僧執. 諸求法者, 不求知苦斷集證滅及與修道. 所以者何? 法無戲論. 若謂我當知苦斷集證滅修道, 卽是戲論, 非謂求法.

又舍利子. 諸求法者, 不求於生不求於滅. 所以者何? 法名寂靜及近寂靜. 若行生滅, 是求生滅, 非謂求法, 非求遠離. 諸求法者, 不求貪染. 所以者何? 法無貪染離諸貪染. 若於諸法乃至涅槃少有貪染, 是求貪染, 非謂求法.

又舍利子. 諸求法者, 不求境界. 所以者何? 法非境界. 若數一切境界所行, 是求境界, 非謂求法.

又舍利子. 諸求法者, 不求取捨. 所以者何? 法無取捨. 若取捨法, 是求取捨, 非謂求法.

又舍利子. 諸求法者, 不求攝藏. 所以者何? 法無攝藏. 若樂攝藏, 是求攝藏, 非謂求法.

又舍利子. 諸求法者, 不求法相. 所以者何? 法名無相. 若隨相識, 卽是求相, 非謂求法.

又舍利子. 諸求法者, 不共法住. 所以者何? 法無所住. 若與法住, 卽是求住, 非謂求法.

又舍利子. 諸求法者, 不求見聞及與覺知. 所以者何? 法不可見聞覺知. 若行見聞覺知, 是求見聞覺知, 非謂求法.

又舍利子. 諸求法者, 不求有爲. 所以者何? 法名無爲離有爲性. 若行有爲, 是求有爲, 非謂求法. 是故舍利子. 若欲求法, 於一切法應無所求.”

說是法時, 五百天子遠塵離垢, 於諸法中得法眼淨.

2. 뛰어나고 묘한 사자좌

그때 유마힐이 문수사리에게 말했다.

“당신은 일찍이 온 우주의 헤아릴 수 없이 많은 온갖 불국토를 노닐 었는데, 어떤 불국토에 훌륭하고 뛰어나고 묘하며 공덕을 다 갖춘 커다 란 사자좌(師子座)[415]가 있었습니까?”

문수사리가 말했다.

“여기에서 동쪽으로 36긍가사(殑伽沙)[416]를 지나 있는 불국토들 가운 데 이름이 산당(山幢)이라는 불세계가 있습니다. 그 불국토의 여래는 이 름이 산등왕(山燈王)이라고 하는데, 지금 바로 나타나 편안하게 머물러

---

415) 사자좌(師子座) : ①부처님이 앉으시는 상좌(牀座). 부처님은 인간에게 가장 높은 지위에 있는 분이므로 사자에 비유. ①설법할 때 쓰는 높고 큰 상을 말함.
416) 긍가사(殑伽沙) : 항하사(恒河沙)와 같음. 강바닥의 모래알만큼 헤아릴 수 없이 많은 수.

있습니다. 그 부처님의 몸은 키가 84억 유선나(蹂膳那)⁴¹⁷⁾를 헤아리고, 그가 앉는 사자좌는 높이가 68억 유선나를 헤아립니다. 그곳의 보살은 키가 42억 유선나를 헤아리고, 그 보살의 사자좌는 높이가 34억 유선나를 헤아립니다. 거사께서는 아셔야 합니다. 그 불국토에 계신 여래의 사자좌가 가장 뛰어나고 묘하며 모든 공덕을 갖추고 있습니다."

그때 유마힐은 생각을 거두어들여 선정에 들어가 이와 같은 자재한 신통을 일으키니, 즉시 동방 산당세계의 산등왕 부처가 32억의 커다란 사자좌를 보내왔는데, 높고 드넓고 아름답고 깨끗하여⁴¹⁸⁾ 매우 좋아할 만한 것이었다. 공중을 날아서 유마힐의 방 안으로 들어오니, 이곳의 모든 보살들과 성문들과 제석천들과 범천들과 호세사천왕들이 이전에는 보지 못한 일이고 듣지 못한 것이었다.

그 방은 돌연 드넓고 아름답고 깨끗하게 변하여 32억의 사자좌를 걸림 없이 포용할 수 있게 되었지만, 광엄성과 남섬부주(南贍部洲)를 비롯한 사대주(四大洲)의 모든 세계 속에 있는 성읍(城邑)과 취락(聚落)과 국토와 왕도(王都)와 천룡(天龍)과 야차(夜叉)와 아수라(阿修羅)가 거주하는 궁전들에 이르기까지 좁혀지거나 오그라들지 않고 모두 본래와 같이 드러나 이전과 다름이 없었다.

그때 유마힐이 문수사리에게 말했다.

"사자좌에 오르십시오. 모든 보살들과 대성문들과 더불어 설치되어 있는 대로의 사자좌에 모두 함께 오를 수 있습니다만, 마땅히 스스로

---

417) 유선나(蹂膳那) : 유순(由旬)과 같음. 유사나(蹂闍那)·유연(由延)이라고도 함. 인도의 거리 단위. 성왕(聖王)이 하루 동안 돌아다니는 거리. 40리(혹 30리)에 해당. 또 대유순은 80리, 중유순은 60리, 소유순은 40리라고 함. 1리도 시대를 따라 그 장단이 같지 않음.
418) 엄정(嚴淨) : 아름답고 깨끗하다. 깨끗하고 아름답게 장식하다.

몸을 변화시켜 사자좌에 맞추어야 합니다."

신통을 얻은 모든 대보살들은 각자 몸을 42억 유선나 크기만큼 변화시켜 사자좌에 올라 단정하고 엄숙하게 앉았다. 그러나 새로 배우는 보살들은 누구도 사자좌에 오를 수 없었다. 그때 유마힐이 법의 요체를 말하여 그들로 하여금 모두 오신통(五神通)을 얻게 하자, 그들은 곧 신통력을 가지고 각자 몸을 변화시켜 42억 유선나의 크기가 되어서는 사자좌에 올라 단정하고 엄숙하게 앉았다.

그 가운데 모든 대성문들은 아무도 사자좌에 오를 수 없었다. 그때 유마힐이 사리자에게 말했다.

"당신은 어찌하여 이 자리에 오르지 않습니까?"

사리자가 말했다.

"이 자리는 높고 드넓어서 저는 오를 수 없습니다."

유마힐이 말했다.

"여보세요, 사리자님. 마땅히 산등왕불(山燈王佛)에게 공손히 절을 올리고 신통력을 달라고 청하셔야 앉을 수 있을 것입니다."

그때 대성문들은 모두 곧 산등왕불에게 공손히 절을 올리고 신통력을 달라고 청하였다. 그러자 곧 사자좌에 올라서 단정하고 엄숙하게 앉을 수 있었다.

時無垢稱問妙吉祥："仁者，曾遊十方世界無量無數百千俱胝諸佛國土，何等佛土有好上妙具足功德大師子座？"妙吉祥言："東方去此，過三十六殑伽沙等諸佛國土，有佛世界，名曰山幢. 彼土如來號山燈王，今正現在安隱住持. 其佛身長八十四億踰膳那量，其師子座

高六十八億踰膳那量. 彼菩薩身長四十二億踰膳那量, 其師子座高
三十四億踰膳那量. 居士當知. 彼土如來師子之座, 最爲殊妙具諸功
德.”

時無垢稱, 攝念入定, 發起如是自在神通, 卽時東方山幢世界山燈
王佛, 遣三十二億大師子座, 高廣嚴淨甚可愛樂. 乘空來入無垢稱室,
此諸菩薩及大聲聞, 釋梵護世諸天子等, 昔所未見先亦未聞. 其室礙
然廣博嚴淨, 悉能苞容三十二億師子之座不相妨礙, 廣嚴大城及瞻部
洲四大洲等, 諸世界中城邑聚落國土王都, 天龍藥叉阿素洛等所住宮
殿亦不迫迮, 悉見如本前後無異.

時無垢稱語妙吉祥:“就師子座. 與諸菩薩及大聲聞, 如所敷設
俱可就座, 當自變身稱師子座.” 其得神通諸大菩薩, 各自變身爲
四十二億踰膳那量, 昇師子座端嚴而坐. 其新學菩薩皆不能昇師子之
座. 時無垢稱爲說法要, 令彼一切得五神通, 卽以神力各自變身, 爲
四十二億踰膳那量, 昇師子座端嚴而坐.

其中復有諸大聲聞, 皆不能昇師子之座. 時無垢稱語舍利子:“仁
者, 云何不昇此座?” 舍利子言:“此座高廣, 吾不能昇.” 無垢稱言:
“唯, 舍利子. 宜應禮敬山燈王佛請加神力, 方可得坐.” 時大聲聞咸
卽禮敬山燈王佛請加神力. 便卽能昇師子之座端嚴而坐.

3. 불가사의 해탈에 머무는 보살

사리자가 말했다.

"참으로 기이합니다, 거사시여! 이와 같은 작은 방이 수많은 높고 넓고 아름답고 깨끗한 사자좌를 수용하고도 비좁지 않고, 광엄성 · 섬부주 · 사대주 등과 모든 세계 속의 성읍(城邑) · 취락(聚落) · 국토 · 왕도(王都)와 천룡 · 야차 · 아수라 등이 가진 궁전들 역시 좁혀지거나 오그라들지 않고 모두 이전의 본래 모습과 다름없는 모습을 드러내는군요."

유마힐이 말했다.

"여보세요, 사리자님.

모든 부처와 여래와 응정등각(應正等覺)[419]과 불퇴보살(不退菩薩)[420]에게는 불가사의(不可思議)라 일컫는 해탈이 있습니다.

만약 이와 같은 불가사의해탈(不可思議解脫)에 머무는 보살이라면, 묘고산왕(妙高山王)이 높고 넓기가 이와 같더라도 신통력으로써 겨자씨 속에 집어넣고 겨자씨의 크기가 늘어나지 않도록 하고 묘고산왕의 크기가 줄어들지 않도록 할 수 있습니다.

비록 이와 같은 신통한 작용을 드러내지만, 저 사대천왕(四大天王)[421]

---

419) 응정등각(應正等覺) : 응공(應供)과 정등각(正等覺). 응공은 마땅히 공양을 받을 만한 자란 뜻으로, 부처님의 십호(十號) 가운데 2번째. 정등각(正等覺)은 바르고 평등한 깨달음을 얻은 자란 뜻으로 부처님의 십호 가운데 3번째.

420) 불퇴보살(不退菩薩) : 불퇴전(不退轉)의 위(位)에 도달한 보살. 이미 얻은 공덕이 바뀌어 뒤로 물러서는 일이 없는 보살. 반드시 부처가 되어 완전한 깨달음을 얻는 일이 확정된 보살.

421) 사대천왕(四大天王) : 사천왕(四天王). 욕계 6천(天)의 제1인 사왕천(四王天)의 주(主)로서, 수미(須彌)의 4주(洲)를 수호하는 신(神). 호세천(護世天)이라 하며, 수미산 중턱 4층급(層級)을 주처(住處)로 하는 신(神). ①지국천왕(持國天王). 건달바 · 부단나 2신(神)을 지배하여 동주(東洲)를 수호하며, 다른 주(洲)도 겸함. ②증장천왕(增長天王). 구반다 · 폐려다 2신을 지배하여 남주를 수호하며, 다른 주도 겸함. ③광목천왕(廣目天王). 용 · 비사사 2신을 지배하여 서주를 수호하며, 다른 주까지도 겸함. ④다문천왕(多聞天王). 야차 · 나찰 2신을 지배하여 북주를 수호하며, 다른 주도 겸하여 수호, 모두 도리천(忉利天)

과 삼십삼천(三十三天)의 왕[422]이 '우리는 어디로 가고 어디로 들어갈까?'라는 생각을 하지 않게 하고, 오직 신통력을 보고서 조복된 나머지 무리들이 묘고산왕이 겨자씨 속에 들어가는구나 하는 생각을 하도록 할 뿐입니다.

불가사의해탈에 이와 같이 머무는 보살이 뛰어난[423] 방편과 지혜의 힘으로 들어가는 불가사의해탈의 경계는 모든 성문(聲聞)들과 독각(獨覺)들이 헤아릴 수 있는 것이 아닙니다.

또 사리자님.

만약 이와 같은 불가사의해탈에 머무는 보살이라면, 사대해(四大海)[424]의 바닷물이 깊고 넓기가 이와 같더라도 신통력으로써 한 개 털구멍 속에 넣고서, 털구멍의 크기는 늘어나지 않고 사대해의 바닷물의 크기는 줄어들지 않게 할 수 있습니다.

비록 이와 같은 신통한 작용을 드러내지만, 저 모든 천룡 · 야차 · 아수라 등이 '우리는 어디로 가고 어디로 들어갈까?'라고 하는 생각을 하도록 하지 않고, 또한 저 물고기 · 자라 · 거북이 · 악어들과 나머지 여러 가지 수중 생물들과 용신(龍神)등의 모든 중생이 해를 입을까 봐 두려워하지 않도록 합니다.

오직 신통력을 보고서 조복된 나머지 무리들이 이와 같이 사대해의

의 주(主)인 제석천의 명을 받아 4천하를 돌아다니면서 사람들의 동작을 살펴 이를 보고 하는 신(神)이라 함.

422) 삼십삼천(三十三天)의 왕 : 욕계 6천(天)의 제2인 도리천(忉利天)의 왕인 제석천을 말함.

423) 선교(善巧) : 선권곡교(善權曲巧)의 뜻. 선하고 공교하게 동작하는 것. 부처님이 중생을 제도할 적에 그 근기에 맞추어 수단 방법을 쓰는 것이 공교롭고 묘함.

424) 사대해(四大海) : 불교 천문학에서 수미산(須彌山)의 사방에 있다는 큰 바다. 바다 가운데 4대주(大洲)가 있고, 그 주위를 철위산(鐵圍山)이 둘러쌌다 함.

바닷물이 털구멍 속으로 들어가는구나 하고 생각하도록 할 뿐입니다.

불가사의해탈에 이와 같이 머무는 보살이 뛰어난 방편과 지혜의 힘으로 들어가는 불가사의해탈의 경계는 모든 성문(聲聞)들과 독각(獨覺)들이 헤아릴 수 있는 것이 아닙니다.

또 사리자님.

만약 이와 같이 불가사의해탈에 머무는 보살이라면, 신령스러운 힘의 방편을 가지고 이와 같이 드넓은 삼천대천세계를 잘라서 오른쪽 손바닥 위에 놓고서 마치 옹기장이가 물레 돌리듯이 재빠르게 돌려 저 헤아릴 수 없는 세계의 밖으로 내던졌다가 다시 집어 와서 본래 있던 자리에 놓아도 세계가 늘어나거나 줄어들지 않게 할 수 있습니다.

비록 이와 같은 신통한 작용을 드러내지만, 그곳에 거주하는 중생이 '우리는 어떻게 갔다가 어떻게 돌아왔는가?'라는 생각을 하게 만들지 않고, 그 중생이 갔다 왔다는 생각을 전혀 내지 않게 하고 또 번뇌도 없게 합니다.

오직 그러한 신통력을 보고서 조복된 나머지 자들만이 세계가 갔다가 왔다는 생각을 하게끔 합니다.

불가사의해탈에 이와 같이 안주하는 보살이 뛰어난 방편과 지혜의 힘으로 들어가는 불가사의한 해탈의 경계는 모든 성문과 독각이 헤아릴 수 있는 것이 아닙니다.

또 사리자님.

만약 이와 같은 불가사의해탈에 머무는 보살이라면, 혹은 모든 중생이 삶과 죽음의 윤회가 오랫동안 이어지는 것을 보아야만 조복되게 하고, 혹은 모든 중생이 삶과 죽음의 윤회가 잠깐 동안 이어지는 것을 보아야만 조복되게 하는데, 이 보살은 신통력을 가지고 그들의 형편에 맞출 수 있으니, 혹은 7일을 늘려 1겁(劫)으로 만들어 그 중생이 1겁이 지났다고 여기게 만들기도 하고, 혹은 1겁을 줄여 7일로 만들어 그 중생이 7일이 지났다고 여기게 하여 각자 그 보는 바에 따라서 조복되게 합니다.

비록 이와 같이 신통한 작용을 드러내지만, 저 교화(敎化)된 중생이 이와 같이 시간이 늘어나거나 줄어드는 것을 알게 하지는 않습니다.

오직 신통력을 보고서 조복된 나머지 자들만이 시간이 늘어나고 줄어드는 것을 알도록 할 뿐입니다.

이와 같이 불가사의해탈에 안주하는 보살이 뛰어난 방편과 지혜의 힘으로 들어가는 불가사의해탈의 경계는 모든 성문과 독각이 헤아릴 수 있는 것이 아닙니다.

또 사리자님.

만약 이와 같은 불가사의해탈에 머무는 보살이라면, 신통력으로써 부처의 공덕으로 꾸며진 모든 깨끗한 세계를 모아 하나의 불국토에 놓고서 모든 중생들에게 보여 줄 수 있습니다.

또 신통력으로써 하나의 불국토에 있는 모든 중생들을 붙잡아 오른쪽 손바닥에 놓고 뜻의 기세(氣勢)를 타고서 온 우주에 두루 걸림 없이 이르러 모든 불국토를 두루 내보입니다.

비록 온 우주의 모든 불국토에 이르지만, 하나의 불국토에 머물러 오가지 않습니다.

또 신통력으로써 한 개 털구멍에서 모든 뛰어나고 묘한 공구(供具)[425]

---

425) 공구(供具) : 불·보살에게 공양하는 향(香)·화(華)·번개(幡蓋)·음식 따위. 또는 그런

를 나타내어 온 우주의 모든 세계를 두루 거쳐서 모든 부처·보살·성
문을 공양합니다.

또 신통력으로써 한 개 털구멍에서 온 우주의 모든 세계에 있는 해·
달·별의 색과 모습을 두루 나타냅니다.

또 신통력으로써 온 우주의 모든 세계와 대풍륜(大風輪)⁴²⁶⁾ 등에 이르
러 입 속에 삼키지만 몸에 손상이 없고, 모든 세계의 초목과 숲이 비록
이 바람을 만나더라도 전혀 움직임이 없습니다.

또 신통력으로써 온 우주에 있는 불국토가 겁화(劫火)⁴²⁷⁾에 불탈 때에
모든 불을 뱃속에 삼키는데, 이 불꽃이 비록 활활 타면서 멈추지 않더
라도 그 몸은 전혀 해를 입지 않습니다.

또 신통력으로써 아래쪽으로 모래알처럼 헤아릴 수 없는 온갖 불세
계(佛世界)를 지나 하나의 불국토를 붙잡아, 위쪽으로 모래알처럼 헤아
릴 수 없는 온갖 불세계를 지나 하나의 불국토 속에 내던져 놓더라도,
마치 바늘 끝으로 대추나무의 작은 잎을 떠받쳐 들어 다른 곳으로 내던
져 놓듯이 전혀 변화가 없습니다.

비록 이와 같은 신통한 작용을 나타내지만, 인연이 없는 자는 보지
도 못하고 알지도 못하며, 온갖 중생에게도 전혀 해로움이 없습니다.

것을 공양하는 데 쓰는 그릇.

426) 대풍륜(大風輪) : 풍륜(風輪)·수륜(水輪)·금륜(金輪) 3륜의 하나. 불교의 세계관에서
    이 세계를 붙들어 받치고 있는 3륜의 맨 밑에 있는 윤(輪). 넓이는 무수(無數). 두껍기는
    16억 유순(由旬), 이 풍륜의 밑은 허공인데, 허공을 공륜(空輪)이라 하면 모두 합하여 4
    륜임.

427) 겁화(劫火) : 우주의 파괴 시기(壞劫)의 종말에 일어나는 화재를 말함. 이 때문에 초선천
    (初禪天) 이하 모든 것이 태워진다고 함. 세계 종말의 시기의 큰 화재, 지구 최후의 불, 세
    계를 다 태우는 대화재를 말한다.

오직 신통력을 보고서 조복된 모든 사람만이 곧장 이 일을 알도록 할 뿐입니다.

불가사의한 해탈에 이와 같이 편안히 머무는 보살이 뛰어난 방편과 지혜의 힘으로 들어가는 불가사의한 해탈의 경계는 모든 성문(聲聞)과 독각(獨覺)들이 헤아릴 수 있는 것이 아닙니다.

또 사리자님.

만약 이와 같은 불가사의한 해탈에 머무는 보살이라면, 신통력을 가지고 부처 몸의 여러 가지 모습을 나타낼 수 있습니다.

혹은 독각(獨覺)과 여러 성문(聲聞)의 여러 가지 몸의 모습을 나타내기도 합니다.

혹은 보살의 여러 가지 몸의 모습을 드러내는데, 모든 32상(相)과 80 수형호(隨形好)가 모두 깨끗하게 갖추어져 있습니다.

혹은 다시 범왕·제석천·사천왕·전륜왕(轉輪王) 등 온갖 중생의 여러 가지 몸의 모습을 나타내기도 합니다.

혹은 신통력을 가지고 모든 중생을 변화시켜 부처의 몸으로 만들거나 온갖 보살·성문·독각·제석천·범왕·사천왕·전륜왕 등 여러 가지 몸의 모습으로 만들기도 합니다.

혹은 신통력을 가지고 온 우주의 모든 중생의 목소리가 상중하(上中下)의 품질로 차별되는 것을 변화시켜 전부 가장 미묘한 부처의 목소리로 만드는데, 이 부처의 목소리에서 무상(無常)·고(苦)·공(空)·무아(無我)·구경열반(究竟涅槃)·적정(寂靜)의 뜻 등 차별되는 말씀이 나오고, 나아가 모든 부처·보살·성문·독각이 법을 말하는 음성이 모두 그 속에서 나오고, 또 온 우주의 모든 부처가 법을 말함에 온갖 차별되는 이름과 구절과 문장이 모두 이와 같은 부처의 목소리 속에서 나와 널리 모든 중생이 듣고서 차별되는 승(乘)에 따라서 모두 조복되도록 합니다.

혹은 신통력을 가지고 널리 온 우주에서 온갖 중생의 차별되는 목소리를 따라 각각에 알맞게끔 여러 가지 목소리를 내어 미묘한 법을 말하여, 모든 중생이 각자 이익을 얻도록 합니다.

여보세요, 사리자님.

저는 지금 이와 같은 불가사의한 해탈에 머무는 보살의 뛰어난 방편과 지혜의 힘으로 들어가는 불가사의해탈의 경계를 간단히 말했습니다.

제가 만약 자세히 말한다면, 일겁(一劫)을 지나거나 일 겁 이상을 지나거나 혹은 다시 일 겁을 지나도록 말하더라도, 지혜와 말솜씨가 마침내 다하지 않을 것입니다.

저의 지혜와 말솜씨가 끝이 없는 것처럼, 이와 같은 불가사의한 해탈에 머무는 보살의 뛰어난 방편과 지혜의 힘으로 들어가는 불가사의해탈의 경계 역시 다함이 없으니, 한계가 없기 때문입니다."

그때 존자 대가섭(大迦葉)이 불가사의한 해탈에 머무는 보살의 불가사의한 해탈의 신통력을 말하는 것을 듣고는 처음 듣는 일이라고 찬탄하고서 곧 존자 사리자에게 말했다.

"비유하면 어떤 사람이 태어날 때부터의 장님을 상대로 비록 여러 가지 차별되는 색의 모습을 나타내 보이지만 그 장님은 전혀 볼 수 없는 것과 같이, 모든 성문과 독각은 전부 마치 태어날 때부터의 장님처럼 뛰어난 눈이 없어서 불가사의한 해탈에 머무는 보살이 생각하기 어려운 해탈의 신통력을 나타내는 말을 들어도 하나의 일도 알지 못합니다.

지혜 있는 남자와 여인이라면 누가 이와 같은 불가사의한 해탈의 신통력을 듣고서 위없는 바르고 평등한 깨달음의 마음을 내지 않겠습니까?

우리는 지금 이 대승(大乘)에 대하여 마치 불타서 썩은 씨앗이 그 뿌리를 영원히 단절한 것과 같으니 다시 어떻게 할까요?

우리들 모든 성문과 독각은 이와 같은 불가사의한 해탈의 신통력을 말하는 것을 듣고서, 모두 마땅히 슬피 울어 그 소리가 삼천대천세계를 진동시켜야 합니다.

모든 보살은 이와 같은 불가사의한 해탈의 신통력을 말하는 것을 들으면 마땅히 모두 기뻐하면서 삼가 받들어 지니기를, 마치 왕태자가 관정(灌頂)[428]의 지위를 받은 것처럼 믿음과 이해[429]의 힘을 키우고 견고하게 해야 합니다.

만약 어떤 보살이 이와 같은 불가사의한 해탈의 신통력을 말하는 것을 듣고서 믿음과 이해를 견고하게 한다면, 모든 마왕과 마왕이 거느린 무리들이 이 보살에 대하여 할 수 있는 일이 없을 것입니다."

존자 대가섭이 이러한 말을 하였을 때에 무리 가운데 삼만 이천의 천자(天子)들이 모두 위없는 바르고 평등한 깨달음의 마음을 내었다.

---

428) 관정(灌頂) : ①물을 정수리에 붓는다는 뜻. 본래 인도에서 임금의 즉위식이나 입태자식을 할 때 바닷물을 정수리에 붓는 의식. ②여러 부처님이 대자비의 물로써 보살의 정수리에 붓는 것. 등각(等覺) 보살이 묘각위(妙覺位)에 오를 때에 부처님이 그에게 관정하여 불과(佛果)를 증득케 함. 여기에는 여러 부처님이 정수리를 만져 수기하는 마정관정(摩頂灌頂), 말로 수기하는 수기관정(授記灌頂), 광명을 놓아 이롭게 하는 방광관정(放光灌頂)의 3종이 있다.

429) 신해(信解) : 가르침을 믿고 이해하는 것.

그때 유마힐이 곧 존자 대가섭에게 말했다.

"온 우주의 헤아릴 수 없이 많은 세계가 마왕(魔王)이 되는 것은 흔히 불가사의한 해탈에 머무는 보살이 뛰어난 방편으로써 마왕을 나타내는 것이니, 모든 중생을 성숙시키려고 하기 때문입니다. 대가섭이시여, 온 우주의 헤아릴 수 없이 많은 세계의 모든 보살은, 온갖 사람들이 와서 손발·이목구비·골수·피·근육·뼈 등 모든 육체와 처첩·남녀·노비·가족·마을·읍성·수도 나아가 사대주(四大洲) 등과 여러 가지 왕위(王位)·재물·곡식·보물·금은·진주·산호·조개껍질·폐유리(吠琉璃) 등의 온갖 장신구들과 집·방·침상·의자·의복·음식·탕약 등과 재산·거마·수레·크고 작은 배 등과 무기·군대 등을 요구하면서 보살을 윽박지른다면, 이들은 대개 불가사의한 해탈에 머무는 보살이 교묘한 방편으로써 이러한 일을 나타내어 보살을 시험하여 그 염원이 견고함을 밝게 알도록 하려는 것입니다. 까닭이 무엇일까요? 뛰어나게 용맹한 모든 대보살이 모든 중생에게 이익을 주고자 하기 때문에 이와 같이 행하기 어려운 큰일을 나타내어 보이기 때문입니다. 범부는 못나고 또한 힘도 없으니 보살을 이와 같이 윽박질러서 요구할 수 없습니다. 대가섭이시여, 비유하면 코끼리[430]가 전투에서 드러내는 위력은 당나귀가 당해 낼 수 없고, 오직 코끼리만이 코끼리와 서로 싸울 수 있는 것과 같습니다. 이와 같이 범부와 낮은 지위(地位)의 수행자는 못났기 때문에 보살을 윽박지를 힘이 없고, 오직 보살만이 보살을 윽박지를 수 있습니다. 이것을 일러 불가사의한 해탈에 머무는 보살이 뛰어난 방편과 지혜의 힘으로 들어가는 불가사의한 해탈의 경계라

---

430) 용상(龍象) : 코끼리. 대중 가운데 안목이 뛰어난 승려를 비유한 말.

고 합니다."

이 법을 말했을 때에 8천의 보살들이 보살의 뛰어난 방편과 지혜의 힘으로 들어가는 불가사의한 해탈의 경계에 들어갔다.

유마경(설무구칭경) 제3권 끝

舍利子言: "甚奇, 居士! 如此小室, 乃能容受爾所百千高廣嚴淨師子之座, 不相妨礙. 廣嚴大城及贍部洲四大洲等, 諸世界中城邑聚落國土王都, 天龍藥叉阿素洛等所有宮殿, 亦不迫迮, 悉見如本前後無異." 無垢稱言: "唯, 舍利子. 諸佛如來應正等覺及不退菩薩, 有解脫名不可思議. 若住如是不可思議解脫菩薩, 妙高山王高廣如是, 能以神力內芥子中, 而令芥子形量不增, 妙高山王形量不減. 雖現如是神通作用, 而不令彼四大天王三十三天知見我等何往何入, 唯令所餘睹神通力調伏之者知見妙高入乎芥子. 如是安住不可思議解脫菩薩, 方便善巧智力所入不可思議解脫境界, 非諸聲聞獨覺所測.

又舍利子. 若住如是不可思議解脫菩薩, 四大海水深廣如是, 能以神力內一毛孔, 而令毛孔形量不增, 四大海水形量不減. 雖現如是神通作用, 而不令彼諸龍藥叉阿素洛等知見我等何往何入, 亦不令彼魚鱉黿鼉及餘種種水族生類諸龍神等一切有情憂怖惱害. 唯令所餘睹神通力調伏之者知見如是四大海水入於毛孔. 如是安住不可思議解脫菩薩, 方便善巧智力所入, 不可思議解脫境界, 非諸聲聞獨覺所測.

又舍利子. 若住如是不可思議解脫菩薩, 如是三千大千世界形量廣大, 能以神力方便斷取置右掌中, 如陶家輪速疾旋轉, 擲置他方殑伽沙等世界之外, 又復持來還置本處, 而令世界無所增減. 雖現如是神通作用, 而不令彼居住有情, 知見我等何去何還, 都不令其生往來想亦無惱害. 唯令所餘睹神通力調伏之者, 知見世界有去有來. 如是安住不可思議解脫菩薩, 方便善巧智力所入, 不可思議解脫境界, 非諸聲聞獨覺所測.

又舍利子. 若住如是不可思議解脫菩薩, 或諸有情宜見生死多時相續而令調伏, 或諸有情宜見生死少時相續而令調伏, 能以神力隨彼所宜, 或延七日以爲一劫, 令彼有情謂經一劫, 或促一劫以爲七日, 令彼有情謂經七日, 各隨所見而令調伏. 雖現如是神通作用, 而不令彼所化有情覺知如是時分延促. 唯令所餘睹神通力調伏之者, 覺知延促. 如是安住不可思議解脫菩薩, 方便善巧智力所入, 不可思議解脫境界, 非諸聲聞獨覺所測.

又舍利子. 若住如是不可思議解脫菩薩, 能以神力, 集一切佛功德莊嚴淸淨世界, 置一佛土示諸有情. 又以神力, 取一佛土一切有情, 置之右掌, 乘意勢通遍到十方, 普示一切諸佛國土. 雖到十方一切佛土, 住一佛國而不移轉. 又以神力, 從一毛孔現出一切上妙供具, 遍歷十方一切世界, 供養諸佛菩薩聲聞. 又以神力, 於一毛孔普現十方一切世界所有日月星辰色像. 又以神力, 乃至十方一切世界大風輪等, 吸置口中而身無損, 一切世界草木叢林, 雖遇此風, 竟無搖動. 又以神力, 十方世界所有佛土劫盡燒時, 總一切火內置腹中, 雖此火勢熾焰不息, 而於其身都無損害. 又以神力, 過於下方無量俱胝殑伽沙等諸佛世界, 舉一佛土擲置上方, 過於俱胝殑伽沙等諸佛世界一佛土中, 如以針鋒舉小棗葉, 擲置餘方都無所損. 雖現如是神通作用, 而無緣者不見不知, 於諸有情竟無惱害. 唯令一切睹神通力調伏之者, 便見是事. 如是安住不可思議解脫菩薩, 方便善巧智力所入不可思議解脫境界, 非諸聲聞獨覺所測.

又舍利子. 若住如是不可思議解脫菩薩, 能以神力, 現作佛身種種色像. 或現獨覺及諸聲聞種種色像. 或現菩薩種種色像, 諸相隨好具足莊嚴. 或復現作梵王帝釋四大天王轉輪王等一切有情種種色像. 或以神力, 變諸有情, 令作佛身及諸菩薩聲聞獨覺釋梵護世轉輪王等種種色像. 或以神力, 轉變十方一切有情上中下品音聲差別, 皆作佛聲第一微妙, 從此佛聲演出無常苦空無我究竟涅槃寂靜義等言詞差別, 乃至一切諸佛菩薩聲聞獨覺, 說法音聲皆於中出, 乃至十方諸佛說法, 所有一切名句文身音聲差別, 皆從如是佛聲中出, 普令一切有情得聞, 隨乘差別悉皆調伏. 或以神力, 普於十方隨諸有情言音差別, 如其所應出種種聲演說妙法, 令諸有情各得利益.

唯舍利子. 我今略說安住如是不可思議解脫菩薩, 方便善巧智力所入, 不可思議解脫境界. 若我廣說, 或經一劫, 或一劫餘, 或復過此, 智慧辯才終不可盡. 如我智慧辯才無盡, 安住如是不可思議解脫菩薩, 方便善巧智力所入, 不可思議解脫境界亦不可盡, 以無量故."

爾時尊者大迦葉波, 聞說安住不可思議解脫菩薩不可思議解脫神力, 歎未曾有, 便語尊者舍利子言: "譬如有人對生盲者, 雖現種種差別色像, 而彼盲者都不能見, 如是一切聲聞獨覺, 皆若生盲無殊勝眼, 聞說安住不可思議解脫菩薩所現難思解脫神力乃至一事亦不能了. 誰有智者男子女人, 聞說如是不可思議解脫神力, 不發無上正等覺心? 我等今者, 於此大乘如燋敗種永絕其根復何所作? 我等一切聲聞獨覺，聞說如是不思議解脫神力，皆應號泣聲震三千大千世界．一切菩薩聞說如是不可思議解脫神力，皆應欣慶頂戴受持，如王太子受灌頂位生長堅固信解勢力．若有菩薩聞說如是不可思議解脫神力堅固信解，一切魔王及諸魔衆於此菩薩無所能爲．"當於尊者大迦葉波說是語時，衆中三萬二千天子皆發無上正等覺心

時無垢稱卽語尊者迦葉波言："十方無量無數世界作魔王者，多是安住不可思議解脫菩薩．方便善巧現作魔王．爲欲成熟諸有情故．大迦葉波．十方無量無數世界一切菩薩，諸有來求，手足耳鼻頭目髓腦血肉筋骨一切支體，妻妾男女奴婢親屬，村城聚落國邑王都四大洲等，種種王位，財穀珍寶，金銀眞珠珊瑚螺貝吠琉璃等諸莊嚴具，房舍床座，衣服飮食湯藥，資産象馬輦輿大小諸船，器仗軍衆，如是一切逼迫菩薩而求乞者，多是安住不可思議解脫菩薩，以巧方便現爲斯事試驗菩薩，令其了知意樂堅固．所以者何？增上勇猛諸大菩薩，爲欲饒益諸有情故，示現如是難爲大事．凡夫下劣無復勢力，不能如是逼迫菩薩爲此乞求．大迦葉波，譬如螢火終無威力映蔽日輪，如是凡夫及下劣位，無復勢力逼迫菩薩爲此乞求．大迦葉波，譬如龍象現威?戰非驢所堪，唯有龍象能與龍象爲斯戰諍．如是凡夫及下劣位，無有勢力逼迫菩薩，唯有菩薩，能與菩薩共相逼迫．是名安住不可思議解脫菩薩方便善巧智力所入不可思議解脫境界．"說此法時，八千菩薩得入菩薩方便善巧智力所入不可思議解脫境界．

說無垢稱經卷第三

제4권

제7 관유정품(觀有情品)

1. 보살이 중생을 보는 법

그때 문수사리가 유마힐에게 물었다.

"보살은 모든 중생을 어떻게 봅니까?"

유마힐이 말했다.

"비유하면 마술사[431]가 마술을 보는 것과 같이 보살은 모든 중생을 바르게 관찰(觀察)해야 합니다.

또 문수사리여,

마치 지혜로운 사람이 물 속의 달을 보듯이,

거울 속의 모습을 보듯이,

아지랑이[432] 속의 물을 보듯이,

메아리 소리를 보듯이,

허공 속에 구름으로 만들어진 성곽과 누각을 보듯이,

물 위에 모여 있는 물거품의 과거를 보듯이,

---

431) 환사(幻師) : 환술(幻術)을 행하는 사람. 마술사·요술사.

432) 양염(陽焰) : 아지랑이. =양염(陽炎), 양염(陽焰).

물 위에 떠 있는 물거품이 나타나고 사라지는 모습을 보듯이,

파초의 속에 있는 딱딱한 씨앗[433]을 보듯이,

다섯 번째 대(大)[434]를 보듯이,

여섯 번째 온(蘊)[435]을 보듯이,

일곱 번째 근(根)[436]을 보듯이,

열세 번째 처(處)[437]를 보듯이,

열아홉 번째 계(界)[438]를 보듯이,

무색계(無色界)[439]의 온갖 색(色)의 모습을 보듯이,

불타 죽은 씨앗에서 나온 새싹을 보듯이,

거북이털 등으로 만든 의복을 보듯이,

어린 나이에 일찍 죽은 자가 욕망의 즐거움을 누리는 것을 보듯이,

예류과(預流果)[440]가 일으킨 분별인 살가야견(薩迦耶見)[441]을 보듯이,

---

433) 파초(芭蕉)는 관상용의 여러해살이풀로서, 구경할 만하지만 그 열매가 실속이 없으므로 실체가 없는 헛된 모습에 비유하기도 한다. 파초의 열매는 껍질을 벗겨내면 그 속이 텅 비어 있고 딱딱한 씨앗 같은 것은 없다고 함.

434) 물질은 지수화풍(地水火風)의 사대(四大)가 모두이니, 다섯 번째 대(大)는 없다.

435) 색수상행식(色受想行識)의 오온(五蘊)이 전부이니 여섯 번째 온(蘊)은 없다.

436) 발근(根)은 안이비설신의(眼耳鼻舌身意)의 육근(六根)이니 일곱 번째 근은 없다.

437) 처(處)는 육근(六根)과 육경(六境)의 십이처(十二處)가 모두이니 열 세 번째 처는 없다.

438) 계(界)는 육근(六根)·육경(六境)·육식(六識)의 십팔계(十八界)이니 열아홉 번째 계는 없다.

439) 무색계(無色界) : 3계의 하나. 색계(色界) 위에 있어 물질을 여읜 순 정신적 존재인 세계. 색계가 색신에 얽매어 자유를 얻지 못함을 싫어하고, 더 나아가서 들어가는 세계. 이 세계에는 온갖 형색(形色)은 없고 수(受)·상(想)·행(行)·식(識)의 4온(蘊)만 있다. 여기에 공무변처(空無邊處)·식무변처(識無邊處)·무소유처(無所有處)·비상비비상처(非想非非想處)의 4천이 있다.

일래과(一來果)442)가 세 번째 유(有)를 받는 것을 보듯이,

불환과(不還果)443)가 모태(母胎)에 들어가 있는 것을 보듯이,

아라한(阿羅漢)444)의 탐진치(貪瞋癡) 삼독(三毒)을 보듯이,

무생법인을 얻은 보살의 탐내고 · 계율을 범하고 · 성내고 해를 끼치

고자 하는 등의 마음을 보듯이,

---

440) 예류과(預流果) : 성문사과(聲聞四果)의 하나. 범어로 수다원. 입류(入流) · 역류(逆流) ·
    예류(豫流)라 번역. 초과 3계(界)의 견혹(見惑)을 끊고, 처음으로 무루도(無漏道)에 드는
    지위. 견도(見道) 16심 중의 제16심. 이것은 수도위(修道位)의 처음으로 견도와 수도 둘
    을 갖춘 최초가 됨.

441) 살가야견(薩迦耶見) : 5견(見)의 하나. 신견(身見)이라 번역. 살가야달리슬치(薩迦耶達
    利瑟致)라 음역. 5온으로써 가(假)로 화합한 것을 실(實)의 자아(自我)가 있다고 집착하
    며, 내 몸에 부속한 모든 물건은 일정한 소유주가 없는 것인데, 아(我)의 소유물이라고 집
    착하는 견해. 범어에 가야는 신(身), 달리슬치는 견(見), 살은 유부(有部)에서는 유(有)의
    뜻, 경부(經部)에서는 허위(虛僞), 혹은 괴(壞)의 뜻, 대승 유식가에서는 이전(移轉)의 뜻
    이라 함.

442) 성문(聲聞) 4과(果)의 하나. 사다함(斯陀含)이라 음역. 일래과는 뜻 번역임. 욕계(欲界)의
    수혹(修惑) 9품(品) 중 6품을 끊은 이가 얻는 증과(證果). 아직 나머지 3품의 번뇌가 있
    으므로 그것을 끊기 위하여 인간과 천상에 각각 한번씩 생(生)을 받은 후에야 열반을 깨
    닫는다. 곧 인간에서 이 과를 얻으면 반드시 천상에 갔다가 다시 인간에 돌아와서 열반을
    깨닫고, 천상에서 이 과를 얻으면 먼저 인간에 갔다가 다시 천상에 돌아와 열반의 증과를
    얻는다. 이렇게 천상과 인간 세계를 한번 왕래하므로 일래과라 한다.

443) 불환과(不還果) : 아나함(阿那含)이라 음역. 4과(果)의 하나. 욕계의 9품 수혹(修惑)을 다
    끊고, 남은 것이 없으므로 다시 욕계에 돌아와서 나지 않는 지위에 도달한 성자(聖者). 이
    지위의 성자에 대하여 다섯 가지 구별이 있음. 첫째, 5종. 중반(中般) · 생반(生般) · 유행
    반(有行般) · 무행반(無行般) · 상류반(上流般). 둘째, 6종. 5종과 현반(現般). 셋째, 7종.
    6종과 무색반(無色般). 넷째, 8종. 7종과 부정반(不定般). 다섯째, 9종. 속반(速般) · 불
    속반(不速般) · 경구반(經久般) · 생반(生般) · 유행반(有行般) · 무행반(無行般) · 전초반
    (全超般) · 반초반(半超般) · 변몰반(遍沒般).

444) 아라한(阿羅漢) : 소승의 교법을 수행하는 성문(聲聞) 4과의 가장 윗자리. 응공(應供) ·
    살적(殺賊) · 불생(不生) · 이악(離惡)이라 번역.

모든 여래의 습기(習氣)[445]가 이어짐을 보듯이,

날 때부터의 장님[446]이 온갖 색깔을 다 보는 것을 보듯이,

멸진정(滅盡定)에 머무는 자에게 호흡(呼吸)이 있음을 보듯이,

허공 속에 새가 지나간 자국이 남아 있음을 보듯이,

반택가(半擇迦)[447]의 생식기가 힘 있게 작용함을 보듯이,

석녀(石女)[448]의 아이가 하는 업 짓는 행동을 보듯이,

부처님의 교화(敎化)가 온갖 결박(結縛)[449]을 일으킴을 보듯이,

끝내 생겨나지 않는 모든 번뇌를 보듯이,

꿈에서 깬 뒤에 꿈속에서 본 것을 보듯이,

일어나지도 않은 불이 태우고 있음을 보듯이,

아라한의 후유(後有)가 이어짐을 보듯이,

이와 같이 보살은 마땅히 모든 중생들을 바르게 관찰해야만 합니다.

까닭이 무엇일까요?

모든 법은 본래 공(空)이어서, 진실로 나(我)도 없고 중생(衆生)도 없기

---

445) 습기(習氣) : 번뇌의 체(體)를 정사(正使)라 함에 대하여, 습관(習慣)의 기분(氣分)으로
남아 있는 것을 습기라 함. 비유하면, 향 담았던 그릇은 향을 비웠어도 여전히 향기가 남
아 있는 것과 같다. 버릇. 유식학(唯識學)에서 습기는 종자(種子)의 다른 이름. 모든 식
(識)이 나타날 때에 그 기분(氣分)을 제8식에 훈습(熏習)시키는 것이 종자이므로 이렇게
말함.

446) 생맹(生盲) : 날 때부터의 장님. 선천적인 맹인(盲人). 눈 뜬 장님. 생맹천제(生盲闡提)의
준말.

447) 반택가(半擇迦) : 반다가(般茶迦)·반석가(半釋迦)·반타(般吒)라고도 쓰며, 황문(黃
門)·불남(不男)이라 번역. 생식기가 불구된 남자.

448) 석녀(石女) : 아이를 낳지 못하는 여자.

449) 결박(結縛) : 번뇌의 다른 이름. 번뇌는 몸과 마음을 속박하여 자유롭지 못하게 하므로 결
박이라 함.

때문입니다."

說無垢稱經卷第四

大唐三藏法師玄奘譯

觀有情品第七

時妙吉祥問無垢稱：“云何菩薩觀諸有情？” 無垢稱言：“譬如幻師觀所幻事，如是菩薩應正觀察一切有情. 又妙吉祥，如有智人，觀水中月，觀鏡中像，觀陽焰水，觀呼聲響，觀虛空中雲城臺閣，觀水聚沫所有前際，觀水浮泡或起或滅，觀芭蕉心所有堅實，觀第五大，觀第六蘊，觀第七根，觀十三處，觀十九界，觀無色界眾色影像，觀燋敗種所出牙莖，觀龜毛等所作衣服，觀天沒者受欲戲樂，觀預流果所起分別薩迦耶見，觀一來果受第三有，觀不還果入母胎藏，觀阿羅漢貪瞋癡毒，觀得忍菩薩慳吝犯戒恚害等心，觀諸如來習氣相續，觀生盲者睹見眾色，觀住滅定有出入息，觀虛空中所有鳥跡，觀半擇迦根有勢用，觀石女兒所有作業，觀佛所化起諸結縛，觀諸畢竟不生煩惱，觀夢悟已夢中所見，觀不生火有所焚燒，觀阿羅漢後有相續，如是菩薩應正觀察一切有情. 所以者何？諸法本空，眞實無我，無有情故.”

2. 보살의 사무량심

문수사리가 말했다.

"만약 모든 보살이 모든 중생을 이와 같이 관찰한다면, 그들에게 대

자(大慈)⁴⁵⁰⁾를 어떻게 행합니까?"⁴⁵¹⁾

유마힐이 말했다.

"보살이 이와 같이 중생을 관찰하면, 스스로 생각하기를 '나는 마땅히 모든 중생을 위하여 이와 같은 법(法)을 말하여 그들이 깨닫도록 해야겠다'고 하니, 이를 일러 대자(大慈)를 진실로 행하여 모든 중생에게 최상의 안락(安樂)을 준다고 합니다.

이와 같이 보살은 적멸(寂滅)의 자(慈)를 행하니 온갖 취(取)⁴⁵²⁾가 없기 때문입니다.

뜨거운 번뇌⁴⁵³⁾가 없는 자(慈)를 행하니, 번뇌가 없기 때문입니다.

여실(如實)⁴⁵⁴⁾한 자(慈)를 행하니, 삼세(三世)가 평등하기 때문입니다.

---

450) 대자(大慈) : 불보살(佛菩薩)의 넓고 큰 사랑. 즐거움을 주는 것을 자(慈)라 함. 사무량심(四無量心) 가운데 하나. 사무량심(四無量心)은 중생을 어여삐 여기는 한량없는 네 가지 마음인 자비희사(慈悲喜捨). ①자무량심(慈無量心). 무진(無瞋)을 체(體)로 하고, 한량없는 중생에게 즐거움을 주려는 마음. ②비무량심(悲無量心). 무진(無瞋)을 체(體)로 하고, 남의 고통을 벗겨 주려는 마음. ③희무량심(喜無量心). 희수(喜受)를 체로 하고, 다른 이로 하여금 고통을 여의고 즐거움을 얻어 희열(喜悅)케 하려는 마음. ④사무량심(捨無量心). 무탐(無貪)을 체로 하여 원(怨)・친(親)의 구별을 두지 않고 중생을 평등하게 보려는 마음. 아래에는 사무량심에 대한 설법이 이어진다.

451) 이처럼 현장(玄奘)은 '닦는다'는 뜻인 '수(修)'로 번역하고 있으나, 『유마힐소설경(維摩詰所說經)』 「관중생품(觀衆生品)」 제7에서는 '행한다'는 뜻인 '행(行)'으로 번역하고 있다. 문맥으로 보아 '닦는다' 보다는 '행한다'가 적절한 번역이라고 보이기 때문에 여기에서는 '행한다'로 번역한다.

452) 취(取) : 12연기의 하나. 애(愛)를 연하여 일어나는 집착(執着). 또 애의 다른 이름. 번뇌의 총칭.

453) 열뇌(熱惱) : 뜨거운 번뇌. 심한 번뇌.

454) 여실(如實) : ①진실한 도리에 들어맞는 것. 깨달음을 얻어 법의 참 모습을 보는 것. ②진여(眞如)의 다른 이름.

어긋나지 않는 자(慈)를 행하니, 등기(等起)[455]가 없기 때문입니다.

둘 없는 자(慈)를 행하니, 안팎에서 벗어났기 때문입니다.

무너짐 없는 자(慈)를 행하니, 끝내 머물기 때문입니다.

견고한 자(慈)를 행하니, 늘어난[456] 염원은 금강(金剛)과 같기 때문입니다.

깨끗한 자(慈)를 행하니, 본성은 깨끗하기 때문입니다.

평등한 자(慈)를 행하니, 허공(虛空)과 같기 때문입니다.

아라한(阿羅漢)의 자(慈)를 행하니, 번뇌라고 하는 도적[457]을 영원히 방해하기 때문입니다.

독각(獨覺)[458]의 자(慈)를 행하니, 스승과 제자[459]를 기다리지 않기 때문입니다.

---

455) 등기(等起) : 일어나는 것. 설일체유부(說一切有部)에서는 인등기(因等起)와 찰나등기 (刹那等起)의 2종을 말한다. 마음이 앞선 원인으로서 필연적 제약조건이 되는 것을 인등 기라 하고, 마음이 동시에 모두 갖추어져 있어서 서로 간에 충족하는 조건이 되는 것을 찰나등기라고 한다.

456) 증상(增上) : ①증진(增進) · 증가(增加)와 같다. 더 늘어감. 발달하는 것. ②힘을 주어 증 진케 함. 조장(助長)하는 것.

457) 결적(結賊) : 결(結)은 번뇌, 번뇌가 지혜를 해치는 것을 도적에 비유한 말. 번뇌라고 하는 도적.

458) 독각(獨覺) : pratyekabuddha. 연각(緣覺)이라고도 번역. 부처님 없는 세상에 나서 부처 님의 가르침을 받지 않고 혼자 수행하여 깨달은 이를 말함.

459) 사자(師資) : 스승과 제자. 자(資)는 스승이 가르침을 베푸는 자료가 되는 자라는 뜻. 『노 자도덕경(老子道德經)』 제27장에 나오는 "그러므로 선한 자는 선하지 못한 자의 스승이 고, 선하지 못한 사람은 선한 사람의 밑천이다. 그 스승을 귀하게 여기지도 않고 그 밑천 을 아깝게 여기지도 않는다면, 비록 지혜롭더라도 크게 어리석은 것과 마찬가지니 이것 을 일컬어 현묘한 요체라고 한다."(故善人者, 不善人之師, 不善人者, 善人之資. 不貴其 師, 不愛其資, 雖智大迷, 是謂要妙.)라는 문장에서 온 말.

보살의 자(慈)를 행하니, 중생의 지혜를 성숙시키느라[460] 쉼이 없기 때문입니다.

여래의 자(慈)를 행하니, 모든 법의 진실하고 여여(如如)한 자성(自性)을 깨닫기[461] 때문입니다.

부처의 자(慈)를 행하니, 잠이 들어 꿈속을 헤매는 모든 중생들을 일깨우기 때문입니다.

자연(自然)의 자(慈)를 행하니, 모든 법의 본성을 자연스럽고[462] 평등하게 깨닫기[463] 때문입니다.

보리(菩提)[464]의 자(慈)를 행하니, 한 맛과 같기 때문입니다.

치우침 없는 자(慈)를 행하니, 좋아하고 싫어함이 끊어졌기 때문입니다.

대비(大悲)[465]의 자(慈)를 행하니, 대승(大乘)을 드러내기 때문입니다.

다툼 없는[466] 자(慈)를 행하니, 무아(無我)를 관찰하기 때문입니다.

---

460) 성숙유정(成熟有情) : 유정(有情) 즉 중생의 지혜를 성숙시켜서 부처로 만들다. 중생의 지혜를 성숙시키다. 성취중생(成就衆生)과 같음.

461) 수각(隨覺) : 각(覺)과 같음. 깨닫다.

462) 임운(任運) : 운(運)에 맡기다. 되는 대로 따라가다. 무공용(無功用), 무위(無爲). 자연스럽게.

463) 등각(等覺) : 정각(正覺)과 같은 말. 평등일여(平等一如)의 깨달음. 등정각(等正覺) 혹은 정등각(正等覺)의 준말.

464) 보리(菩提) : bodhi. 도(道)·지(智)·각(覺)이라 번역. 2개의 뜻이 있다. ①불교 최고의 이상(理想)인 부처님의 정각(正覺)의 지혜. 곧 불과(佛果). ②부처님의 정각의 지혜를 얻기 위하여 닦는 도(道). 곧 불과에 이르는 길.

465) 대비(大悲) : 불보살(佛菩薩)의 큰 사랑. 괴로움을 없애는 것을 비(悲)라 함.

466) 무쟁(無諍) : ①공리(空理)에 철저하게 안주(安住)하여 다른 것과 다투는 일이 없는 것. ②쟁(諍)은 번뇌, 번뇌를 늘게 하지 않는다는 뜻으로 무루법(無漏法)을 말함.

싫증냄이 없는[467] 자(慈)를 행하니, 자성(自性)이 공(空)임을 관찰하기 때문입니다.

법을 베푸는[468] 자(慈)를 행하니, 사권(師捲)[469]을 벗어났기 때문입니다.

계(戒)를 잘 지키는[470] 자(慈)를 행하니, 계(戒)를 범하는 모든 중생의 지혜를 성숙시키기[471] 때문입니다.

잘 참고 견디는[472] 자(慈)를 행하니, 자기와 타인을 알맞게 수호(守護)하여 손해가 없도록 하기 때문입니다.

정진의 자(慈)를 행하니, 중생에게 이익 되고 즐거운 일을 짊어지기 때문입니다.

선정의 자(慈)를 행하니, 집착과 탐냄[473]이 없기 때문입니다.

---

467) 무염(無厭) : ①보기에 싫증나는 일이 없음. ②만족하지 않음.

468) 법시(法施) : 법보시(法布施). 3가지 보시의 하나. 다른 이에게 교법(教法)을 말하여 선근(善根)을 자라게 하는 것. 법을 말해줌.

469) 사권(師捲) : 사권(師拳)이라고도 함. 스승이 손을 말아 주먹을 쥐고서 그 속에 무엇을 숨기고 제자에게 보여 주지 않는다는 뜻. 제자에게 가르쳐 주지 않고 스승만이 가지고 있는 비밀스런 진리를 가리킴. 『대장엄론경(大莊嚴論經)』 제14권에는 "외도의 스승은 비법(秘法)을 손에 감추고 있다."(如外道師捲手祕法)는 구절이 있고, 『아비달마식신족론(阿毘達磨識身足論)』 제3권에는 "여래는 법에 대하여 사권(師拳)이 없다."(如來於法無有師拳)라는 구절이 있고, 『유가사지론(瑜伽師地論)』 제38권에는 "정법(正法)에서 아까운 마음을 내지 않고 사권(師捲)을 만들지 않는다."(又於正法不生慳吝不作師拳)라는 구절이 있다.

470) 정계(淨戒) : ①청정한 계율. 부처님이 만드신 청정한 계율. ②계율을 잘 지키다. 계율을 더럽힘 없이 잘 지키다.

471) 성숙유정(成熟有情) : 유정(有情) 즉 중생의 지혜를 성숙시켜서 부처로 만들다. 중생의 지혜를 성숙시키다. 성취중생(成就衆生)과 같음.

472) 감인(堪忍) : ①참고 견디다. ②이해하므로 참는다. ③사바세계(娑婆世界). 감인세계(堪忍世界)의 준말.

473) 애미(愛味) : 집착하고 탐내는 것.

반야의 자(慈)를 행하니, 언제나 법을 참으로 아는[474] 모습을 보이기 때문입니다.

방편의 자(慈)를 행하니, 모든 교화문(教化門)에서 두루 드러내 보이기 때문입니다.

현묘한 서원(誓願)[475]의 자(慈)를 행하니, 헤아릴 수 없이 커다란 서원을 이끌어 내기 때문입니다.

대력(大力)[476]의 자(慈)를 행하니, 모든 커다란 일을 갖출 수 있기 때문입니다.

지혜[477]의 자(慈)를 행하니, 모든 법의 성상(性相)을 또렷이 알기 때문입니다.

신통의 자(慈)를 행하니, 모든 법의 성상(性相)을 무너뜨리지 않기 때문입니다.

섭사(攝事)[478]의 자(慈)를 행하니, 사섭사(四攝事)를 방편으로 하여 온갖 중생을 이익 되게 하기 때문입니다.

집착 없음의 자(慈)를 행하니, 장애와 더럽힘이 없기 때문입니다.

거짓 없는 자(慈)를 행하니, 염원이 깨끗하기 때문입니다.

---

474) 지법(知法) : 법(法)을 참으로 아는 것.
475) 묘원(妙願) : 불가사의(不可思議)하고 현묘(玄妙)한 서원(誓願).
476) 대력(大力) : ①위대한 힘. 뛰어난 능력. ②삼매의 일종.
477) 야나(若那) : jñāna의 음역. 지(智)라는 뜻.
478) 섭사(攝事) : =사섭사(四攝事), 사섭법(四攝法). 고통 세계의 중생을 구제하려는 보살이, 중생을 불도에 이끌어 들이기 위한 네 가지 방법. ①보시섭(布施攝). 상대편이 좋아하는 재물이나 법을 보시하여 친절한 정의(情誼)를 감동케 하여 이끌어 들임. ②애어섭(愛語攝). 부드럽고 온화한 말을 하여 친해서 이끌어 들임. ③이행섭(利行攝). 동작·언어·의념(意念)에 선행(善行)으로 중생을 이익 되게 하여 이끌어 들임. ④동사섭(同事攝). 상대편의 근성(根性)을 따라 변신(變身)하여 친하며, 행동을 같이하여 이끌어 들임.

아첨 없는 자(慈)를 행하니, 가행(加行)[479]이 깨끗하기 때문입니다.

속임 없는 자(慈)를 행하니, 거짓되지 않기 때문입니다.

심심(深心)[480]의 자(慈)를 행하니, 더러운 티와 때를 벗어났기 때문입니다.

안락(安樂)의 자(慈)를 행하니, 모든 부처의 안락한 일을 세우기 때문입니다.

여보세요, 문수사리님, 이것을 일러 보살이 대자(大慈)를 행한다고 합니다."

문수사리가 말했다.

"보살은 어떻게 대비(大悲)를 실천합니까?"

유마힐이 말했다.

"만들고 키운 선근(善根)을 모두 버려 모든 중생에게 베풀어 줌에 아무런 아낌이 없는 것을 일컬어 보살이 대비(大悲)를 행한다고 합니다."

문수사리가 말했다.

"보살은 어떻게 대희(大喜)를 행합니까?"

유마힐이 말했다.

---

479) 가행(加行) : ①행위를 할 준비. 준비 단계의 노력. ②어떤 일을 하기 위하여 방편으로 하는 준비의 수행. 정행(正行)에 대한 예비로서 공용(功用)을 가하여 행하는 방편. ③가행위(加行位)·가행도(加行道)·방편도(方便道). 오위(五位)의 하나. 십회향(十廻向)의 열 번째인 법계무진회향(法界無盡廻向)의 마지막에 참된 유식성(唯識性)에 머물기 위하여 다시 난(暖)·정(頂)·인(忍)·세제일(世第一)의 사선근(四善根)을 닦는 지위. 앞의 자량위(資糧位)에서 무상보리(無上菩提)를 얻기에 필요한 여러 가지 공덕을 이미 닦았으므로, 이 지위에서는 견도(見道)에 들어 유식의 성(性)에 머물기 위하여 특별히 노력하는 것.

480) 심심(深心) : ①온갖 선행(善行) 쌓기를 좋아하는 굳은 마음. ②3심(心)의 하나. 여래의 본원을 깊이 믿는 마음.

"모든 중생에게 이익이 되는 일을 하고 즐거워하면서 후회가 없는 것을 일컬어 보살이 대희(大喜)를 행한다고 합니다."

문수사리가 말했다.

"보살은 어떻게 대사(大捨)를 행합니까?"

유마힐이 말했다.

"두루 평등하게 이익 되게 하되 과보(果報)를 바라지 않는 것을 일러 보살이 대사(大捨)를 행한다고 합니다."

妙吉祥言: "若諸菩薩, 如是觀察一切有情, 云何於彼修於大慈?"
無垢稱言: "菩薩如是觀有情已, 自念我當爲諸有情說如斯法令其解
了, 是名眞實修於大慈, 與諸有情究竟安樂. 如是菩薩修寂滅慈, 無
諸取故. 修無熱慈, 離煩惱故. 修如實慈, 三世等故. 修不違慈, 無
等起故. 修無二慈, 離內外故. 修無壞慈, 畢竟住故. 修堅固慈, 增
上意樂如金剛故. 修淸淨慈, 本性淨故. 修平等慈, 等虛空故. 修阿
羅漢慈, 永害結賊故. 修獨覺慈, 不待師資故. 修菩薩慈, 成熟有情
無休息故. 修如來慈, 隨覺諸法眞如性故. 修佛之慈, 覺悟睡夢諸有
情故. 修自然慈, 任運等覺諸法性故. 修菩提慈, 等一味故. 修無偏
慈, 愛憎斷故. 修大悲慈, 顯大乘故. 修無諍慈, 觀無我故. 修無厭
慈, 觀性空故. 修法施慈, 離師捲故. 修淨戒慈, 成熟犯戒諸有情故.
修堪忍慈, 隨護自他令無損故. 修精進慈, 荷負有情利樂事故. 修靜
慮慈, 無愛味故. 修般若慈, 於一切時現知法故. 修方便慈, 於一切
門普示現故. 修妙願慈, 無量大願所引發故. 修大力慈, 能辦一切廣
大事故. 修若那慈, 了知一切法性相故. 修神通慈, 不壞一切法性相

故. 修攝事慈, 方便攝益諸有情故. 修無著慈, 無礙染故. 修無詐慈, 意樂淨故. 修無諂慈, 加行淨故. 修無誑慈, 不虛假故. 修深心慈, 離瑕穢故. 修安樂慈, 建立諸佛安樂事故. 唯妙吉祥, 是名菩薩修於大慈."

妙吉祥言: "云何菩薩修於大悲?" 無垢稱言: "所有造作增長善根, 悉皆棄捨施諸有情一切無吝, 是名菩薩修於大悲." 妙吉祥言: "云何菩薩修於大喜?" 無垢稱言: "於諸有情作饒益事歡喜無悔, 是名菩薩修於大喜." 妙吉祥言: "云何菩薩修於大捨?" 無垢稱言: "平等饒益不望果報, 是名菩薩修於大捨."

3. 만법의 뿌리 무주(無住)

문수사리가 말했다.

"만약 모든 보살이 생사윤회를 두려워하면, 마땅히 무엇에 의지해야 합니까?"

유마힐이 말했다.

"만약 보살이 생사윤회를 두려워하면, 늘 모든 부처님의 대아(大我)[481]에 바르게 의지하여 머물러야 합니다."

---

481) 대아(大我): ↔소아(小我). 부처의 걸림 없이 자재한 모습을 가리킴. 중생의 소아(小我)는 몸과 마음에 걸려서 조금도 자재함도 진실성도 없지만, 부처님이 증득한 열반은 팔대자재(八大自在)의 작용을 가졌으므로 그것을 일러 대아(大我)라고 한다. 팔자재(八自在)라고도 하는 팔대자재(八大自在)는 열반에 있는 사덕(四德)의 하나인 아덕(我德)에 갖추어진 여덟 가지 대자재(大自在)를 가리킴. 첫째, 능히 하나의 몸으로 수많은 몸을 보임,

문수사리가 다시 물었다.

"모든 중생을 해탈시키려고 하면, 마땅히 무엇을 제거해야 합니까?"

유마힐이 말했다.

"모든 중생을 해탈시키려고 하면, 그들의 번뇌를 제거해야 합니다."

문수사리가 다시 물었다.

"모든 중생의 번뇌를 제거하려고 하면, 마땅히 무엇을 행해야 합니까?"

유마힐이 말했다.

"모든 중생의 번뇌를 제거하려고 하면, 마땅히 도리(道理)에 알맞게 관찰하고 생각해야 합니다."[482]

문수사리가 다시 물었다.

"도리에 알맞게 관찰하고 생각하려고 하면, 마땅히 어떻게 행해야 합니까?"

유마힐이 말했다.

"도리에 알맞게 관찰하고 생각하려고 하면, 마땅히 모든 법이 생기지도 않고 사라지지도 않음을 행해야 합니다."

문수사리가 다시 물었다.

"어떤 법이 생기지 않으며, 어떤 법이 사라지지 않습니까?"

유마힐이 말했다.

둘째, 하나의 티끌처럼 작은 몸에 대천세계가 가득차 있음을 보임. 셋째, 거대한 몸을 가볍게 움직여 멀리까지 거침없이 다님. 넷째, 한없는 중생이 하나의 국토에 머무는 것을 나타냄. 일곱째, 한 구절의 게송에 담긴 뜻을 설하며 그 속에서 무량겁을 설명함. 여덟째, 마치 허공처럼 그 몸이 모든 곳에 두루 머묾.

482) '여리관찰작의(如理觀察作意)'를 『유마힐소설경』에서는 '정념(正念)'이라고 번역하였다.

"불선법(不善法)이 생기지 않고, 선법(善法)이 사라지지 않습니다."

문수사리가 다시 물었다.

"선법(善法)과 불선법(不善法)의 뿌리는 무엇입니까?"

유마힐이 말했다.

"몸을 뿌리로 삼습니다."

문수사리가 다시 물었다.

"몸의 뿌리는 무엇입니까?"

유마힐이 말했다.

"욕망과 탐냄이 뿌리입니다."

문수사리가 다시 물었다.

"욕망과 탐냄의 뿌리는 무엇입니까?"

유마힐이 말했다.

"허망한 분별(分別)이 뿌리입니다."

문수사리가 다시 물었다.

"허망한 분별의 뿌리는 무엇입니까?"

유마힐이 말했다.

"전도몽상(顚倒夢想)[483]이 뿌리입니다."

문수사리가 다시 물었다.

"전도몽상의 뿌리는 무엇입니까?"

유마힐이 말했다.

"무주(無住)가 뿌리입니다."

---

483) 전도몽상(顚倒夢想) : 꿈을 진실이라고 여기는 뒤집어진 마음. 깨달음을 얻지 못한 중생
들의 분별하고 집착한 어리석음을 가리키는 말.

문수사리가 말했다.

"그렇다면, 무주(無住)의 뿌리는 무엇입니까?"

유마힐이 말했다.

"그 질문은 도리에 어긋납니다. 까닭이 무엇일까요? 무릇 무주(無住)라면 뿌리도 없고 머묾도 없기 때문입니다. 뿌리도 없고 머묾도 없기 때문에 모든 법을 세울 수 있습니다."

妙吉祥言: "若諸菩薩怖畏生死, 當何所依?" 無垢稱言: "若諸菩薩怖畏生死, 常正依住諸佛大我." 又問: "菩薩欲住大我, 當云何住?" 曰: "欲住大我, 當於一切有情平等解脫中住." 又問: "欲令一切有情解脫, 當何所除?" 曰: "欲令一切有情解脫, 除其煩惱." 又問: "欲除一切有情煩惱, 當何所修?" 曰: "欲除一切有情煩惱, 當修如理觀察作意." 又問: "欲修如理觀察作意, 當云何修?" 曰: "欲修如理觀察作意, 當修諸法不生不滅." 又問: "何法不生, 何法不滅?" 曰: "不善不生, 善法不滅." 又問: "善不善法孰爲本?" 曰: "以身爲本." 又問: "身孰爲本?" 曰: "欲貪爲本." 又問: "欲貪孰爲本?" 曰: "虛妄分別爲本." 又問: "虛妄分別孰爲本?" 曰: "倒想爲本." 又問: "倒想孰爲本?" 曰: "無住爲本." 妙吉祥言: "如是, 無住孰爲其本?" 無垢稱言: "斯問非理. 所以者何? 夫無住者, 卽無其本亦無所住. 由無其本無所住故, 卽能建立一切諸法."

4. 천녀의 하늘꽃

그때 유마힐의 방 안에 본래 하늘에 머무는 여자가 한 사람 있었는데, 모든 대인(大人)[484]들이 유마힐의 설법을 듣고서 깜짝 놀라면서[485] 크게 기뻐하는 것을 보고는 즉시 자기의 몸을 나타내고서는 곧 하늘꽃을 모든 보살과 대성문(大聲聞)의 무리에게 뿌렸다. 그러자 그 하늘꽃은 보살의 몸에 닿아서는 곧장 바닥으로 떨어졌지만, 대성문의 몸에 닿아서는 그 몸에 착 달라붙어서 떨어지지 않았다. 그때 성문들은 각자 그 꽃을 떨쳐 내 버리려고 자신의 신통력을 모두 사용했으나 전혀 떨쳐 내버릴 수가 없었다. 그때 천녀(天女)가 곧 존자 사리자에게 물었다.

"무엇 때문에 꽃을 떨쳐 내려고 하십니까?"

사리자가 말했다.

"꽃은 법에 알맞지 않습니다. 나는 그 때문에 떨쳐 내려고 합니다."

천녀가 말했다.

"그만두십시오. 이 꽃이 법에 알맞지 않다고 말하지 마십시오.

까닭이 무엇일까요?

이 꽃은 법에 알맞은데, 다만 존자들께서 스스로 법에 알맞지 못한 것입니다.

까닭이 무엇일까요?

꽃에는 분별(分別)이 없고 허망한 생각[486]이 없습니다.

---

484) 대인(大人) : 대장부(大丈夫). 전륜성왕이나, 부처, 보살을 가리키는 말.

485) 미증유(未曾有) : 깜짝 놀라다. 깜짝 놀랄 만한 일.

486) 이분별(異分別) : 분별과 같음. 분별의 산스크리트 vikalpa에서 접두사 vi를 이(異)라고 한역한 것. 분별, 허망분별, 망상, 생각.

다만 존자들 스스로에게 분별이 있고 허망한 생각이 있을 뿐입니다.

잘 설명한 법과 계율 속에서는 모든 출가한 자들에게 만약 분별이 있고 허망한 생각이 있다면 법에 알맞지 않은 것이고, 만약 분별이 없고 허망한 생각이 없다면 법에 알맞은 것입니다.

여보세요. 사리자님.

모든 보살을 살펴보면, 꽃이 붙지 않는 것은 모두 모든 분별과 허망한 생각을 영원히 끊었기 때문입니다.

모든 성문을 살펴보면, 꽃이 몸에 붙는 것은 모두 모든 분별과 허망한 생각을 아직 끊지 못했기 때문입니다.

여보세요. 사리자님.

마치 사람에게 두려움이 있을 때에는 사람 아닌 것[487]이 그 기회를 얻어[488] 침범하는 것과 같습니다.

만약 두려워함이 없다면, 어떤 사람 아닌 것도 침범할 수 없습니다.

만약 생사(生死)의 업(業)인 번뇌를 두려워한다면, 색성향미촉(色聲香味觸) 등의 경계가 그 기회를 얻어 침범할 것입니다.

생사의 업인 번뇌를 두려워하지 않는다면, 세간(世間)의 색성향미촉 등의 경계가 침범할 기회가 없을 것입니다.

또 사리자님.

만약 번뇌의 습기(習氣)가 아직 완전히 끊어지지 않았다면, 꽃이 그 몸에 붙어 있을 것입니다.

---

487) 비인(非人) : ①사람 같지 않은 사람. 부랑자. 망나니. 폐인. 불구자. ②사람 이외의 중생(衆生)들. 예컨대, 천룡팔부(天龍八部)의 신령들이나, 야차(夜叉)·악귀(惡鬼) 등의 귀신들.
488) 득편(得便) : 기회를 얻다. 형편이 되다.

만약 번뇌의 습기가 이미 영원히 끊어졌다면, 꽃은 붙지 않습니다."

　時無垢稱室中, 有一本住天女, 見諸大人聞所說法得未曾有踊躍
歡喜, 便現其身, 卽以天花散諸菩薩大聲聞衆. 時彼天花, 至菩薩
身卽便墮落, 至大聲聞便著不墮. 時聲聞衆各欲去華, 盡其神力皆
不能去. 爾時天女, 卽問尊者舍利子言:"何故去華?"舍利子言:
"華不如法. 我故去之."天女言:"止. 勿謂此華爲不如法. 所以者
何? 是華如法, 惟尊者等自不如法. 所以者何? 華無分別無異分
別. 惟尊者等, 自有分別有異分別. 於善說法毘奈耶中, 諸出家者,
若有分別有異分別, 則不如法, 若無分別無異分別, 是則如法. 惟
舍利子. 觀諸菩薩華不著者, 皆由永斷一切分別及異分別. 觀諸聲
聞華著身者, 皆由未斷一切分別及異分別. 惟舍利子. 如人有畏時
非人得其便. 若無所畏一切非人不得其便. 若畏生死業煩惱者, 卽
爲色聲香味觸等而得其便. 不畏生死業煩惱者, 世間色聲香味觸等
不得其便. 又舍利子. 若煩惱習未永斷者, 華著其身. 若煩惱習已
永斷者, 華不著也."

5. 천녀의 지혜와 말솜씨

사리자가 말했다.

"천녀께서는 이 방에 머문 지 지금 얼마의 시간이 지났습니까?"

천녀가 답했다.

"제가 이 방에 머문 지는 사리자께서 해탈에 머문 시간과 같습니다."

사리자가 말했다.

"천녀께서 이 방에 머문 것이 그렇게 오래되었습니까?"

천녀가 다시 말했다.

"해탈에 머무신 것이 얼마나 오래되었습니까?"

그때 사리자는 침묵하면서 대답하지 않았다. 천녀가 말했다.

"존자께서 대성문(大聲聞)이셔서 큰 지혜와 말솜씨를 갖추고 계신데, 이러한 작은 질문에 침묵하고 대답하지 않습니까?"

사리자가 말했다.

"무릇 해탈이란 모든 이름과 언설(言說)을 떠난 것입니다. 내가 이제 여기에서 결국 무슨 말을 하겠습니까?"

천녀가 말했다.

"문자를 말하는 것은 모두 해탈의 모습입니다. 까닭이 무엇일까요? 이러한 해탈은 안도 아니고 바깥도 아니고 그 둘을 벗어난 중간도 아닙니다. 문자 역시 그러하여 안도 아니고, 바깥도 아니고, 그 둘을 벗어난 중간도 아닙니다. 이 까닭에 문자를 떠나지 않고 해탈을 말합니다. 까닭이 무엇일까요? 이 해탈은 모든 법과 더불어 그 본성(本性)이 평등하기 때문입니다."

사리자가 말했다.

"어찌 탐진치(貪瞋癡) 등을 벗어남이 해탈이 아니겠습니까?"

천녀가 말했다.

"부처님께서는 깨닫지 않았으면서도 깨달았다고 생각하여 잘난 체

하는 온갖 사람들[489]을 위하여 모든 탐진치 등을 벗어나는 것이 해탈이라고 말씀하셨습니다. 만약 그런 착각과 오만함에서 멀리 벗어났다면, 모든 탐진치 등의 본성(本性)이 해탈이라고 말씀하십니다."

사리자가 말했다.

"훌륭하십니다! 천녀시여. 그대는 어떻게 지혜와 말솜씨를 깨달아 얻었기에 그와 같습니까?"

천녀가 말했다.

"저는 지금 얻음도 없고 깨달음도 없는 지혜와 말솜씨가 이와 같습니다. 만약 저에게 지금 깨달음이 있고 얻음이 있다고 말한다면, 잘 설명한 법과 계율 속에서 증상만이 되는 것입니다."

사리자가 말했다.

"당신은 삼승(三乘) 속에서 무엇을 위하여 마음을 내었습니까?"[490]

천녀가 답했다.

"저는 삼승 속에서 모두를 위하여 마음을 내었습니다."

사리자가 말했다.

"당신에게는 어떤 비밀스러운 뜻이 있기에, 이와 같은 말을 합니까?"

천녀가 말했다.

"늘 대승(大乘)을 하나하나 자세히 말하여[491] 저들로 하여금 듣도록

---

489) 증상만(增上慢) : 훌륭한 교법(敎法)과 깨달음을 얻지 못하고서 얻었다고 생각하여 제가 잘난 체 하는 거만함. 분별하고 이해하여 개념으로 불법을 아는 사람을 가리킴.

490) 발취(發趣) : 시작하다. 어떤 마음을 일으키고, 그것을 성취하기 위하여 앞으로 나아가는 것. 도(道)를 이루고자 발심(發心)하고, 도를 향하여 나아가는 것.

491) 선설(宣說) : 하나하나 베풀어 상세히 말하다. 교법(敎法)을 자세히 설명하다.

하기 때문에, 저는 성문(聲聞)⁴⁹²⁾을 위합니다.

참된 법성(法性)에 대한 깨달음을 저절로 드러내기 때문에, 저는 독각
(獨覺)⁴⁹³⁾을 위합니다.

늘 대자비(大慈悲)를 버리거나 떠나지 않기 때문에, 저는 대승(大乘)을
위합니다.

또 사리자시여,

성문승(聲聞乘)을 구하는 모든 중생을 교화하여 제도(濟度)하기 때문
에, 저는 성문을 위합니다.

독각승(獨覺乘)을 구하는 모든 중생을 교화하여 제도하기 때문에, 저
는 독각을 위합니다.

무상승(無上乘)을 구하는 모든 중생을 교화하여 제도하기 때문에, 대
승을 위합니다.

또 사리자시여,

비유하면 어떤 사람이 치자나무⁴⁹⁴⁾의 숲 속에 들어가면 오로지 치자

---

492) 성문(聲聞) : 원래의 뜻은 석가모니의 음성을 들은 불제자를 말함. 대승불교에 상대하여
　　말할 때에는 성문은 곧 소승불교를 가리킨다. 그 의미는 부처님의 가르침에 의지하여 사
　　성제(四聖諦)의 이치를 이해하고, 차례차례 수행의 단계를 거쳐 아라한이 되기를 바라는
　　수행자이다. 불이법문(不二法門)에 서서 수행의 단계를 말하지 않는 대승의 보살에 대하
　　여, 출세와 속세, 깨달음과 어리석음을 분별하여 하나를 버리고 하나를 취하는 점차적인
　　수행의 단계를 거치는 소승불교를 대표하는 것이 바로 성문이다. 그러므로 성문은 분별
　　하여 취하고 버리는 길을 따르는 무리이다.
493) 독각(獨覺) : pratyekabuddha. 연각(緣覺)이라고도 번역. 부처님 없는 세상에 나서 다른
　　이의 가르침을 받지 않고 혼자 수행하여 깨달은 이를 말함. 여기에는 인각유독각(鱗角喩
　　獨覺)과 부행독각(部行獨覺)의 2종이 있다. 기린의 뿔과 같이 독신으로 동무가 없는 이
　　를 인각유독각, 몇 사람이 한곳에 모여 수행하여 증득하는 일을 부행독각이라 한다. 부처
　　님 없는 세상에 나서 남의 교화를 받지 않는 것은 둘이 모두 같다.
494) 첨박가(瞻博迦) : 첨복(瞻蔔)과 같음. 치자나무. 치자꽃. 첨박(瞻博), 첨복가(瞻蔔加), 첨

꽃의 냄새만 맡을 뿐 결코 황마(黃麻)[495]의 냄새 등을 맡기를 좋아할 수 없는 것과 같이, 만약 이 방에 머무는 자가 있다면 오로지 대승의 공덕의 냄새를 맡기 좋아할 뿐 결코 성문과 독각의 공덕의 냄새를 맡기 좋아하질 않으니, 이 방 안에는 모든 불법의 공덕의 묘한 냄새가 늘 퍼져 있기 때문입니다.

또 사리자시여,

모든 제석천 · 범천 · 사대천왕 · 용왕 · 야차 · 아수라 등과 더 자세히 말하면 사람과 사람 아닌 중생으로서 이 방에 들어온 자는, 모두 이와 같은 대사(大士)[496]를 우러러보고 가까이 다가가 예경(禮敬)하고 공양하고 대법(大法)을 듣고는 모두가 큰 깨달음의 마음을 내고서 모두가 불법 공덕의 묘한 냄새를 지니고서 나갑니다.

또 사리자시여,

저는 이 방에 머문 지 12년이 되었지만, 성문과 독각에 해당하는 말씀을 하시는 것은 들은 적이 없고, 오로지 대승의 모든 보살이 행하는 대자대비(大慈大悲)와 불가사의한 모든 부처님의 묘한 법에 해당하는 말씀만을 들었습니다.

또 사리자시여,

이 방은 늘 여덟 가지의 놀랄 만하게[497] 뛰어난 법을 드러내고 있습니다. 어떤 것들이 여덟 가지일까요?

말하자면 사리자시여,

박가화(瞻博迦花), 첨박화(瞻博花)라고도 함.

495) 초마(草麻) : 황마(黃麻).

496) 대사(大士) : 마하살(摩訶薩)의 번역. 보살과 같은 뜻. 여기서는 유마힐을 가리킴.

497) 미증유(未曾有) : 깜짝 놀라다. 깜짝 놀랄 만한 일.

이 방에는 늘 금색(金色)의 광명(光明)이 두루 비추니 밤과 낮이 다름이 없지만 해와 달에 기대지 않고 비추어서 밝으니, 이것이 첫 번째 놀랄 만하게 뛰어난 법입니다.

또 사리자시여,

이 방에는 늘 모든 세계의 사람과 사람 아닌 중생이 들어와 있어서 온갖 번뇌에 해를 입지 않으니, 이것이 두 번째 놀랄 만하게 뛰어난 법입니다.

또 사리자시여,

이 방에는 늘 모든 제석천 · 범천 · 사천왕 등과 나머지 세계의 모든 대보살들이 빈틈없이 모여 있으니, 이것이 세 번째 놀랄 만하게 뛰어난 법입니다.

또 사리자시여,

이 방에서는 늘 보살의 여섯 종류 바라밀법에서 물러나지 않는 것에 해당하는 말씀을 들을 수 있으니, 이것이 네 번째 놀랄 만하게 뛰어난 법입니다.

또 사리자시여,

이 방에서는 늘 하늘 사람[498]들이 음악을 연주하는데 모든 음악 속에서 헤아릴 수 없는 온갖 법의 소리를 내고 있으니, 이것이 다섯 번째 놀랄 만하게 뛰어난 법입니다.

또 사리자시여,

---

498) 천인(天人) : ①또는 인천(人天). 천상의 중생과 인간이라는 중생. 곧 천과 인. ②또는 비천(飛天) · 낙천(樂天). 천상의 유정들. 허공을 날아다니며, 음악을 연주하고 하늘 꽃을 흩기도 하며 항상 즐거운 경계에서 살지만 그 복이 다하면 다섯 가지 쇠락하는 괴로움이 생긴다 함. 여기에서는 두 번째 뜻.

이 방에는 늘 네 개의 큰 보물 곳간이 있는데, 온갖 진귀한 보물이 가득 차서 영원토록 마르지 않아서 모든 가난하고 외로운 사람들[499]과 의지할 데 없어 구걸하여 살아가는 사람들에게 나누어 주어 모두 흡족하도록[500] 함이 끝남이 없으니, 이것이 여섯 번째 놀랄 만하게 뛰어난 법입니다.

또 사리자시여,

이 방에는 늘 석가모니여래(釋迦牟尼如來)·무량수여래(無量壽如來)·난승여래(難勝如來)·부동여래(不動如來)·보승여래(寶勝如來)·보염여래(寶焰如來)·보월여래(寶月如來)·보엄여래(寶嚴如來)·보음성여래(寶音聲如來)·사자후여래(師子吼如來)·일체의성여래(一切義成如來) 등 이와 같이 온 우주의 헤아릴 수 없이 많은 여래가 있으니, 만약 이 대사(大士)께서 마음을 내어 빌면서 청하신다면,[501] 때맞추어[502] 곧장 오셔서 모든 여래의 비밀스럽고 요긴한 법문(法門)을 상세히 말씀하시고는 되돌아가시니, 이것이 일곱 번째 놀랄 만하게 뛰어난 법입니다.

또 사리자시여,

이 방에는 늘 모든 불국토의 공덕에 의한 장식[503]과 모든 하늘 궁전

---

499) 환과고독(鰥寡孤獨) : 외롭고 의지할 데 없는 사람을 이르는 한자성어. 홀아비, 과부, 고아, 부양하는 자식 없는 노인 등을 일컫는 말. 『맹자(孟子)』「양혜왕장구(梁惠王章句下)」 '호화호색장(好貨好色章)'에서

500) 칭수(稱遂) : ①이어받다. 계승하다. ②이루다. 성취하다. ③마음과 뜻에 맞다.

501) 기청(祈請) : 또는 기서(起誓). 서원(誓願)을 세워 불·보살이 살펴 보시기를 청함. 그 취지를 종이에 쓴 것을 기청문(起請文)·기서문(起誓文)·기청장(起請狀). 또 보살펴 주기를 청하기 위하여 뜨거운 물을 더듬는 것을 탕기청(湯起請), 타는 불 속에 손을 넣는 것을 화기청(火起請)이라 함.

502) 응시(應時) : ①때에 맞다. 시기 적절하다. ②즉시. 당장. 곧.

503) 장엄(莊嚴) : ①건립하다. 배열하다. 배치하다. ②꾸미다. 장식하다. 좋고 아름다운 것으

의 여러 기묘한 장식이 나타나 있으니, 이것이 여덟 번째 놀랄 만하게 뛰어난 법입니다.

여보세요, 사리자님.

이 방에는 늘 이러한 여덟 가지 놀랄 만하게 뛰어난 법이 나타나 있으니, 누가 이러한 불가사의한 일을 보고서도 다시 마음을 내어 성문과 독각의 법을 즐겨 구하겠습니까?"

舍利子言: "天止此室, 經今幾何?" 天女答言: "我止此室, 如舍利子所住解脫." 舍利子言: "天止此室, 如是久耶?" 天女復言: "所住解脫, 亦何如久?" 時舍利子默然不答. 天曰: "尊者是大聲聞, 具大慧辯, 得此小問, 默不見答?" 舍利子言: "夫解脫者, 離諸名言. 吾今於此, 竟知何說?" 天曰: "所說文字, 皆解脫相. 所以者何? 如此解脫, 非內非外, 非離二種中間可得. 文字亦爾, 非內非外, 非離二種中間可得. 是故, 無離文字, 說於解脫. 所以者何? 以其解脫, 與一切法, 其性平等." 舍利子言: "豈不以離貪瞋癡等爲解脫耶?" 天曰: "佛爲諸增上慢者, 說離一切貪瞋癡等以爲解脫. 若爲遠離增上慢者, 卽說一切貪瞋癡等本性解脫." 舍利子言: "善哉! 天女. 汝何得證慧辯若斯?" 天曰: "我今無得無證慧辯如是. 若言我今有得有證, 卽於善說法毘奈耶爲增上慢."

舍利子言: "汝於三乘爲何發趣?" 天女答言: "我於三乘並皆發趣." 舍利子言: "汝何密意作如是說?" 天曰: "我常宣說大乘令他聞

로 국토를 꾸미고, 훌륭한 공덕을 쌓아 몸을 장식하고, 향과 꽃들을 부처님께 올려 장식하는 일.

故, 我爲聲聞. 自然現覺眞法性故, 我爲獨覺. 常不捨離大慈悲故, 我爲大乘. 又舍利子, 我爲化度求聲聞乘諸有情故, 我爲聲聞. 我爲化度求獨覺乘諸有情故, 我爲獨覺. 我爲化度求無上乘諸有情故, 我爲大乘. 又舍利子, 譬如有人入瞻博迦林一切惟嗅瞻博迦香終無樂嗅草麻香等, 如是若有止此室者, 惟樂大乘功德之香, 終不樂於聲聞獨覺功德香等, 由此室中一切佛法功德妙香常所薰故. 又舍利子, 諸有釋梵四大天王那伽藥叉及阿素洛, 廣說乃至人非人等, 入此室者, 皆爲瞻仰如是大士及爲親近禮敬供養聽聞大法, 一切皆發大菩提心, 皆持一切佛法功德妙香而出. 又舍利子, 吾止此室十有二年, 曾不聞說聲聞獨覺相應言論, 惟聞大乘諸菩薩行大慈大悲不可思議諸佛妙法相應言論.

又舍利子, 此室常現八未曾有殊勝之法. 何等爲八? 謂舍利子, 此室常有金色光明, 周遍照曜晝夜無異不假日月所照爲明, 是爲一未曾有殊勝之法. 又舍利子, 此室常有一切世間人非人等, 入此室已不爲一切煩惱所害, 是爲二未曾有殊勝之法. 又舍利子, 此室常有一切釋梵四天王等, 及餘世界諸大菩薩集會不空, 是爲三未曾有殊勝之法. 又舍利子, 此室常聞菩薩六種波羅蜜多不退法輪相應言論, 是爲四未曾有殊勝之法. 又舍利子, 此室常作天人伎樂, 於諸樂中演出無量百千法音, 是爲五未曾有殊勝之法. 又舍利子, 此室常有四大寶藏, 衆珍盈溢恒無有盡, 給施一切貧窮鰥寡孤獨無依乞求之者, 皆令稱遂終不窮盡, 是爲六未曾有殊勝之法. 又舍利子, 此室常有釋迦牟尼如來 · 無量壽如來 · 難勝如來 · 不動如來 · 寶勝如來 · 寶焰如來 · 寶月如來 · 寶嚴如來 · 寶音聲如來 · 師子吼如來 · 一切義成如來, 如

是等十方無量如來, 若此大士發心祈請, 應時卽來廣爲宣說一切如來
祕要法門, 說已還去, 是爲七未曾有殊勝之法. 又舍利子, 此室常現
一切佛土功德莊嚴諸天宮殿衆妙綺飾, 是爲八未曾有殊勝之法. 唯舍
利子, 此室常現八未曾有殊勝之法, 誰有見斯不思議事, 而復發心樂
求聲聞獨覺法乎?"

6. 여인의 몸은 어디에

그때 사리자가 천녀에게 물었다.

"당신은 지금 어찌하여 이러한 여인(女人)의 몸을 바꾸지 않습니까?"

천녀가 대답했다.

"저는 이 방에 머문 12년 동안 여인의 자성(自性)을 찾았지만 전혀 찾
을 수 없었습니다. 그런데 무엇을 바꾸어야 합니까? 여보세요, 사리자
시여. 비유하면 마술사가 마술로써 환상의 여인을 만드는 것과 같은
데, 만약 '당신은 지금 어찌하여 이러한 여인의 몸을 바꾸지 않습니까?'
하고 묻는다면, 올바르게 묻는 것입니까?"

사리자가 말했다.

"아닙니다, 천녀시여. 환상은 이미 진실(眞實)이 아닌데, 무엇을 바꾸
어야 하겠습니까?"

천녀가 말했다.

"이와 같이 모든 법의 자성과 모습은 모두 진실이 아니고, 마치 환상
으로 생겨난 것과 같습니다. 그런데 어찌하여 여인의 몸을 바꾸지 않느

냐고 묻는 것입니까?"

그때 천녀는 신통력을 가지고 사리자를 천녀의 모습으로 변화시키고, 자신의 몸은 사리자의 모습으로 변화시키고는 물었다.

"존자시여, 어찌하여 여인의 몸을 바꾸지 않습니까?"

그때 사리자는 천녀의 모습으로서 대답했다.

"저는 지금 어떻게 남자의 몸이 사라지고 여인의 모습으로 바뀌게 되었는지 알지 못하겠습니다."

천녀가 다시 말했다.

"존자시여, 만약 이 여인의 몸을 바꿀 수 있다면, 모든 여인의 몸 역시 바꿀 수 있어야 합니다. 사리자께서 진실은 여인이 아니면서 여인의 몸을 나타내고 있는 것처럼, 모든 여인의 몸도 역시 그와 같습니다. 비록 여인의 몸을 나타내고 있지만, 진실은 여인이 아닌 것입니다. 세존께서는 이러한 비밀한 뜻에 따라서 말씀하시길 '모든 법은 남성도 아니고 여성도 아니다.'라고 하셨습니다."

그때 천녀는 이 말을 마치고 다시 신통력을 모아서 각자 본래 모습을 되찾게 하고는 사리자에게 물었다.

"존자시여, 여인의 몸은 지금 어디에 있습니까?"

사리자가 말했다.

"지금 나의 여인의 몸은 있지 않고 변화도 없습니다."

천녀가 말했다.

"존자시여, 훌륭하고도 훌륭하십니다. 모든 법 역시 이와 같이 있지 않고 변화도 없습니다. 모든 법이 있지 않고 변화도 없다고 말하면, 이것이 참된 부처님의 말씀입니다."

時舍利子問天女言: "汝今何不轉此女身?" 天女答言: "我居此室
十有二年, 求女人性了不可得, 當何所轉? 惟舍利子. 譬如幻師化作
幻女, 若有問言: '汝今何不轉此女身?' 爲正問不?" 舍利子言: "不
也, 天女. 幻旣非實, 當何所轉?" 天曰: "如是諸法性相皆非眞實,
猶如幻化. 云何乃問不轉女身?" 卽時天女以神通力, 變舍利子令如
天女, 自變其身如舍利子, 而問之言: "尊者, 云何不轉女身?" 時舍
利子, 以天女像而答之言: "我今不知轉滅男身轉生女像." 天女復言:
"尊者, 若能轉此女身, 一切女身亦當能轉. 如舍利子實非是女而現
女身, 一切女身亦復如是. 雖現女身, 而實非女. 世尊依此密意說言:
'一切諸法非男非女.'" 爾時天女作是語已, 還攝神力各復本形, 問舍
利子: "尊者, 女身今何所在?" 舍利子言: "今我女身無在無變." 天
曰: "尊者, 善哉善哉! 一切諸法, 亦復如是, 無在無變. 說一切法無
在無變, 是眞佛語."

7. 위없는 깨달음

그때 사리자가 천녀에게 물었다.

"당신은 여기에서 죽으면 어디에 태어납니까?"

천녀가 답했다.

"여래께서 천화(遷化)[504]하시어 태어날 곳, 저도 그곳에 태어날 것입

---

504) 천화(遷化): 천이화멸(遷移化滅). 이 사바세계의 중생들을 교화할 인연이 끝나서 다른
   국토의 중생들을 교화하러 가는 일, 곧 승려의 죽음을 가리키는 말. 귀적(歸寂)·입적(入

니다.”

사리자가 말했다.

“여래의 천화(遷化)는 죽음도 없고 태어남도 없는데, 어떻게 태어날 곳을 말합니까?”

천녀가 말했다.

“존자시여, 모든 법과 중생들 역시 그렇게 사라짐도 없고 생겨남도 없음을 알아야 합니다. 어떻게 저에게 어디에 태어날 것인가를 묻습니까?”

그때 사리자가 천녀에게 물었다.

“당신은 위없는 바르고 평등한 깨달음을 언제[505] 얻을 것입니까?”

천녀가 답했다.

“사리자께서 다시 중생[506]이 되어 중생의 법을 갖추는 것처럼, 제가 위없는 바르고 평등한 깨달음을 얻을 시간 역시 그와 같습니다.”

사리자가 말했다.

“제가 그렇게 다시 중생이 되어 중생의 법을 갖출 일은 어느 곳에서도 어느 지위에서도 없습니다.”

천녀가 말했다.

“존자시여, 저 역시 그와 같아서 위없는 바르고 평등한 깨달음을 얻을 일은 어느 곳에서도 어느 지위에서도 없습니다. 까닭이 무엇일까요? 위없는 깨달음이 머무는 곳은 없기 때문입니다. 이 까닭에 또한 깨

寂)과 같음.

505) 구여(久如) : ①얼마인가? 얼마나 되었는가? ②오래되었다.
506) 이생(異生) : 범부 중생의 다른 이름. 성자(聖者)와 다른 생류(生類)라는 뜻.

달음을 얻는 자도 없습니다.”

사리자가 말했다.

“그렇다면 어찌하여 부처님께서는, 헤아릴 수 없이 많은 모든 부처님이 위없는 바르고 평등한 깨달음을 지금 얻고 있고, 이미 얻었고, 앞으로 얻을 것이라고 말씀하십니까?”

천녀가 말했다.

“존자시여, 이러한 말은 모두 문자(文字)와 세속에서 헤아리는 언어(言語)입니다. 깨달음을 얻는 삼세(三世)의 모든 부처님이 있다는 말은, 깨달음에 과거·현재·미래가 있다는 말이 아닙니다. 까닭이 무엇일까요? 위없는 깨달음은 삼세를 벗어났기 때문입니다. 그런데 사리자시여, 당신은 아라한의 지위를 이미 얻었습니까?”

사리자가 말했다.

“얻지 않고 얻었으니, 얻었으나 얻음은 없습니다.”

천녀가 말했다.

“존자시여, 깨달음 역시 그와 같습니다. 깨닫지 않고 깨달으니, 깨달았으나 깨달음은 없습니다.”

그때 유마힐이 곧 존자 사리자에게 말했다.

“이와 같은 천녀는 이미 헤아릴 수 없이 많은 부처님에게 공양을 올리고 가까이에서 부처님을 모셨으며, 이미 신통한 지혜를 잘 쓸 줄 알고 원했던 무생법인을 만족스럽게 얻었으며, 이미 위없는 바르고 평등한 깨달음에서 영원히 물러나지 않게 되었으니, 본원력(本願力)[507]에 의

---

507) 원력(本願力) : 부처님께서 보살 때에 세운 서원(誓願)의 힘. 깨닫기 이전 공부할 때에 세운 서원의 힘. 이 힘에 의하여 깨달음을 얻는다고 함.

지하여 그가 바랐던 것과 같아지고 머무는 곳곳마다에서 중생의 지혜를 성숙시킵니다."[508]

時舍利子問天女言：“汝於此沒，當生何所？”天女答言：“如來所化，當所生處，我當生彼.”舍利子言：“如來所化，無沒無生，云何而言，當所生處？”天日：“尊者，諸法有情，應知亦爾，無沒無生，云何問我，當生何所？”時舍利子問天女言：“汝當久如證得無上正等菩提？”天女答言：“如舍利子還成異生具異生法，我證無上正等菩提久近亦爾.”舍利子言：“無處無位，我當如是還成異生具異生法.”天日：“尊者，我亦如是無處無位，當證無上正等菩提. 所以者何？無上菩提無有住處. 是故亦無證菩提者.”舍利子言：“若爾，云何佛說，諸佛如殑伽沙，現證無上正等菩提，已證當證？”天日：“尊者，皆是文字俗數語言. 說有三世諸佛證得，非謂菩提有去來今. 所以者何？無上菩提超過三世. 又舍利子，汝已證得阿羅漢耶？”舍利子言：“不得而得，得無所得.”天日：“尊者，菩提亦爾. 不證而證，證無所證.”時無垢稱，卽語尊者舍利子言：“如是，天女，已曾供養，親近承事，九十有二百千俱胝那庾多佛，已能遊戲神通智慧所願滿足得無生忍，已於無上正等菩提永不退轉. 乘本願力如其所欲，隨所宜處成熟有情.”

---

508) 성숙유정(成熟有情)：유정(有情) 즉 중생의 지혜를 성숙시켜서 부처로 만들다. 중생의 지혜를 성숙시키다. 성취중생(成就衆生)과 같음.

제8 보리분품(菩提分品)

1. 악도가 지극한 길이다

그때 문수사리가 유마힐에게 물었다.

"보살은 어떻게 모든 불법에서 최상의 길[509]에 도달합니까?"

유마힐이 말했다.

"만약 모든 보살이 악도(惡道)[510]로 간다면, 곧 불법에서 최상의 길에 도달합니다."

문수사리가 말했다.

"보살은 어떻게 악도로 갑니까?"

유마힐이 말했다.

"만약 모든 보살이,

설사 오무간(五無間)[511]의 길을 가더라도, 분노하거나 고뇌하거나 해

---

509) 구경취(究竟趣) : 마지막, 최종의 길. 취(趣)는 도(道)와 같이 중생이나 보살이 가는 길.

510) 비취(非趣) : 악취(惡趣), 악도(惡道)와 같음. 나쁜 일을 지은 탓으로 장차 태어날 곳. 업을 지어 윤회하는 길. 지옥 · 아수라 · 축생 · 아귀 · 인간 · 천상 등 여섯 가지 윤회의 길. 지옥 · 아귀 · 축생을 특히 삼악도(三惡道)라 하여 악도 중에서도 가장 나쁜 길이라고 한다.

511) 오무간(五無間) : 아비지옥(阿鼻地獄)을 말함. 아비지옥에는 5종의 무간(無間)이 있으므

를 끼치려는 악독한 마음이 없다면,

설사 지옥(地獄)⁵¹²⁾의 길을 가더라도, 모든 더러운 티끌 같은 번뇌로부터 벗어나 있다면,

설사 모든 축생(畜生)⁵¹³⁾의 길을 가더라도, 모든 깜깜한 무명(無明)에서 벗어나 있다면,

설사 아수라⁵¹⁴⁾의 길을 가더라도, 모든 오만함과 교만함에서 벗어나 있다면,

설사 염마왕(閻魔王)⁵¹⁵⁾의 길을 가더라도, 커다란 복과 지혜의 양식을

로 5무간이라 함. ①취과무간(趣果無間). 이 지옥의 고과(苦果)를 받는 죄업은 순현업(順現業)이나 순생업(順生業)으로 조업(造業)과 수과(受果)의 사이에 결코 다른 생을 격(隔)함이 없는 것. ②수고무간(受苦無間). 괴로움을 받는 데 간격이 없는 것. ③시무간(時無間). 괴로움 받는 시간이 끊임없는 것. ④명무간(命無間). 목숨이 항상 계속되어 끊임없는 것. ⑤형무간(形無間). 넓이 8만 유순 되는 지옥에 몸이 꽉 차서 조그만 빈틈이 없는 것.

512) 나락가(那落迦) : naraka. 지옥을 말하는 범명(梵名). 또는 나락가(那落迦)·나라가(那羅柯). 번역하여 고구(苦具)·고기(苦器). 또 날락가(捺落迦)와 나락가(那落迦)를 구별하여, 날락가를 지옥. 괴로움을 받는 곳이라 하고, 나락가를 괴로움을 받는 지옥의 죄인이라고도 한다.

513) 방생(傍生) : 축생(畜生)을 말함. 몸을 뉘고 다니는 짐승.

514) 아소락(阿素洛) : asura. 아수라(阿修羅). 6도(道)의 하나. 10계(界)의 하나. 아소라(阿素羅)·아소락(阿素洛)·아수륜(阿須倫)이라 음역. 줄여서 수라(修羅). 비천(非天)·비류(非類)·부단정(不端正)이라 번역. 싸우기를 좋아하는 귀신. 인도에서 가장 오랜 신(神)의 하나. 『리그베다』에서는 가장 우수한 성령(性靈)이란 뜻으로 사용. 중고대(中古代) 이후에는 무서운 귀신으로 인식되었다.

515) 염마왕(琰魔王) : 염마왕(閻魔王). 유명계(幽冥界)의 왕. 염마(琰摩·琰摩·閻摩)·염라(閻邏)·라사(邏社)라 쓰며, 박(縛)·쌍(雙)·쌍세(雙世)·차지(遮止)·정식(靜息)·가포외(可怖畏)·평등(平等)이라 번역. 귀신 세계의 수령으로서 사후의 유명계를 지배하는 왕. 본래 인도 베다 시대의 야마(yama) 신으로 불교에 섞여 들어와 발달된 것. 두 가지가 있음. 하나는 상계(上界)의 광명세계, 곧 수야마천이라 부름. 다른 하나는 하계(下界) 암흑세계의 염마왕이 된 것. 후세에 발달된 밀교에서는 태장계 만다라의 외금강부 중에 있어서 호세팔천(護世八天)·시방호법신왕(十方護法神王)·12천(天)의 하나. 중국에 와

모은다면,

　설사 무색정(無色定)$^{516)}$의 길을 가더라도, 그곳에 즐겨 머물지$^{517)}$ 않을 수 있다면,

　설사 탐내는 행위와 욕심내는 행위의 길을 가는 모습을 보여 주더라도, 물질에 대한 모든 욕심$^{518)}$ 속에서 모든 오염과 집착$^{519)}$에서 벗어나 있다면,

　설사 성내고 화내는 행위의 길을 가는 모습을 보여 주더라도, 모든 중생의 경계 속에서 모든 분노와 성냄을 벗어나 손해를 끼치려는 마음이 없다면,

　설사 어리석은 행위의 길을 가는 모습을 보여 주더라도, 모든 법에서 모든 깜깜한 무명(無明)에서 멀리 벗어나 지혜의 밝음을 가지고 스스로를 조복시킨다면,

　설사 인색하고 탐내는 행위의 길을 가는 모습을 보여 주더라도, 모

서는 도교의 사상과 섞여 시왕(十王)의 하나. 우리나라에서는 이 사상을 계승한 것. 도복을 입고 홀을 쥔 것으로 증명됨.

516) 무색정(無色定) : 사무색정(四無色定), 사공정(四空定)과 같음. 무색계(無色界)에 있는 네 개의 선정(禪定). ①공무변처정(空無邊處定). 먼저 색(色)의 속박을 싫어하여 벗어나려고, 색의 상(相)을 버리고, 무한한 허공관을 하는 선정(禪定). ②식무변처정(識無邊處定). 다시 더 나아가 내식(內識)이 광대 무변하다고 관하는 선정. ③무소유처정(無所有處定). 식(識)인 상(想)을 버리고, 심무소유(心無所有)라고 관하는 선정. ④비상비비상처정(非想非非想處定). 앞의 식무변처정은 무한한 식(識)의 존재를 관상(觀想)하므로 유상(有想)이고, 무소유처정은 마음이 존재하지 않는 것을 관상하므로 비상(非想)인데, 이것은 유상을 버리고, 비상을 버리는 선정이므로 비상비비상정이라 함.

517) 취향(趣向) : ①향하여 다가가다. ②하고 싶은 마음이 생기는 방향. 또는 그런 경향. 의향. 지향. ③마음이 그쪽으로 기울어지다.

518) 수욕(受欲) : 물질에 대한 욕심.

519) 염착(染著) : 물들어 집착하다. 마음이 대상에 물들어 벗어나지 못하는 것.

든 안팎의 일을 내버리고 목숨을 돌아보지 않을 수 있다면,

설사 계율(戒律)을 범하는 행위의 길을 가는 모습을 보여 주더라도, 모든 계율을 세우고 공덕을 닦고[520] 욕심을 적게 하여 만족함을 알고 작은 죄악 속에서 큰 두려움을 볼 수 있다면,

설사 눈을 부릅뜨고 분노하는 행위의 길을 가는 모습을 보여 주더라도, 마침내 자비심(慈悲心)에 편안히 머물러 성내는 번뇌가 없을 수 있다면,

설사 게으른 행위의 길을 가는 모습을 보여 주더라도, 온갖 선근(善根)[521]을 부지런히 익히며 정진(精進)하여 쉬지 않을 수 있다면,

설사 육근(六根)[522]이 혼란한 행위의 길을 가는 모습을 보여 주더라도, 늘 고요히 침묵하면서 선정(禪定)[523]에 편안히 머물러 있다면,

설사 나쁜 지혜를 행하는 길을 가는 모습을 보여 주더라도, 모든 세

---

520) 두다(杜多) : dhuta의 음역. 두타(頭陀)라고도 음역. 수덕(修德), 세완(洗浣)이라 번역. 의식주(衣食住)에 대한 탐욕과 집착을 버리고 불법의 공덕을 닦는 것.

521) 선근(善根) : 깨달음을 가져오는 좋은 원인. ①좋은 결과를 가져올 좋은 원인이란 뜻. 선행(善行)을 나무의 뿌리에 비유한 것. 착한 행업의 공덕 선근을 심으면 반드시 선과(善果)를 맺는다 함. ②온갖 선을 내는 근본이란 뜻. 무탐(無貪)·무진(無瞋)·무치(無癡)를 3선근이라 일컬음과 같은 것.

522) 육근(六根) : 대상을 인식하는 여섯 가지 기관. 즉 눈(眼)·귀(耳)·코(鼻)·혀(舌)·살갗(身)·의식(意) 등을 가리킨다. 이들은 각각 색깔(色)·소리(聲)·냄새(香)·맛(味)·감촉(觸)·법(法) 등의 육경(六境)과 대응하는데, 안식(眼識; 색을 봄)·이식(耳識; 소리를 들음)·비식(鼻識; 냄새를 맡음)·설식(舌識; 맛을 봄)·신식(身識; 촉감을 느낌)·의식(意識; 생각으로 알아차림) 등의 육식(六識)이 나타날 때에는 육근과 육경이 만난다고 이해한다. 육근·육경·육식을 합하여 십팔계(十八界)라 하여, 우리가 경험하고 알아차리는(識) 세계를 종합적으로 나타낸다.

523) 정려(靜慮) : 고요함과 함께 지혜가 있어, 능히 자세하게 생각한다는 뜻으로 정려라 함. 선정(禪定)과 같은 뜻.

간과 출세간에 잘 통달하여 확실히 마지막의 반야바라밀(般若波羅蜜)[524]에 이른다면,

설사 아첨하고 거짓말하는 행위의 길을 가는 모습을 보여 주더라도, 뛰어난 방편을 완전히 갖출 수 있다면,

설사 비밀한 말을 방편으로 하여 교만한 행위의 길을 가는 모습을 보여 주더라도, 강을 건너는 다리를 만들기 위함이라면,

설사 세간의 온갖 번뇌에 싸인 행위의 길을 가는 모습을 보여 주더라도, 본성이 깨끗하여 마침내 더럽게 물듦이 없다면,

설사 여러 가지 마구니의 삿된 행위의 길을 가는 모습을 보여 주더라도, 모든 불법에서 지혜를 깨달아 스스로의 깨달음[525]으로 알아서 다른 인연을 따라가지 않는다면,

설사 성문(聲聞)의 행위를 하는 길을 가는 모습을 보여 주더라도, 중생들을 위하여 아직까지 들어 본 적이 없는 법[526]을 말한다면,

설사 독각(獨覺)의 행위를 하는 길을 가는 모습을 보여 주더라도, 대자대비(大慈大悲)를 완전히 갖추고서 중생을 성숙시킨다면,

설사 온갖 빈궁(貧窮)한 길에 머무는 모습을 보여 주더라도, 보배로운

524) 반야바라밀(般若波羅蜜) : prajñā-pāramitā. 반야바라밀다(般若波羅蜜多)라 음역. 지도(智度)·도피안(到彼岸)이라 번역. 혜바라밀다(慧波羅蜜多)는 뜻과 음을 합하여 번역한 것. 6바라밀의 하나. 반야는 실상(實相)을 비춰 보는 지혜로서, 나고 죽는 이 언덕을 건너 열반의 저 언덕에 이르는 배나 뗏목과 같으므로 바라밀다라 한다.

525) 자증(自證) : 남에게 의하여 얻는 것이 아니고, 자기가 깨달아 아는 것. 모든 부처의 깨달음은 자증(自證)이다.

526) 미문법(未聞法) : 아직까지 들어 본 적이 없는 희유한 법. 불법을 가리킴. 미증유법(未曾有法)과 같음.

손[527]을 얻어서 진귀한 재물이 끝나는 날이 없다면,

설사 육근(六根) 가운데 여럿이 모자란 길에 머무는 모습을 보여 주더라도, 뛰어난 영웅의 용모를 갖추고 묘한 색[528]으로 몸을 장식한다면,

설사 비천하게 태어나는 길에 머무는 모습을 보여 주더라도, 부처님 집안에 태어난 것처럼 존귀하고 뛰어난 복과 지혜의 양식을 쌓아 올린다면,

설사 여위고 허약하고 추하고 더러워서 모두가 싫어하는 길에 머무는 모습을 보여 주더라도, 뛰어나고 묘한 금강역사(金剛力士)[529]의 몸을 얻어 모든 중생이 늘 즐겨 보게 된다면,

설사 모든 늙음과 질병의 길에 머무는 모습을 보여 주더라도, 마침내 늙음과 질병의 뿌리를 제거하고 모든 죽음에 대한 두려움을 뛰어넘을 수 있다면,

설사 재물과 지위를 구하는 길에 머무는 모습을 보여 주더라도, 무상(無常)을 관찰하는 것을 많이 실천하여 익숙하게 되고 모든 희망과 구함을 쉴 것을 생각한다면,

설사 궁실에서 기녀들과 온갖 즐거움을 즐기는 길에 머무는 모습을 보여 주더라도, 늘 온갖 애욕의 진흙탕에서 빠져나와 끝내 멀리 벗어나는 행위를 익힌다면,

---

527) 보수(寶手) : 보배로운 손. 보물인 손. 법보(法寶)를 끊임없이 보시할 수 있는 솜씨를 가리킴.

528) 묘색(妙色) : 묘한 색깔. 보신(報身)의 색상(色相)과 보토(報土)의 의보(依報) 등이 불가사의함을 말한다. 또 진여실상(眞如實相)의 묘체(妙體)를 비유하여 묘색이라 한다.

529) 나라연(那羅延) : 금강역사(金剛力士)라고도 한다. 나라연은 인도의 옛 신의 이름. 나라연나(那羅延那)·나라야나(那羅野拏). 번역하여 견고(堅固)·구쇄역사(鉤鎖力士)·인생본(人生本). 천상의 역사(力士)로서, 그 힘의 세기가 코끼리의 백만 배나 된다고 함.

설사 온갖 우매하고 간사한530) 길에 머무는 모습을 보여 주더라도,
여러 가지 재치 있는 말솜씨531)로 꾸미고서 다라니(陀羅尼)532)를 염송(念
誦)하는 지혜를 얻어 잃지 않는다면,

설사 온갖 사도(邪道)의 길에 머무는 모습을 보여 주더라도, 정도(正
道)로써 모든 세간(世間)을 건너간다면,

설사 모든 육도사생(六道四生)533)의 길에 머무는 모습을 보여 주더라
도, 모든 육도사생의 삶을 진실로 영원히 끊었다면,

설사 반열반(般涅槃)의 길에 머무는 모습을 보여 주더라도, 이어지는
생사윤회(生死輪迴)를 늘 버리지 않는다면,

설사 묘한 깨달음을 얻어 큰 법의 바퀴를 굴리고 열반에 들어가는 모

---

530) 완은(頑囂) : ①우매하고 간사함. ②흉악하고 간사한 사람. ③순(舜) 임금의 부모를 가리
키는 말. =완고(頑瞽).

531) 재변(才辯) : 재치 있고 말을 잘함. 재치 있는 말.

532) 다라니(陀羅尼) : 총지(摠持)·능지(能持)·능차(能遮)라 번역. 불교와 힌두교에서 일반
인들이 자신을 보호하기 위한 부적이나 주문(呪文)으로 사용하거나, 요가 수행자들이 정
신집중의 상태에 이르기 위해 암송하면 커다란 효험이 있다고 믿는 신성한 글귀. 보통 다
라니라 하는 말에 두 가지 뜻이 있다. ①지혜 혹은 삼매를 말하니, 말을 잊지 않고 뜻을
분별하며 우주의 실상에 계합하여 수많은 법문을 보존하여 가지기 때문이다. ②진언(眞
言)을 말하니, 범문(梵分)을 번역하지 않고 음(音) 그대로 적어서 외우는 것이다. 번역하
지 않는 이유는 뜻을 한정시키는 것을 피하기 위한 것이고, 밀어(密語)라 하여 비밀히 전
하는 뜻이 있기 때문이다. 본래 불교에서 다라니는 긴 경전에 실려 있는 근본적인 원리를
짧게 요약한 게송(偈頌)으로서, 원래의 경전을 기억하는 데 도움을 주기 위한 것이며 주
문과는 다른 것이었다. 그러나 후대에 이르러 형식상의 유사함 때문에 주문까지도 다라
니로 통칭되었으며, 길이에 따라 짧은 것은 진언(眞言) 또는 주(呪)라 하고, 긴 것을 다라
니 또는 대주(大呪)라 하였다. 다라니를 제대로 암송하면 경전 전체를 읽는 것과 같은 공
덕을 가져다준다고 하며, 이러한 점 때문에 다라니를 암송함으로써 공덕을 얻고자 하는
신앙형태가 발생하기도 했다.

533) 생취(生趣) : 중생(衆生)이 가는 태(胎)·난(卵)·습(濕)·화(化)의 사생(四生)과 천상·인
간·아수라·축생·아귀·지옥 등 육도(六道)의 길. 육취(六趣)와 같음.

습을 보여 주더라도, 다시 모든 보살의 행위를 부지런히 닦음이 끊임없이 이어진다면,

여보세요, 문수사리시여,

보살이 이와 같이 악도(惡道)로 간다면, 모든 불법에서 마지막 길에 이르렀다고 할 수 있습니다."

說無垢稱經 菩提分品第八

時妙吉祥問無垢稱:"云何菩薩於諸佛法到究竟趣?" 無垢稱言: "若諸菩薩行於非趣, 乃於佛法到究竟趣." 妙吉祥言:"云何菩薩行於非趣?"

無垢稱言:"若諸菩薩, 雖復行於五無間趣, 而無恚惱忿害毒心,

雖復行於那落迦趣, 而離一切煩惱塵垢,

雖復行於諸傍生趣, 而離一切黑暗無明,

雖復行於阿素洛趣, 而離一切傲慢憍逸,

雖復行於琰魔王趣, 而集廣大福慧資糧,

雖復行於無色定趣, 而能於彼不樂趣向,

雖復示行貪欲行趣, 而於一切所受欲中離諸染著,

雖復示行瞋恚行趣, 而於一切有情境界, 離諸瞋恚無損害心,

雖復示行愚癡行趣, 而於諸法遠離一切黑暗無明, 以智慧明而自調伏,

雖復示行慳貪行趣, 而能棄捨諸內外事不顧身命,

雖復示行犯戒行趣, 而能安立一切尸羅, 杜多功德少欲知足, 於小

罪中見大怖畏,

雖復示行瞋忿行趣, 而能究竟安住慈悲心無恚惱,

雖復示行懈怠行趣, 而能勤習一切善根精進無替,

雖復示行根亂行趣, 而常恬默安止靜慮,

雖復示行惡慧行趣, 而善通達一切世間出世間, 信至究竟慧波羅蜜多,

雖復示行諂詐行趣, 而能成辦方便善巧,

雖復示行密語方便憍慢行趣, 而爲成立濟度橋梁,

雖復示行一切世間煩惱行趣, 而性清淨究竟無染,

雖復示行衆魔行趣, 而於一切佛法覺慧而自證知不隨他緣,

雖復示行聲聞行趣, 而爲有情說未聞法,

雖復示行獨覺行趣, 而爲成辦大慈大悲成熟有情,

雖復現處諸貧窮趣, 而得寶手珍財無盡,

雖復現處諸缺根趣, 而具相好妙色嚴身,

雖復現處卑賤生趣, 而生佛家種姓尊貴, 積集殊勝福慧資糧,

雖復現處羸劣醜陋衆所憎趣, 而得勝妙那羅延身, 一切有情常所樂見,

雖復現處諸老病趣, 而能畢竟除老病根, 超諸死畏,

雖復現處求財位趣, 而多修習觀無常, 想息諸烯求,

雖復現處宮室妓女諸戲樂趣, 而常超出諸欲?泥, 修習畢竟遠離之行,

雖復現處諸頑嚚趣, 而具種種才辯莊嚴, 得陀羅尼念慧無失,

雖復現處諸邪道趣, 而以正道度諸世間,

雖復現處一切生趣, 而實永斷一切趣生,

雖復現處般涅槃趣, 而常不捨生死相續,

雖復示現得妙菩提轉大法輪入涅槃趣, 而復勤修諸菩薩行相續
無斷,

唯妙吉祥, 菩薩如是行於非趣, 乃得名爲於諸佛法到究竟趣."

2. 여래의 혈통

그때 유마힐이 문수사리에게 물었다.

"어떤 것을 일러 여래의 혈통(血統)[534]이라 합니까? 간략히 말씀해 주
십시오."

문수사리가 말했다.

"말하자면, 모든 거짓된 나와 내 것이라는 견해[535]의 혈통이 곧 여래
의 혈통입니다.

모든 무명(無明)과 애욕(愛慾)의 혈통이 곧 여래의 혈통입니다.

탐냄과 성냄과 어리석음의 혈통이 곧 여래의 혈통입니다.

네 종류 허망한 전도(顚倒)[536]의 혈통이 곧 여래의 혈통입니다.

---

534) 종성(種性) : 혈통. 가문. 씨족. =종성(種姓).

535) 위신(僞身) : =위신견(僞身見). 신견(身見)과 같음. 신견(身見)이 헛되고 거짓된 견해이
기 때문에 위신견이라 함. 신견(身見)은 5견(見)의 하나로서 살가야견(薩迦耶見)을 말함.
5온(蘊)이 가(假)로 화합한 신체(身體)를 상일주재(常一主宰)하는 뜻이 있는 아(我)라고
망령되이 집착하고, 또 아(我)에 속한 기구・권속 등을 나의 소유라고 여기는 잘못된 견
해. 아견(我見)과 같음.

536) 사전도(四顚倒) : 네 종류의 허망하게 뒤집어진 견해. 열반의 사덕(四德)인 상락아정(常

이와 같이 오온(五蘊)의 혈통과 육처(六處)$^{537)}$의 혈통과 칠식주(七識住)$^{538)}$의 혈통과 팔사(八邪)$^{539)}$의 혈통과 구뇌사(九惱事)$^{540)}$의 혈통과 십종불선업도(十種不善業道)$^{541)}$의 혈통 등이 곧 여래의 혈통입니다.

요약해서 말하면, 육십이견(六十二見)$^{542)}$과 모든 번뇌와 착하지 않고 악한 법이 가진 혈통이 곧 여래의 혈통입니다."

유마힐이 말했다.

"어떤 비밀한 뜻에 의거하여 이와 같이 말씀하십니까?"

문수사리가 말했다.

樂我淨)에 대한 잘못된 견해. ①상전도(常顚倒)는 무상(無常)한 것을 영원하다고 보는 것. ②낙전도(樂顚倒)는 고통을 즐거움이라고 보는 것. ③아전도(我顚倒)는 무아(無我)를 아(我)가 있다고 보는 것. ④정전도(淨顚倒)는 더러운 것을 깨끗하다고 보는 것.

537) 육처(六處) : 눈·귀·코·혀·몸·의식함의 육근(六根) 혹은 색깔·소리·냄새·맛·촉감·의식됨의 육경(六境)을 가리킴.

538) 칠식주(七識住) : 칠식처(七識處)라고도 함. 식주(識住) 혹은 식처(識處)란 식(識)이 머무는 곳을 가리키니 곧 칠식주(七識住)란 전육식(前六識) 및 제칠식(第七識)이 머무는 삼계(三界)를 말함.

539) 팔사(八邪) : 팔미(八迷)·팔계(八計)·팔류(八謬)·팔사(八事). 모든 법의 진상(眞相)을 어기어 일어나는 생(生)·멸(滅)·거(去)·래(來)·일(一)·이(異)·단(斷)·상(常) 등 여덟 가지 미혹한 집착.

540) 구뇌사(九惱事) : 구뇌(九惱)와 같다. 구뇌(九惱)란 구액(九厄)·구난(九難)·구횡(九橫)·구죄보(九罪報)라고도 하는데, 석가세존이 현세에서 받은 아홉 가지 재난을 말한다. ①음녀(淫女) 손타리(孫陀利)에게 비난 받음. ②전차바라문의 여인에게 비난 받음. ③제바달다(提婆達多)에 의하여 발가락을 다침. ④나무 가지에 발을 찔림. ⑤비루리(毘樓璃)왕 때문에 두통에 시달림. ⑥아기달다(阿耆達多) 바라문에게 말먹이를 받아 먹음. ⑦찬바람 때문에 등에 병이 남. ⑧성도(成道) 이전 육 년 동안 고행함. ⑨바라문 마을에 들어가 음식을 구걸했으나 얻지 못함.

541) 십종불선업도(十種不善業道) : =십불선업도(十不善業道). 열 가지 나쁜 업을 짓는 길. 살생(殺生)·도둑질·사음(邪淫)·헛된 말·거짓말·욕설·두 말·탐욕·성냄·어리석음 등 10가지 악행(惡行).

542) 육십이견(六十二見) : 외도(外道)의 온갖 주장을 분류하여 62종으로 한 것.

"무위(無爲)를 보고서 이미 분별로 말미암은 번뇌에서 벗어난[543] 견도위(見道位)[544]에 들어간 자가 아니라면, 위없는 바르고 평등한 깨달음의 마음을 낼 수 있습니다.

유위(有爲)의 번뇌를 일으키는 온갖 행위에 머물려고 하면서 아직 진리[545]를 보지 않은 자라면, 위없는 바르고 평등한 깨달음의 마음을 낼 수 있습니다.

비유하면, 높은 땅에서는 홍련(紅蓮)·백련(白蓮)[546] 등 온갖 연꽃이 피어나지 않고, 도리어[547] 낮고 습하고 더러운 진흙탕 속에서 온갖 연꽃이 생겨날 수 있는 것과 같습니다.

---

543) 정성이생(正性離生) : 견도(見道)의 다른 이름. 정성(正性)이란 무루(無漏)의 성도(聖道). 이생(離生)이란 분별에 의해 일어나는 번뇌를 끊는 것, 혹은 범부의 생(生)을 떠난다는 뜻. 정성결정(正性決定)과 같음. 번뇌 없는 성도인 견도위(見道位)를 말함.

544) 견도위(見道位) : 견도(見道)의 지위. 견도(見道)와 같고, 수도(修道)와 상대되는 말. 견제도(見諦道)라고도 함. 온갖 지식으로 잘못 아는 소견을 여읜 자리. 소승에서는 3현(賢)·4선근(善根)의 수행을 마치고, 세제일위(世第一位)의 직후 무루(無漏)의 지혜를 일으켜 16심(心)으로써 욕계와 색계·무색계의 4제(諦)의 이치를 관찰하고, 지식으로 잘못된 소견을 여의어 처음으로 성자(聖者)라 칭하는 위(位). 16심 가운데 앞에 15심은 견도(見道), 제16심은 수도(修道)라 한다. 대승 유식종(唯識宗)에서는 5위 중 통달위(通達位)에 해당, 가행위(加行位)의 맨 나중인 세제일위의 직후 무루의 지혜를 일으켜 유식(唯識)의 성품인 진여의 이치를 체득하여 후천적으로 일어나는 번뇌장(煩惱障)·소지장(所知障)의 종자를 끊고, 선천적으로 갖춘 번뇌장의 활동을 아주 눌러 버리는 자리. 10지(地)의 처음인 환희지에 해당. 이 종(宗)은 16심 전체를 견도라 함.

545) 제(諦) : satya. 진실한 도리. 변하지 않는 진리. 여(如)와 여(如)한 진상(眞相) 등의 여러 가지 뜻으로 해석. 유일한 진리를 일제(一諦)라 하고, 진속(眞俗) 이제(二諦), 공가중(空假中) 삼제(三諦), 고집멸도(苦集滅道)의 사제(四諦) 등을 말한다.

546) 온발라화(殟鉢羅花), 발특마화(鉢特摩花), 구모타화(拘母陀花), 분도리화(奔茶利花)는 모두 연꽃의 종류.

547) 요(要) : 도리어.

이와 같이 성문(聲聞)과 독각(獨覺)의 혈통은 이미 무위(無爲)를 보고서 이미 분별로 말미암은 번뇌에서 벗어난 견도위에 들어간 자들이므로, 결코 부처님의 지혜[548]를 얻고자 하는 마음을 낼 수 없습니다.[549]

도리어 번뇌에 젖은 온갖 행위의 낮고 습하고 더러운 진흙탕 속에서 비로소 부처님의 지혜를 얻고자 하는 마음을 일으킬 수 있으니, 그 속에서 모든 불법을 내고 키우기 때문입니다.

또 착한 남자여,

비유하면 허공 속에 식물을 심어도 결코 자랄 수 없고 도리어 낮고 습하고 더러운 땅에서 자랄 수 있는 것처럼, 이와 같이 성문과 독각의 혈통은 이미 무위를 보고 이미 분별로 말미암은 번뇌에서 벗어난 견도위에 들어간 자이므로 온갖 불법을 자라게 할 수 없습니다.

비록 신견(身見)[550]을 일으킨 것이 수미산(須彌山)[551]과 같다고 하더라도, 큰 깨달음의 서원(誓願)을 일으킬 수 있다면, 그 속에서 온갖 불법을 자라게 하기 때문입니다.

또 착한 남자여,

비유하면 사람이 바닷속에 들어가지 않는다면 폐유리(吠琉璃) 등의 진기한 보물을 결코 얻을 수 없는 것처럼, 삶과 죽음이라는 번뇌의 바다에 들어가지 않는다면 헤아릴 수 없는 보물인 부처님의 지혜의 마음

---

548) 일체지(一切智) : 모든 법의 모습을 모조리 다 아는 지혜.
549) 소승(小乘)의 수행에 머무는 자가 대승(大乘)을 공부할 수 없는 이유를 지적하는 말.
550) 신견(身見)[550] : 5견(見)의 하나. 살가야견(薩迦耶見)을 말함. 5온(蘊)이 가(假)로 화합한 신체를 상일주재(常一主宰)하는 뜻이 있는 아(我)라 망집(妄執)하고, 또 아(我)에 속한 기구·권속 등을 나의 소유라고 여기는 잘못된 견해. 아견(我見)과 같음.
551) 묘고산(妙高山) : 수미산(須彌山)을 번역한 이름.

을 결코 낼 수 없습니다.

이 까닭에 삶과 죽음이라는 모든 번뇌의 혈통이 곧 여래의 혈통임을 알아야 합니다."

그때 존자 대가섭(大迦葉)이 문수사리를 찬탄하면서 말했다.

"좋습니다! 좋아요! 진실한 말씀, 법에 알맞은 말씀, 진실하여 다름이 없는 말씀을 지극히 잘 말씀하셨습니다.

모든 삶과 죽음이라는 번뇌의 혈통이 곧 여래의 혈통입니다.

까닭이 무엇일까요?

우리는 지금 마음이 이어지는 가운데 삶과 죽음의 종자(種子)가 모두 이미 사라졌으므로 결국 바르고 평등한 깨달음의 마음을 낼 수 없으니, 차라리⁵⁵²⁾ 오무간업(五無間業)⁵⁵³⁾을 짓고 우리들 모든 아라한의 마지막 해탈을 얻지 않는 것이 더 낫습니다.

까닭이 무엇일까요?

5종의 무간업(無間業)을 성취한 자가 오히려 무간업을 없앨 힘을 가질 수 있다면, 위없는 바르고 평등한 깨달음의 마음을 내어 점차 모든 불법을 갖출 수 있습니다.

---

552) 녕(寧) : ①차라리. ②이와 같은, 그와 같은. ③어찌 -랴? 설마 -이겠는가?

553) 오무간업(五無間業) : 오역죄(五逆罪)를 말함. 이 5종의 악업을 지은 이는 반드시 무간지옥(無間地獄)에 떨어져 고통을 받는 까닭. 오역죄(五逆罪)는 불교에 대한 5종의 역적중죄. (1)소승의 5역= ①살부(殺父). ②살모(殺母). ③살아라한(殺阿羅漢). ④파화합승(破和合僧). ⑤출불신혈(出佛身血). 혹은 1과 2를 합하여 1로 하고, 다시 제5에 파갈마승(破羯磨僧)을 더하여 5로 함. (2)대승의 5역= ①탑(塔)·사(寺)를 파괴하고 경상(經像)을 불사르고, 3보의 재물을 훔침. ②삼승법(三乘法)을 비방하고 성교(聖敎)를 가볍고 천하게 여김. ③스님들을 욕하고 부려먹음. ④소승의 5역죄를 범함. ⑤인과(因果)의 도리를 믿지 않고, 악구(惡口)·사음(邪淫) 등의 10불선업(不善業)을 짓는 것.

우리들 번뇌[554]가 사라진 모든 아라한은 영원히 이런 능력이 없습니다.

마치 육근(六根)에 결함이 있는 사람이 오욕(五欲)을 즐길 능력이 없는 것처럼, 이와 같이 번뇌가 사라진 모든 아라한은 모든 번뇌의 결박[555]이 영원히 끊어졌으므로 불법을 행할 능력이 없고 다시 모든 부처님의 묘한 법을 구할 뜻도 없습니다.

이 까닭에 중생[556]은 부처님의 은혜를 갚을 수 있지만, 성문과 독각은 마침내 부처님의 은혜를 갚을 수 없습니다.

까닭이 무엇일까요?

중생이 불법승(佛法僧)의 공덕을 듣고서 삼보(三寶)의 씨앗이 되어 끝내 끊어짐이 없다면, 위없는 바르고 평등한 깨달음의 마음을 낼 수 있어서 점차 모든 불법을 갖출 수 있지만, 성문과 독각은 설사 죽을 때까지 여래의 십력(十力)[557]과 사무외(四無畏)[558] 등 나아가 불공불법(不共佛

---

554) 루(漏) : 육경(六境)의 대상세계에 대하여 끊임없이 육근(六根)에서 허물을 누출(漏出)한다는 뜻으로 번뇌의 다른 이름. 마음이 안팎으로 나누어져 외부경계에 끊임없이 끄달림을 말함.

555) 결(結) : bandhana. 결박한다는 뜻. 몸과 마음을 결박하여 자유를 얻지 못하게 하는 번뇌. 여기에 3결 · 5결 · 9결의 구별이 있음.

556) 이생(異生) : 범부 중생의 다른 이름. 성자(聖者)와 다른 생류(生類)라는 뜻.

557) 십력(十力) : 부처님께만 있는 열 가지 심력(心力). ①처비처지력(處非處智力). ②업이숙지력(業異熟智力). ③정려해탈등지등지지력(靜慮解脫等持等至智力). ④근상하지력(根上下智力). ⑤종종승해지력(種種勝解智力). ⑥종종계지력(種種界智力). ⑦변취행지력(遍趣行智力). ⑧숙주수념지력(宿住隨念智力). ⑨사생지력(死生智力). ⑩누진지력(漏盡智力).

558) 사무외(四無畏) : 사무소외(四無所畏)라고도 함. 불 · 보살이 설법할 적에 두려운 생각이 없는 지력(智力)의 네 가지. 부처님의 4무소외는 다음과 같다. ①정등각무외(正等覺無畏)는 일체 모든 법을 평등하게 깨달아, 다른 이의 힐난(詰難)을 두려워하지 않음. ②누영

法)⁵⁵⁹⁾의 모든 공덕이 있음을 듣고서도 마침내 바르고 평등한 깨달음의
마음을 낼 수 없습니다."

時無垢稱問妙吉祥: "何等名爲如來種性? 願爲略說."妙吉祥言:
"所謂一切僞身種性, 是如來種性. 一切無明有愛種性, 是如來種性.
貪欲瞋恚愚癡種性, 是如來種性. 四種虛妄顚倒種性, 是如來種性.
如是所有五蓋種性, 六處種性, 七識住種性, 八邪種性, 九惱事種性,
十種不善業道種性, 是如來種性. 以要言之, 六十二見, 一切煩惱,
惡不善法, 所有種性, 是如來種性."

無垢稱言: "依何密意, 作如是說?"妙吉祥言: "非見無爲, 已入
正性離生位者, 能發無上正等覺心. 要住有爲煩惱諸行, 未見諦者,
能發無上正等覺心. 譬如高原陸地不生殟鉢羅花鉢特摩花拘母陀花
奔茶利花, 要於卑濕穢淤泥中乃得生此四種花. 如是聲聞獨覺種性,
已見無爲已入正性離生位者, 終不能發一切智心. 要於煩惱諸行卑濕
穢淤泥中, 方能發起一切智心, 於中生長諸佛法故. 又善男子, 譬如
植種置於空中終不生長, 要植卑濕糞壤之地乃得生長, 如是聲聞獨覺
種性, 已見無爲已入正性離生位者, 不能生長一切佛法. 雖起身見如
妙高山, 而能發起大菩提願, 於中生長諸佛法故. 又善男子, 譬如有

진무외(漏永盡無畏)는 온갖 번뇌를 다 끊었노라고 하여, 외난(外難)을 두려워하지 않음.
③설장법무외(說障法無畏)는 보리를 장애하는 것을 말하되, 악법(惡法)은 장애되는 것이
라고 말해서 다른 이의 비난을 두려워하지 않음. ④설출도무외(說出道無畏)는 고통 세계
를 벗어나는 요긴한 길을 표시해서, 다른 이의 비난을 두려워하지 않음.
559) 불공불법(不共佛法) : =불공법(不共法). 중생과 공유하지 않는 부처님만의 법. 부처님께
는 18종 불공법이 있다고 함.

人不入大海終不能得吠琉璃等無價珍寶, 不入生死煩惱大海, 終不能發無價珍寶一切智心. 是故當知, 一切生死煩惱種性, 是如來種性."

爾時尊者大迦葉波, 歎妙吉祥: "善哉! 善哉! 極爲善說實語如語誠無異言. 一切生死煩惱種性, 是如來種性. 所以者何? 我等今者心相續中, 生死種子悉已燋敗, 終不能發正等覺心, 寧可成就五無間業, 不作我等諸阿羅漢究竟解脫. 所以者何? 成就五種無間業者, 猶能有力盡無間業, 發於無上正等覺心, 漸能成辦一切佛法. 我等漏盡諸阿羅漢永無此能. 如缺根士於妙五欲無所能爲, 如是漏盡諸阿羅漢諸結永斷, 卽於佛法無所能爲, 不復志求諸佛妙法. 是故異生能報佛恩, 聲聞獨覺終不能報. 所以者何? 異生聞佛法僧功德, 爲三寶種終無斷絕, 能發無上正等覺心, 漸能成辦一切佛法, 聲聞獨覺假使終身, 聞說如來力無畏等乃至所有不共佛法一切功德, 終不能發正等覺心."

3. 모두 누구이고 어디 있는가

그때 대중 속에 이름이 보현일체색신(普現一切色身)이라는 한 보살이 있었는데, 유마힐에게 물었다.

"거사시여, 부모와 처자와 노예와 친구와 권속과 주변에서 모시는 모든 사람들과 코끼리와 말과 수레와 마부 등은 모두 누구입니까? 모두 어디에 있습니까?"

그때 유마힐은 묘한 게송을 가지고 그에게 대답했다.

"지혜로써 제도함은 보살의 어머니이고

뛰어난 방편은 아버지이니,

세간의 참된 도사(導師)[560]는

여기에서 생겨나지 않은 자가 없다네.

묘한 법의 즐거움은 아내이고

큰 자비(慈悲)는 여자이며,

법을 진실하고 자세하게 밝힘은 남자이고

공(空)의 뛰어난 뜻을 생각함은 집이라네.

번뇌는 천한 노예이고

남녀 하인[561]은 뜻대로 부리는 것이며,

각분(覺分)[562]은 친구가 되니

이로 말미암아 깨달음을 이룬다.

육바라밀(六波羅蜜)은 권속이고

---

560) 도사(導師) : ①인도하는 스승. 부처님과 보살의 경칭. ②법회의 중심이 되어 법회를 이끄
는 승려.

561) 복사(僕使) : 남자 종과 여자 종. 복비(僕婢), 비복(婢僕)과 같음. 노비(奴婢)와 비슷한 말.

562) 각분(覺分) : 보리분(菩提分)과 동일. 깨달음으로 이끄는 실천 덕목. 칠각지(七覺支), 삼
십칠보리분(三十七菩提分) 등이 있다. 삼십칠보리분은 4념처(念處)·4정근(正勤)·4여
의족(如意足)·5근(根)·5력(力)·7각분(覺分)·8정도분(正道分) 등이다.

사섭법(四攝法)⁵⁶³⁾은 기녀(妓女)이며,

정법(正法)의 말씀을 결집(結集)⁵⁶⁴⁾하여

묘한 음악으로 삼는다.

총지(總持)⁵⁶⁵⁾는 정원(庭園)이 되고

대법(大法)⁵⁶⁶⁾은 숲이 되며,

각품(覺品)⁵⁶⁷⁾의 꽃으로 장식하니

---

563) 사섭법(四攝法) : 고통 세계의 중생을 구제하려는 보살이, 중생을 불도에 이끌어 들이기
위한 네 가지 방법. ①보시섭(布施攝). 상대편이 좋아하는 재물이나 법을 보시하여 친절
한 정의(情誼)를 감화케 하여 이끌어 들임. ②애어섭(愛語攝). 부드럽고 온화한 말을 하
여 친해서 이끌어 들임. ③이행섭(利行攝). 동작·언어·의념(意念)에 선행(善行)으로 중
생을 이익케 하여 이끌어 들임. ④동사섭(同事攝). 상대편의 근성(根性)을 따라 변신(變
身)하여 친하며, 행동을 같이하여 이끌어 들임.

564) 결집(結集) : 석존이 멸도한 뒤 그 교법이 흩어지지 않게 하기 위하여, 부처님 제자들이
저마다 들은 것을 외워, 그 바르고 그릇됨을 논의하고, 기억을 새롭게 하여 정법(正法)을
편집한 사업. 이 사업은 여러 차례 있었다. 제1결집은 석존이 멸도하던 해에 왕사성 칠엽
굴(七葉窟)에서 대가섭(大迦葉)을 상좌(上座)로 5백 비구가 모여 경·율 2장(藏)의 내용
을 결정. 이를 5백결집 혹은 상좌결집(上座結集)이라 함. 이 결집에 참가하지 못한 비구
들이 따로 굴 밖에서 바사가(婆師迦)를 중심으로 결집한 것을 굴외결집(窟外結集)이라
함. 제2결집은 불멸 후 백년에 야사(耶舍)의 제의로 비사리(毘舍離)에서 일어난 계율에
대한 10사비법(事非法)을 조사하기 위하여 7백 비구에 의하여 열렸다. 이를 7백결집이라
함. 이때 유법(遺法)의 전체(일설에는 율만이)가 교정되다. 제3결집은 불멸 후 330년 경
아육왕의 보호 아래 제수(帝須)를 사회로 1천의 스님들이 모여 파타리자성에서 3장(藏)
을 확정. 이를 1천결집이라 함. 제4결집은 불멸 후 6백년 경 가니색가왕이 가습미라에서
5백 비구를 소집하여 협(脇)·세우(世友) 두 스님을 상좌(上座)로 그때의 3장을 결집하
고, 이에 주석을 붙였다.

565) 총지(總持) : 다라니(陀羅尼)라 음역. 한량없는 뜻을 포함하여 잃지 않게 하는 것. 또 선
법(善法)을 잃지 않고, 악법(惡法)을 일어나지 않게 하는 것.

566) 대법(大法) : ①위대한 가르침. 부처님의 가르침. ②대승(大乘)의 가르침.

567) 각품(覺品) : 각지(覺支), 각분(覺分)과 동일. 칠각지(七覺支), 삼십칠각품(三十七覺品)

해탈의 지혜가 열매라네.

팔해탈(八解脫)[568]의 묘한 연못에

선정(禪定)[569]의 물이 가득 맑게 고여,

칠정화(七淨華)[570]를 널리 퍼뜨리니

모든 더러운 때를 씻어 낸다네.

신통은 코끼리와 말이 되고

대승(大乘)으로 수레를 삼고,

보리심(菩提心)[571]을 몰아서

팔정도(八正道)의 길을 간다네.

이 있음.

568) 팔해탈(八解脫) : 또는 팔배사(八背捨). 8종의 관념(觀念). 이 관념에 의하여 5욕(欲)의
경계를 등지고, 그 탐하여 고집하는 마음을 버림으로 배사라 하고, 또 이것으로 말미암아
삼계(三界)의 번뇌를 끊고 아라한과를 증득하므로 해탈이라 한다.

569) 정(定) : 선정(禪定). 마음을 한 곳에 머물게 하여 흩어지지 않게 하는 것. 2종이 있다. ①
생득선정(生得禪定). 나면서부터 마음을 한곳에 머물러 두는 심작용(心作用)이 있음을
말함. ②수득선정(修得禪定). 색계·무색계의 심지(心地)의 작용. 수행하여 얻어지는 것.
3학(學)의 정학(定學)과 6도(度)의 선정바라밀을 말함.

570) 칠정화(七淨華) : 7종의 청정한 행(行)을 꽃에 비유한 것. ①계정화(戒淨華). 정어(正
語)·정업(正業)·정명(正命). ②심정화(心淨華). 정정진(正精進)·정념(正念)·정정(正
定). ③견정화(見淨華). 정견(正見)·정사유(正思惟). ④단의정화(斷疑淨華). 견도(見道)
에 들어가 견혹(見惑)을 끊는 것. ⑤분별정화(分別淨華). 수도(修道)에 들어가 사혹(思
惑)을 끊는 것. ⑥행정화(行淨華). 이미 사혹을 끊어서 혜행(慧行)이 청정함. ⑦열반정화
(涅槃淨華). 무학도(無學道), 곧 번뇌를 끊어서 배울 것이 없고 지견이 청정하여 열반의
과를 증득하는 것.

571) 보리심(菩提心) : 보리(菩提)는 곧 깨달음. 깨달음으로 향하는 마음. 깨달음을 구하려는
마음. 깨달음을 원하는 마음. 무상정등각심(無上正等覺心). 도심(道心).

삼십이상(三十二相)으로 두루 꾸민

팔십종호(八十種好)의 비단 사이로,

참괴(慚愧)⁵⁷²⁾는 의복이 되고

뛰어난 염원은 머리장식이로다.

정법(正法)의 진귀한 보물을 갖추고

밝게 알려 주는 것은 방편이니,

무도(無倒)⁵⁷³⁾를 뛰어나게 행하여

큰 깨달음으로 돌린다.

사정려(四靜慮)⁵⁷⁴⁾는 평상(平床)이 되고

정명(淨命)⁵⁷⁵⁾은 방석⁵⁷⁶⁾이 되어,

지혜를 잊지 않고 늘 깨달아 있으니

선정(禪定)의 마음에 있지 않음이 없다네.

---

572) 참괴(慚愧) : 허물을 부끄러워하는 것. '참'은 자기가 지은 죄를 스스로 부끄러워하는 것, '괴'는 다른 사람들에게 대하여 부끄럽게 생각하는 것.

573) 무도(無倒) : 오류가 없는 것. 십무도(十無倒)가 있음. 십무도(十無倒)는 10가지 사항에 대해 오류가 없는 것. ①문(文) ②의(義) ③작의(作意) ④부동(不動) ⑤자상(自相) ⑥공상(共相) ⑦염정(染淨) ⑧객(客) ⑨무포(無怖) ⑩무고(無高) 등 10가지에 대하여 오류 없이 있는 그대로 아는 지혜를 십무도(十無倒)라고 함.

574) 사정려(四靜慮) : 혹은 사선(四禪)·색계정(色界定). 이 정은 고요함과 함께 지혜가 있어, 능히 자세하게 생각하는 뜻으로 정려라 함. 이에 초(初)·2·3·4의 구별이 있으니, 초선(初禪)은 유심유사정(有尋有伺定)·2선은 무심유사정(無心唯伺定)·3선은 무심무사정(無尋無伺定)·4선은 사념법사정(捨念法事定).

575) 정명(淨命) : 비구가 걸식을 하며, 다른 생활 방법을 구하지 않고, 깨끗한 마음으로 추잡하지 않은 생활을 영위하는 것. 팔정도(八正道) 가운데 정명(正命)과 같음.

576) 인욕(茵蓐) : 요. 방석. =인석(茵席), 인욕(茵褥).

이미 불사법(不死法)⁵⁷⁷⁾을 배불리 먹고

다시 해탈의 감로수를 마시며,

묘하고 깨끗하게 마음을 씻고서

계율이라는 좋은 향을 바른다네.

번뇌라는 도적을 모조리 없애고

이길 수 없는 뛰어난 능력을 용감히 세우며,

네 가지 악마⁵⁷⁸⁾를 항복시키고

묘한 깨달음의 깃발을 세운다네.

비록 진실로 생겨나고 소멸함이 없지만

그렇기 때문에 삶을 받는다고 생각하며,

모든 불국토를 전부 드러내는 것은

마치 태양 빛이 두루 비치는 것과 같도다.

뛰어나고 묘한 공물(供物)을 모조리 갖추고서

모든 여래에게 받들어 올리며,

---

577) 불사법(不死法) : 불생불사(不生不死)의 법. 생사(生死)에서 해탈한 열반을 가리킨다.

578) 마원(魔怨) : 악마. 악마는 사람들의 원수가 되는 원적(怨敵)이기 때문에 마원이라 함. 네
가지 악마란 곧 다음의 사마(四魔)이다. ①번뇌마(煩惱魔). 탐욕을 비롯한 여러 가지 번
뇌는 우리의 몸과 마음을 시끄럽게 하므로 마라 함. ②음마(陰魔). 5중마(衆魔)라고도 하
니, 5음은 여러 가지 고통을 만들어 내므로 마라 함. ③사마(死魔). 죽음은 사람의 목숨을
빼앗으므로 마라 함. ④천자마(天子魔). 일명 자재천마(自在天魔). 욕계의 제6천 타화자
재천왕이 좋은 일을 방해하므로 마라 함.

부처님에게도 자신에게도
전혀 분별(分別)이 없다네.

비록 모든 불국토와
중생이 공(空)임을 알지만,
늘 정토(淨土)⁵⁷⁹⁾를 닦아서
중생을 이롭게 함⁵⁸⁰⁾에 게으름이 없다네.

모든 중생 부류의
모습과 목소리와 위엄 있는 태도⁵⁸¹⁾와
두려움 없는 힘을 갖춘 보살을
한 순간에 모두 나타낼 수 있다네.

비록 모든 악마의 소행(所行)을 깨닫지만
알맞게 바뀜⁵⁸²⁾을 보여 주며,
마지막 방편에 이르러서는
밖으로 드러나 보이는 일⁵⁸³⁾이 모두 이루어진다네.

---

579) 정토(淨土) : ↔예토(穢土). 더러운 번뇌가 없는 깨달음의 깨끗한 땅. 부처님이 계시는 청정한 국토(國土). 성불(成佛)을 말하는 대승 불교에서 인정하는 불국토.
580) 이물(利物) : 중생을 이롭게 하다. 중생을 구제(救濟)하다. 물(物)은 모든 중생을 가리킴.
581) 위의(威儀) : 위엄 있는 용모, 태도. 곧 손을 들고 발을 내딛는 것이 모두 규칙에 맞고 방정하여 숭배할 생각을 내게 하는 태도.
582) 수소전(隨所轉) : 알맞게 바꾸다. 수(隨)는 '적당한, 알맞은'이라는 뜻인 수의(隨宜).
583) 유표사(有表事) : 밖으로 드러난 일. =유표업(有表業). 밖으로 드러나 다른 사람에게 보여지는 행위. 신업(身業)과 구업(口業)을 가리키는 말.

때로는 자기 몸의 늙고 병들고 죽음을

드러내 보여 주어서,

모든 중생을 성숙시키는 것이

마치 환상(幻像)⁵⁸⁴⁾을 가지고 노는 것과 같도다.

때로는 겁화(劫火)⁵⁸⁵⁾가 일어나

천지가 활활 불타는 모습을 보여 주는 것은,

중생이 집착하고 있는 변함없는 모습이

덧없이 사라지는 것임을 알도록 비추어 주는 것이로다.

천억(千億)⁵⁸⁶⁾의 중생이

온 나라⁵⁸⁷⁾에서 함께 찾아와 청하면,

동시에 그들의 공물(供物)을 받고서

모두 깨달음으로 향하게 한다네.

모든 금지된 주술(呪術)과

서적과 논리와 기예(伎藝)가,

---

584) 환법(幻法) : 환상(幻像). 신기루 같은 것. 꿈 같은 것. 마술 같은 것. 제법무아(諸法無我)
요 만법무자성(萬法無自性)이라는 세계의 실상을 가리키는 말.

585) 겁화(劫火) : 우주의 파괴 시기(壞劫)의 종말에 일어나는 화재를 말함. 이 때문에 초선천
(初禪天) 이하 모든 것이 태워진다고 함. 세계 종말의 시기의 큰 화재, 지구 최후의 불, 세
계를 다 태우는 대화재를 말한다.

586) 구지(俱胝) : 수(數)의 단위로 10의 7승(乘). 십만, 천만, 혹은 억(億), 만억(萬億), 혹은 경
(京)이라 함.

587) 솔토(率土) : 온 나라 땅. 국토 전체. 전토(全土).

결국에는 모든 중생들을 이롭게 하고
즐겁게 하는 것임을 잘 알고 있다네.

세간의 온갖 가르침의 길[588]들은
널리 그 속에서 출가하여,
방편을 따라 중생을 이롭게 하면서도
온갖 견해에 떨어지지 않는다네.

때로는 해나 달이나 하늘이나
범왕(梵王)이나 여러 세계의 주인[589]이나,
땅이나 물이나 불이나 바람이 되어서
중생들에게 이익이 되게 하기도 한다네.

질역겁(疾疫劫)[590]에

---

588) 도법(道法) : ①깨달음의 법. ②깨달은 성인의 일. ③깨달음. ④가르침.
589) 세계주(世界主) : 여러 세계의 주인인 범왕(梵王). 세계에 소(小), 소천(小千), 중천(中千), 대천(大千)의 구별이 있듯이, 세계주에도 4종류의 구별이 있다. 초선천(初禪天)의 범왕은 일소세계(一小世界; 사천하(四天下)의 주인이고, 이선천(二禪天)의 범왕은 소천세계(小千世界)의 주인이고, 삼선천(三禪天)의 범왕은 중천세계(中千世界)의 주인이고, 사선천(四禪天)의 범왕은 대천세계(大千世界)의 주인이다.
590) 질역겁(疾疫劫) : 소삼재(小三災)의 하나. 세계가 이루어짐부터 파괴되어 공무(空無)에 돌아가기까지를 4기로 나눈 4겁(劫) 중의 주겁(住劫)에 20증감(增減)이 있는데, 감겁(減劫)의 마지막에 일어나는 세 가지 재난인 소삼재 가운데 하나. 질역재(疾疫災)는 야차·악귀 등이 독기(毒氣)를 토하여 질병을 유행시켜 죽는 이가 많으며, 7월 7일 동안 계속하여 남섬부주 중에 겨우 1만 사람이 남는다 함.

온갖 뛰어난 약을 그때그때 만들어,[591]

모든 질병의 고통을 깨끗이 제거하고

큰 깨달음으로 향하게 할 수 있다네.

기근겁(飢饉劫)[592]에

온갖 먹을거리를 나타내어,

먼저 그 배고픔과 목마름을 없애고

법을 말하여 태평하게 만든다네.

도병겁(刀兵劫)[593]에

자비(慈悲)와 정려(靜慮)[594]를 닦아,

헤아릴 수 없는 중생들로 하여금

즐거움 속에서 분노의 방해가 없도록 하고,

---

591) 현작(現作) : 그 자리에서 만들다. 그때그때 만들다. =현주(現做).

592) 기근겁(飢饉劫) : =기근재(飢饉災). 소(小) 3재(災)의 하나. 주겁(住劫)에 20증감겁(增減劫)이 있는 가운데서 각 감겁(減劫)의 끝, 곧 인수(人壽) 8만 4천세에서 백년마다 1세씩 줄어 10세(소승 10세, 대승 30세)에 이를 때에 일어나는 흉년. 7년 7월 7일 동안 가뭄이 계속하여 초목이 나지 못하고 죽는 사람이 연달아 생겨서, 남섬부주 안에 살아 있는 이가 겨우 1만 사람 뿐이라고 함.

593) 도병겁(刀兵劫) : =도병재(刀兵災). 소삼재(小三災)의 하나. 세계가 이루어짐부터 파괴되어 공무(空無)에 돌아가기까지를 4기로 나눈 4겁 중의 주겁(住劫)에 20증감(增減)이 있는데, 감겁의 마지막, 사람 목숨 10세 때 일어나는 세 가지 재난. 도병재(刀兵災)란 사람들이 탐욕으로부터 진심(瞋心)을 일으켜 손에 잡히는 것들이 모두 날카로운 칼이 되어 서로 찔러 죽이되, 7일 7야를 연속하여 남섬부주에 겨우 만명이 남는다 함.

594) 정려(靜慮) : 고요함과 함께 지혜가 있어, 능히 자세하게 생각한다는 뜻으로 정려라 함. 선정(禪定)과 같은 뜻.

큰 전쟁 속에서

강한 동료들을 나타내 보이고,

되풀이하여 화해를 시키고

깨달음의 마음을 내도록 권한다네.

모든 불국토는 헤아릴 수 없고

지옥도 끝이 없지만,

그 모든 곳으로 가서

고통을 뽑아 내고 안락하게 만든다네.

모든 축생(畜生)[595]의 국토[596]에서

잔혹하게 죽여[597] 서로 잡아먹더라도,

그곳에 태어남을 모두 나타내 보이는 것은

중생을 이익 되고 안락하게 하는[598] 것이니 본생(本生)[599]이라 한다네.

---

595) 방생(傍生) : 축생(畜生)을 말함. 태(胎)가 옆으로 나 있기 때문에 방생이라고 하면, 인천(人天)의 정도(正道)가 아니므로 방생이라고 한다. 하늘, 땅, 물에 사는 모든 종류의 짐승을 가리킨다.

596) 취(趣) : 중생이 번뇌로 말미암아 말·행동·생각 등으로 악업을 짓고, 그 업인(業因)으로 인하여 가게 되는 국토(國土). 5취·6취의 구별이 있음. 도(道)라고도 함.

597) 잔해(殘害) : ①죽이는 것. 빼앗는 것. 손상시키는 것. ②비참한 죽음.

598) 이락(利樂) : 이락유정(利樂有情). 유정(惟正) 즉 중생을 이익 되게 하고 안락하게 함. 보살의 이타행(利他行).

599) 본생(本生) : ①본생설(本生說), 본생담(本生譚)과 같음. 석존의 전생에 관한 이야기. ②석존이 전생에 행한 보살행(菩薩行)을 가리킴.

온갖 욕망을 받아들이는 모습을 보이면서도
늘 정려(靜慮)를 닦으니,
모든 악마를 혼란하게 만들어[600]
기회를 얻을 수 없도록 한다네.

불꽃 속에서 꽃이 피는 것처럼
법을 말씀함이 매우 희유하지만,
선정을 닦으면서도 욕망을 행하는
이 희유함은 다시 그것을 넘어선다네.

때로는 음녀(淫女)의 모습으로 나타나
모든 호색한(好色漢)들을 잡아끌지만,
먼저 욕망을 가지고 이끌고
뒤에 부처님의 지혜를 닦게 한다네.

때로는 마을의 우두머리가 되고
상인의 우두머리나 국사(國師)가 되고,
벼슬아치가 되어 임금을 보좌하여
모든 중생[601]을 이익 되고 안락하게 한다네.

모든 가난한 사람을 위하여

---

600) 혹란(惑亂) : 혼란하게 만들다. 현혹(眩惑)시키다.
601) 함식(含識) : 유정(有情). 중생(衆生).

다함없는 창고를 나타내어,

나누어 주어 가난의 고통을 없애고

큰 깨달음으로 나아가게 한다네.

모든 교만한 사람들에게는

힘센 장사를 나타내어,

그들의 교만함[602]을 항복시키고

깨달음에 머물기를 원하게 한다네.

모든 두려워하는 사람들에게는

방편으로써 잘 어루만져,

그들의 두려움을 없애고

깨닫고자 마음을 내도록 한다네.

오신통을 갖춘 외도[603]의 모습을 나타내어

범행을 깨끗하게 닦는 것은,

모두가 계율(戒律) · 인욕(忍辱) · 자비(慈悲) 속에

편안히 잘 머물게 하려는 것이라네.

때로 모든 중생을 보고서

---

602) 공고(貢高) : 자랑. 우쭐댐. 잘난척함.

603) 오통선(五通仙) : 천안통(天眼通) · 천이통(天耳通) · 숙명통(宿命通) · 타심통(他心通) ·
    신족통(神足通) 등 다섯 가지 신통에 통달한 외도(外道)의 수행자. 선인(仙人)은 산 속에
    서 수행하는 사람이란 뜻.

눈앞에 나타난 중생을 모셔야만[604] 한다면,
곧 하인이나 제자가 되어
그를 받들어 모시고서,

여러 가지 방편을 따라서
바른 법을 좋아하게 만드니,
온갖 방편 속에서
모두들 잘 닦고 배울 수 있다네.

이와 같이 끝없이 행하고
또 끝없이 행해지니,
끝없는 지혜가 두루 가득하여
끝없는 중생들을 제도하여 해탈케 하니,

가령 모든 부처님이
무한한 세월 속에 머물면서,
그 공덕을 찬양한다고 하여도
오히려 다 찬양할 수 없다네.

누가 이와 같은 법을 듣고서
큰 깨달음을 원하지 않으랴?
못난 중생들과 전혀 지혜가

---

604) 급시(給侍) : 모시다. 시중들다. 보살펴 주다.

없는 자를 제외하고는.

爾時衆中有一菩薩, 名曰普現一切色身, 問無垢稱言：“居士, 父母
妻子奴婢僕使, 親友眷屬一切侍衛, 象馬車乘御人等類, 悉爲是誰？
皆何所在？”時無垢稱以妙伽他, 而答之曰：

“慧度菩薩母, 善方便爲父,

世間眞導師, 無不由此生.

妙法樂爲妻, 大慈悲爲女,

眞實諦法男, 思空勝義舍.

煩惱爲賤隷, 僕使隨意轉,

覺分成親友, 由此證菩提.

六度爲眷屬, 四攝爲妓女,

結集正法言, 以爲妙音樂.

總持作園苑, 大法成林樹,

覺品華莊嚴, 解脫智慧果.

八解之妙池, 定水湛然滿,

七淨華彌布, 洗除諸垢穢.

神通爲象馬, 大乘以爲車,

調御菩提心, 遊八道支路.

妙相具莊嚴, 衆好而綺間,

慚愧爲衣服, 勝意樂爲鬘.

具正法珍財, 曉示爲方便,

無倒行勝利, 迴向大菩提.

四靜慮爲床，　淨命爲茵蓐，

念智常覺悟，　無不在定心.

旣餐不死法，　還飮解脫味，

沐浴妙淨心，　塗香上品戒.

殄滅煩惱賊，　勇健無能勝，

摧伏四魔怨，　建妙菩提幢.

雖實無起滅，　而故思受生，

悉現諸佛土，　如日光普照.

盡持上妙供，　奉獻諸如來，

於佛及自身，　一切無分別.

雖知諸佛國，　及與有情空，

而常修淨土，　利物無休倦.

一切有情類，　色聲及威儀，

無畏力菩薩，　刹那能盡現.

雖覺諸魔業，　而示隨所轉，

至究竟方便，　有表事皆成.

或示現自身，　有諸老病死，

成熟諸有情，　如遊戲幻法.

或現劫火起，　天地皆熾然，

有情執常相，　照令知速滅.

千俱胝有情，　率土咸來請，

同時受彼供，　皆令趣菩提.

於諸禁咒術，　書論衆伎藝，

皆知至究竟, 利樂諸有情.

世間諸道法, 遍於中出家,

隨方便利生, 而不墮諸見.

或作日月天, 梵王世界主,

地水及火風, 饒益有情類.

能於疾疫劫, 現作諸良藥,

蠲除諸疾苦, 令趣大菩提.

能於飢饉劫, 現作諸飯食,

先除彼飢渴, 說法令安泰.

能於刀兵劫, 修慈悲靜慮,

令無量有情, 欣然無恚害,

能於大戰陣, 示現力朋黨,

往復令和好, 勸發菩提心.

諸佛土無量, 地獄亦無邊,

悉往其方所, 拔苦令安樂.

諸有傍生趣, 殘害相食噉,

皆現生於彼, 利樂名本生.

示受於諸欲, 而常修靜慮,

惑亂諸惡魔, 令不得其便.

如火中生華, 說爲甚希有,

修定而行欲, 希有復過此.

或現作婬女, 引諸好色者,

先以欲相招, 後令修佛智.

或爲城邑宰, 商主及國師,

臣僚輔相尊, 利樂諸含識.

爲諸匱乏者, 現作無盡藏,

給施除貧苦, 令趣大菩提.

於諸憍慢者, 現作大力士,

摧伏彼貢高, 令住菩提願.

於諸恐怖者, 方便善安慰,

除彼驚悸已, 令發菩提心.

現作五通仙, 清淨修梵行,

皆令善安住, 戒忍慈善中.

或見諸有情, 現前須給侍,

乃爲作僮僕, 弟子而事之,

隨彼彼方便, 令愛樂正法,

於諸方便中, 皆能善修學.

如是無邊行, 及無邊所行,

無邊智圓滿, 度脫無邊衆,

假令一切佛, 住百千劫中,

讚述其功德, 猶尚不能盡.

誰聞如是法, 不願大菩提?

除下劣有情, 都無有慧者.

제9 불이법문품(不二法門品)

1. 유마힐의 질문

그때 유마힐은 무리 속의 여러 보살들에게 두루 물었다.

"보살은 어떻게 불이법문(不二法門)으로 잘 깨달아 들어갈 수 있습니까? 당신[605]들은 모두 자기의 말솜씨에 따라 각자 좋아하는 대로 말씀하셔야 합니다."

그때 무리 속에 있던 여러 보살들이 각자 좋아하는 바에 따라 차례차례 말했다.

說無垢稱經

不二法門品第九

時無垢稱, 普問衆中諸菩薩曰 : "云何菩薩善能悟入不二法門? 仁者皆應任己辯才各隨樂說." 時衆會中有諸菩薩, 各隨所樂次第而說.

---

605) 인자(仁者) : 상대방을 높여 부르는 말. 당신.

2. 여러 보살들의 답변

(1) 법자재보살의 답변

그때 이름이 법자재(法自在)라는 보살은 이렇게 말했다.

"생기고 사라지는 것이 둘이 됩니다. 만약 모든 보살이 모든 법은 본래 생기는 것도 아니고 사라지는 것도 아님을 깨달아 안다면,[606] 이와 같은 무생법인을 깨닫는 것이 곧 불이법문에 깨달아 들어가는 것입니다."

(2) 승밀보살의 답변

또 승밀(勝密)이라는 이름의 보살은 이렇게 말했다.

"나와 나의 것이라고 분별하면 둘이 되니, 나를 헤아리기 때문에 곧 나의 것을 헤아립니다. 만약 나도 없고 나의 것도 없음을 깨닫는다면, 이것이 불이법문에 깨달아 들어가는 것입니다."

(3) 무순보살의 답변

또 무순(無瞬)이라는 이름의 보살은 이렇게 말했다.

"취함 있음과 취함 없음을 분별하면 둘이 됩니다. 만약 모든 보살이 취함이 없으면 얻음도 없고 얻음이 없기 때문에 늘어나거나 줄어듦이 없음을 깨달아 안다면, 행하지도 않고 쉬지도 않아서 어떤 법에도 집착함이 없을 것이니, 이것이 불이법문에 깨달아 들어가는 것입니다."

---

606) 요지(了知) : 확실히 알다. 밝게 깨닫다. 깨달아 알다.

(4) 승봉보살의 답변

또 승봉(勝峰)이라는 이름의 보살은 이렇게 말했다.

"더럽게 물듦과 깨끗함을 분별하면 둘이 됩니다. 만약 모든 보살이 더럽게 물듦과 깨끗함이 둘이 아님을 깨달아 안다면, 분별이 없을 것이니 영원히 분별이 끊어져서 흔적이 사라진 것이 곧 불이법문에 깨달아 들어가는 것입니다."

(5) 묘성보살의 답변

또 묘성(妙星)이란 이름의 보살은 이렇게 말했다.

"산만하게 움직임과 고요하게 사유함을 분별하면 둘이 됩니다. 만약 모든 보살이 산만하게 움직임도 전혀 없고 고요하게 사유함도 전혀 없음을 깨달아 안다면, 일부러[607] 머물지도 않고 산만하게 움직이지도 않고 고요히 사유하지도 않고 일부러 마음을 내지도 않으니, 이것이 곧 불이법문에 깨달아 들어가는 것입니다."

(6) 묘안보살의 답변

또 묘안(妙眼)이란 이름의 보살은 이렇게 말했다.

"하나의 모습과 모습 없음을 분별하면 둘이 됩니다. 만약 모든 보살이 모든 법에는 하나의 모습도 없고 다른 모습도 없고 또한 모습 없음도 없음을 깨달아 안다면, 이와 같이 하나의 모습과 다른 모습과 모습 없음이 평등함을 아는 것이 곧 불이법문에 깨달아 들어가는 것입니다."

---

607) 작의(作意) : 일부러. 고의로. 특별히.

(7) 묘비보살의 답변

또 묘비(妙臂)란 이름의 보살은 이렇게 말했다.

"보살의 마음과 성문의 마음이라는 두 마음이 둘이 됩니다. 만약 모든 보살이 두 마음의 자성(自性)이 공(空)이고 환상(幻相)과 같아서 보살의 마음도 없고 성문의 마음도 없음을 깨달아 안다면, 이와 같이 두 마음의 모습이 평등하여 모두 환상(幻相)과 같은 것이 곧 불이법문에 깨달아 들어가는 것입니다."

(8) 육양보살의 답변

또 육양(育養)이란 이름의 보살은 이렇게 말했다.

"선(善)함과 선하지 않음을 분별하면 둘이 됩니다. 만약 모든 보살이 선(善)의 자성과 선하지 않음의 자성이 발생하지 않음을 깨달아 안다면, 모습과 모습 없음의 두 구절이 평등하여 취함도 없고 버림도 없을 것이니, 이것이 곧 불이법문에 깨달아 들어가는 것입니다."

(9) 사자보살의 답변

또 사자(師子)란 이름의 보살은 이렇게 말했다.

"죄 있음과 죄 없음을 분별하면 둘이 됩니다. 만약 모든 보살이 죄 있음과 죄 없음의 둘이 모두 평등함을 깨달아 안다면, 금강(金剛)[608]의 지혜를 가지고 모든 법에 통달하여 얽매임도 없고 풀려남도 없을 것이니, 이것이 곧 불이법문에 깨달아 들어가는 것입니다."

---

608) 금강(金剛) : 금강석(金剛石) 즉 다이아몬드는 단단하고 예리한 두 가지 덕을 가지고 있으므로, 불멸(不滅)의 진여(眞如)를 가리키는 비유로 씀.

(10) 사자혜보살의 답변

또 사자혜(師子慧)란 이름의 보살은 이렇게 말했다.

"유루(有漏)[609]와 무루(無漏)를 분별하면 둘이 됩니다. 만약 모든 보살이 모든 법의 자성이 모두 평등함을 깨달아 안다면, 유루와 무루라는 두 가지 생각을 일으키지 않고 생각 있음에도 집착하지 않고 생각 없음에도 집착하지 않을 것이니, 이것이 곧 불이법문에 깨달아 들어가는 것입니다."

(11) 정승해보살의 답변

또 정승해(淨勝解)라는 이름의 보살은 이렇게 말했다.

"유위(有爲)와 무위(無爲)를 분별하면 둘이 됩니다. 만약 모든 보살이 유위와 무위의 두 법의 자성이 모두 평등함을 깨달아 안다면, 온갖 유위의 행위[610]를 멀리 벗어나 깨달음의 지혜가 허공과 같을 것이고, 지혜가 매우 깨끗하여 집착도 없고 내버림도 없을 것이니, 이것이 곧 불이법문에 깨달아 들어가는 것입니다."

(12) 나라연보살의 답변

또 나라연(那羅延)이란 이름의 보살은 이렇게 말했다.

"세간과 출세간을 분별하면 둘이 됩니다. 만약 모든 보살이 세간의

---

609) 유루(有漏) : ↔무루(無漏). 루(漏)는 누설(漏泄)된다는 뜻. 육근(六根)으로 누설되는 것. 곧 번뇌를 가리킴. 사제(四諦) 가운데 고제(苦諦)·집제(集諦)를 유루라 함.

610) 제행(諸行) : ①무상(無常)하게 변화하는 온갖 일들. 온갖 유위(有爲)의 행위. 유위(有爲)와 같음. ②선(善)을 닦는 여러 가지 행위.

본성이 공적(空寂)임을 깨달아 안다면, 들어가는 일도 없고 나가는 일도 없고 흘러가는 일도 없고 흩어지는 일도 없고 또 집착하지도 않을 것이니, 이것이 바로 불이법문에 깨달아 들어가는 것입니다."

(13) 조순혜보살의 답변

또 조순혜(調順慧)라는 이름의 보살은 이렇게 말했다.

"생사(生死)와 열반을 분별하면 둘이 됩니다. 만약 모든 보살이 생사의 자성이 본래 공(空)임을 깨달아 안다면, 생사에 흘러 다니는 일도 없을 것이고 고요히 사라짐도 없을 것이니, 이것이 곧 불이법문에 깨달아 들어가는 것입니다."

(14) 현견보살의 답변

또 현견(現見)이라는 이름의 보살은 이렇게 말했다.

"다함 있음과 다함 없음을 분별하면 둘이 됩니다. 만약 모든 보살이 다함 있음과 다함 없음이 전혀 없음을 깨달아 안다면, 요컨대 마침내 다한다면 다했다고 일컫고, 만약 마침내 다하여 다시 다할 것이 없다면 다함이 없다고 일컬을 것입니다. 또 다함이 있다고 하는 것은 한 순간을 일컫는데, 한 순간 속에는 결코 다함이 있는 것이 아니라면 이것은 다함이 없는 것이니, 다함 있음이 없기 때문에 다함 없음도 없습니다. 다함 있음과 다함 없음의 자성이 공(空)임을 깨달아 아는 것이 곧 불이법문에 깨달아 들어가는 것입니다."

(15) 보밀보살의 답변

또 보밀(普密)이라는 이름의 보살은 이렇게 말했다.

"유아(有我)와 무아(無我)를 분별하면 둘이 됩니다. 만약 모든 보살이 유아도 오히려 얻을 수 없음을 깨달아 안다면, 어찌 무아를 얻을 수 있겠습니까? 유아와 무아의 자성이 둘이 없음을 보는 것이 곧 불이법문에 깨달아 들어가는 것입니다."

(16) 전천보살의 답변

또 전천(電天)이라는 이름의 보살은 이렇게 말했다.

"명(明)과 무명(無明)을 분별하면 둘이 됩니다. 만약 모든 보살이 무명의 본성이 곧 명임을 깨달아 안다면, 명과 무명을 모두 얻을 수 없습니다. 헤아릴 수 없는 것은 헤아리는 길을 넘어 있으니 그 속에서 평등하여 둘이 없음을 확실히 본다면[611] 이것이 곧 불이법문에 깨달아 들어가는 것입니다."

(17) 희견보살의 답변

또 희견(喜見)이라는 이름의 보살은 이렇게 말했다.

"색수상행식(色受想行識)의 오온(五蘊)과 공(空)을 분별하면 둘이 됩니다. 만약 오온의 자성이 본래 공임을 안다면, 색이 곧 공이지 색이 사라져서 공이 되는 것이 아니며, 나아가 수상행식도 역시 이와 같으니, 이것이 곧 불이법문에 깨달아 들어가는 것입니다."

---

611) 현관(現觀) : 확실히 진리를 알다. 진리와 일체가 되다. 앞에 드러나 있는 진리를 확실히 본다는 뜻. 앞에 있는 경계를 관한다는 뜻.

(18) 광당보살의 답변

또 광당(光幢)이라는 이름의 보살은 이렇게 말했다.

"지수화풍(地水火風)의 사계(四界)[612]와 공(空)을 분별하면 둘이 됩니다. 만약 모든 보살이 사계가 곧 허공의 자성임을 깨달아 안다면, 과거·현재·미래의 사계와 공의 자성이 모두 잘못됨 없이 모든 세계에 깨달아 들어가니, 이것이 곧 불이법문에 깨달아 들어가는 것입니다."

(19) 묘혜보살의 답변

또 묘혜(妙慧)라는 이름의 보살은 이렇게 말했다.

"눈과 색깔, 귀와 소리, 코와 냄새, 혀와 맛, 몸과 촉감, 의식(意識)과 만법(萬法)을 분별하면 둘이 됩니다. 만약 모든 보살이 그 모든 것의 자성(自性)이 전부 공(空)임을 깨달아 안다면, 눈의 자성을 보아 색깔에서 탐냄도 없고 성냄도 없고 어리석음도 없을 것이고, 이와 같이 나아가 마침내 의식의 자성을 보아 만법에서 탐냄도 없고 성냄도 없고 어리석음도 없을 것이니, 이것이 곧 공(空)이기 때문입니다. 이와 같이 보아서 고요히 머문다면, 이것이 곧 불이법문에 깨달아 들어가는 것입니다."

(20) 무진혜보살의 답변

또 무진혜(無盡慧)라는 이름의 보살은 이렇게 말했다.

"보시와 깨달음[613]으로 향[614]함을 각각 분별하면 둘이 됩니다. 이와

---

612) 사계(四界) : 지(地)·수(水)·화(火)·풍(風)의 4대(大). 계(界)는 성(性)의 뜻. 이 넷은 각각 제 성품을 가졌으므로 계라 함.

613) 일체지성(一切智性) : 일체지(一切智)의 자성(自性). 일체지(一切智)는 모든 것에 밝은

같이 분별하여 지계(持戒) · 인욕(忍辱) · 정진(精進) · 선정(禪定) · 반야(般若)와 깨달음으로 향함을 각각 분별하면 둘이 됩니다. 만약 보시가 곧 깨달음으로 향함이고 이 깨달음으로 향함이 곧 보시이며, 이와 같이 나아가 마침내 반야의 자성이 곧 깨달음으로 향함이고 이 깨달음으로 향함이 곧 반야임을 깨닫는다면, 이 하나의 도리를 깨닫는 것이 곧 불이법문에 깨달아 들어가는 것입니다."

(21) 심심각보살

또 심심각(甚深覺)이라는 이름의 보살은 이렇게 말했다.

"공(空) · 무상(無相) · 무원(無願)[615]을 분별하면 둘이 됩니다. 만약 모든 보살이 공(空) 속에 상(相)이 전혀 없고, 이 무상(無相) 속에 역시 원(願)이 없고, 이 무원(無願) 속에 전환시킬 만한 마음도 없고 의근(意根)도 없고 의식(意識)도 없음을 깨달아 안다면, 이와 같다면 하나의 해탈문(解脫門)에 전체 삼해탈문(三解脫門)을 모두 갖추게 될 것입니다. 이렇게 통달한다면, 곧 불이법문에 깨달아 들어가는 것입니다."

(22) 적정근보살의 답변

또 적정근(寂靜根)이라는 이름의 보살은 이렇게 말했다.

지혜이니 깨달음의 지혜를 가리킴. 그러므로 일체지성은 깨달은 사람의 자성인 깨달음을 가리킨다. 깨달은 사람은 그 자성이 곧 깨달음이다.

614) 회향(迴向) : 회향(回向), 회향(廻向)이라고도 씀. 회전취향(迴轉趣向)의 약자. ①방향을 돌려서 향하다, 향하여 나아가다, 되돌아보다는 뜻. ②자기가 닦은 선근(善根) 공덕을 다른 중생이나 깨달음으로 향하여 돌림.

615) 공(空) · 무상(無相) · 무원(無願)의 셋을 삼해탈문(三解脫門), 삼삼매문(三三昧門), 삼공관문(三空觀門)이라고 함.

"불(佛)·법(法)·승(僧) 삼보(三寶)를 분별하면 둘이 됩니다. 만약 모든 보살이 불의 자성(自性)이 곧 법의 자성이고 법의 자성이 곧 승의 자성임을 깨달아 안다면, 이러한 삼보는 모두 모습이 이루어짐이 없이 허공과 같아질 것이며, 모든 법들 역시 그러합니다. 만약 이렇게 통달한다면, 곧 불이법문에 깨달아 들어가는 것입니다."

(23) 무애안보살의 답변

또 무애안(無礙眼)이라는 이름의 보살은 이렇게 말했다.

"이 몸이 있음[616]과 몸의 소멸을 분별하면 둘이 됩니다. 만약 모든 보살이 몸이 있음이 곧 몸의 소멸임을 알고서 이와 같이 마침내 몸이 있다는 견해[617]를 일으키지 않아서 몸이 있는데 몸이 없음을 깨달아 안다면, 분별도 없고 망상[618]도 없을 것입니다. 이 둘[619]이 완전히 사라짐[620]을 깨달아서 의심도 없고 놀람도 없고 두려움도 없다면, 이것이 곧 불이법문에 깨달아 들어가는 것입니다."

---

616) 살가야(薩迦耶) : '몸이 있음' 즉 '몸'이라는 개념을 가리킴. 살가야(薩迦耶)는 sat-kāya의 음역. sat는 '있다'는 뜻이고, kāya는 '몸'이라는 뜻. 살가야견(薩迦耶見) 참조.

617) 살가야견(薩迦耶見) : 5견(見)의 하나. 신견(身見)이라 번역. 살가야달리슬치(薩迦耶達利瑟致)라 음역. 5온으로써 가(假)로 화합한 것을 실(實)의 자아(自我)가 있다고 집착하며, 내 몸에 부속한 모든 물건은 일정한 소유주가 없는 것인데, 아(我)의 소유물이라고 집착하는 견해. 범어에 가야는 신(身), 달리슬치는 견(見). 살은 유부(有部)에서는 유(有)의 뜻, 경부(經部)에서는 허위(虛僞), 혹은 괴(壞)의 뜻, 대승 유식가에서는 이전(移轉)의 뜻이라 함.

618) 이분별(異分別) : 분별과 같음. 분별의 산스크리트 vikalpa에서 접두사 vi를 이(異)이라고 한역한 것. 분별, 허망분별, 망상, 생각.

619) 몸이 있음과 몸이 없음의 두 가지 분별.

620) 구경멸(究竟滅) : 망상번뇌가 완전히 사라져서 다시는 일어나지 않는 것. 완전한 깨달음을 가리킴.

(24) 선조순보살의 답변

또 선조순(善調順)이라는 이름의 보살은 이렇게 말했다.

"이 몸과 말과 뜻 세 가지 율의(律儀)[621]를 분별하면 둘이 됩니다. 만약 모든 보살이 이와 같은 세 가지 율의를 깨달아 안다면, 전혀 모습을 만들지 않아서 그 모습에 둘이 없을 것입니다. 까닭이 무엇일까요? 이 삼업(三業)의 길에서 전혀 모습을 만들지 않기 때문이니, 몸에서 모습을 만들지 않으면 말에서 모습을 만들지 않고, 말에서 모습을 만들지 않으면 뜻에서 모습을 만들지 않고, 뜻에서 모습을 만들지 않으면 모든 것에서 전혀 모습을 만들지 않습니다. 만약 모습을 만들지 않는 곳으로 따라 들어간다면, 이것이 곧 불이법문에 깨달아 들어가는 것입니다."

(25) 복전보살의 답변

또 복전(福田)이라는 이름의 보살은 이렇게 말했다.

"죄를 짓는 행위와 복을 짓는 행위와 죄도 복도 아닌 행위를 분별하면 둘이 됩니다. 만약 모든 보살이 죄를 짓는 행위와 복을 짓는 행위와 죄도 복도 아닌 행위를 깨달아 안다면, 전혀 모습을 만들지 않아서 그 모습에 둘이 없을 것입니다. 까닭이 무엇일까요? 죄와 복과 죄도 복도 아닌 이러한 세 가지 행위의 자성의 모습은 모두 공이기 때문이니, 공 속에는 죄와 복과 죄도 복도 아닌 세 가지 행위의 차별이 없습니다. 이와 같이 통달하는 것이 곧 불이법문에 깨달아 들어가는 것입니다."

---

621) 율의(律儀) : 계율(戒律)을 말함. 부처님이 제정한 규모를 지켜 위의(威儀)를 엄정하게 하는 율법.

(26) 화엄보살의 답변

또 화엄(華嚴)이라는 이름의 보살은 이렇게 말했다.

"모든 이법(二法)은 전부 나에게서 일어납니다. 만약 모든 보살이 나의 참된 자성을 안다면, 이법을 일으키지 않을 것입니다. 이법을 일으키지 않기 때문에 분별함이 없고, 분별함이 없기 때문에 분별되는 것도 없을 것이니, 이것이 곧 불이법문에 깨달아 들어가는 것입니다."

(27) 승장보살의 답변

또 승장(勝藏)이라는 이름의 보살은 이렇게 말했다.

"모든 이법(二法)은 얻을 것이 있다는 마음에서 일어납니다. 만약 모든 보살이 모든 법에는 전혀 얻을 것이 없음을 깨달아 안다면, 취하거나 버림이 없을 것입니다. 이미 취하거나 버림이 없다면, 이것이 곧 불이법문에 깨달아 들어가는 것입니다."

(28) 월상보살의 답변

또 월상(月上)이라는 이름의 보살은 이렇게 말했다.

"밝음과 어둠을 분별하면 둘이 됩니다. 만약 모든 보살이 실상(實相)을 깨달아 안다면, 어둠도 없고 밝음도 없어서 그 자성에 둘이 없을 것입니다. 까닭이 무엇일까요? 비유하면 비구가 멸진정(滅盡定)[622]에 들어

---

622) 멸진정(滅盡定) : 대승에서는 24불상응법(不相應法)의 하나. 소승에서는 14불상응법의 하나, 또는 2무심정(無心定)의 하나. 마음에서 모든 분별된 모습을 다 없애고 고요하기를 바라며 닦는 선정. 소승에서는 불환과(不還果)와 아라한과의 성자가 닦는 유루정(有漏定)으로, 육식(六識)과 인집(人執)을 일으키는 말나(末那)만을 없애는 것. 대승의 보살이 닦는 멸진정은 무루정(無漏定)으로, 법집(法執)을 일으키는 말나까지도 없앤다.

가면 어둠도 없고 밝음도 없는 것처럼, 모든 법의 자성 역시 그렇습니다. 이와 같이 모든 법의 평등함에 묘하게 계합(契合)하는 것이 곧 불이법문에 깨달아 들어가는 것입니다."

(29) 보인수보살의 답변

또 보인수(寶印手)라는 이름의 보살은 이렇게 말했다.

"열반을 좋아하고 생사윤회를 싫어하면 둘이 됩니다. 만약 모든 보살이 열반과 생사윤회를 좋아하거나 싫어하지 않으면, 둘이 없습니다. 까닭이 무엇일까요? 만약 삶과 죽음에 얽매이면 해탈을 구할 것이지만, 삶과 죽음에 얽매임이 끝내 없음을 안다면 무엇 하러 다시 해탈열반을 구하겠습니까? 이와 같이 얽매임도 없고 풀려남도 없음에 통달하여 열반을 좋아하지도 않고 삶과 죽음을 싫어하지도 않는 것, 이것이 곧 불이법문에 깨달아 들어가는 것입니다."

(30) 주계왕보살의 답변

또 주계왕(珠髻王)이라는 이름의 보살은 이렇게 말했다.

"바른 길과 삿된 길을 분별하면 둘이 됩니다. 만약 모든 보살이 바른 길에 잘 머물 수 있으면, 삿된 길이 끝내 행해지지 않습니다. 삿된 길이 행해지지 않기 때문에, 바른 길과 삿된 길이라는 두 모습이 없습니다. 두 모습을 제거하였기 때문에, 두 개의 깨달음이 없습니다. 만약 두 개의 깨달음이 없다면, 이것이 곧 불이법문에 깨달아 들어가는 것입니다."[623)]

---

623) 구마라집이 번역한 『유마힐소설경』에는 이 부분이 이렇게 되어 있다 : "바른 길과 삿된 길

(31) 체실보살의 답변

또 체실(諦實)이라는 이름의 보살은 이렇게 말했다.

"허망함과 진실함을 분별하면 둘이 됩니다. 만약 모든 보살이 진실(眞實)의 자성(自性)을 자세히 관찰하면,[624] 오히려 진실함도 볼 수 없는데 하물며 허망함을 보겠습니까? 까닭이 무엇일까요? 이 자성은 육체의 눈으로 보는 것이 아니라, 지혜의 눈으로 보는 것이기 때문입니다. 이와 같이 볼 때에는 모든 법을 보는 일도 없고 보지 않는 일도 없으니, 이것이 곧 불이법문에 깨달아 들어가는 것입니다."

時有菩薩名法自在, 作如是言:"生滅爲二. 若諸菩薩了知, 諸法本來無生亦無有滅, 證得如是無生法忍, 是爲悟入不二法門."

復有菩薩名曰勝密, 作如是言:"我及我所分別爲二, 因計我故便計我所. 若了無我亦無我所, 是爲悟入不二法門."

復有菩薩名曰無瞬, 作如是言:"有取無取分別爲二. 若諸菩薩了知, 無取則無所得, 無所得故則無增減, 無作無息於一切法無所執著, 是爲悟入不二法門."

復有菩薩名曰勝峰, 作如是言:"雜染淸淨分別爲二. 若諸菩薩了知, 雜染淸淨無二, 則無分別, 永斷分別趣寂滅跡, 是爲悟入不二法門."

復有菩薩名曰妙星, 作如是言:"散動思惟分別爲二. 若諸菩薩了

이 둘이 됩니다. 바른 길에 머물면 삿된지 바른지를 분별하지 않습니다. 이 둘을 벗어나는 것이 곧 불이법문에 들어가는 것입니다."("正道邪道爲二. 住正道者, 則不分別是邪是正. 離此二者, 是爲入不二法門.")

624) 관체(觀諦)는 체관(諦觀)과 같다고 보아야 한다. 체관은 자세하고 분명하게 잘 관찰함이다.

知, 一切無有散動無所思惟, 則無作意住無散動, 無所思惟無有作意, 是爲悟入不二法門."

復有菩薩名曰妙眼, 作如是言: "一相無相分別爲二. 若諸菩薩了知, 諸法無有一相無有異相亦無無相, 則知如是一相異相無相平等, 是爲悟入不二法門."

復有菩薩名曰妙臂, 作如是言: "菩薩聲聞二心爲二. 若諸菩薩了知, 二心性空如幻, 無菩薩心無聲聞心, 如是二心其相平等皆同幻化, 是爲悟入不二法門."

復有菩薩名曰育養, 作如是言: "善及不善分別爲二. 若諸菩薩了知, 善性及不善性無所發起, 相與無相二句平等無取無捨, 是爲悟入不二法門."

復有菩薩名曰師子, 作如是言: "有罪無罪分別爲二. 若諸菩薩了知, 有罪及與無罪二皆平等, 以金剛慧通達諸法無縛無解, 是爲悟入不二法門."

復有菩薩名師子慧, 作如是言: "有漏無漏分別爲二. 若諸菩薩知一切法性皆平等, 於漏無漏不起二想, 不著有想不著無想, 是爲悟入不二法門."

復有菩薩名淨勝解, 作如是言: "有爲無爲分別爲二. 若諸菩薩了知二法性皆平等, 遠離諸行覺慧如空, 智善清淨無執無遺, 是爲悟入不二法門."

復有菩薩名那羅延, 作如是言: "世出世間分別爲二. 若諸菩薩了知世間本性空寂, 無入無出無流無散亦不執著, 是爲悟入不二法門."

復有菩薩名調順慧, 作如是言: "生死涅槃分別爲二. 若諸菩薩了知生死其性本空, 無有流轉亦無寂滅, 是爲悟入不二法門."

復有菩薩名曰現見, 作如是言: "有盡無盡分別爲二. 若諸菩薩了知都無有盡無盡, 要究竟盡乃名爲盡. 若究竟盡不復當盡, 則名無盡. 又有盡者, 謂一刹那, 一刹那中, 定無有盡則是無盡, 有盡無故無盡亦無. 了知有盡無盡性空, 是爲悟入不二法門."

復有菩薩名曰普密, 作如是言: "有我無我分別爲二. 若諸菩薩了知有我尙不可得, 何況無我? 見我無我其性無二, 是爲悟入不二法門."

復有菩薩名曰電天, 作如是言: "明與無明分別爲二. 若諸菩薩了知無明本性是明, 明與無明俱不可得. 不可算計超算計路, 於中現觀平等無二, 是爲悟入不二法門."

復有菩薩名曰喜見, 作如是言: "色受想行及識與空分別爲二. 若知取蘊性本是空, 卽是色空非色滅空, 乃至識蘊亦復如是, 是爲悟入不二法門."

復有菩薩名曰光幢, 作如是言: "四界與空分別爲二. 若諸菩薩了知四界卽虛空性, 前中後際四界與空, 性皆無倒悟入諸界, 是爲悟入不二法門."

復有菩薩名曰妙慧, 作如是言: "眼色耳聲鼻香舌味身觸意法分別爲二. 若諸菩薩了知一切其性皆空, 見眼自性於色無貪無瞋無癡, 如是乃至見意自性於法無貪無瞋無癡, 此則爲空. 如是見已寂靜安住, 是爲悟入不二法門."

復有菩薩名無盡慧, 作如是言: "布施迴向一切智性各別爲二. 如是分別戒忍精進靜慮般若, 及與迴向一切智性各別爲二. 若了布施卽所迴向一切智性, 此所迴向一切智性卽是布施, 如是乃至般若自性,卽所迴向一切智性, 此所迴向一切智性卽是般若, 了此一理, 是爲悟入不二法門."

復有菩薩名甚深覺, 作如是言: "空無相無願分別爲二. 若諸菩薩了知, 空中都無有相, 此無相中亦無有願, 此無願中無心無意無識可轉, 如是卽於一解脫門, 具攝一切三解脫門. 若此通達, 是爲悟入不二法門."

復有菩薩名寂靜根, 作如是言: "佛法僧寶分別爲二. 若諸菩薩了知, 佛性卽是法性, 法卽僧性, 如是三寶皆無爲相與虛空等, 諸法亦爾. 若此通達, 是爲悟入不二法門."

復有菩薩名無礙眼, 作如是言: "是薩迦耶及薩迦耶滅分別爲二. 若諸菩薩知, 薩迦耶卽薩迦耶滅, 如是了知畢竟不起薩迦耶見, 於薩迦耶薩迦耶滅, 卽無分別無異分別. 證得此二究竟滅性, 無所猜疑無驚無懼, 是爲悟入不二法門."

復有菩薩名善調順, 作如是言: "是身語意三種律儀分別爲二. 若諸菩薩了知如是三種律儀, 皆無作相其相無二. 所以者何? 此三業道皆無作相, 身無作相卽語無作相, 語無作相卽意無作相, 意無作相卽一切法俱無作相. 若能隨入無造作相, 是爲悟入不二法門."

復有菩薩名曰福田, 作如是言: "罪行福行及不動行分別爲二. 若諸菩薩了知罪行福及不動, 皆無作相其相無二. 所以者何? 罪福不動如是三行性相皆空, 空中無有罪福不動三行差別. 如是通達, 是爲悟入不二法門."

復有菩薩名曰華嚴, 作如是言: "一切二法皆從我起. 若諸菩薩知我實性, 卽不起二. 不起二故卽無了別, 無了別故無所了別, 是爲悟入不二法門."

復有菩薩名曰勝藏, 作如是言: "一切二法有所得起. 若諸菩薩了知諸法都無所得, 則無取捨. 旣無取捨, 是爲悟入不二法門."

復有菩薩名曰月上, 作如是言: "明之與暗分別爲二. 若諸菩薩了知實相, 無暗無明其性無二. 所以者何? 譬如苾芻入滅盡定無暗無明, 一切諸法其相亦爾. 如是妙契諸法平等, 是爲悟入不二法門."

復有菩薩名寶印手, 作如是言: "欣厭涅槃生死爲二. 若諸菩薩了知, 涅槃及與生死不生欣厭, 則無有二. 所以者何? 若爲生死之所繫縛, 則求解脫, 若知畢竟無生死縛, 何爲更求涅槃解脫? 如是通達無縛無解, 不欣涅槃不厭生死, 是爲悟入不二法門."

復有菩薩名珠髻王, 作如是言: "正道邪道分別爲二. 若諸菩薩善能安住正道, 邪道究竟不行. 以不行故, 則無正道邪道二相. 除二相故, 則無二覺. 若無二覺, 是爲悟入不二法門."

復有菩薩名曰諦實, 作如是言: "虛之與實分別爲二. 若諸菩薩觀諦實性, 尙不見實, 何況見虛? 所以者何? 此性非是肉眼所見, 慧眼乃見. 如是見時, 於一切法無見無不見, 是爲悟入不二法門."

3. 문수보살의 답변

이와 같이 모임 속에 있던 여러 보살들은 각자 깨달아 아는 바에 따라 제각기 다르게 말을 하고서는 함께 문수사리에게 질문을 던졌다.

"어떤 것을 일러 보살이 불이법문에 깨달아 들어가는 것이라고 합니까?"

그때 문수사리는 여러 보살들에게 말했다.

"그대들이 말한 것이 비록 모두 훌륭하긴 하지만, 나의 뜻에 따르면 그대들의 이러한 말들은 아직 둘이 된다고 하겠다. 만약 모든 보살이 모든 법에 대하여 말도 없고 설명도 없고 드러냄도 없고 보여 줌도 없어서 모든 희론(戲論)[625]을 벗어나고 분별을 끊었다면, 이것이 곧 불이법문에 깨달아 들어가는 것이다."[626]

如是會中有諸菩薩, 隨所了知各別說已, 同時發問妙吉祥言: "云何菩薩名爲悟入不二法門?" 時妙吉祥告諸菩薩: "汝等所言雖皆是善, 如我意者, 汝等此說猶名爲二. 若諸菩薩於一切法, 無言無說無表無示, 離諸戲論絶於分別, 是爲悟入不二法門."

4. 유마힐보살(維摩詰菩薩)의 답변

---

625) 희론(戲論) : 희롱(戲弄)의 담론(談論). 부질없이 희롱하는 아무 뜻도 이익도 없는 말. 여기에는 사물에 집착하는 미혹한 마음으로 하는 여러 가지 옳지 못한 언론인 애론(愛論)과 여러 가지 치우친 소견으로 하는 의론인 견론(見論)의 2종이 있다. 둔근인(鈍根人)은 애론, 이근인(利根人)은 견론, 재가인(在家人)은 애론, 출가인(出家人)은 견론, 천마(天魔)는 애론, 외도(外道)는 견론, 범부(凡夫)는 애론, 2승(乘)은 견론을 고집함.

626) 구마라집이 번역한 『유마힐소설경』에서는 문수의 말이 다음과 같다 : "나의 뜻에 따르면, 모든 법에서 말도 없고 설명도 없고 보여 줌도 없고 알아차림도 없어서, 모든 물음과 대답에서 벗어난 것이 곧 불이법문에 들어가는 것이다."(如我意者, 於一切法, 無言無說, 無示無識, 離諸問答, 是爲入不二法門.)

그때 문수사리가 다시 유마힐 보살에게 물었다.

"우리는 각자의 뜻에 따라 제각기 말했습니다. 이제 당신이 말씀하셔야 합니다. 어떤 것을 일러 보살이 불이법문에 깨달아 들어간다고 합니까?"

그때 유마힐은 침묵하며 말이 없었다. 이에 문수사리가 말했다.

"훌륭합니다! 훌륭합니다! 이와 같이 보살은 불이법문에 참되이 깨달아 들어가니, 그 속에서는 어떤 문자나 말씀에 의한 분별이 전혀 없습니다."

이렇게 모든 보살이 이러한 법문을 들었을 때에, 모임 속에 있던 오천의 보살들은 모두 불이법문에 깨달아 들어갈 수 있었고, 동시에[627] 무생법인을 깨달았다.[628]

유마경(설무구칭경) 제4권 끝

時妙吉祥, 復問菩薩無垢稱言: "我等隨意各別說已. 仁者當說. 云何菩薩名爲悟入不二法門?" 時無垢稱默然無說. 妙吉祥言: "善哉! 善哉! 如是菩薩, 是眞悟入不二法門, 於中都無一切文字言說分別." 此諸菩薩說是法時, 於衆會中五千菩薩, 皆得悟入不二法門, 俱時證會無生法忍.

說無垢稱經卷第四

---

627) 구시(俱時): 동시(同時). 동시에. 더불어.

628) 증회(證會): 증지(證知)하고 회취(會取)하다. 또는 증득(證得)하고 해회(解會)하다. 증오(證悟). 깨닫다.

제10 향대불품(香臺佛品)

1. 식사 대접을 약속함

그때 사리자는 이렇게 생각하였다.

"식사 때가 다가오는데 이 보살은 법을 말한다고 일어나질 않는구나. 우리들 성문들과 여러 보살들은 어떻게 식사를 할까?"

그때 유마힐은 그의 생각을 알아차리고서 곧 그에게 말했다.

"스님들이여,[629] 여래께서는 모든 성문을 위하여 팔해탈(八解脫)[630]을

---

629) 대덕(大德) : 스님을 높여 부르는 경칭(敬稱).

630) 팔해탈(八解脫) : 또는 팔배사(八背捨). 8종의 관념(觀念). 이 관념에 의하여 5욕(欲)의 경계를 등지고, 그 탐하여 고집하는 마음을 버림으로 배사라 하고, 또 이것으로 말미암아 삼계(三界)의 번뇌를 끊고 아라한과를 증득하므로 해탈이라 한다. ①내유색상관외색해탈(內有色想觀外色解脫). 안으로 색욕(色欲)을 탐하는 생각이 있으므로, 이 탐심을 없애기 위하여 밖의 부정인 퍼렇게 어혈든[靑瘀] 빛 등을 관하여 탐심을 일어나지 못하게 하는 것. ②내무색상관외색해탈(內無色想觀外色解脫). 안으로 색욕을 탐내는 생각은 이미 없어졌으나, 이것을 더욱 굳게 하기 위하여 밖의 부정인 퍼렇게 어혈든 빛 등을 관하여 탐심을 다시 일으키지 않게 하는 것. ③정해탈신작증구족주(淨解脫身作證具足住). 깨끗한 색을 관하여 탐심을 일으키지 못하게 함을 정해탈(淨解脫), 이 정해탈을 몸 안에 완전하고 원만하게 증득하여 정(定)에 들어 있음을 신작증구족주라 함. ④공무변처해탈(空無邊處解脫). ⑤식무변처해탈(識無邊處解脫). ⑥무소유처해탈(無所有處解脫). ⑦비상비비상처해탈(非想非非想處解脫). 이 넷은 각각 능히 그 아랫자리의 탐심을 버리므로 해탈

말씀하셨습니다. 여러분은 이미 (팔해탈에) 머물렀으므로 재식(財食)[631]
을 가지고 그 마음을 오염시키지 말고 정법(正法)을 들으십시오. 만약
식사를 하고자 한다면, 우선 잠시 기다리십시오. 곧 모두들 지금까지
해 보지 못했던 식사를 할 수 있도록 해 드리겠습니다."

說無垢稱經卷第五

大唐三藏法師玄奘譯

香臺佛品第十

時舍利子作是思惟: '食時將至, 此摩訶薩說法未起, 我等聲聞及諸
菩薩, 當於何食?' 時無垢稱知彼思惟便告之曰: "大德, 如來爲諸聲
聞說八解脫. 仁者已住, 勿以財食染汚其心而聞正法. 若欲食者, 且
待須臾. 當令皆得未曾有食."

2. 일체묘향의 불세계

그때 유마힐은 곧 이와 같이 미묘한 적정(寂定)에 들어가 이와 같이
뛰어난 신통을 일으켜 모든 보살과 대성문의 무리들에게 이 불국토에
서 위쪽으로 42항하사(恒河沙)[632]와 같은 많은 불세계(佛世界)를 지나서

이라 한다. ⑧멸수상정해탈신작증구족주(滅受想定解脫身作證具足住). 이것은 멸진정
(滅盡定)이니, 멸진정은 수(受)·상(想) 등의 마음을 싫어하여 길이 무심(無心)에 머무르
므로 해탈이라 함.

631) 재식(財食) : 재물로서의 식사. 식사를 법으로 여기지 않고 재물로 여김.

632) 긍가사(兢伽沙) : 항하사(恒河沙)와 같음. 강바닥의 모래알만큼 헤아릴 수 없이 많은 수.

있는 일체묘향(一切妙香)이라는 이름의 불세계를 보여 주었다. 그 속에
는 최상향대(最上香臺)라는 이름의 부처님이 지금 그곳에서 편안하게
주지(住持)하고 계셨다. 그 세계 속에 있는 묘한 향기는 나머지 우주에
있는 모든 불국토의 사람과 하늘이 가진 향기에 비하여 훨씬 더 뛰어난
최고의 향기였다. 그곳에 있는 온갖 나무들이 전부 묘한 향기를 내뿜어
서 그 불국토를 두루 향기롭게 하였다. 그 속에는 이승(二乘)이라는 이
름은 없고 오직 깨끗한 대보살의 무리들만 있었는데, 그곳의 여래께서
는 그 보살들에게 법을 말씀하셨다. 그 세계 속에 있는 모든 정자와 누
각과 궁전과 사원(寺院)[633]과 숲과 의복이 모두 여러 가지 묘한 향기로
이루어졌다. 그곳의 부처님과 보살의 무리들이 먹는 향기는 최고로 미
묘하였는데, 그 향기는 온 우주의 헤아릴 수 없는 불국토를 두루 향기
롭게 물들였다. 그때 그곳의 여래와 모든 보살들은 바야흐로 함께 앉아
식사를 하고 있었는데, 그곳에 있는 향엄(香嚴)이라는 이름의 천자(天子)
는 대승(大乘)에 대하여 이미 마음 속 깊이 발심(發心)[634]을 하고서 그 불
국토의 여래와 모든 보살들을 공양하고 받들어 모셨다.

時無垢稱便入如是微妙寂定, 發起如是殊勝神通, 示諸菩薩大聲聞
衆, 上方界分去此佛土, 過四十二殑伽沙等諸佛世界, 有佛世界名一

---

633) 경행(經行) : vihāra의 번역어. 행도(行道)라고도 함. 일정한 구역을 거니는 것. 좌선하다
가 졸음을 막기 위하여, 또는 병을 치료하기 위하여 가볍게 운동하는 것. 비하라(毘訶羅)
라 음역하고, 유행처(遊行處), 주처(住處), 사(寺), 승방(僧坊), 정사(精舍), 승원(僧院),
사원(寺院)이라고도 번역함.
634) 발취(發趣) : 시작하다. 어떤 마음을 일으키고, 그것을 성취하기 위하여 앞으로 나아가는
것. 도(道)를 이루고자 발심(發心)하고, 도를 향하여 나아가는 것.

切妙香. 其中有佛號最上香臺, 今現在彼安隱住持. 彼世界中有妙香氣, 比餘十方一切佛土人天之香, 最爲第一. 彼有諸樹皆出妙香, 普薰方域一切周滿. 彼中無有二乘之名, 唯有淸淨大菩薩衆, 而彼如來爲其說法. 彼世界中一切臺觀宮殿經行園林衣服, 皆是種種妙香所成. 彼佛世尊及菩薩衆, 所食香氣微妙第一, 普薰十方無量佛土. 時彼如來與諸菩薩方共坐食, 彼有天子名曰香嚴, 已於大乘深心發趣, 供養承事彼土如來及諸菩薩.

3. 문수보살의 위신력

그때 이곳의 대중들은 모두 그 세계의 여래와 모든 보살이 함께 앉아 식사를 하고 있는 등의 이러한 일들을 다 보았는데, 그때 유마힐이 모든 보살의 무리들에게 두루 말했다.

"여러분 보살님들 가운데 누가 저곳에 가서 묘한 향기의 식사를 가져올 수 있습니까?"

그러나 문수사리의 위신력 때문에 모든 보살은 전부 말이 없었다. 그때 유마힐이 문수사리에게 말했다.

"당신은 지금 어찌하여 이 대중들을 가호(加護)[635]하지 않고, 그들이 이렇게 하도록 하고 있습니까?"

문수사리가 말했다.

---

635) 가호(加護) : 부처님의 자비의 힘으로써 중생을 보호하여 주는 일.

"거사시여, 당신은 지금 여러 보살님들을 멸시해서는[636] 안 됩니다. 부처님께서는 아직 제대로 배우지 못한 자를 업신여기지 말라고 말씀하셨습니다."

時此大衆一切皆睹彼界如來與諸菩薩方共坐食如是等事, 時無垢稱遍告一切菩薩衆言:"汝等大士, 誰能往彼取妙香食?"以妙吉祥威神力故, 諸菩薩衆咸皆默然. 時無垢稱告妙吉祥:"汝今云何於此大衆, 而不加護令其乃爾?"妙吉祥言:"居士, 汝今不應輕毁諸菩薩衆. 如佛所言勿輕未學."

4. 유마힐의 조화보살

그때 유마힐은 평상에서 일어나지 않고서 대중 앞에다 조화(造化)를 부려 보살의 모습을 나타내었는데, 몸은 황금색이고 용모[637]는 아름답고 깨끗하게 장식되어 있었다. 그렇게 만든 보살은 위덕(威德)[638]의 광명으로 대중을 덮어 싸고서 그들에게 말했다.

"여러분 착한 남자들이여, 이 불국토를 떠나 42항하사의 온갖 불세

---

636) 경훼(輕毁) : 멸시하고 욕함. 가벼이 여기고 멸시함.
637) 상호(相好) : 용모. 형상. 상(相)은 몸에 드러나게 잘 생긴 부분, 호(好)는 상(相) 중의 세상(細相)에 대하여 말함. 이 상호가 모두 완전하여 하나도 모자람이 없는 것을 불신(佛身)이라 함. 불신에는 32상(相)과 80종호(種好)가 있다 함.
638) 위덕(威德) : =대위덕(大威德). 악을 제지하는 힘이 있으므로 대위(大威)라 하고, 선을 수호하는 공이 있으므로 대덕(大德)이라 함.

계를 지나서 저 위쪽에 있는 일체묘향(一切妙香)이라는 불세계로 가야 합니다. 그곳에는 최상향대(最上香臺)라는 이름의 부처님이 여러 보살들과 함께 앉아 식사를 하고 있습니다. 여러분이 그곳에 이르면 부처님의 발에 머리가 닿도록 절을 올리고[639] 이렇게 말하십시오. '저기 아래쪽에 유마힐이란 보살이 있는데, 부처님의 양발에 머리를 조아리고 삼가 안부를 묻습니다. 질병도 없고 번뇌도 없이 생활이 간편하고 편리하며, 기운이 건강하고 조화로워서 안락하게 머무릅니까? 멀리서 마음으로 부처님을 오른쪽으로 수십만 바퀴를 돌고 양발에 머리가 닿도록 절을 올리고 이렇게 여쭙습니다. 원컨대 세존께서 잡수시고 남은 음식을 얻어서 저 아래쪽에 있는 사바세계(娑婆世界)[640]에다 불사(佛事)를 베풀어서, 욕망과 쾌락을 추구하는 못난 중생들로 하여금 큰 지혜를 기뻐하게 하고, 또 여래의 헤아릴 수 없는 공덕과 이름이 두루 알려지도록 하고자 합니다.'"

時無垢稱, 不起于床, 居衆會前, 化作菩薩, 身眞金色, 相好莊嚴. 威德光明, 蔽於衆會, 而告之曰:"汝善男子, 宜往上方, 去此佛土, 過四十二殑伽沙等諸佛世界, 有佛世界名一切妙香. 其中有佛號最上香臺, 與諸菩薩方共坐食. 汝往到彼頂禮佛足, 應作是言:'於此下

---

639) 정례(頂禮): 오체투지(五體投地)·접족례(接足禮), 두면례(頭面禮)라고도 한다. 인도 고대의 절하는 법. 상대방에게 나아가 머리가 그의 발에 닿도록 하는 절.

640) 감인세계(堪忍世界): 사바(娑婆)·색하(索訶)라 음역. 우리가 살고 있는 세계. 이 세계의 중생들은 10악(惡)을 참고 견디며, 또 이 국토에서 벗어나려는 생각이 없으므로 자연히 중생들 사이에서 참고 견디지 않고는 살아갈 수 없다는 뜻으로 하는 말. 또는 보살이 중생을 교화하기 위하여 수고를 견디어 받는다는 뜻으로 감인세계라 함.

方有無垢稱, 稽首雙足, 敬問世尊. 少病少惱, 起居輕利, 氣力康和,
安樂住不? 遙心右繞, 多百千匝, 頂禮雙足, 作如是言. 願得世尊所
食之餘, 當於下方堪忍世界施作佛事, 令此下劣欲樂有情當欣大慧,
亦使如來無量功德名稱普聞.'"

5. 조화보살의 일체묘향세계 방문

그때 유마힐이 만든 보살은 대중 앞에서 허공으로 솟아올랐다. 모든
대중이 다 보는 가운데, 그 보살은 신통을 부려 재빨리 잠깐 사이에 곧
장 일체묘향의 불세계에 이르러 최상향대 부처님의 양발에 머리를 닿
게 절을 올리고서 그 말을 들었다. "저기 아래쪽에 유마힐이란 보살이
있는데, 부처님의 양발에 머리를 조아리고 삼가 안부를 묻습니다. 질병
도 없고 번뇌도 없이 생활이 간편하고 편리하며, 기운이 건강하고 조화
로워서 안락하게 머무릅니까? 멀리서 마음으로 부처님을 오른쪽으로
수십만 바퀴 돌고 양발에 머리가 닿도록 절을 올리고 이렇게 여쭙습니
다. '원컨대 세존께서 잡수시고 남은 음식을 얻어서 저 아래쪽에 있는
사바세계에다 불사(佛事)를 베풀어서, 욕망과 쾌락을 추구하는 못난 중
생들로 하여금 큰 지혜를 기뻐하게 하고, 또 여래의 헤아릴 수 없는 공
덕과 이름이 두루 알려지도록 하고자 합니다.'"

時化菩薩於衆會前上昇虛空. 舉衆皆見, 神通迅疾經須臾頃, 便到
一切妙香世界頂禮最上香臺佛足, 又聞其言: "下方菩薩名無垢稱,

稽首雙足, 敬問世尊, 少病少惱, 起居輕利, 氣力康和, 安樂住不?
遙心右繞, 多百千匝, 頂禮雙足, 作如是言：'願得世尊所食之餘, 當
於下方堪忍世界施作佛事, 令此下劣欲樂有情當欣大慧, 亦使如來無
量功德名稱普聞.'"

6. 유마힐보살의 공덕

그때 그 위쪽 세계의 보살 대중은 유마힐이 조화를 부려 만든 보살의
용모가 아름답고 위덕의 광명이 미묘하고 뛰어남을 보고서 처음 보는
일이라고 찬탄하였다.

'지금 이 보살은 어디에서 왔는가? 사바세계는 어디에 있는가? 어떤
것을 일러 욕망과 쾌락을 추구하는 못난 중생이라 하는가?'

그리하여 최상향대여래(最上香臺如來)를 찾아가 물었다.

"세존께서 이 일을 설명해 주시기를 간절히 바랍니다."

향대여래가 그들에게 말했다.

"여러 착한 남자들이여, 이 불국토에서 저 아래쪽으로 42항하사와
같은 숫자의 온갖 불세계를 지나면 사바(娑婆)라는 이름의 불세계가 있
다. 그 세계 속에 있는 부처는 이름이 석가모니여래응정등각(釋迦牟尼
如來應正等覺)이라 하는데, 지금 그곳 오탁악세(五濁惡世)[641]에 편안히 머

---

641) 오탁악세(五濁惡世) : 오탁(五濁)의 모양이 나타나 나쁜 일이 많은 세상. 오탁(五濁)이란
    오재(五滓) · 오혼(五渾)이라고도 하는데 나쁜 세상의 5종류 더러움. ①겁탁(劫濁). 사람
    의 수명이 차례로 감하여 30 · 20 · 10세로 됨을 따라, 각기 기근(饑饉) · 질병(疾病) · 전
    쟁(戰爭)이 일어나 흐려짐을 따라 입는 재액. ②견탁(見濁). 말법(末法)시대에 이르러 사

물면서 욕망과 쾌락을 추구하는 온갖 중생들을 위하여 바른 법을 널리
알리고 계신다. 그곳에 이름이 유마힐이라는 보살이 있는데 이미 불가
사의해탈법문(不可思議解脫法門)에 편안히 머물면서 모든 보살에게 묘법
(妙法)을 열어 보였고, 자신이 조화를 부려 나타낸 보살을 여기로 보내
어 나의 공덕과 이름을 찬양하고 더불어 이 불국토의 여러 공덕과 아름
다운 장식들을 칭찬함으로써 그곳 보살들의 선근(善根)⁶⁴²을 증진토록
하였다."

그곳 보살의 무리들이 모두 말했다.

"그 유마힐 보살은 공덕이 어떻기에 이와 같이 조화를 부려 모습을
나타내고, 그 커다란 신통력의 두려움 없음이 이와 같습니까?"

그곳의 부처님인 최상향대여래는 대중에게 이렇게 말했다.

"여러 착한 남자들이여, 이 대보살은 뛰어나고 커다란 공덕의 법을
성취하여 한 순간에 헤아릴 수 없고 끝도 없는 보살의 모습을 나타내어
온 우주의 모든 국토에 빠짐없이 모두 도달하여 불사를 행함으로써 헤
아릴 수 없이 많은 중생들에게 이익을 주고 그들을 안락하게 만든다."

견(邪見)·사법(邪法)이 다투어 일어나 부정한 사상(思想)의 탁함이 넘쳐흐름. ③번뇌탁
(煩惱濁). 또는 혹탁(惑濁). 사람의 마음이 번뇌에 가득하여 흐려짐. ④중생탁(衆生濁).
또는 유정탁(有情濁). 사람이 악한 행위만을 행하여 인륜 도덕을 돌아보지 않고, 나쁜 결
과를 두려워하지 않는 것. ⑤명탁(命濁). 또는 수탁(壽濁). 인간의 수명이 차례로 단축하
는 것.

642) 선근(善根) : 깨달음을 가져오는 좋은 원인. ①좋은 결과를 가져올 좋은 원인이란 뜻. 선
행(善行)을 나무의 뿌리에 비유한 것. 착한 행업의 공덕 선근을 심으면 반드시 선과(善果)
를 맺는다 함. ②온갖 선을 내는 근본이란 뜻. 무탐(無貪)·무진(無瞋)·무치(無癡)를 3
선근이라 일컬음과 같은 것.

時彼上方菩薩衆會, 見化菩薩相好莊嚴威德光明微妙殊勝歎未曾
有:‘今此大士從何處來? 堪忍世界爲在何所? 云何名爲下劣欲樂?’
尋問最上香臺如來:“唯願世尊爲說斯事.”佛告之曰:“諸善男子, 於
彼下方去此佛土過四十二殑伽沙等諸佛世界, 有佛世界名曰堪忍. 其
中佛號釋迦牟尼如來應正等覺, 今現在彼安隱住持居五濁世, 爲諸下
劣欲樂有情宣揚正法. 彼有菩薩名無垢稱, 已得安住不可思議解脫法
門, 爲諸菩薩開示妙法, 遣化菩薩來至此間, 稱揚我身功德名號, 幷
讚此土衆德莊嚴, 令彼菩薩善根增進. 彼菩薩衆咸作是言:‘其德何如
乃作是化, 大神通力無畏若斯?’彼佛告言:‘諸善男子, 是大菩薩成
就殊勝大功德法, 一刹那頃, 化作無量無邊菩薩, 遍於十方一切國土,
皆遣其往施作佛事, 利益安樂無量有情.’”

7. 묘향의 밥을 가져옴

여기에서 최상향대여래는 여러 가지 묘한 향그릇을 나타내어 온갖
묘한 냄새가 나는 향의 밥으로 가득 채워 유마힐이 만든 보살의 손에
쥐어 주었다. 그때 그 불국토에 있는 구백 만의 대보살 스님들이 동시
에 소리를 내어 그 부처님께 청했다.

"저희들은 이 보살과 함께 저 아래 사바세계로 내려가 석가모니여
래를 우러러 뵙고 절을 올리고 공손히 모시고서 바른 법을 듣고 싶습
니다. 더불어 저 유마힐과 모든 보살도 우러러 뵙고 절을 올리고 모시

고 싶습니다. 세존께서 가호(加護)[643]하셔서 허락해 주시기를 바랄 뿐입니다."

그 부처님께서 말씀하셨다.

"여러 착한 남자들이여, 그대들이 곧장 갈 수 있는 것은 바로 지금이 때이다.

그대들은 모두 마땅히 스스로 몸의 향기를 거두어들이고 사바세계로 들어가야 하니, 그곳의 모든 중생을 향에 취하여 흐리멍덩하고 게으르게 만들어선 안 된다.

그대들은 모두 마땅히 스스로 육신의 모습[644]을 감추고 사바세계에 들어가야 하니, 그곳의 여러 보살들의 마음에 수치심을 일으켜서는 안 된다.

그대들은 저 사바세계에 대하여 수준이 낮고 못났다는 생각을 일으켜 장애를 만들지 말아야 한다.

까닭이 무엇인가?

여러 착한 남자들이여, 모든 국토는 모두 허공과 같기 때문이다.

모든 부처님들은 모든 중생을 성숙시키고자 하시기 때문에 모든 중생이 좋아하는 바를 따라 여러 가지 불국토를 나타내시니, 혹은 더럽기도 하고 혹은 깨끗하기도 하여 정해진 모습이 없다.

그러나 모든 불국토는 사실 모두 깨끗하여 차별이 없다."

그때 유마힐이 조화를 부려 만든 보살은 향이 가득 찬 밥그릇을 받고서, 구백 만의 온갖 보살 스님들과 더불어 그 부처님의 위신력과 유마

---

643) 가호(加護) : 부처님의 자비의 힘으로써 중생을 보호하여 주는 일.
644) 색상(色相) : 색신(色身) 즉 육신(肉身)의 모습.

힐의 힘을 받아서 그 세계에서 사라져서 잠깐 사이에 이 땅에 있는 유마힐의 방에 이르러 문득[645] 나타났다. 그때 유마힐은 조화를 부려 구백 만의 사자좌(師子座)를 만들었으니, 그 미묘한 장식은 앞서 앉았던 모든 사자좌와 전혀 다름이 없었는데, 모든 보살을 모두 그 위에 앉게 하였다. 그때 유마힐이 만든 보살은 향이 가득한 밥그릇을 유마힐에게 주었다. 이리하여 밥그릇의 묘한 향기가 광엄성과 이곳 삼천대천세계 (三千大千世界)에 두루 퍼졌다. 헤아릴 수 없고 끝이 없는 묘한 향내 때문에 모든 세계의 향기는 더욱 짙어졌다.[646] 광엄성의 모든 바라문들과 장자들과 거사들과 사람들과 사람 아닌 여러 중생이 이 향기를 맡고서 일찍이 하지 못한 경험[647]을 하고는, 헤아릴 수 없는 몸과 마음을 찬탄하면서 뛸 듯이 기뻐하였다.

　　於是最上香臺如來, 以能流出衆妙香器, 盛諸妙香所薰之食, 授無垢稱化菩薩手. 時彼佛土有九百萬大菩薩僧, 同時擧聲請於彼佛: "我等欲與此化菩薩俱往下方堪忍世界, 瞻仰釋迦牟尼如來, 禮敬供事聽聞正法. 并欲瞻仰禮敬供事彼無垢稱及諸菩薩. 唯願世尊加護聽許." 彼佛告曰: "諸善男子, 汝便可往今正是時. 汝等皆應自攝身香入堪忍界, 勿令彼諸有情醉悶放逸. 汝等皆應自隱色相入堪忍界, 勿令彼諸菩薩心生愧恥. 汝等於彼堪忍世界, 勿生劣想而作障礙. 所以者何? 諸善男子, 一切國土皆如虛空. 諸佛世尊爲欲成熟諸有情故,

---

645) 홀연(欻然) : 문득.

646) 분복(芬馥) : 향기가 짙다.

647) 미증유(未曾有) : 일찍이 경험하지 못했던 것. 깜짝 놀라다. 깜짝 놀랄 만한 일. 희유(希有)하고 진귀한 것. 불법을 가리킨다. 불보살의 가르침에 대한 찬탄을 표현하는 말.

隨諸有情所樂示現種種佛土, 或染或淨無決定相. 而諸佛土實皆清淨
無有差別."

時化菩薩受滿食器, 與九百萬諸菩薩僧, 承彼佛威神及無垢稱力,
於彼界沒經須臾頃至於此土無垢稱室欻然而現. 時無垢稱化九百萬師
子之座, 微妙莊嚴與前所坐諸師子座都無有異, 令諸菩薩皆坐其上.
時化菩薩以滿食器授無垢稱. 如是食器妙香普薰, 廣嚴大城及此三千
大千世界. 無量無邊妙香薰故, 一切世界香氣芬馥. 廣嚴大城諸婆羅
門長者居士人非人等, 聞是香氣得未曾有, 驚歎無量身心踊悅.

8. 한 그릇 밥으로 모두 배부르다

그때 이 성 안의 리차비족 왕은 이름이 월개(月蓋)였는데, 팔만 사천
의 리차비종족들과 더불어 여러 가지로 장식을 하고서 모두 유마힐의
방으로 들어왔다. 그들은 이 방 안에 있는 모든 보살의 숫자가 매우 많
고 모든 사자좌가 높고 넓으며 아름답게 장식된 것을 보고는 크게 기뻐
하면서 일찍이 본 적이 없다고 찬탄하고서, 모든 보살들과 대성문들에
게 절을 올리고는 한곳에 머물렀다. 그때 모든 지신(地神)들과 허공신
(虛空神)들과 욕계(欲界)와 색계(色界)의 모든 천자(天子)들도 이 묘한 향
내를 맡고서 각자 헤아릴 수 없이 많은 권속들과 함께 모두 유마힐의
방 안으로 들어왔다. 그때 유마힐은 곧 존자(尊者) 사리불 등과 여러 대
성문들에게 말했다.

"존자들께서는 여래가 베푸신 감로와 맛있는 밥을 잡수셔도 좋습니

다. 이와 같은 밥은 큰 자비의 향기가 나는 것이니, 조금이라도[648] 수준이 낮고 못난 마음으로 행동한다면 이 밥을 먹지 마십시오. 만약 그런 마음으로 먹는다면, 절대로 소화할 수 없을 것입니다."

그때 무리 속에 수준이 낮고 못난 성문(聲聞)이 있었는데, 이렇게 생각했다.

'이 밥은 매우 적은데, 어떻게 이렇게 많은 대중을 모두 먹이겠는가?'

그때 유마힐이 만든 보살은 곧 그에게 말했다.

"그대들의 조그만 복덕과 지혜[649]를 가지고 여래의 헤아릴 수 없는 복덕과 지혜를 헤아리지 마라. 까닭이 무엇인가? 사대해(四大海)[650]의 바닷물은 차라리 마를 수 있을지언정[651] 묘한 향기의 밥은 끝내 다할 수 없기 때문이다. 가령 헤아릴 수 없이 많은 삼천대천세계의 모든 중생이 하나하나 주먹밥을 뭉쳐서 그 주먹밥의 양이 묘고산(妙高山)[652]과 같다면, 이러한 주먹밥은 한 겁(劫)을 지나거나 일백 겁을 지나더라도 여전히 다할 수 없다. 까닭이 무엇인가? 이와 같은 밥은 다함없는 계정혜(戒定慧)와 해탈(解脫)과 해탈지견(解脫知見)[653]이 만들어 내는 것인데, 여래께서 잡수시고 남은 것은 헤아릴 수 없이 많은 삼천대천세계의 모

---

648) 소분(少分) : 다소. 조금. 약간.

649) 복혜(福慧) : 복덕(福德)과 지혜(智慧). 이 둘을 이자량(二資糧) 즉 깨달음에 이르는 데 도움이 되는 두 가지 양식(糧食)이라고 함.

650) 사대해(四大海) : 불교 우주론에서 수미산(須彌山)의 사방에 있다는 큰 바다. 바다 가운데 4대주(大洲)가 있고, 그 주위를 철위산(鐵圍山)이 둘러쌌다 함.

651) 사가(乍可) : (차라리) ―는 할 수 있을지언정, (―는 할 수 없다).

652) 묘고산(妙高山) : 수미산(須彌山)을 번역한 이름.

653) 해탈지견(解脫知見) : 해탈지견(解脫智見)이라고도 씀. 해탈했다는 사실을 스스로 알 수 있는 지혜. 해탈하면 저절로 나타나는 지혜.

든 중생이 일백 겁 동안 이 향기의 밥을 먹더라도 끝내 다 먹을 수 없기 때문이다."

이때에 대중은 모두 이 밥을 먹었는데, 모두들 배불리 먹었으나 여전히 밥은 남았다. 이때 모든 성문들과 보살들, 인천(人天)의 모든 무리들은 이 밥을 먹고서 그 몸이 안락해졌다. 비유하자면 모든 안락장엄세계(安樂莊嚴世界)[654]의 보살들이 모두 안락하게 머무니 그 몸의 모든 털구멍에서 전부 묘한 향기를 내뿜는 것과 같고, 또 모든 묘향세계(妙香世界)의 온갖 묘한 향기를 내는 나무들이 늘 헤아릴 수 없는 온갖 묘한 향기를 내는 것과 같았다.

時此城中離呫毘王名爲月蓋, 與八萬四千離呫毘種, 種種莊嚴悉來入于無垢稱室. 見此室中諸菩薩衆其數甚多諸師子座高廣嚴飾, 生大歡喜歎未曾有, 禮諸菩薩及大聲聞却住一面. 時諸地神及虛空神, 并欲色界諸天子衆聞是妙香, 各與眷屬無量百千, 悉來入于無垢稱室. 時無垢稱便語尊者舍利子等諸大聲聞: "尊者可食如來所施甘露味食. 如是食者大悲所薰, 勿以少分下劣心行而食此食. 若如是食定不能消."

時衆會中有劣聲聞, 作如是念: '此食甚少, 云何充足如是大衆?' 時化菩薩便告之言: "勿以汝等自少福慧測量如來無量福慧. 所以者何? 四大海水乍可有竭, 是妙香食終無有盡. 假使無量大千世界, 一切有情一一摶食, 其食摶量等妙高山, 如是摶食, 或經一劫或一百劫猶不能盡. 所以者何? 如是食者, 是無盡戒定慧解脫解脫知見所生,

---

654) 안락장엄세계(安樂莊嚴世界) : 안락세계(安樂世界) 즉 극락정토(極樂淨土)를 말함.

如來所食之餘, 無量三千大千世界一切有情, 經百千劫食此香食終不能盡." 於是大衆皆食此食, 悉得充滿而尙有餘. 時諸聲聞及諸菩薩, 并人天等一切衆會, 食此食已其身安樂. 譬如一切安樂莊嚴世界菩薩, 一切安樂之所住持, 身諸毛孔皆出妙香, 譬如一切妙香世界衆妙香樹常出無量種種妙香.

9. 최상향대여래의 설법

그때 유마힐은 저 위쪽에서 온 모든 보살에게 물었다.

"여러분은 아십니까? 그 땅의 여래께서는 그 세계에서 모든 보살을 위하여 어떻게 법을 말씀하십니까?"

그 모든 보살이 모두 함께 답했다.

"우리 땅의 여래께서는 보살들을 위하여 문자언어로써 법을 말씀하시지 않습니다. 다만 묘한 향기를 가지고 모든 보살이 모두 조복하도록 하고 계십니다. 그곳의 모든 보살은 각자 묘한 향기가 나는 나무 아래에 편안히 앉아 있습니다. 모든 묘한 향기가 나는 나무들은 각각 여러 가지의 향기를 내뿜는데, 그 모든 보살은 그 묘한 향내를 맡고서 곧장 온갖 복덕으로 아름답게 장식된 선정(禪定)을 얻습니다. 이 선정을 얻고 나면 모든 보살의 공덕을 갖춥니다."

時無垢稱問彼上方諸來菩薩: "汝等知不? 彼土如來於其世界, 爲諸菩薩云何說法?" 彼諸菩薩咸共答言: "我土如來不爲菩薩文詞說

法. 但以妙香令諸菩薩皆悉調伏. 彼諸菩薩各各安坐妙香樹下. 諸妙
香樹各各流出種種香氣, 彼諸菩薩聞斯妙香, 便獲一切德莊嚴定. 獲
此定已卽具一切菩薩功德."

10. 석가모니불의 설법

그때 저 위쪽 불국토에서 온 모든 보살은 유마힐에게 물었다.

"이 땅의 여래이신 석가모니께서는 모든 중생을 위하여 어떻게 법을
말씀하십니까?"

유마힐이 말했다.

"이 땅의 중생들은 모두 억세어서 조복하고 교화하기가 지극히 어렵
습니다. 여래께서는 도리어 억센 마음을 조복시킬 수 있는 갖가지 언어
를 가지고 그들을 조복하고 교화합니다. 어떤 것을 일러 억센 마음을
조복시킬 수 있는 갖가지 언어라고 할까요? 하나하나 말하면[655] 다음
과 같습니다.

이것은 지옥의 길[656]이고, 이것은 축생(畜生)[657]의 길이고, 이것은 아
귀(餓鬼)의 길이며,

---

655) 선설(宣說) : 하나하나 베풀어 상세히 말하다. 교법(敎法)을 자세히 설명하다.

656) 취(趣) : 중생이 번뇌로 말미암아 말·행동·생각 등으로 악업을 짓고, 그 업인(業因)으로
인하여 가게 되는 국토(國土). 5취·6취의 구별이 있음. 도(道)라고도 함.

657) 방생(傍生) : 축생(畜生)을 말함. 태(胎)가 옆으로 나 있기 때문에 방생이라고 하면, 인천
(人天)의 정도(正道)가 아니므로 방생이라고 한다. 하늘, 땅, 물에 사는 모든 종류의 짐승
을 가리킨다.

이것은 불법을 만나지 못하는 곳[658]에 태어나는 것이고, 이것은 불구자[659]가 되는 것이며,

이것은 몸으로 악행(惡行)을 하는 것이고 몸으로 악행한 과보(果報)이며, 이것은 언어로 악행을 하는 것이고 언어로 악행한 과보이며, 이것은 의식으로 악행을 하는 것이고 의식으로 악행한 과보이며,[660]

이것은 생명을 끊는 것이고 생명을 끊은 과보이며, 이것은 주지 않는데도 취하는 것이고 주지 않는데도 취한 과보이며, 이것은 욕망을 따라 삿된 행위를 하는 것이고 욕망에 따라 삿된 행위를 한 과보이며,

이것은 헛되이 속이는 말이고 헛되이 속이는 말을 한 과보이며, 이것은 이간질하는 말이고 이간질하는 말을 한 과보이며, 이것은 거칠고 나쁜 말이고 거칠고 나쁜 말을 한 과보이며, 이것은 더러운 말이고 더러운 말을 한 과보이며,

이것은 탐욕이고 탐욕의 과보이며, 이것은 성냄이고 성냄의 과보이며, 이것은 삿된 견해이고 삿된 견해의 과보이며, 이것은 인색함이고 인색함의 과보이며, 이것은 계율을 훼손하는 것이고 계율을 훼손한 과보이며, 이것은 성내고 원망함이고 성내고 원망한 과보이며, 이것은 게으름이고 게으름 피운 과보이며,

이것은 마음이 혼란스러운 것이고 마음이 혼란스런 과보이며, 이것

---

658) 무가(無暇) : akṣaṇa의 한역(漢譯). 재난(災難). 불운(不運). 불우(不遇). 무가처(無暇處)라고도 함. 부처님을 만나지 못하고 법을 듣지 못한다는 팔난(八難)과 같은 뜻.

659) 제근결(諸根缺) : 제근(諸根)은 곧 눈 · 귀 · 코 · 혀 · 몸뚱이 · 의식의 여섯 가지 지각기관(知覺器官)인 육근(六根). 제근결(諸根缺)이란 여섯 가지 지각기관인 육근이 제대로 갖추어지지 않은 불구자를 가리킴. =제근결루(諸根缺陋).

660) 신구의(身口意)로 짓는 삼업(三業)을 가리킨다.

은 어리석음이고 어리석음의 과보이며,

이것은 배움을 받아들이는 것이고, 이것은 배움을 넘어서는 것이며,

이것은 별해탈(別解脫)[661]을 지키는 것이고, 이것은 별해탈을 어기는 것이며,

이것은 마땅히 해야 하는 것이고, 이것은 마땅히 해야 하는 것이 아니며,

이것은 유가(瑜伽)[662]이고, 이것은 유가가 아니며,

이것은 영원히 끊는[663] 것이고, 이것은 영원히 끊는 것이 아니며,

이것은 장애(障礙)이고, 이것은 장애가 아니며,

이것은 죄를 짓는 것이고, 이것은 죄에서 벗어나는 것이며,

이것은 더러움이고, 이것은 깨끗함이며,

이것은 바른 길이고, 이것은 삿된 길이며,

이것은 선(善)이고, 이것은 악(惡)이며,

이것은 세간(世間)이고, 이것은 출세간(出世間)이며,

이것은 죄가 있는 것이고, 이것은 죄가 없는 것이며,

이것은 유루(有漏)이고, 이것은 무루(無漏)이며,

---

661) 별해탈(別解脫) : 범어 바라제목차(波羅提木叉)의 의역(意譯). 신체·언어로 짓는 허물을 따로 따로 방지하는 계율. 수계(受戒)하는 작법에 의지하여 5계·10계·구족계 등을 받아 지니어, 몸이나 입으로 짓는 악업을 따로 따로 해탈하는 계법. =별해탈계(別解脫戒).

662) 유가(瑜伽) : yoga. 상응(相應)이라 번역. 상순일치(相順一致)하는 뜻으로 일체의 경(境)·행(行)·과(果) 등을 말함. 경은 마음과 상응하고, 행은 이치와 상응하고, 과는 공덕과 상응하는 것이므로 이름한 것. 또 마음과 경이 상응 융합한 것을 말함. 이러므로 정력(定力)이 자재하게 됨.

663) 영단(永斷) : 번뇌를 영원히 끊다.

이것은 유위(有爲)이고, 이것은 무위(無爲)이며,

이것은 공덕이고, 이것은 과실(過失)이며,

이것은 괴로움이 있음이고, 이것은 괴로움이 없음이며,

이것은 즐거움이 있음이고, 이것은 즐거움이 없음이며,

이것은 싫어하고 떠나야 하는 것이고, 이것은 기뻐하고 좋아해야 하는 것이며,

이것은 내버려야 하는 것이고, 이것은 닦고 익혀야 하는 것이며,

이것은 삶과 죽음이고, 이것은 열반이다.

이와 같은 법들에는 헤아릴 수 없이 많은 법들이 있습니다.

이 땅의 중생들은 그 마음이 억세기 때문에 여래께서는 이러한 여러 가지 법문(法門)을 말씀하셔서 그 마음을 편안히 머물게 하고 그 마음을 조복시킵니다.

비유하면, 코끼리와 말이 흉악하여[664] 길들이지 못하면 여러 가지 심한 고통[665]을 가하여 뼈에 사무치게 한[666] 연후에 길들이는 것과 같습니다.

이와 같이 이 땅의 억센 중생들은 조복시키고 교화시키기가 극히 어렵기 때문에 여래께서는 방편으로 이와 같은 매우 친절한[667] 말씀들을 가지고 간절하게[668] 가르쳐 깨우친 다음에 조복시켜서 바른 법으로 향하여 들어가게 하십니다."

---

664) 농려(儱悷) : 흉악하여 길들이기 어렵다.

665) 초독(楚毒) : 심한 고통. =초통(楚痛).

666) 철골(徹骨) : 뼈에 사무치다. 골수(骨髓)에 사무치다.

667) 고절(苦切) : 매우 친절한 모양. =고고절절(苦苦切切).

668) 은근(慇懃) : =은근(殷勤). ①성실하다. ②간절하다. ③부지런하다. ④빈번하다.

그때 저 위쪽 불세계에서 온 모든 보살은 이 말을 듣고서 깜짝 놀라면서[669] 모두들 이렇게 말했다.

"매우 기이하도다! 세존이신 석가모니께서는 어려운 일도 잘 하시는구나.

헤아릴 수 없이 존귀한 공덕을 숨기시고, 이와 같이 조복시키는 방편을 내보이셔서 열등하고 비루한 중생들을 성숙시키시며, 여러 가지 법문(法門)을 가지고 중생을 조복시키고 중생을 끌어들여 이익을 주시는구나.[670]

여기 모든 보살은 이 불국토에 머물며 또한 여러 가지 피로함을 잘 견디며 가장 뛰어나고 드물고 견고하고 불가사의하고 크게 자비로운 정진(精進)을 성취하여 여래의 위없는 바른 법을 드날리도록 도와서 이렇게 교화하기 어려운 중생들을 이익 되고 안락하게 하는구나."

유마힐이 말했다.

"이와 같이 보살님들이 진실로 말씀하신 것처럼 석가여래께서는 어려운 일을 잘 하십니다.

헤아릴 수 없이 존귀하신 공덕을 감추시고 고생을 마다하지 않으시며 이와 같이 고집 세고 교화하기 어려운 중생들을 방편을 가지고 조복하십니다.

모든 보살은 이 불국토에서 태어나서 또 여러 가지의 피로함을 잘 견디며 가장 뛰어나고 드물고 견고하고 불가사의하고 크게 자비로운 정

---

669) 미증유(未曾有) : 일찍이 경험하지 못했던 것. 깜짝 놀라다. 깜짝 놀랄 만한 일. 희유(希有)하고 진귀한 것. 불법을 가리킨다. 불보살의 가르침에 대한 찬탄을 표현하는 말.

670) 섭익(攝益) : 중생을 끌어들여 이익을 주다.

진(精進)을 성취하여 여래의 위없는 바른 법을 드날리도록 도와서 이렇게 교화하기 어려운 중생들을 이익 되고 안락하게 하십니다. 보살님들은 알아야 합니다.

사바세계에서 보살행(菩薩行)을 행하여 중생들을 이익 되게 하면서 일생을 보내어서 얻는 공덕은, 일체묘향세계에서 수십만 겁(劫) 동안 보살행을 행하여 중생들을 이익 되게 하여 얻는 공덕보다도 많습니다.

까닭이 무엇일까요?

사바세계에는 수행하여 공덕이 몸에 쌓이도록 하는 대략 열 가지 종류의 좋은 법들이 있는데, 나머지 온 우주의 깨끗한 불국토에는 없는 것들입니다.

무엇이 열 가지일까요?

첫째는 은혜로운 보시로써 모든 가난을 감싸는 것이고,

둘째는 깨끗한 계율로써 모든 계율 어김[671]을 감싸는 것이고,

셋째는 욕됨을 참고 견딤으로써 모든 분노를 감싸는 것이고,

넷째는 정진(精進)으로써 모든 게으름을 감싸는 것이고,

다섯째는 정려(靜慮)[672]로써 모든 시끄러운 의식(意識)을 감싸는 것이고,

여섯째는 뛰어난 지혜로써 모든 어리석음을 감싸는 것이고,

일곱째는 팔무가법(八無暇法)[673]을 설득하여 없앰으로써 모든 무가(無

---

671) 훼금(毀禁) : 계율을 어김.

672) 정려(靜慮) : 고요함과 함께 지혜가 있어, 능히 자세하게 생각한다는 뜻으로 정려라 함. 선정(禪定)과 같은 뜻.

673) 팔무가법(八無暇法) : 팔난법(八難法). 부처님을 보지도 법을 듣지도 못하는 여덟 가지 장애. ①지옥(地獄) · ②축생(畜生) · ③아귀(餓鬼) (이 삼악도(三惡道)는 고통이 심해서

暇)의 중생들을 두루 감싸고,

여덟째는 대승(大乘)의 바른 법을 자세히 말함으로써 모든 소승법을 좋아하는 자들을 두루 감싸고,

아홉째는 여러 가지 뛰어난 선근(善根)을 가지고 여러 선근을 아직 심지 못한 자들을 두루 감싸고,

열째는 위없는 사섭법(四攝法)[674]을 가지고 늘 모든 중생을 성숙시키는 것입니다.

이것이 수행하여 공덕이 몸에 쌓이도록 하는 열 가지 종류의 좋은 법들입니다.

이것들은 사바세계는 모두 갖추고 있지만, 나머지 온 우주의 깨끗한 불국토에는 없는 것입니다.”

時彼上方諸來菩薩問無垢稱:“此土如來釋迦牟尼, 爲諸有情云何說法?”無垢稱日:“此土有情一切剛强極難調化. 如來還以種種能伏剛

불법을 듣지 못한다). ④장수천(長壽天 ; 오래도록 살고 죽지 않기 때문에 구도심(求道心)이 일어나지 않는다) · ⑤울단월(鬱單越 ; 변지(邊地)라고도 함. 이곳은 즐거움이 너무 많아서 불법을 듣지 않는다) · ⑥농맹음아(聾盲瘖瘂 ; 귀먹고 눈멀고 말 못하는 결함 때문에 불법을 배우지 못한다) · ⑦세지변총(世智辨聰 ; 세속의 지혜와 판단력이 뛰어나 불법을 들으려 하지 않는다) · ⑧불전불후(佛前佛後 ; 부처님을 만나지 못하기 때문에 불법을 배우지 못한다).

674) 사섭법(四攝法) : 고통 세계의 중생을 구제하려는 보살이, 중생을 불도에 이끌어 들이기 위한 네 가지 방법. ①보시섭(布施攝). 상대편이 좋아하는 재물이나 법을 보시하여 친절한 정의(情誼)를 감동케 하여 이끌어 들임. ②애어섭(愛語攝). 부드럽고 온화한 말을 하여 친해서 이끌어 들임. ③이행섭(利行攝). 동작 · 언어 · 의념(意念)에 선행(善行)으로 중생을 이익케 하여 이끌어 들임. ④동사섭(同事攝). 상대편의 근성(根性)을 따라 변신(變身)하여 친하며, 행동을 같이하여 이끌어 들임.

强語言而調化之. 云何名爲種種能伏剛强語言? 謂爲宣說. 此是地獄趣, 此是傍生趣, 此是餓鬼趣, 此是無暇生, 此是諸根缺, 此是身惡行是身惡行果, 此是語惡行是語惡行果, 此是意惡行是意惡行果, 此是斷生命是斷生命果, 此是不與取是不與取果, 此是欲邪行是欲邪行果, 此是虛誑語是虛誑語果, 此是離間語是離間語果, 此是麤惡語是麤惡語果, 此是雜穢語是雜穢語果, 此是貪欲是貪欲果, 此是瞋恚是瞋恚果, 此是邪見是邪見果, 此是慳吝是慳吝果, 此是毀戒是毀戒果, 此是瞋恨是瞋恨果, 此是懈怠是懈怠果, 此是心亂是心亂果, 此是愚癡是愚癡果, 此受所學此越所學, 此持別解脫此犯別解脫, 此是應作此非應作, 此是瑜伽此非瑜伽, 此是永斷此非永斷, 此是障礙此非障礙, 此是犯罪此是出罪, 此是雜染此是清淨, 此是正道此是邪道, 此是善此是惡, 此是世間此出世間, 此是有罪此是無罪, 此是有漏此是無漏, 此是有爲此是無爲, 此是功德此是過失, 此是有苦此是無苦, 此是有樂此是無樂, 此可厭離此可欣樂, 此可棄捨此可修習, 此是生死此是涅槃, 如是等法有無量門. 此土有情其心剛强, 如來說此種種法門, 安住其心令其調伏. 譬如象馬憁悷不調, 加諸楚毒乃至徹骨然後調伏. 如是此土剛强有情極難調化, 如來方便以如是等苦切言詞, 慇懃誨喻然後調伏趣入正法."

　時彼上方諸來菩薩, 聞是說已得未曾有, 皆作是言:"甚奇! 世尊釋迦牟尼, 能爲難事. 隱覆無量尊貴功德, 示現如是調伏方便, 成熟下劣貧匱有情, 以種種門調伏攝益. 是諸菩薩居此佛土, 亦能堪忍種種勞倦, 成就最勝希有堅牢不可思議大悲精進, 助揚如來無上正法, 利樂如是難化有情." 無垢稱言:"如是大士誠如所說, 釋迦如來能爲難事.

隱覆無量尊貴功德, 不憚劬勞方便調伏如是剛强難化有情. 諸菩薩衆
生此佛土, 亦能堪忍種種勞倦, 成就最勝希有堅牢不可思議大悲精進,
助揚如來無上正法, 利樂如是無量有情. 大士當知. 堪忍世界行菩薩
行, 饒益有情經於一生所得功德, 多於一切妙香世界百千大劫行菩薩
行饒益有情所得功德. 所以者何? 堪忍世界略有十種修集善法, 餘十
方界淸淨佛土之所無有. 何等爲十? 一以惠施攝諸貧窮, 二以淨戒攝
諸毀禁, 三以忍辱攝諸瞋恚, 四以精進攝諸懈怠, 五以靜慮攝諸亂意,
六以勝慧攝諸愚癡, 七以說除八無暇法普攝一切無暇有情, 八以宣說
大乘正法普攝一切樂小法者, 九以種種殊勝善根普攝未種諸善根者,
十以無上四種攝法恒常成熟一切有情. 是爲十種修集善法. 此堪忍界
悉皆具足, 餘十方界淸淨佛土之所無有."

11. 정토에 태어날 조건

그때 저 위쪽 불국토에서 온 모든 보살은 다시 이렇게 말했다.

"사바세계의 모든 보살님은 몇 가지 법을 성취하여서 훼손도 없고
손상도 없으면, 이곳의 삶이 끝나고 나머지 정토(淨土)에 태어납니까?"

유마힐이 말했다.

"사바세계의 모든 보살님은 여덟 가지 법을 성취하여 훼손도 없고
손상도 없으면, 이곳의 삶이 끝나고서 나머지 정토에 태어납니다.

어떤 것들이 여덟 가지 법일까요?

첫째, 보살은 이와 같이 생각하니, 나는 마땅히 중생들에게 좋은 일

을 행해야 하지만 그것에 대하여 좋은 과보를 바라지는 말아야 합니다.

둘째, 보살은 이와 같이 생각하니, 나는 마땅히 저 모든 중생을 대신하여 온갖 고통과 번뇌를 받고서 내가 가지고 있는 모든 선근(善根)은 전부 되돌려 그들에게 베풀어 주어야 합니다.

셋째, 보살은 이와 같이 생각하니, 나는 마땅히 저 모든 중생에 대하여 그 마음이 평등하여 마음에 장애가 없어야 합니다.

넷째, 보살은 이와 같이 생각하니, 나는 마땅히 저 모든 중생에 대하여 교만함을 항복시켜서 마치 부처님처럼 공경하고 사모해야 합니다.

다섯째, 보살의 믿음과 이해가 증가되면, 매우 깊은 경전(經典)의 말씀을 아직 듣고서 받아들인 적이 없더라도 잠시 경전의 말씀을 듣고서 의심도 없고 비방도 없습니다.

여섯째, 보살은 남의 이익[675]에 대하여 질투심이 없고, 자기의 이익에 대하여 교만한 마음을 내지 않습니다.

일곱째, 보살은 자기의 마음을 조복시켜서 늘 자기의 허물을 반성하고 남의 잘못을 비난하지 않습니다.

여덟째, 보살은 늘 온갖 선법(善法)에 대하여 게으르지 않고, 늘 정진(精進)하며 보리분법(菩提分法)[676]을 수행하기를 즐겨 구합니다.

사바세계의 모든 보살이 만약 이와 같은 여덟 가지 법을 완전히 성취

---

675) 이양(利養) : ①이득. 이익. 얻은 것. 남에게서 물건을 받는 등 실질적인 이득을 말함. ② 존경. ③이익을 얻어 자기 몸을 살찌우는 것.

676) 보리분법(菩提分法) : 삼십칠보리분법(三十七菩提分法)이다. 삼십칠도품(三十七道品), 삼십칠조도품(三十七助道品)라고도 한다. 열반의 이상경(理想境)에 나아가기 위하여 닦는 도행(道行)의 종류. 4념처(念處)·4정근(正勤)·4여의족(如意足)·5근(根)·5력(力)·7각분(覺分)·8정도분(正道分).

하여 훼손도 없고 손상도 없다면, 이곳의 삶이 끝나고서 나머지 정토에 태어납니다."

유마힐이 문수사리 등 모든 보살과 더불어 대중 속에서 여러 가지 미묘한 법을 자세히 설명했을[677] 때에 수십만 중생이 함께 위없는 바르고 평등한 깨달음의 마음을 내었고, 수만(數萬) 보살들은 모두 무생법인을 얻었다.

時彼佛土諸來菩薩, 復作是言:"堪忍世界諸菩薩衆, 成就幾法無毀無傷, 從此命終生餘淨土?"無垢稱言:"堪忍世界諸菩薩衆, 成就八法無毀無傷, 從此命終生餘淨土. 何等爲八? 一者菩薩如是思惟, 我於有情應作善事, 不應於彼希望善報. 二者菩薩如是思惟, 我應代彼一切有情受諸苦惱, 我之所有一切善根悉迴施與. 三者菩薩如是思惟, 我應於彼一切有情其心平等心無罣礙. 四者菩薩如是思惟, 我應於彼一切有情摧伏憍慢敬愛如佛. 五者菩薩信解增上, 於未聽受甚深經典, 暫得聽聞無疑無謗. 六者菩薩於他利養無嫉妒心, 於己利養不生憍慢. 七者菩薩調伏自心, 常省己過不譏他犯. 八者菩薩恒無放逸於諸善法常樂尋求精進修行菩提分法. 堪忍世界諸菩薩衆, 若具成就如是八法無毀無傷, 從此命終生餘淨土."其無垢稱, 與妙吉祥諸菩薩等, 於大衆中宣說種種微妙法時, 百千衆生同發無上正等覺心, 十千菩薩悉皆證得無生法忍.

---

677) 선설(宣說) : 하나하나 베풀어 상세히 말하다. 교법(敎法)을 자세히 설명하다.

제11 보살행품(菩薩行品)

1. 여래를 찾아뵙다

부처님은 그때에 여전히 암라위 숲에서 대중에게 법을 말씀하시고 계셨는데, 대중이 모인 곳에서 그 땅이 갑자기 두루두루 아름답고 깨끗해지면서 모든 대중이 전부 황금색을 드러내었다. 그때 아난다가 곧 부처님께 아뢰었다.

"세존이시여! 이것은 무슨[678] 전조(前兆)입니까?[679] 대중의 모임 속에서 갑자기 이와 같이 두루 아름답고 깨끗해지고 모든 대중이 전부 황금색을 드러내는군요."

부처님께서 비구[680] 아난다에게 말씀하셨다.

"이것은 유마힐과 문수사리가 모든 대중을 공손히 둘러싸고서 이 모임으로 오고자 하는 뜻을 내는 까닭에 이러한 전조를 나타내는 것이다."

그때 유마힐이 문수사리에게 말했다.

---

678) 수(誰) : 무엇(의문 표시. =何, 什麼).

679) 전상(前相) : 전조(前兆). 어떤 일이 일어나기 앞서 나타나는 모습.

680) 구수(具壽) : ①─씨(氏). ②비구(比丘)에 대한 경어(敬語). ③장로(長老). 나이 많은 비구를 부를 때 씀.

"우리는 이제 마땅히 모든 보살과 함께 여래가 계신 곳으로 찾아가서 세존의 발에 머리를 조아려[681] 절을 올리고 공손히 모시고서 우러러 뵙고 묘법(妙法)을 들어야 합니다."

문수사리가 말했다.

"지금이 바로 함께 가 뵐 때입니다."

그때 유마힐은 신통력을 나타내어, 모든 대중으로 하여금 자기가 있는 자리와 앉아 있는 사자좌에서 일어나지 않고 유마힐의 오른쪽 손바닥 안에 머물도록 하고서, 부처님이 계신 곳으로 찾아뵈었다. 그곳에 도착하자 유마힐은 대중을 땅에 내려놓고서 세존의 두 발에 공손히 머리를 조아려 절하고 세존을 오른쪽으로 일곱 바퀴 돌고 나서, 한쪽으로 물러나 부처님을 향하여 합장하고 엄숙하게 서 있었다. 모든 대보살도 사자좌에서 내려와 세존의 두 발에 공손히 머리를 조아려 절하고 세존의 오른쪽으로 세 바퀴 돌고서, 한쪽으로 물러나 부처님을 향하여 합장하고 엄숙하게 서 있었다. 모든 대성문들과 제석천들과 범천들과 사천왕들 역시 모두 자리에서 일어나 세존의 두 발에 공손히 머리를 조아려 절하고, 한쪽으로 물러나 부처님을 향하여 합장하고 엄숙하게 서 있었다. 이에 세존께서는 모든 보살들과 대중들을 법에 알맞게 위로하시고서 이렇게 말씀하셨다.

"그대들 보살들은 각자 자기 자리에 다시 앉아라."

그때 모든 대중은 부처님의 분부를 받들어 각자 자기의 자리로 돌아가서 공손하게 앉았다.

---

681) 정례(頂禮) : 오체투지(五體投地) · 접족례(接足禮). 두면례(頭面禮)라고도 한다. 인도 고대의 절하는 법. 상대방에게 나아가 머리가 그의 발에 닿도록 하는 절.

說無垢稱經

菩薩行品第十一

佛時猶在菴羅衛林爲衆說法, 於衆會處, 其地欻然廣博嚴淨, 一切大衆皆現金色. 時阿難陀卽便白佛: "世尊! 此是誰之前相? 於衆會中欻然如是廣博嚴淨, 一切大衆皆現金色." 佛告具壽阿難陀曰: "是無垢稱與妙吉祥, 將諸大衆恭敬圍繞, 發意欲來赴斯衆會現此前相." 時無垢稱語妙吉祥: "我等今應與諸大士, 詣如來所頂禮供事瞻仰世尊, 聽受妙法." 妙吉祥曰: "今正是時可同行矣."

時無垢稱現神通力, 令諸大衆不起本處并師子座住右掌中, 往詣佛所. 到已置地, 恭敬頂禮世尊雙足, 右繞七匝卻住一面, 向佛合掌儼然而立. 諸大菩薩下師子座, 恭敬頂禮世尊雙足, 右繞三匝卻住一面, 向佛合掌儼然而立. 諸大聲聞釋梵護世四天王等亦皆避座, 恭敬頂禮世尊雙足, 卻住一面, 向佛合掌儼然而立. 於是世尊如法慰問諸菩薩等一切大衆, 作是告言: "汝等大士, 隨其所應各復本座." 時諸大衆蒙佛敎敕, 各還本座恭敬而坐.

2. 털구멍에서 나오는 향기

이때에 세존께서 사리자에게 말씀하셨다.

"그대는 가장 뛰어난 보살의 자재한 신통력이 한 행위를 보았느냐?"

사리자가 말했다.

"그렇습니다. 이미 보았습니다."

세존께서 다시 물으셨다.

"그대는 무슨 생각을 하였느냐?"

사리자가 말했다.

"어렵다는 생각을 하였습니다. 저는 유마대사가 불가사의함을 보았습니다. 그가 사용하는 신통력의 공덕은 헤아릴 수 없고, 생각할 수 없고, 잴 수 없고, 말할 수 없습니다."

이때에 아난다가 곧 부처님께 말씀드렸다.

"지금 맡은 향기는 이전에 맡은 적이 없는 것입니다. 이와 같은 향은 무슨 향입니까?"

부처님께서 말씀하셨다.

"이것은 모든 보살의 털구멍에서 나오는 향이니라."

그때에 사리자가 아난다에게 말했다.

"우리의 털구멍에서도 이러한 향기가 나옵니까?"

아난다가 말했다.

"이와 같은 묘한 향기가 무슨 까닭에 당신들의 몸 속에 있겠습니까?"

사리자가 말했다.

"이 유마힐은 자재한 신통력을 가지고 환상으로 만든 보살을 저 위쪽 최상향대여래(最上香臺如來)의 불국토로 보내어, 그곳의 부처님께서 잡숫고 남은 음식을 얻어 자기 방 안으로 돌아와 모든 대중을 공양하였습니다. 그곳에 있다가 이 음식을 먹은 분들의 모든 털구멍에서 모두 이러한 향기를 내뿜는 것입니다."

爾時世尊告舍利子: "汝見最勝菩薩大士自在神力之所爲乎?" 舍利

子言：“唯然，已見.”世尊復問：“汝起何想？”舍利子言：“起難思想.
我見大士不可思議. 於其作用神力功德，不能算數，不能思惟，不能
稱量，不能述歎.”時阿難陀卽便白佛：“今所聞香，昔來未有. 如是
香者，爲是誰香？”佛告之言：“是諸菩薩毛孔所出.”

時舍利子語阿難陀：“我等毛孔亦出是香？”阿難陀曰：“如是妙香，
仁等身內，何緣而有？”舍利子言：“是無垢稱自在神力，遣化菩薩往
至上方最上香臺如來佛土，請得彼佛所食之餘，來至室中供諸大衆.
其間所有食此食者，一切毛孔皆出是香.”

3. 묘향 음식의 소화

그때 아난다가 유마힐에게 물었다.

“이 묘한 향기는 얼마나 오랫동안[682] 지속될까요?”

유마힐이 말했다.

“이 음식이 아직 완전히 소화되지 않았기 때문에 그 향기가 계속하
여 나는 것입니다.”

아난다가 말했다.

“이와 같이 먹은 것은 얼마나 오래 지나야 모두 소화됩니까?”

유마힐이 말했다.

“이 음식은 꼬박 7일 낮, 7일 밤 동안 몸 속에 있다가, 그 후에 점차
소화될 수 있습니다. 비록 오랫동안 소화되지 않더라도 병이 되지는 않

---

682) 구여(久如) : 얼마인가? 얼마나 되었는가?

습니다.

스님들은 아셔야 합니다.

모든 성문승(聲聞乘)으로서 아직 이미 분별로 말미암은 번뇌에서 벗어난 정성이생(正性離生)[683]의 지위에 들어오지 못한 이들이 만약 이 음식을 먹는다면, 이미 분별로 말미암은 번뇌에서 벗어난 정성이생의 지위에 들어가야[684] 그 이후에 소화될 것입니다.

아직 욕망을 벗어나지 못한 이가 만약 이 음식을 먹는다면, 욕망을 벗어나야 그 이후에 소화될 것입니다.

아직 해탈하지 못한 이가 만약 이 음식을 먹는다면, 마음이 해탈하여야 그 이후에 소화될 것입니다.

모든 대승의 보살의 혈통[685]으로서 아직 위없는 깨달음의 마음을 내지 않은 이들이 만약 이 음식을 먹는다면, 위없는 깨달음의 마음을 내어야 그 이후에 소화될 것입니다.

이미 위없는 깨달음의 마음을 낸 이가 만약 이 음식을 먹는다면, 무생법인을 얻어야 그 이후에 소화될 것입니다.

이미 무생법인을 얻은 이가 만약 이 음식을 먹는다면, 불퇴전(不退轉)[686]의 지위에 편안히 머물러야 그 이후에 소화될 것입니다.

---

683) 정성이생(正性離生) : 견도(見道)의 다른 이름. 정성(正性)이란 무루(無漏)의 성도(聖道). 이생(離生)이란 분별에 의해 일어나는 번뇌를 끊는 것, 혹은 범부의 생(生)을 떠난다는 뜻. 정성결정(正性決定)과 같음. 번뇌 없는 성도인 견도위(見道位)를 말함.

684) 요(要) : ①-해야 한다. ②바라다. ③도리어.

685) 종성(種性) : 혈통. 가문. 씨족. =종성(種姓).

686) 불퇴전(不退轉) : 수행의 계위(階位)에서 믿음의 확립이나 법안(法眼)의 획득 등의 단계에 이르면 물러나서 악도에 떨어진다거나 이승지(二乘地)로 떨어진다거나 깨달아 얻은 법을 다시 잃게 된다거나 하는 일이 결코 없게 되는 것이다.

이미 불퇴전의 지위에 편안히 머문 이가 만약 이 음식을 먹는다면, 일생계(一生繫)[687]의 지위에 편안히 머물러야 그 이후에 소화될 것입니다.

스님들은 아셔야 합니다.

비유하면, 세간(世間)에는 최고의 맛이라고 불리는 대약왕(大藥王)이 있는데, 만약 중생 가운데 여러 가지 독에 중독이 되어 온몸에 독이 퍼진 자에게 그것을 먹도록 한다면, 온갖 독이 아직 모두 사라지지 않았다면 대약왕도 아직 다 소화될 수 없는 것과 같이, 번뇌가 사라진 이후에야 비로소 모두 소화되는 것입니다."

아난다가 말했다.

"불가사의합니다. 이와 같이 보살이 가져온 향 음식은 중생들을 위하여 여러 불사(佛事)[688]를 할 수 있군요."

부처님께서 곧 말씀하셨다.

"그렇다. 그렇다. 그대가 불가사의하다고 말한 바와 같이 이 유마힐이 가져온 향 음식은 중생들을 위하여 여러 가지 불사를 할 수 있다."

---

687) 일생계(一生繫) : =일생보처(一生補處). 한 생애만 지나면 부처님의 지위에 들어갈 수 있다는 뜻. 등각(等覺)의 지위. 미륵보살(彌勒菩薩) 같은 이가 석존보다 먼저 입멸하여 도솔천궁에 나서 그 천상의 수명으로 4천세(인간의 56억 7천만 년)를 지낸 뒤에 석가모니불 다음에 사바세계로 내려와 화림원(華林園) 용화수(龍華樹) 아래에서 성도(成道)하고, 3회(會)의 설법으로 인천(人天)을 교화한다 함.

688) 불사(佛事) : 깨달음의 일, 곧 깨달음. 혹은 깨달은 자인 부처님이 잘 하는 일인 교화(敎化)를 가리키니, 여러 가지 일을 통하여 불법을 열어 보이는 것. 선원(禪院)에서 개안(開眼)·상당(上堂)·입실(入室)·안좌(安座)·염향(拈香) 등의 일들이나 절을 짓고 불상을 조성하고 경전을 만드는 것을 모두 불사라고 한다. 또 불교에서 행하는 법회를 일반적으로 불사 또는 법사(法事)라 한다.

時阿難陀問無垢稱："是妙香氣當住久如？"無垢稱言："乃至此食未皆消盡，其香猶住."阿難陀曰："如是所食，其經久如，當皆消盡."無垢稱言："此食勢分七日七夜住在身中，過是已後乃可漸消. 雖久未消而不爲患. 具壽當知. 諸聲聞乘未入正性離生位者，若食此食，要入正性離生位，已然後乃消. 未離欲者，若食此食，要得離欲然後乃消. 未解脫者，若食此食，要心解脫然後乃消. 諸有大乘菩薩種性未發無上菩提心者，若食此食，要發無上菩提心已然後乃消. 已發無上菩提心者，若食此食，要當證得無生法忍然後乃消. 其已證得無生忍者，若食此食，要當安住不退轉位然後乃消. 其已安住不退位者，若食此食，要當安住一生繫位然後乃消. 具壽當知. 譬如世間有大藥王名最上味，若有衆生遇遭諸毒遍滿身者與令服之，乃至諸毒未皆除滅，是大藥王猶未消盡，諸毒滅已然後乃消. 食此食者亦復如是，乃至一切煩惱諸毒未皆除滅，如是所食猶未消盡，煩惱滅已然後乃消."阿難陀言："不可思議. 如是大士所致香食，能爲衆生作諸佛事."佛即告言："如是如是. 如汝所說不可思議，此無垢稱所致香食，能爲衆生作諸佛事."

4. 불사(佛事)

그때 부처님께서 다시 아난다에게 말씀하셨다.

"유마힐이 가져온 향 음식이 중생들을 위하여 온갖 불사(佛事)를 할 수 있는 것처럼,

그와 같이 나머지 온 우주의 어떤 불국토에서는 모든 광명을 가지고 불사를 하고,

어떤 불국토에서는 보리수를 가지고 불사를 하고,

어떤 불국토에서는 온갖 보살을 가지고 불사를 하고,

어떤 불국토에서는 여래의 육체의 모습을 보는 것으로써 불사를 하고,

어떤 불국토에서는 온갖 방편 삼아 만든 환상의 사람[689]을 가지고 불사를 하고,

어떤 불국토에서는 온갖 의복을 가지고 불사를 하고,

어떤 불국토에서는 온갖 침구[690]를 가지고 불사를 하고,

어떤 불국토에서는 온갖 음식을 가지고 불사를 하고,

어떤 불국토에서는 온갖 정원[691]을 가지고 불사를 하고,

어떤 불국토에서는 온갖 누각[692]을 가지고 불사를 하고,

어떤 불국토에서는 그 허공을 가지고 불사를 한다.

까닭이 무엇인가?

모든 중생은 이런 방편으로 말미암아 조복을 얻기 때문이다.

어떤 불국토에서는 온갖 중생들을 위하여 여러 가지 문장을 가지고

---

689) 화인(化人) : 불보살이 중생을 교화하기 위하여 중생의 근기에 맞추어 일부러 모양을 변해서 사람의 몸을 나타내는 것. 화인의 자체는 감각이 없어서 일이 끝나면 곧 없어진다.

690) 와구(臥具) : 잠잘 때 쓰는 침상이나 이부자리. 또 가사(袈裟)를 『사분율(四分律)』에서는 와구라 하고 『십송률(十誦律)』에서는 부구(敷具)라 하니, 그 모양이 비슷한 데서 온 이름.

691) 원림(園林) : ①유원지(遊園地). ②정원(庭園) 또는 숲. ③교단에 소속된 땅. 원관(園觀).

692) 대관(臺觀) : 돈대(墩臺)와 누각(樓閣).

허망한 꿈[693], 그림자[694], 물 위에 비친 달[695], 메아리 소리[696], 아지랑이 [697], 거울에 비친 영상, 뜬구름, 건달박성(楗達縛城)[698], 제망(帝網)[699] 등의 비유를 자세히 말하여[700] 불사를 한다.

어떤 불국토에서는 그 음성과 언어와 문자를 가지고 여러 가지 온갖 법들의 자성과 모습을 자세히 말하여 불사를 한다.

어떤 불국토에서는 깨끗하고, 고요하고, 말이 없고, 꾸짖음도 없고, 칭찬도 없고, 추구함도 없고, 희론도 없고, 드러내지도 않고, 보여 주지도 않으니, 교화된 중생은 그 적막(寂寞)함으로 말미암아 저절로 모든 법의 자성과 모습을 깨닫게 되는 것으로 불사를 한다.

이와 같이 마땅히 알아야 한다.

온 우주의 모든 불국토는 그 숫자가 끝이 없고, 행하는 불사도 헤아릴 수 없이 많다.

---

693) 환몽(幻夢) : 허황된 꿈. 허망한 것.

694) 광영(光影) : ①빛. 햇빛. ②세월. 광음(光陰)과 같다. ③그림자.

695) 수월(水月) : 물에 비친 달. 사물의 환상을 비유함.

696) 향성(響聲) : ①소리. ②메아리 소리.

697) 양염(陽焰) : 아지랑이. =양염(陽炎), 양염(陽餤).

698) 건달박성(楗達縛城) : gandharva-nagara. 또는 건달바성(乾達婆城)·건달바성(健闥婆城)이라 음역, 번역하여 심향성(尋香城). 실체는 없이 공중에 나타나는 성곽. 바다 위나 사막 또는 열대지방에 있는 벌판의 상공(上空)에서 공기의 밀도와 광선의 굴절작용으로 일어나는 신기루(蜃氣樓)·해시(海市). 이것을 건달바성이라 하는 것은, 건달바는 항상 천상에 있다는 데서 생긴 것. 또는 서역에서 악사(樂師)를 건달바라 부르고, 그 악사는 환술로써 교묘하게 누각을 나타내어 사람에게 보이므로 이와 같이 부른다.

699) 제망(帝網) : '망주(網珠)'라고도 한다. 제석천궁에 길게 드리워진 보옥 그물을 가리킨다. 여기에 그물코마다 하나하나 구슬이 매달려 있는데, 이것들이 서로를 비추고 있기 때문에 수많은 사물이 중중무진(重重無盡)하게 서로 교섭하는 것을 비유한다. =인드라망.

700) 선설(宣說) : 하나하나 베풀어 상세히 말하다. 교법(敎法)을 자세히 설명하다.

요점을 말하자면, 모든 부처가 가진 위엄 있는 용모와 행동거지(行動擧止)는 모두 교화된 중생들로 하여금 조복하도록 시키는 것이다.

이 까닭에 모든 것을 전부 일러 불사(佛事)라고 한다.

또 모든 세간에 있는 네 가지 마(魔)와 팔만 사천 가지 온갖 번뇌의 문은 중생의 부류가 그로 말미암아 괴로워하는 것인데, 모든 여래는 곧 이러한 법을 가지고 모든 중생을 위하여 불사(佛事)를 한다.

爾時佛復告阿難陀:"如無垢稱所致香食, 能爲衆生作諸佛事, 如是於餘十方世界, 或有佛土以諸光明而作佛事, 或有佛土以菩提樹而作佛事, 或有佛土以諸菩薩而作佛事, 或有佛土以見如來色身相好而作佛事, 或有佛土以諸化人而作佛事, 或有佛土以諸衣服而作佛事, 或有佛土以諸臥具而作佛事, 或有佛土以諸飮食而作佛事, 或有佛土以諸園林而作佛事, 或有佛土以諸臺觀而作佛事, 或有佛土以其虛空而作佛事. 所以者何? 由諸有情因此方便而得調伏. 或有佛土爲諸有情種種文詞, 宣說幻夢光影水月響聲陽焰鏡像浮雲健達縛城帝網等喩而作佛事. 或有佛土以其音聲語言文字, 宣說種種諸法性相而作佛事. 或有佛土淸淨寂寞無言無說無訶無讚無所推求無有戲論無表無示. 所化有情因斯寂寞, 自然證入諸法性相而作佛事.

如是當知. 十方世界諸佛國土其數無邊, 所作佛事亦無數量. 以要言之, 諸佛所有威儀進止受用施爲, 皆令所化有情調伏. 是故一切皆名佛事. 又諸世間所有四魔八萬四千諸煩惱門, 有情之類爲其所惱, 一切如來卽以此法, 爲諸衆生而作佛事.

5. 정등각 여래 불타

그대들은 이제 마땅히 알아야 한다.

이와 같은 법문(法門)을 일러 모든 불법에 깨달아 들어간다고 한다.

만약 모든 보살이 이 법문에 들어오면, 비록 헤아릴 수 없이 넓고 큰 공덕을 전부 성취한 아름답고 깨끗한 불국토를 보더라도 즐거워하지도 않고 탐내지도 않으며, 비록 온갖 공덕이 전혀 없는 추하고 더러운 불국토를 보더라도 슬퍼하지도 않고 성내지도 않으며, 모든 부처가 일으킨 가장 뛰어난 법[701]을 믿고 좋아하고[702] 공경하고 일찍이 보지 못한 일[703]이라고 찬탄할 것이다.

모든 불세존(佛世尊)의 온갖 공덕은 평등하고 원만하니, 모든 법의 마지막 진실인 평등한 자성을 얻었기 때문에 차별 속에 있는 중생들을 성숙시키고자 하여 여러 가지 차별되는 불국토를 드러내 보인다.

그대들은 이제 마땅히 알아야 한다.

모든 불국토가 비록 그 의지하는 땅이 뛰어나고 못난 것이 같지 않더라도 위에 있는 허공에는 전혀 차별이 없는 것과 같다.

이와 같이 마땅히 알아야 한다.

모든 불세존은 온갖 중생들을 성숙시키고자 하기 때문에, 비록 여러 가지로 나타내는 육체의 모습이 같지 않더라도 장애가 없고 복덕과 지혜가 끝내 원만하여 전혀 차별이 없다.

---

701) 상품(上品) : 아주 뛰어난 일. 최상.
702) 신요(信樂) : 믿고 좋아함. 순수하게 믿음. 아미타불의 본원을 듣고서 믿고 좋아함.
703) 미증유(未曾有) : 일찍이 경험하지 못했던 것. 깜짝 놀라다. 깜짝 놀랄 만한 일. 희유(希有)하고 진귀한 것. 불법을 가리킨다. 불보살의 가르침에 대한 찬탄을 표현하는 말.

그대들은 지금 마땅히 알아야 한다.

모든 여래는 전부 평등하다.

말하자면, 가장 뛰어나고 두루 원만하고 최고인[704] 용모(容貌)와 위광(威光)[705]과 온갖 32상(相)과 80수형호(隨形好)와 존귀한 가문과 깨끗한 계율과 선정과 지혜와 해탈과 해탈지견(解脫知見)과 십력(十力)[706]과 사무소외(四無所畏)[707]와 십팔불공법(十八不共法)과 사무량심(四無量心)[708]과

---

704) 무극(無極) : 원만(圓滿)하고 무상(無上)함. 더 이상 위가 없는 최고의 경지. 불과(佛果), 열반.

705) 위광(威光) : 위력(威力). 위신력(威神力). 위세(威勢).

706) 십력(十力) : (1)부처에게만 있는 열 가지 심력(心力). ①처비처지력(處非處智力). ②업이숙지력(業異熟智力). ③정려해탈등지등지력(靜慮解脫等持等至智力). ④근상하지력(根上下智力). ⑤종종승해지력(種種勝解智力). ⑥종종계지력(種種界智力). ⑦변취행지력(遍趣行智力). ⑧숙주수념지력(宿住隨念智力). ⑨사생지력(死生智力). ⑩누진지력(漏盡智力). 이는『구사론(俱舍論)』제27권,『순정리론(順正理論)』제75권 등에 의함. (2)보살에게 있는 열 가지 지력(智力). ①심심력(深心力). ②증상심심력(增上深心力). ③방편력. ④지력. ⑤원력. ⑥행력. ⑦승력(乘力). ⑧신변력. ⑨보리력. ⑩전법륜력(轉法輪力).『화엄경(華嚴經)』제39권,『신역화엄경』제56권에 있음.

707) 사무소외(四無所畏) : 사무외(四無畏)라고도 함. 불·보살이 설법할 적에 두려운 생각이 없는 지력(智力)의 네 가지. (1)부처님의 4무소외. ①정등각무외(正等覺無畏)는 일체 모든 법을 평등하게 깨달아, 다른 이의 힐난(詰難)을 두려워하지 않음. ②누영진무외(漏永盡無畏)는 온갖 번뇌를 다 끊었노라고 하여, 외난(外難)을 두려워하지 않음. ③설장법무외(說障法無畏)는 보리를 장애하는 악법(惡法)에 대하여 말하면서도 다른 이의 비난을 두려워하지 않음. ④설출도무외(說出道無畏)는 고통 세계를 벗어나는 요긴한 길을 표시해서, 다른 이의 비난을 두려워하지 않음. (2)보살의 4무소외. ①능지무외(能持無畏)는 교법을 듣고 명구문(名句文)과 그 의리(義理)를 잊지 아니하여 남에게 가르치면서 두려워하지 않는 것. ②지근무외(知根無畏)는 대기(對機)의 근성이 예리하고, 우둔함을 알고, 알맞는 법을 말해 주어 두려워하지 않는 것. ③결의무외(決疑無畏)는 다른 이의 의심을 판결하여 적당한 대답을 하여 두려워하지 않는 것. ④답보무외(答報無畏)는 여러 가지 문난(問難)에 대하여 자유자재하게 응답하여 두려워하지 않는 것.

708) 사무량심(四無量心) : 중생을 어여삐 여기는 한량없는 네 가지 마음인 자비희사(慈悲喜捨). ①자무량심(慈無量心). 무진(無瞋)을 체(體)로 하고, 한량없는 중생에게 즐거움을

이익과 안락과 위엄 있는 용모로 행하는 바른 행동의 수량(壽量)[709]과 법을 말하여 중생을 해탈시킴과 중생을 성숙시킴과 깨끗한 불국토 등이 모두 평등하다.

모든 여래의 모든 불법은 전부 평등하고 가장 뛰어나고 두루 원만하여 끝내 다함이 없으니, 이 때문에 모두 함께 바르고 평등한 깨달음이라고 일컫고, 여래라고 일컫고, 불타(佛陀)라고 일컫는다.

그대들은 지금 마땅히 알아야 한다.

설령 이 세 마디 말[710]의 뜻을 분별하여 자세히 말하려고 하여도, 그대가 무한한 세월 동안[711] 쉼 없이 듣더라도 끝내 다 들을 수 없을 것이다.

가령 삼천대천세계에 있는 중생의 부류들이 모두 빼어난 기억력[712]을 가지고 배운 것을 가장 많이 알고 있는 아난과 같다고 하여도, 무한한 세월을 전부 거치는 동안 쉼 없이 듣더라도 끝내 다 들을 수 없을 것이다.

바르고 평등한 깨달음, 여래, 불타라는 세 마디 말의 묘한 뜻은 오직 모든 부처를 제외하고는 마침내 널리 알려서[713] 의심을 끊고 문제를 해

주려는 마음. ②비무량심(悲無量心). 무진(無瞋)을 체(體)로 하고, 남의 고통을 벗겨 주려는 마음. ③희무량심(喜無量心). 희수(喜受)를 체로 하고, 다른 이로 하여금 고통을 여의고 즐거움을 얻어 희열(喜悅)케 하려는 마음. ④사무량심(捨無量心). 무탐(無貪)을 체로 하여 원(怨)·친(親)의 구별을 두지 않고 중생을 평등하게 보려는 마음.

709) 수량(壽量) : 수명(壽命)의 길이. 생명의 길이.
710) 바르고 평등한 깨달음, 여래(如來), 불타(佛陀).
711) 경겁주(經劫住) : 겁(劫)을 지나는 오랜 세월 동안 존재하다.
712) 염총지(念總持) : 빼어난 기억력. 뛰어난 기억력.
713) 선양(宣揚) : 널리 알리다.

결할[714] 수 있는 자는 없다.

이와 같이 마땅히 알아야 한다.

모든 부처의 깨달음의 공덕은 헤아릴 수 없고, 걸림 없는 묘한 말솜씨는 불가사의하다.”

이렇게 말씀을 마치셨다.

汝今當知. 如是法門名爲悟入一切佛法. 若諸菩薩入此法門, 雖見一切成就無量廣大功德嚴淨佛土不生喜貪, 雖見一切無諸功德雜穢佛土不生憂恚, 於諸佛所發生上品信樂恭敬歎未曾有. 諸佛世尊一切功德平等圓滿, 得一切法究竟眞實平等性故, 爲欲成熟差別有情, 示現種種差別佛土. 汝今當知. 如諸佛土雖所依地勝劣不同, 而上虛空都無差別. 如是當知. 諸佛世尊爲欲成熟諸有情故, 雖現種種色身不同而無障礙, 福德智慧究竟圓滿都無差別.

汝今當知. 一切如來悉皆平等. 所謂最上周圓無極形色威光, 諸相隨好族姓尊貴, 清淨尸羅定慧解脫解脫知見, 諸力無畏不共佛法, 大慈大悲大喜大捨利益安樂, 威儀所行正行壽量, 說法度脫成熟有情, 清淨佛土, 悉皆平等. 以諸如來一切佛法悉皆平等, 最上周圓究竟無盡, 是故皆同名正等覺, 名爲如來, 名爲佛陀. 汝今當知. 設令我欲分別廣說此三句義, 汝經劫住無間聽受, 窮其壽量亦不能盡. 假使三千大千世界有情之類, 皆如阿難得念總持多聞第一, 咸經劫住無間聽受, 窮其壽量亦不能盡. 此正等覺如來佛陀三句妙義, 無能究竟宣揚決擇, 唯除諸佛. 如是當知. 諸佛菩提功德無量, 無滯妙辯不可思

714) 결택(決擇) : 결판을 내다. 문제를 확실히 해결하다. 의심을 결단하여 이치를 분별하는 것.

議." 說是語已.

6. 성문은 보살을 알 수 없다

그때 아난다가 말씀드렸다.

"세존이시여! 저는 지금부터 빼어난 기억력을 가지고 배운 것이 가장 많다고 감히 스스로 말하지 못하겠습니다."

부처님께서 곧 말씀하셨다.

"그대는 지금 굴복하여 물러나는 마음을 내어서는 안 된다.

까닭이 무엇인가?

나는 예전부터 다만 그대가 성문(聲聞)의 무리들 가운데에서 빼어난 기억력을 가지고 배운 것이 가장 많다고 말했을 뿐, 보살들 가운데에서 말한 것이 아니다.

그대는 지금 우선 멈추어라.

그런 지혜가 있는 자라면 모든 보살의 일을 헤아려서는 안 된다.

그대는 지금 알아야 한다.

모든 큰 바다의 밑바닥의 깊고 얕음은 오히려 헤아릴 수 있지만, 보살의 지혜와 염정(念定)[715]과 빼어난 기억력과 말솜씨의 큰 바다를 헤아릴 수 있는 자는 없다.

---

715) 염정(念定) : 염(念)은 정념(正念), 정(定)은 정정(正定). 정념이란 참된 지혜로 정도를 생각하여 삿된 생각이 없는 것. 정정이란 참된 지혜로서 산란하고 흔들리는 생각을 여의고 몸과 마음을 고요하게 하고, 진공(眞空)의 이치를 관하며 가만히 있고 마음을 이동치 아니하는 것.

그대들 성문(聲聞)들은 모든 보살들이 행하는 경계(境界)를 내버려두고 생각하려고 하지 마라.

밥 한 그릇 먹는 사이에 유마힐이 나타낸 변화와 신통은 모든 성문들과 모든 독각(獨覺)[716]들이 영원한 세월 동안 변화와 신통을 드러내어도 따라갈 수가 없다."

時阿難陀白言:"世尊! 我從今去, 不敢自稱, 得念總持多聞第一." 佛便告曰:"汝今不應心生退屈. 所以者何? 我自昔來但說, 汝於聲聞衆中得念總持多聞第一, 非於菩薩. 汝今且止. 其有智者, 不應測量, 諸菩薩事. 汝今當知. 一切大海源底深淺猶可測量, 菩薩智慧念定總持辯才大海無能測者. 汝等聲聞置諸菩薩所行境界不應思惟. 於一食頃是無垢稱示現變化所作神通, 一切聲聞及諸獨覺, 百千大劫示現變化神力所作, 亦不能及."

7. 다함 있음과 다함 없음

그때에 저 위쪽에서 온 모든 보살이 전부 일어나 석가모니에게 절을

---

716) 독각(獨覺) : pratyekabuddha. 연각(緣覺)이라고도 번역. 부처님 없는 세상에 나서 다른 이의 가르침을 받지 않고 혼자 수행하여 깨달은 이를 말함. 여기에는 인각유독각(麟角喩獨覺)과 부행독각(部行獨覺)의 2종이 있다. 기린의 뿔과 같이 독신으로 동무가 없는 이를 인각유독각. 몇 사람이 한곳에 모여 수행하여 증득하는 일을 부행독각이라 한다. 부처님 없는 세상에 나서 남의 교화를 받지 않는 것은 둘이 모두 같다. 성문(聲聞)과 독각(獨覺)은 소승(小乘)의 성자(聖者)들이다.

올리고 합장하여 공경하면서 아뢰었다.

"세존이시여!

우리가 처음 와서 이 불국토의 여러 가지 혼란하고 더러움을 보고는 못났다는 생각을 내었습니다만, 이제는 모두 후회하고 부끄럽게 여기면서 이런 마음을 버렸습니다.

까닭이 무엇일까요?

모든 부처님의 경계는 방편이 뛰어나고 교묘하며[717] 불가사의하여 온갖 중생들을 성숙시키고자 하기 때문에 중생이 좋아하는 차별과 같이 이러이러한 여러 가지 불국토를 나타내어 보이십니다.

그렇습니다, 세존이시여!

원컨대 조그마한 법을 내려주셔서 일체묘향세계로 돌려주도록 하시어, 이 법으로 말미암아 늘 여래를 생각하여 잊지 않도록 해 주십시오."

이 말을 마치고 나자, 세존께서 그곳에서 온 여러 보살들에게 말씀하셨다.

"착한 남자들이여!

모든 보살이 해탈하는 법문(法門)이 있으니, 이름을 다함 있음과 다함 없음이라 한다.

그대들은 지금 공손히 받아서 마땅히 열심히 배우고 익혀야 한다.

어떤 것을 일러 다함 있음과 다함 없음이라 하는가?

다함 있음이라 하는 것은 곧 유위(有爲)의 생멸(生滅)이 있는 법이다.

다함 없음이라 하는 것은 곧 무위(無爲)의 생멸이 없는 법이다.

보살은 그 유위를 다하여 끝내어서도 안 되고, 또한 무위에 머물러

---

717) 선교(善巧) : 뛰어나고 교묘하다. 솜씨가 훌륭하다.

서도 안 된다.

時彼上方諸來菩薩, 皆起禮拜釋迦牟尼, 合掌恭敬白言: "世尊! 我等初來, 見此佛土種種雜穢, 生下劣想, 今皆悔愧, 捨離是心. 所以者何? 諸佛境界, 方便善巧, 不可思議, 爲欲成熟諸有情故, 如如有情所樂差別, 如是如是示現佛土. 唯然, 世尊! 願賜少法當還, 一切妙香世界, 由此法故常念如來."

說是語已, 世尊告彼諸來菩薩言: "善男子! 有諸菩薩解脫法門, 名有盡無盡. 汝今敬受當勤修學. 云何名爲有盡無盡? 言有盡者, 卽是有爲有生滅法. 言無盡者, 卽是無爲無生滅法. 菩薩不應盡其有爲, 亦復不應住於無爲.

8. 보살은 유위를 버리지 않는다

어떤 것이 보살이 유위를 다하여 끝나지 않는 것인가?

말하자면, 모든 보살이 대자(大慈)[718]를 버리지도 않고 대비(大悲)[719]를 버리지도 않고,

일찍이 더욱더 많은 염원을 일으켜 모든 지혜로운 마음을 생각에 비끄러매어 보배처럼 소중하게 여기며 잠시도 잊지 않고,

중생을 성숙시킴에 늘 게으름을 피우지 않고,

---

718) 대자(大慈) : 불보살(佛菩薩)의 넓고 큰 사랑. 즐거움을 주는 것을 자(慈)라 함.
719) 대비(大悲) : 불보살(佛菩薩)의 큰 사랑. 괴로움을 없애는 것을 비(悲)라 함.

사섭법(四攝法)을 늘 내버리지 않고,

바른 법을 지킴에 목숨을 아까워하지 않고,

여러 선법(善法)을 구하여 익힘에 결코 싫어하거나 만족함이 없고,

방편을 만들어[720] 뛰어난 솜씨로 회향(迴向)[721]하는 것을 늘 좋아하고,

바른 법을 묻고 구함에 게으른 적이 없고,

법의 가르침을 상세히 설명함[722]에 사권(師捲)[723]을 만들지 않고,

항상 모든 부처님을 기꺼이 우러러보면서 시중을 든다.[724]

그러므로 삶과 죽음을 겪으면서도 두려움이 없고, 비록 흥망성쇠를
만나더라도 기뻐하거나 슬퍼함이 없고,

아직 배우지 못한 사람들을 결코 업신여기지 않고,

이미 배운 사람들을 부처님처럼 공경하고,

---

720) 안립(安立) : ①벌려 놓다. 설치하다. ②생각으로 헤아릴 수도 없고 말로써 나타낼 수도
없는 진여(眞如)를 방편으로 말로써 차별을 지어 나타내는 것.

721) 회향(迴向) : 회향(回向), 회향(迴向)이라고도 씀. 회전취향(迴轉趣向)의 약자. ①방향을
돌려서 향하다, 향하여 나아가다, 되돌아보다는 뜻. ②자기가 닦은 선근(善根) 공덕을 다
른 중생이나 깨달음으로 향하여 돌림.

722) 부연(敷演) : ①펴서 넓히다. 상세히 설명하다. ②개연(開演)과 같음. 입을 열어 말하기 시
작하다.

723) 사권(師捲) : 사권(師拳)이라고도 함. 스승이 손을 말아 주먹을 쥐고서 그 속에 무엇을 숨
기고 제자에게 보여 주지 않는다는 뜻. 제자에게 가르쳐 주지 않고 스승만이 가지고 있는
비밀스런 진리를 가리킴. 『대장엄론경(大莊嚴論經)』 제14권에는 "외도의 스승은 비법(秘
法)을 손에 감추고 있다."(如外道師捲手祕法)는 구절이 있고, 『아비달마식신족론(阿毘達
磨識身足論)』 제3권에는 "여래는 법에 대하여 사권(師捲)이 없다."(如來於法無有師拳)
라는 구절이 있고, 『유가사지론(瑜伽師地論)』 제38권에는 "정법(正法)에서 아까운 마음
을 내지 않고 사권(師捲)을 만들지 않는다."(又於正法不生慳吝不作師拳)라는 구절이 있
다. 여기에서 권(倦)은 권(捲)의 가차자(假借字).

724) 공사(供事) : ①직무를 맡다. 봉사(奉仕)하다. 맡은 일을 수행하다. ②시중을 들다. ③제
사를 받들다.

잡다한 번뇌를 도리에 맞게 생각할 줄 알고,

쾌락에서 멀리 벗어나 탐내거나 물들지 않을 수 있고,

자기의 즐거운 일에 맛 들여 집착한[725] 적이 없고,

타인의 즐거운 일에 마음으로 깊이 함께 기뻐해 주고,

닦아 익힌 정려(靜慮)·해탈·등지(等持)·등지(等至)를 지옥처럼 생각하여 맛 들여 집착하지 않고,

태어나고 죽으면서 육도(六道)의 세계를 윤회하며 돌아다니는 것을 마치 궁전의 정원(庭園)을 돌아다니는 것처럼 생각하여 싫어하거나 벗어나지 않고,

구걸하는 자에 대하여 좋은 벗이라는 생각을 내어, 가지고 있는 것을 전부 내주면서도 아까워서 돌아보는 일이 전혀 없다.

일체지(一切智)[726]에 대하여는 회향(廻向)[727]하는 생각을 일으키고,

온갖 계율을 어기는 일에 대하여는 구호(救護)하는 생각을 일으키고,

바라밀다(波羅蜜多)[728]에 대하여는 부모와 같다는 생각을 일으켜 재빨리 원만하게 하고,

---

725) 미착(味著) : 맛들여 집착하다. 탐닉하다.

726) 일체지(一切智) : 모든 법의 모습을 모조리 다 아는 지혜. 천태(天台)에서는 성문·연각(緣覺)의 지혜라 하고, 구사(俱舍)에서는 부처님의 지혜라 함.

727) 회향(廻向) : 회향(回向), 회향(廻向)이라고도 씀. 회전취향(廻轉趣向)의 약자. ①방향을 돌려서 향하다, 향하여 나아가다, 되돌아보다는 뜻. ②자기가 닦은 선근(善根) 공덕을 다른 중생이나 깨달음으로 향하여 돌림.

728) 바라밀다(波羅蜜多) : pāramitā. 바라밀(波羅蜜)·파라미다(播囉弭多)라고도 음역하고, 도피안(到彼岸)·도무극(度無極)·사구경(事究竟)·도(度)라 번역. 피안(彼岸)은 곧 이상(理想)의 경지에 이르고자 하는 보살 수행의 총칭. 이것을 6종·10종으로 나누어 6바라밀·10바라밀이라 하며, 또는 6도(度)·10도(度)라고도 한다.

보리분법(菩提分法)[729]에 대하여는 도우며 따르는 시종(侍從)[730]과 같다는 생각을 일으켜 끝나지 않게 하고,

모든 선법(善法)[731]에 대하여는 실천하고 익히기를 항상 권하고,

모든 불국토에 대하여는 아름답게 장식하기를 항상 좋아하고,

다른 불국토에 대하여는 깊은 마음으로 기뻐하고 찬탄하고,

자기의 불국토에 대하여는 능숙하고 재빨리 성취한다.

모든 뛰어난 영웅의 용모를 원만하고 아름답게 장식하기 위하여 깨끗하고 장애 없는 큰 보시를 행하고,

몸과 말과 마음의 아름다운 장식이 깨끗하도록 하기 위하여 계율을 범하는 모든 악법에서 멀리 떠나고,

몸과 마음을 견고하고 잘 참고 견디도록 하기 위하여 모든 분노와 원한이라는 번뇌에서 멀리 떠나고,

수행이 속히 마지막 경지를 얻도록 하기 위하여 무한한 세월 동안 헤아릴 수 없는 생사윤회에 흘러 다니고[732],

자기 마음이 용맹하고 견고하게 머물도록 하기 위하여 부처님의 헤아릴 수 없는 공덕 듣기를 게을리 하지 않고,

---

729) 보리분법(菩提分法) : =삼십칠보리분법(三十七菩提分法), 삼십칠도품(三十七道品), 삼십칠조도품(三十七助道品). 열반의 이상경(理想境)에 나아가기 위하여 닦는 도행(道行)의 종류. 4념처(念處) · 4정근(正勤) · 4여의족(如意足) · 5근(根) · 5력(力) · 7각분(覺分) · 8정도분(正道分).

730) 익종(翼從) : 도우며 따름. 보필하고 추존함. 시종(侍從).

731) 선법(善法) : ↔악법(惡法). 좋은 교법(敎法). 5계 · 10선 · 3학 · 6도 등 이치에 맞고, 자기를 이익 되게 하는 법.

732) 유전(流轉) : 유(流)는 상속, 전(轉)은 헤매는 것. 우리가 3계(界) 6도(度)에 태어나고 태어나서 그치지 않음. 윤회(輪廻)와 같은 뜻.

번뇌라는 원수를 영원히 해치려고 하여 방편으로 반야(般若)라는 무기(武器)[733]를 수리하고,[734]

모든 중생의 무거운 짐을 짊어지고자 하여 오온·십팔계(十八界)의 세계에서 두루 밝은 지식을 구하고,

모든 마군(魔軍)[735]을 항복시키고자[736] 하여 열심히 정진하면서 게으른 적이 없고,

위없는 바른 법을 보호하여 지니고자 하여 게으름을 벗어나 뛰어난 교화의 지혜를 부지런히 구하고,

모든 세간이 교화 받는 것을 좋아하고 소중히 하도록 하기 위하여 욕망 없이 만족함을 아는 것을 늘 즐겨 익히고 행한다.

모든 세간법에 늘 물들지 않으면서 모든 세간에 순응할[737] 수 있고,

모든 위엄 있는 용모를 늘 훼손하지 않으면서 모든 행위를 나타낼 수 있고,

여러 가지 신통하고 묘한 지혜를 내어 모든 중생을 이익 되고 안락하게 하고,

들었던 모든 바른 법들을 받아 지녀 묘한 지혜와 바른 생각과 총지(總持)[738]를 일으키고,

---

733) 도장(刀杖) : 무기.

734) 수치(修治) : 수리(修理)하다. 고치다.

735) 마군(魔軍) : 악마들의 군병. 석존이 성도(成道)할 때에 제6천(天)의 마왕이 그의 권속들을 거느리고 와서 성도를 방해함에 신통력으로 이들을 모두 항복받았다고 한다. 이들은 모두 깨달음에 방해가 되는 분별망상의 습들을 가리키는 것이다.

736) 최복(摧伏) : 항복시키다. 쳐부수다.

737) 수순(隨順) : ①따르다. 순응(順應)하다. ②합당하다.

738) 총지(總持) : 다라니(陀羅尼)라 음역. 한량없는 뜻을 포함하여 잃지 않게 하는 것. 또 선

상중하(上中下) 모든 근기(根機)의 높고 낮은 묘한 지혜를 일으켜 모든 중생의 의혹을 끊고,

여러 가지 걸림 없는 말솜씨를 깨달아 얻어 바른 법을 펼침에 늘 막힘이 없고,

인천(人天)⁷³⁹⁾의 뛰어난 즐거움을 받아들이기 위하여 깨끗한 십선업도(十善業道)를 부지런히 닦고,

범천(梵天)⁷⁴⁰⁾으로 가는 길을 바르게 열기 위하여 사무량심(四無量心)의 지혜를 부지런히 닦고,

모든 부처님의 뛰어나고 묘한 음성을 듣기 위하여 부처님께 설법을 간청하고⁷⁴¹⁾ 그 훌륭함을 기꺼이 함께⁷⁴²⁾ 찬탄하고,

모든 부처님의 뛰어나고 묘하고 위엄 있는 용모를 얻기 위하여 뛰어나고 고요한 삼업(三業)⁷⁴³⁾을 늘 닦고,

닦은 것이 순간순간 더욱 뛰어나도록 하기 위하여 모든 법에서 마음이 오염되거나 사로잡힘이 없고,

법(善法)을 잃지 않고, 악법(惡法)을 일어나지 않게 하는 것.

739) 인천(人天) : 인간세계와 하늘세계에 사는 사람과 신령 등 여러 중생들.

740) 범천(梵天) : brahma-deva 바라하마천(婆羅賀摩天)이라고도 쓴다. 색계 초선천(初禪天). 범(梵)은 맑고 깨끗하다는 뜻. 이 하늘은 욕계(欲界)의 음욕(淫欲)을 여의어서 항상 깨끗하고 조용하므로 범천이라 한다. 여기에 다시 세 하늘이 있으니 범중천 · 범보천 · 대범천이지만, 범천이라 통칭한다. 보통 범천이라 할 때는 초선천의 주(主)인 범천왕을 가리킴.

741) 권청(勸請) : 권하여 청한다는 뜻. 지극한 정성으로 부처님께 설법해 주기를 원하는 것.

742) 수희(隨喜) : 기쁨을 같이 하다. 선행을 같이 하다.

743) 삼업(三業) : 신업(身業) · 구업(口業) · 의업(意業). 곧 신체의 동작 · 언어 · 의지(意志)의 작용. 행동, 말, 생각.

모든 머리 기른 스님들[744]을 잘 길들여 부리기 위하여 대승(大乘)을 배우라고 중생들에게 늘 권하고,

가진 공덕을 잃지 않기 위하여 언제나 늘 방일(放逸)[745]하지 않고,

모든 선근(善根)이 점차[746] 증진되도록 여러 가지 대원(大願)[747] 고치기를 늘 즐기고,

모든 불국토를 아름답게 장식하려고 넓고 큰 선근(善根)을 늘 부지런히 닦아 익히고,

닦은 공덕이 결코 없어지지 않도록 하기 위하여 뛰어난 방편으로 회향(迴向)하는 것을 늘 닦는다.

모든 착한 남자들이 이러한 법을 수행하는 것을 일러 보살이 유위(有爲)를 다하여 그만두지 않는다고 한다.

云何菩薩不盡有爲? 謂諸菩薩不棄大慈不捨大悲, 曾所生起增上意樂, 一切智心繫念寶重而不暫忘, 成熟有情常無厭倦, 於四攝事恒不棄捨, 護持正法不惜身命, 求習諸善終無厭足, 常樂安立迴向善巧, 詢求正法曾無懈倦, 敷演法教不作師倦, 常欣瞻仰供事諸佛, 故受生死而無怖畏, 雖遇興衰而無欣感, 於諸未學終不輕陵, 於已學者敬愛

---

744) 보살승(菩薩僧): ①보살의 집합. ②이종승(二種僧)의 하나. 재가(在家)의 모습을 한 승려. 머리를 기른 출가자.

745) 방일(放逸): 해야 할 착한 일이나 방지해야 할 악한 일을 뜻에 두지 않고, 방탕하고 함부로 하는 것.

746) 전전(展轉): =전전(輾轉). 엎치락뒤치락하다. 몸을 뒤척이다. 여러 사람의 손이나 여러 장소를 거치다.

747) 대원(大願): 한없이 넓고 큰 서원(誓願). 중생이 부처 되려는 소원. 부처가 중생을 구제하려는 서원.

如佛, 於煩惱雜能如理思, 於遠離樂能不耽染, 於己樂事曾無味著,
於他樂事深心隨喜, 於所修習靜慮解脫等持等至, 如地獄想而不味
著, 於所遊歷界趣生死, 如宮苑想而不厭離, 於乞求者生善友想, 捨
諸所有皆無顧吝.

於一切智起迴向想, 於諸毀禁起救護想, 於波羅蜜多如父母想速令
圓滿, 於菩提分法如翼從想不令究竟, 於諸善法常勤修習, 於諸佛土
恒樂莊嚴, 於他佛土深心欣讚, 於自佛土能速成就. 爲諸相好圓滿莊
嚴, 修行清淨無礙大施, 爲身語心嚴飾清淨, 遠離一切犯戒惡法, 爲
令身心堅固堪忍, 遠離一切忿恨煩惱, 爲令所修速得究竟, 經劫無數
生死流轉, 爲令自心勇猛堅住, 聽佛無量功德不倦, 爲欲永害煩惱怨
敵, 方便修治般若刀杖, 爲欲荷諸有情重擔, 於蘊界處求遍了知, 爲
欲摧伏一切魔軍, 熾然精進曾無懈怠, 爲欲護持無上正法, 離慢勤求
善巧化智, 爲諸世間愛重受化, 常樂習行少欲知足.

於諸世法恒無雜染, 而能隨順一切世間, 於諸威儀恒無毀壞, 而能
示現一切所作, 發生種種神通妙慧, 利益安樂一切有情, 受持一切所
聞正法, 爲起妙智正念總持, 發生諸根勝劣妙智, 爲斷一切有情疑惑,
證得種種無礙辯才, 敷演正法常無擁滯, 爲受人天殊勝喜樂, 勤修清
淨十善業道, 爲正開發梵天道路, 勤進修行四無量智, 爲得諸佛上妙
音聲, 勸請說法隨喜讚善, 爲得諸佛上妙威儀, 常修殊勝寂靜三業,
爲令所修念念增勝, 於一切法心無染滯, 爲善調御諸菩薩僧, 常以大
乘勸衆生學, 爲不失壞所有功德, 於一切時常無放逸, 爲諸善根展轉
增進, 常樂修治種種大願, 爲欲莊嚴一切佛土, 常勤修習廣大善根,
爲令所修究竟無盡, 常修迴向善巧方便. 諸善男子修行此法, 是名菩

薩不盡有爲.

9. 보살은 무위에 머물지 않는다

어떤 것이 보살이 무위(無爲)에 머물지 않는 것인가?

말하자면, 모든 보살이 비록 공(空)을 행하지만 그 공을 체험하는[748] 것을 좋아하지는 않고,

비록 무상(無相)을 행하지만 무상을 체험하는 것을 좋아하지는 않고,

비록 무원(無願)을 행하지만 무원을 체험하는 것을 좋아하지는 않고,

비록 무작(無作)을 행하지만 무작을 체험하는 것을 좋아하지는 않고,

비록 모든 행(行)[749]을 전부 무상(無常)하다고 관찰하지만 마음에서 선근(善根)을 만족함이[750] 없고,

비록 세간의 모든 것을 고(苦)라고 관찰하지만 생사윤회 속에서 일부러 생(生)을 받고,

비록 안에 나(我)라고 할 것이 없음을 즐겨 관찰하지만 자신(自身)을 결코 싫어하여 내버리지 않고,

비록 밖에 중생이 없음을 즐겨 관찰하지만 늘 중생을 교화하고 이끌면서[751] 마음에서 싫어함이 없고,

---

748) 작증(作證) : 스스로 체험하다. 참으로 체득하다. 깨닫다.

749) 제행(諸行) : 무상(無常)하게 변화하는 온갖 일들. 온갖 유위(有爲)의 행위. 유위(有爲)와 같음.

750) 염족(厭足) : 만족하다. 흡족하다.

751) 화도(化導) : 교화유도(教化誘導). 사람을 가르쳐 인도함.

비록 열반이 결국 고요함임을 관찰하지만 고요히 사라진 곳에는 결코 떨어지지 않고,

비록 멀리 벗어남이 마지막 안락(安樂)임을 관찰하지만 결코 몸과 마음을 싫어하고 근심하지는 않고,

비록 아뢰야식(阿賴耶識)[752]이 없음을 즐겨 관찰하지만 맑고 깨끗한 법장(法藏)[753]을 내버리지는 않고,

비록 모든 법이 결국 무생(無生)[754]임을 관찰하지만 중생을 이롭게 하는 일을 늘 떠맡아 있고,

비록 무루(無漏)를 관찰하지만 생사에서 윤회함을 끊지 않고,

비록 무행(無行)을 관찰하지만 모든 중생을 성숙시키는 일을 행하고,

---

752) 아뢰야식(阿賴耶識) : ālaya vijñāna. 제8식(識). 유식불교에서 뢰야연기(賴耶緣起)의 근본 되는 식. 진제 등은 무몰식(無沒識)이라 번역하고, 현장은 장식(藏識)이라 번역. 앞의 것은 아(阿)를 짧은 음으로 읽어 아는 무(無), 뢰야는 멸진(滅盡)·몰실(沒失)이라 번역하여 멸진·몰실하지 않는 식이라 한 것이고, 뒤의 것은 아를 긴 음으로 읽어 가(家)·주소(住所)·저장소(貯藏所)의 뜻이 있으므로 장식이라 한 것임. 『성유식론』 제2에 의하면, 장(藏)에 세 가지 뜻을 들었으니, ①능장(能藏)은 만유를 내는 친인(親因)은 종자를 갈아 두는 식이란 뜻이고, ②소장(所藏)은 8식 중 다른 7식에 의하여 염법(染法)의 종자를 훈습하여 갈은 식이란 뜻이고, ③집장(執藏). 제8식은 오랜 때부터 없어지지 않고 상주하므로 자아(自我)인 듯이 제7식에게 집착되는 식이란 뜻이다. 그러나 이 가운데서 주로 집장의 의미로 장식이라 하므로 아애집(我愛執)이 일어나지 않을 때에 이르면 아뢰야란 이름이 없어진다.

753) 법장(法藏) : 진여법성(眞如法性)인 여래장(如來藏)을 가리킨다. 깨끗한 진여법성은 오직 부처님만이 아시므로 불법이라 하고, 일체 공덕을 지녔으므로 장(藏)이라 한다. 여래장은 생하는 일도 없고 멸하는 일도 없는 무위법(無爲法)이자 생멸하는 유위법(有爲法)의 기반이 되기도 한다. 아뢰야식을 장식(藏識)이라고도 하므로 법장은 아뢰야식을 가리키지만, 깨끗하고 맑은 법장은 여래장을 가리킨다.

754) 무생(無生) : 무생멸(無生滅)·무생무멸(無生無滅)과 같음. 모든 법의 실상(實相)은 생멸(生滅)이 없다는 것. 무생법인(無生法忍)의 약자.

비록 무아(無我)를 관찰하지만 중생에 대하여 큰 자비를 버리지 않고,

비록 무생(無生)을 관찰하지만 이승(二乘)의 바른 지위에 떨어지지 않고,

비록 모든 법이 끝내 공적(空寂)함을 관찰하지만 닦은 공덕을 비워서 고요하게 하지는 않고,

비록 모든 법에서 끝내 멀리 벗어남을 관찰하지만 닦은 지혜에서 멀리 벗어나지는 않고,

비록 모든 법에 끝내 진실함이 없음을 관찰하지만 원만한 사유(思惟)에 늘 머물고,

비록 모든 법에는 결국 주인이 없음을 관찰하지만 늘 스스로 그러한 지혜를 부지런히 구하고,

비록 모든 법에는 영원히 내세울 것[755]이 없음을 관찰하지만 요의교(了義敎)[756] 속에서 부처의 종자(種子)[757]를 내세운다.

모든 착한 남자들이 이러한 법을 수행한다면, 이것을 일러 보살이 무위에 머물지 않는다고 한다.

---

755) 표치(標幟) : =표치(標幟). ①기호. 표지(標識). ②모범. 본보기. ③독자적으로 한 파를 내세움.

756) 요의교(了義敎) : ↔ 불료의교(不了義敎). ①만법의 진실한 뜻을 모두 밝혀서 말한 완전한 가르침. 유식종(唯識宗)에서 주장하길, 설일체유부(說一切有部)의 유교(有敎)와 중관(中觀)의 공교(空敎)는 아직 완전한 뜻을 설명하지 않고 방편에 그친 불료의교라 하고, 유식중도교(唯識中道敎)를 요의교라 함. ②대승에서는 소승을 부처님의 가르침을 완전하게 드러내지 못했다고 하여 불료의교라 하고, 대승을 부처님의 가르침을 완전하게 드러낸 요의교라 함.

757) 불종(佛種) : ①부처가 되기 위한 종자, 즉 불성(佛性), 여래성(如來性). ②부처님의 깨달음의 자취. ③부처님이 종족. 부처가 될 가능성이 있는 사람들. ④불과(佛果)를 내는 종자. 보살의 수행을 말함.

또 착한 남자들이여,

모든 보살은 복(福)이라는 양식(糧食)[758]을 늘 부지런히 닦아서 모으기 때문에 무위(無爲)에 머물지 않고,

지혜라는 양식을 늘 부지런히 닦아서 모으기 때문에 유위(有爲)를 다하여 끝나지 않는다.

대자(大慈)[759]를 성취하여 모자람이 없기 때문에 무위에 머물지 않고,

대비(大悲)[760]를 성취하여 모자람이 없기 때문에 유위를 다하여 끝나지 않는다.

모든 중생들을 이롭고 안락하게 하기 때문에 무위에 머물지 않고,

모든 불법을 마침내 완성하기 때문에 유위를 다하여 끝나지 않는다.

모든 뛰어난 영웅의 용모를 두루 갖추어 부처님의 육신(肉身)을 아름답게 장식하기 때문에 무위에 머물지 않고,

십력(十力)·사무소외(四無所畏) 등 부처님의 모든 지혜의 몸을 깨닫기 때문에 유위를 다하여 끝나지 않는다.

뛰어난 방편으로 중생들을 교화하기 때문에 무위에 머물지 않고,

미묘한 지혜로 잘 관찰하기 때문에 유위를 다하여 끝나지 않는다.

불국토를 수리하여 끝내 완전하게 만들기 때문에 무위에 머물지 않고,

---

758) 자량(資粮) : =자량(資糧). ①준비, 소재, 양식이라는 뜻. 불도(佛道)를 실천하는 근본이 되는 선근공덕(善根功德)을 말함. ②자량위(資糧位)는 유식설(唯識說)에서 수도오위(修道五位)의 첫 번째. 깨달음을 실천하기 위한 자량(資糧)인 복지(福智)의 행을 수집하는 위. 불도의 양식(糧食)을 준비하여 깨달음으로 나아가는 위치.

759) 대자(大慈) : 불보살(佛菩薩)의 넓고 큰 사랑. 즐거움을 주는 것을 자(慈)라 함.

760) 대비(大悲) : 불보살(佛菩薩)의 큰 사랑. 괴로움을 없애는 것을 비(悲)라 함.

부처의 몸이 편안히 머물러 언제나 끝남이 없기 때문에 유위를 다하여 끝나지 않는다.

중생들의 일을 이롭게 하는[761] 일을 늘 하는 까닭에 무위에 머물지 않고,

법의 뜻을 받아들여 그만둠이 없기 때문에 유위를 다하여 끝나지 않는다.

선근(善根)을 쌓아서 늘 다함이 없기 때문에 무위에 머물지 않고,

선근의 힘이 유지되어 끊어짐이 없기 때문에 유위를 다하여 끝나지 않는다.

본래 원했던 것을 두루 성취하고자 하기 때문에 무위에 머물지 않고,

영원한 적멸(寂滅)을 바라지 않기 때문에 유위를 다하여 끝나지 않는다.

염원을 완전하게 하여 잘 깨끗하게 하기 때문에 무위에 머물지 않고,

염원을 증가시켜 잘 깨끗하게 하기 때문에 유위를 다하여 끝나지 않는다.

오신통(五神通)을 늘 가지고 놀기 때문에 무위에 머물지 않고,

부처의 지혜인 육신통(六神通)을 잘 완성하기 때문에 유위를 다하여 끝나지 않는다.

바라밀다(波羅蜜多)의 양식을 충분히 갖추기 때문에 무위에 머물지 않고,

본래 생각한 것이 아직 완성되지 않았기 때문에 유위를 다하여 끝나

---

761) 요익(饒益) : ①남아돌다. 풍족하다. 여유가 있다. ②은혜를 베풀다. 구제하다. 이롭게 하다.

지 않는다.

법이라는 보물을 모아 늘 싫어함이 없기 때문에 무위에 머물지 않고,

조금의 법도 즐겨 구하지 않기 때문에 유위를 다하여 끝나지 않는다.

견고하게 서원(誓願)하여 늘 물러남이 없기 때문에 무위에 머물지 않고,

서원을 마침내 완전히 이룰 수 있기 때문에 유위를 다하여 끝나지 않는다.

모든 묘한 법의 약(藥)을 모으기 때문에 무위에 머물지 않고,

그 병에 따라서 알맞게 법의 약을 주기 때문에 유위를 다하여 끝나지 않는다.

중생의 번뇌라는 병을 두루 알기 때문에 무위에 머물지 않고,

중생의 번뇌라는 병을 제거하기 때문에 유위를 다하여 끝나지 않는다.

모든 착한 남자들이여,

보살이 이와 같이 유위를 다하여 끝나지도 않고 무위에 머물지도 않는 것을 일러 다함 있음과 다함 없음의 해탈법문(解脫法門)에 편안히 머문다고 한다.

그대들은 모두 마땅히 열심히 배우고 익혀야 한다."

그때 일체묘향세계의 최상향대여래의 불국토에서 온 모든 보살이 이와 같은 다함 있음과 다함 없음의 해탈법문을 듣고 나자, 법의 가르침이 그들의 마음을 일깨워 격려함에 모두들 몸과 마음이 뛸 듯이 크게 기뻐하면서, 헤아릴 수 없이 많은 종류의 뛰어나고 묘한 향기의 꽃과 온갖 아름답게 장식하는 도구를 가지고 세존과 모든 보살과 더불어 여

기에서 말한 다함 있음과 다함 없음의 해탈법문을 공양하였다.

다시 여러 가지 뛰어나고 묘한 향기의 꽃을 온 우주에 두루 흩으니, 향기의 꽃이 무릎 깊이까지 땅을 뒤덮었다. 그때에 모든 보살은 세존의 두 발에 공손히 머리를 조아려 절을 올리고 오른쪽으로 세 바퀴 돌고서, 석가모니와 모든 보살과 아울러 말씀하신 법을 칭찬하는 노래를 불렀다. 그 뒤 이 불국토에서 문득 모습이 사라졌는데, 잠깐 사이에 그들의 불국토에 곧장 머물렀다.

유마경(설무구칭경) 제5권 끝

云何菩薩不住無爲？ 謂諸菩薩雖行於空而於其空不樂作證， 雖行無相而於無相不樂作證， 雖行無願而於無願不樂作證， 雖行無作而於無作不樂作證， 雖觀諸行皆悉無常而於善根心無厭足， 雖觀世間一切皆苦而於生死故意受生， 雖樂觀察內無有我而不畢竟厭捨自身， 雖樂觀察外無有情而常化導心無厭倦， 雖觀涅槃畢竟寂靜而不畢竟墮於寂滅， 雖觀遠離究竟安樂而不究竟厭患身心， 雖樂觀察無阿賴耶而不棄捨清白法藏， 雖觀諸法畢竟無生而常荷負利衆生事， 雖觀無漏而於生死流轉不絕， 雖觀無行而行成熟諸有情事， 雖觀無我而於有情不捨大悲， 雖觀無生而於二乘不墮正位， 雖觀諸法畢竟空寂而不空寂所修福德， 雖觀諸法畢竟遠離而不遠離所修智慧， 雖觀諸法畢竟無實而常安住圓滿思惟， 雖觀諸法畢竟無主而常精勤求自然智， 雖觀諸法永無標幟而於了義安立佛種. 諸善男子修行此法， 是名菩薩不住無爲.

又善男子, 以諸菩薩常勤修集福資糧故不住無爲, 常勤修集智資糧故不盡有爲. 成就大慈無缺減故不住無爲, 成就大悲無缺減故不盡有爲. 利益安樂諸有情故不住無爲, 究竟圓滿諸佛法故不盡有爲. 成滿一切相好莊嚴佛色身故不住無爲, 證得一切力無畏等佛智身故不盡有爲. 方便善巧化衆生故不住無爲, 微妙智慧善觀察故不盡有爲. 修治佛土究竟滿故不住無爲, 佛身安住常無盡故不盡有爲. 常作饒益衆生事故不住無爲, 領受法義無休廢故不盡有爲. 積集善根常無盡故不住無爲, 善根力持不斷壞故不盡有爲. 爲欲成滿本所願故不住無爲, 於永寂滅不希求故不盡有爲. 圓滿意樂善淸淨故不住無爲, 增上意樂善淸淨故不盡有爲. 恒常遊戲五神通故不住無爲, 佛智六通善圓滿故不盡有爲. 波羅蜜多資糧滿故不住無爲, 本所思惟未圓滿故不盡有爲. 集法財寶常無厭故不住無爲, 不樂希求少分法故不盡有爲. 堅牢誓願常無退故不住無爲, 能令誓願究竟滿故不盡有爲. 積集一切妙法藥故不住無爲, 隨其所應授法藥故不盡有爲. 遍知衆生煩惱病故不住無爲, 息除衆生煩惱病故不盡有爲. 諸善男子, 菩薩如是不盡有爲不住無爲, 是名安住有盡無盡解脫法門. 汝等皆當精勤修學."

爾時一切妙香世界, 最上香臺如來佛土諸來菩薩, 聞說如是有盡無盡解脫門已, 法敎開發勸勵其心, 皆大歡喜身心踊躍, 以無量種上妙香花諸莊嚴具, 供養世尊及諸菩薩并此所說有盡無盡解脫法門. 復以種種上妙香花, 散遍三千大千世界, 香花覆地深沒於膝. 時諸菩薩恭敬頂禮世尊雙足右繞三匝, 稱揚讚頌釋迦牟尼及諸菩薩并所說法. 於此佛土欻然不現, 經須臾間便住彼國.

說無垢稱經卷第五

제6권
제12 관여래품(觀如來品)

1. 유마힐이 보는 여래

그때 세존께서 유마힐에게 물으셨다.

"착한 남자여, 그대는 앞서 여래의 몸을 보고자 하였기 때문에 이곳에 왔다. 그대는 어떻게 여래를 볼 것이냐?"

유마힐이 말했다.

"제가 여래를 보지만, 보이는 것은 전혀 없으니, 이와 같이 여래를 봅니다.

무슨 까닭일까요?

제가 여래를 보니 과거에 온 것도 아니고 미래에 갈 것도 아니고 현재에 머물지도 않습니다.

까닭이 무엇일까요?

제가 여래의 육체의 참되고 변함없는 자성(眞如自性)을 보니 그 자성은 육체가 아니고,

여래의 느낌의 참되고 변함없는 자성을 보니 그 자성은 느낌이 아니고,

여래의 생각의 참되고 변함없는 자성을 보니 그 자성은 생각이 아니고,

여래의 의욕의 참되고 변함없는 자성을 보니 그 자성은 의욕이 아니고,

여래의 의식의 참되고 변함없는 자성을 보니 그 자성은 의식이 아닙니다.

여래는 사계(四界)[762]에 머물지 않고, 허공세계와 같습니다.

여래는 육처(六處)[763]로 발생하는 것이 아니고, 육근(六根)[764]의 길을 넘어섰습니다.

여래는 삼계(三界)[765]에 물들지 않고, 삼구(三垢)[766]에서 멀리 벗어났습니다.

여래는 삼해탈(三解脫)[767]을 따라서 삼명(三明)에 도달하니, 밝음이 아니면서도 밝고 도달하지 않고서도 도달합니다.

여래는 모든 법에 당도하여 가로막히는 때가 없습니다.

---

762) 사계(四界) : 지(地)·수(水)·화(火)·풍(風)의 4대(大). 계(界)는 성(性)의 뜻. 이 넷은 각각 제 성품을 가졌으므로 계라 함.

763) 육처(六處) : 육입(六入)이라고도 함. 12인연의 하나. 중생의 눈·귀·코·혀·몸·뜻의 6근을 구족하고 모태(母胎)에서 나오는 위(位)를 말함.

764) 육근(六根) : 대상을 인식하는 여섯 가지 기관, 즉 눈(眼)·귀(耳)·코(鼻)·혀(舌)·살갗(身)·의식(意) 등을 가리킨다.

765) 삼계(三界) : 아직 해탈하지 못한 중생(衆生)의 정신세계를 셋으로 분류한 것. 욕계(欲界)·색계(色界)·무색계(無色界).

766) 삼구(三垢) : 구는 번뇌의 다른 이름. 탐욕(貪欲)·진에(瞋恚)·우치(愚癡).

767) 삼해탈(三解脫) : 또는 삼해탈문(三解脫門)·삼공문(三空門)·삼삼매(三三昧). 해탈을 얻는 세 가지 방법. ①공해탈문(空解脫門). 일체 만유가 다 공(空)하다고 관함. ②무상해탈문(無相解脫門). 상대적 차별한 모양이 없다고 관함. ③무작해탈문(無作解脫門). 무원해탈문(無願解脫門)이라고도 하니, 일체 것을 구할 것이 없다고 관함을 말함.

여래는 참된 가장자리[實際][768]이면서도 가장자리가 아니고,

여래는 참된 변함없음[眞如][769]이면서도 변함없음이 아닙니다.

여래는 참으로 변함없는 경계에 영원히 머묾이 없고,

여래는 참으로 변함없는 지혜에 영원히 밝게 응하지 않으니,

참으로 변함없는 경계와 지혜는 그 자성이 양쪽을 떠나기 때문입니다.

여래는 원인 때문에 생겨나는 것도 아니고, 관계하여 일어나는 것도 아닙니다.

여래는 모습이 있는 것도 아니고 모습이 없는 것도 아니고,

여래는 자기의 모습도 아니고 타자의 모습도 아니고,

여래는 하나의 모습도 아니고 여럿의 모습도 아니고,

여래는 붙어서 모습으로 되는 것도 아니고 분리되어 모습으로 되는 것도 아니고,

여래는 같아져서 모습으로 되는 것도 아니고 달라져서 모습으로 되는 것도 아니고,

여래는 붙어서 모습을 이룰 수도 없고 분리되어 모습을 이룰 수도 없고,

여래는 같아져서 모습을 이룰 수도 없고 달라져서 모습을 이룰 수도 없습니다.

---

768) 실제(實際) : 참된 끝이란 뜻으로 진여법성(眞如法性)을 가리킴. 이는 온갖 법의 끝이 되는 곳이므로 실제, 또 진여의 실리(實理)를 깨달아 그 궁극(窮極)에 이르므로 이렇게 이름.

769) 진여(眞如) : 진실하고 변함 없다는 뜻. 만법(萬法)의 실상(實相)을 가리키는 말. 진여의 다른 이름으로는 법계(法界) · 법성(法性) · 평등성(平等性) · 실제(實際) · 허공계(虛空界) · 부사의계(不思議界) · 무상(無相) · 승의(勝義) · 실상묘유(實相妙有) · 여여(如如) · 불성(佛性) · 여래장(如來藏) · 중도(中道) · 제일의제(第一義諦) 등이 있다.

여래는 이쪽 언덕도 아니고 저쪽 언덕도 아니고 그 사이의 흐름도 아니고,

여래는 이쪽에 있지도 않고 저쪽에 있지도 않고 그 사이에 있지도 않고,

여래는 안도 아니고 바깥도 아니고,

여래는 함께 하는 것도 아니고 함께 하지 않는 것도 아닙니다.

여래는 이미 간 것도 아니고 앞으로 갈 것도 아니고 지금 가는 것도 아니고,

여래는 이미 온 것도 아니고 앞으로 올 것도 아니고 지금 오는 것도 아닙니다.

여래는 지혜도 아니고 경계도 아니고,

여래는 알 수 있는 것도 아니고 알려지는 것도 아니고,

여래는 숨어 있는 것도 아니고 드러나 있는 것도 아니고,

여래는 어두운 것도 아니고 밝은 것도 아니고,

여래는 머물러 있는 것도 아니고 가는 것도 아니고,

여래는 이름도 없고 모습도 없고,

여래는 강한 것도 아니고 약한 것도 아니고,

여래는 공간[770]에 머물지도 않고 공간에서 벗어나지도 않습니다.

여래는 더러운 것도 아니고 깨끗한 것도 아니고,

여래는 유위(有爲)도 아니고 무위(無爲)도 아니고,

여래는 영원히 사라지는 것도 아니고 사라지지 않는 것도 아닙니다.

---

770) 방분(方分) : ①분할되는 공간. ②면적의 단위. 사방 1분(分)의 면적. 방촌(方寸)의 100분의 1. 약 0.1 제곱센티.

여래에게는 보여 줄 만한 조그마한 일도 없고,

여래에게는 말할 만한 조그마한 뜻도 없습니다.

여래에게는 베풂도 없고 인색함도 없습니다.

여래에게는 계율도 없고 계율을 범하는 일도 없습니다.

여래에게는 욕됨을 참음도 없고 분노도 없습니다.

여래에게는 부지런함도 없고 게으름도 없습니다.

여래에게는 안정(安定)됨도 없고 혼란스러움도 없습니다.

여래에게는 지혜도 없고 어리석음도 없습니다.

여래에게는 진실함도 없고 허망함도 없습니다.

여래는 나가지도 않고 들어오지도 않습니다.

여래는 가지도 않고 오지도 않습니다.

여래의 모든 말씀과 행위는 끊어져 사라지니,

복전(福田)[771]도 아니고 복전이 아닌 것도 아닙니다.

응공(應供)[772]도 아니고 응공 아닌 것도 아닙니다.

붙잡을 줄 아는 것도 아니고 붙잡히는 것도 아닙니다.

취할 줄 아는 것도 아니고 취해지는 것도 아닙니다.

모습도 아니고 모습 아닌 것도 아닙니다.

---

771) 복전(福田) : 복의 씨앗을 뿌린 밭. 여래나 비구 등 공양을 받을 만한 안목이 있는 이에게
    공양하면 복이 되는 것이, 마치 농부가 밭에 씨를 뿌려 다음에 수확하는 것과 같으므로
    복전이라 한다. 보시하고, 신봉하는 것에 의해 행복을 가져온다고 하는 대상. 부처님이나
    법 또는 교단. 부처님·승려 또는 삼보를 가리킴. 이것을 존중하고 공양하는 것이 행복을
    낳는다는 뜻으로 밭에 비유되었음. 복덕을 생성하고 복덕을 주는 사람.
772) 응공(應供) : arhat. 응수공양(應受供養)의 뜻. 범어 아라한(阿羅漢)을 번역한 말. 온갖 번
    뇌를 끊어서 인간·천상의 중생들로부터 공양을 받을 만한 덕 있는 사람. ①부처님. ②소
    승증과위(小乘證果位) 성자(聖者).

행하는 것도 아니고 행하지 않는 것도 아닙니다.

숫자가 없으니 모든 숫자를 벗어났습니다.

장애가 없으니 모든 장애를 벗어났습니다.

늘어남도 없고 줄어듦도 없습니다.

평등하고 평등하여 참된 실제(實際)와 같으니, 법계의 본성과 동등합니다.

이름을 부를 수도 없고 이름이 불리지도 않으니, 모든 이름을 벗어났습니다.

헤아릴 수도 없고 헤아려지지도 않으니, 모든 헤아림을 벗어났습니다.

향함도 없고 등짐도 없으니, 모든 향하고 등짐을 벗어났습니다.

용맹함도 없고 두려워함도 없으니, 모든 용맹함과 두려워함을 벗어났습니다.

크지도 않고 작지도 않고,

넓지도 않고 좁지도 않습니다.

봄도 없고 들음도 없고 느낌도 없고 앎도 없습니다.

모든 얽매임을 벗어나 말끔히[773] 해탈하여, 깨달음의 지혜[774]가 평등함을 깨달아, 모든 중생에게는 둘이 없음을 확인합니다.

모든 법에 차별이 없는 본성을 붙잡아, 모든 죄 없고 허물 없고 혼탁함 없고 더러움 없고 장애에 걸림 없음에 골고루 미칩니다.[775]

---

773) 소연(蕭然) : ①조용하다. 고요하다. ②깨끗하다. ③쓸쓸하다.
774) 일체지지(一切智智) : 살바야나(薩婆若那)를 번역한 말. 모든 지혜 중에서도 가장 뛰어난 지혜. 즉 부처님의 지혜, 깨달음의 지혜.
775) 주편(周遍) : 골고루 미치다.

모든 분별을 벗어나, 조작함도 없고 생겨남도 없습니다.

헛됨도 없고 참됨도 없습니다.

일어남도 없고 사라짐도 없습니다.

과거도 없고 미래도 없습니다.

두려움도 없고 오염됨도 없습니다.

근심도 없고 즐거움도 없습니다.

싫어함도 없고 좋아함도 없습니다.

어떤 분별로써도 관계할 수 없고,

어떤 이름과 언어로써도 말할 수 없습니다.

세존이시여!

여래의 몸의 모습은 이와 같습니다.

마땅히 이와 같이 보아야 하고, 이와 다르게 보아서는 안 됩니다.

이와 같이 본다면 일러 바르게 본다고 하고, 이와 다르게 본다면 일러 삿되게 본다고 합니다."

說無垢稱經卷第六

大唐三藏法師玄奘譯

觀如來品第十二

爾時世尊問無垢稱言:"善男子, 汝先欲觀如來身故而來至此. 汝當云何觀如來乎?"無垢稱言:"我觀如來, 都無所見. 如是而觀. 何以故? 我觀如來, 非前際來, 非往後際, 現在不住. 所以者何? 我觀如來色眞如性, 其性非色, 受眞如性, 其性非受, 想眞如性, 其性非想, 行眞如性, 其性非行, 識眞如性, 其性非識. 不住四界, 同虛

空界. 非六處起, 超六根路. 不雜三界, 遠離三垢. 順三解脫, 隨至
三明, 非明而明, 非至而至. 至一切法, 無障礙際. 實際非際, 眞如
非如. 於眞如境, 常無所住. 於眞如智, 恒不明應. 眞如境智, 其性
俱離, 非因所生, 非緣所起, 非有相, 非無相, 非自相, 非他相, 非
一相, 非異相. 非卽所相, 非離所相. 非同所相, 非異所相. 非卽能
相, 非離能相. 非同能相, 非異能相. 非此岸, 非彼岸, 非中流. 非在
此, 非在彼, 非中間. 非內, 非外. 非俱不俱. 非已去, 非當去, 非今
去. 非已來, 非當來, 非今來. 非智, 非境. 非能識, 非所識. 非隱,
非顯. 非闇, 非明. 無住, 無去. 無名, 無相. 無强, 無弱. 不住方分,
不離方分. 非雜染, 非淸淨. 非有爲, 非無爲. 非永寂滅, 非不寂滅.
無少事可示, 無少義可說. 無施, 無慳. 無戒, 無犯. 無忍, 無恚. 無
勤, 無怠. 無定, 無亂. 無慧, 無愚. 無諦, 無妄. 無出, 無入. 無去,
無來. 一切語言施爲斷滅. 非福田, 非不福田. 非應供, 非不應供.
非能執, 非所執. 非能取, 非所取. 非相, 非不相. 非爲, 非不爲. 無
數, 離諸數. 無礙, 離諸礙. 無增, 無減. 平等平等, 同眞實際, 等法
界性. 非能稱, 非所稱, 超諸稱性. 非能量, 非所量, 超諸量性. 無
向, 無背, 超諸向背. 無勇, 無怯, 超諸勇怯. 非大, 非小. 非廣, 非
狹. 無見, 無聞, 無覺, 無知. 離諸繫縛, 蕭然解脫, 證會一切智智平
等, 獲得一切有情無二. 逮於諸法無差別性, 周遍一切無罪無愆無濁
無穢無所礙著. 離諸分別無作無生. 無虛無實. 無起無盡. 無曾無當.
無怖無染. 無憂無喜. 無厭無欣. 一切分別所不能緣, 一切名言所不
能說. 世尊! 如來身相如是. 應如是觀, 不應異觀. 如是觀者, 名爲
正觀, 若異觀者, 名爲邪觀."

2. 삶과 죽음은 환상이다

그때 사리자가 부처님께 아뢰었다.

"세존이시여! 이 유마힐 거사는 어느 곳에서 죽어서 이 사바세계[776]에 태어났습니까?"

세존께서 말씀하셨다.

"그대가 직접 그에게 물어보라."

그때 사리자가 유마힐에게 물었다.

"그대는 어디에서 죽어서 이 땅에 태어났습니까?"

유마힐이 말했다.

"여보세요, 사리자시여. 그대는 온갖 법을 두루 알고 깨달았는데, 없어지고 생겨날 수 있는 법이 조금이라도 있습니까?"[777]

사리자가 말했다.

"예, 유마힐이여. 없어지고 생겨날 수 있는 법은 조금도 없습니다."

유마힐이 말했다.

"만약 모든 법은 없어지고 생겨나는 것이 아님을 두루 알고 깨달았다면, 어찌하여 '그대는 어디에서 죽어서 이 땅에 태어났는가?'라고 묻습니까? 또 사리자여, 어떻게 생각합니까? 환상 속에서 나타나는 남녀

---

776) 감인세계(堪忍世界) : 사바세계(娑婆世界). 감인(堪忍)은 의역(意譯)이고, 음역(音譯)은 사바(娑婆)·색하(索訶). 우리가 살고 있는 세계. 이 세계의 중생들은 10악(惡)을 참고 견디며, 또 이 국토에서 벗어나려는 생각이 없으므로 자연히 중생들 사이에서 참고 견디지 않고는 살아갈 수 없다는 뜻으로 하는 말. 또는 보살이 중생을 교화하기 위하여 수고를 견디어 받는다는 뜻으로 감인세계라 함.

777) 파유(頗有) : 흔히 있다. 적지 않다. 상당히 많이 있다.

는 어느 곳에서 죽어서 이곳에 나타납니까?"

사리자가 말했다.

"환상 속에서 나타나는 남녀에게 삶과 죽음이 있을 수는 없습니다."

유마힐이 말했다.

"여래께서 말씀하시길 모든 법은 환상 속에서 나타나는 것과 같다고
하시지 않았습니까?"

사리자가 말했다.

"그렇습니다. 그렇게 말씀하셨습니다."

유마힐이 말했다.

"만약 모든 법의 스스로의 본성과 스스로의 모습이 환상과 같고 꿈
과 같다면, 어찌하여 당신은 갑자기[778] '그대는 어느 곳에서 죽어서 이
땅에 태어났는가?'라고 묻습니까? 또 사리자여, 죽는다고 하면 곧 제
행(諸行)[779]이 끊어지는 모습이고, 생겨난다고 하면 곧 제행이 이어지는
모습입니다. 보살은 비록 죽더라도 온갖 선법을 행하는 모습을 끊지 않
고, 보살이 비록 태어나더라도 온갖 악법을 행하는 모습을 이어 가지는
않습니다."

爾時舍利子白佛言: "世尊! 此無垢稱, 從何命終, 而來生此堪忍
世界?" 世尊告曰: "汝應問彼." 時舍利子問無垢稱: "汝從何沒, 來
生此土?" 無垢稱言: "唯, 舍利子. 汝於諸法遍知作證, 頗有少法可

---

779) 제행(諸行) : ①무상(無常)하게 변화하는 온갖 일들. 온갖 유위(有爲)의 행위. 유위(有爲)
와 같음. ②선(善)을 닦는 여러 가지 행위.

沒生乎?”舍利子言:“唯, 無垢稱. 無有少法可沒生也.”無垢稱言:
“若一切法遍知作證無沒生者, 云何問言:‘汝從何沒來生此土?’又舍
利子, 於意云何? 諸有幻化所作男女, 從何處沒而來生此?”舍利子
言:“幻化男女不可施設有沒生也.”無垢稱言:“如來豈不說一切法
如幻化耶?”舍利子言:“如是如是.”無垢稱言:“若一切法自性自相
如幻如化, 云何仁者欻爾問言:‘汝從何沒來生此土?’又舍利子, 沒
者卽是諸行斷相, 生者卽是諸行續相. 菩薩雖沒, 不斷一切善法行
相, 菩薩雖生, 不續一切惡法行相.”

3. 무동여래의 묘희세계

그때 세존께서 사리자에게 말씀하셨다.

“묘희(妙喜)라고 일컫는 부처님의 세계가 있는데, 그 속에 계신 여래
의 이름은 무동(無動)이시다. 이 유마힐은 중생을 제도하기 위하여 그곳
에서 죽어 이곳에 와 태어난 것이다.”

사리자가 말했다.

“매우 기이합니다, 세존이시여! 이와 같은 보살780)은 처음 봅니다. 저
깨끗한 불국토를 버리고 이 복잡하고 더러운 곳을 좋아하다니요.”

유마힐이 말했다.

“여보세요, 사리자시여. 어떻게 생각하십니까? 햇빛이 세간의 어둠
과 뒤섞여 머물기를 좋아하겠습니까?”

---

780) 대사(大士) : 마하살(摩訶薩)의 번역. 보살과 같은 뜻.

사리자가 말했다.

"아닙니다, 거사시여. 해가 뜨자마자 온갖 어둠은 전부 사라집니다."

유마힐이 말했다.

"해는 어떤 까닭에 섬부주(贍部洲)[781] 위를 지나갈까요?"

사리자가 말했다.

"어둠을 없애고 밝음을 비추기 위해서지요."

유마힐이 말했다.

"보살도 그와 같아서, 중생을 제도하기 위하여 더러운 불국토에 태어나 온갖 번뇌와 뒤섞여 머물며, 모든 중생의 번뇌라는 어둠을 소멸시키는 것입니다."

爾時世尊告舍利子:"有佛世界名曰妙喜, 其中如來號爲無動. 是無垢稱爲度衆生, 從彼土沒來生此界." 舍利子言:"甚奇, 世尊! 如此大士, 未曾有也. 乃能捨彼淸淨佛土, 而來樂此多雜穢處." 無垢稱曰:"唯, 舍利子. 於意云何? 日光豈與世間闇冥樂相雜住?" 舍利子言:"不也, 居士. 日輪?擧, 衆冥都息." 無垢稱曰:"日輪何故行贍部洲?" 舍利子言:"爲除闇冥作照明故." 無垢稱曰:"菩薩如是, 爲度有情生穢佛土, 不與一切煩惱雜居, 滅諸衆生煩惱闇耳."

---

781) 섬부주(贍部洲) : =염부제(閻浮提). 산스크리트로는 Jambu-dvīpa이다. 수미산 남쪽에 있는 대륙으로 4대주의 하나이다. 수미산(須彌山)을 중심으로 인간세계를 동서남북 네 주로 나누었을 때, 염부제는 남주이다. 인간세계는 여기에 속한다고 한다. 여기 16의 대국, 500의 중국, 10만의 소국이 있다고 하며 이곳에서 주민들이 누리는 즐거움은 동북의 두 주보다 떨어지지만 모든 부처가 출현하는 곳은 오직 이 남주뿐이라고 한다. 북쪽은 넓고 남쪽은 좁은 지형으로 염부나무가 번성한 나라란 뜻이다. 원래는 인도를 가리키는 말이었는데, 후세에는 인간세계를 아울러 지칭하는 말이 되었다.

4. 묘희세계와 사바세계

그때 대중이 모두 간절히 우러러 사모하는[782] 마음을 내어 묘희공덕
장엄청정불국토(妙喜功德莊嚴淸淨佛國土)의 무동여래(無動如來)와 모든
보살과 성문 등의 무리를 보고자 원했다. 부처님께서는 대중이 생각하
는 것을 아시고서 유마힐에게 말씀하셨다.

"착한 남자여, 지금 이 모임에 있는 신선(神仙) 등의 모든 대중이 모
두 함께 우러러 사모하는 마음을 내어 묘희공덕장엄청정불국토(妙喜功
德莊嚴淸淨佛國土)의 무동여래(無動如來)와 모든 보살과 성문 등의 무리
를 보고자 원한다. 그대가 그 모습을 드러내어 그들이 원하는 바를 이
루도록 해 줄 수 있겠는가?"

그때 유마힐은 이렇게 생각하였다.

'나는 지금 자리에서 일어나지 않고서 신통력(神通力)으로써 재빨리
[783] 묘희세계와 윤위산(輪圍山)[784] · 숲 · 연못 · 샘 · 골짜기 · 바다 · 강
등과 수미산[785]을 둘러싼 모든 봉우리와 골짜기들, 해 · 달 · 별들과 천
룡(天龍) · 귀신 · 제석천과 범왕의 궁전에 있는 무리들, 모든 보살과 성

---

782) 갈앙(渴仰) : 간절히 우러러 사모함.

783) 속질(速疾) : 빠르다. 신속하다.

784) 윤위산(輪圍山) : =철위산(鐵圍山). 불교의 세계관에서는 수미산을 중심으로 9산(山) 8해
(海)가 이것을 둘러싸는데, 그 가장 바깥쪽의 철로 된 산을 이르고, 특히 그 외 바닷속에
있는 섬이 우리가 사는 세계인 염부제주(閻浮提洲)라고 함. 수미산을 중심으로 하는 아
홉 겹의 산 가운데서 아홉 번째 산으로, 대철위산(大鐵圍山) · 소철위산(小鐵圍山)의 둘
로 이루어져 있고, 전부 쇠로 되어 있다고 한다. 지변산(地邊山)을 둘러싸고 있다.

785) 소미로(蘇迷盧) : sumeru의 음역. 수미산(須彌山)과 같음.

문의 무리들, 마을과 성곽과 국읍(國邑)⁷⁸⁶⁾과 왕도에 거주하는 남녀노소를 옮겨놓겠다. 나아가 자세히 말하면, 응정등각(應正等覺)⁷⁸⁷⁾이신 무동여래(無動如來), 법을 듣는 편안한 자리인 대보리수(大菩提樹), 온갖 보배 연꽃들처럼 수없이 모인 대중⁷⁸⁸⁾, 시방세계로 건너가 온갖 중생들을 위하여 불사(佛事)를 함에 저절로 솟아나와 섬부주(贍部洲)에서 수미산 꼭대기에 있는 삼십삼천(三十三天)⁷⁸⁹⁾까지 이르는 삼도보계(三道寶階)⁷⁹⁰⁾등이다. 부동여래(不動如來)를 우러러보고 부동여래에게 절을 올리고 공양을 올리고서 설법을 듣고자 하기 때문에 부동여래께서는 이 보배계단을 통하여 매번 내려오고, 섬부주 사람들이 삼십삼천의 숲과 궁전을 보고자 하면 매번 이 보배계단을 통하여 올라간다. 이와 같이 깨끗

---

786) 국읍(國邑) : ①한대(漢代) 제후(諸侯)의 봉지(封地). ②국도(國都). ③성읍(城邑).

787) 응정등각(應正等覺) : 응공(應供)과 정등각(正等覺). 응공(應供)은 마땅히 인천(人天)의 공양을 받을 만한 자란 뜻, 정등각(正等覺)은 바르고 평등한 깨달음. 부처의 열 가지 이름 가운데 2번째와 3번째 이름이다.

788) 해회(海會) : 성중(聖衆)들이 화합한 자리를 말함. 숫자가 많기가 바다와 같음에 비유한 것. 『화엄현소(華嚴玄疏)』1에 "해회(海會)라고 말한 것은 깊고 넓은 까닭이다. 보현(普賢) 등 대중의 덕은 깊이가 부처님과 같고 숫자는 티끌 같은 국토와 같기 때문에 바다라고 일컫는다."라고 하였다.

789) 삼십삼천(三十三天) : 욕계의 6천의 제2천인 도리천을 가리키는 이름. '도리'는 33의 음사(音寫)이며 삼십삼천(三十三天)으로 의역한다. 도리천은 세계의 중심인 수미산(須彌山: Sumeru)의 정상에 있으며 제석천의 천궁(天宮)이 있다. 사방에 봉우리가 있으며, 그 봉우리마다에 8천이 있기 때문에 제석천과 합하여 33천이 된다.

790) 삼도보계(三道寶階) : 도리천(忉利天)에서 부처님이 내려오실 때에 사용한 계단. 부처님은 도리천에 올라가서 어머니인 마야부인을 위하여 여름 3개월 동안 설법하였는데, 하늘에서 땅으로 내려올 때에 제석천이 금 · 은 · 유리 3도(道)의 층층대를 조화로 만들었기 때문에 석존은 이 보배계단을 밟고서 내려오셨다고 한다. 『아촉불국경(阿閦佛國經)』상권(上卷)에 의하면, 아촉불의 정토에도 도리천으로 통하는 삼도(三道)의 보배계단이 있다고 한다.

이와 같이 깨끗

한 묘희세계의 헤아릴 수 없는 공덕이 모여 이룬, 아래로는 수제륜(水際輪)⁷⁹¹⁾에서부터 위로는 색구경천(色究竟天)⁷⁹²⁾에 이르기까지 모든 것을 전부 끊어 내어 오른쪽 손바닥 위에 놓고, 마치 도공(陶工)의 물레가 그릇을 받친 것처럼 하고 목에 걸친 화환처럼 하여서 이 세계 속으로 들어와 모든 대중에게 보여야겠다.'

유마힐은 이렇게 생각하고서 자리에서 일어나지 않고 삼매에 들어가 이와 같이 뛰어난 신통을 일으켜 재빨리 묘희세계를 떼어 내어 오른쪽 손바닥 위에 놓고서 이 세계 속으로 들어왔다. 그러자 그 땅의 성문들과 모든 보살과 사람과 하늘의 신령들 가운데 천안(天眼)을 얻은 자들은 모두 두려움이 일어나 함께 말했다.

"누가 나를 데려가는가? 누가 나를 가져가는가? 세존이시여, 우리를 보호하소서. 선서(善逝)⁷⁹³⁾시여, 우리를 보호하소서."

그때 무동불(無動佛)은 중생들을 교화하려고 방편으로 말했다.

"착한 남자들이여, 그대들은 두려워하지 마라. 그대들은 두려워하지 마라. 이것은 유마힐이 신통력을 가지고 끌어가는 것이니, 내가 어찌할 수 없다."

그 땅의 사람과 하늘의 신령들 가운데 아직 공부가 깊지 못하여 뛰어난 천안통(天眼通)을 얻지 못한 자들은 모두 편안히 있으면서 어떤 일이

---

791) 수제륜(水際輪) : =수륜(水輪). 3륜의 하나. 땅 밑에 있어 대지를 받치고 있는 물. 풍륜 위에 있으며, 깊이 11억 2만 유순, 넓이 지름 12억 3450유순, 둘레 36억 1만 350유순이라 함.

792) 색구경천(色究竟天) : 색계(色界) 18천의 하나. 색계 4선천(禪天)의 맨 위에 있는 하늘 사람과 그 의처(依處).

793) 선서(善逝) : 부처를 일컫는 십호(十號) 가운데 하나이다.

일어나는지 보지도 알지도 못하다가 이 말을 듣고서는 모두 놀라서 서로 물었다.

"우리는 지금 어디로 가고 있는가?"

묘희세계가 비록 이 세계에 들어왔지만, 그곳의 온갖 모습들이 줄어들지도 않았고 늘어나지도 않았으며, 사바세계 역시 비좁지[794] 않았다. 비록 묘희와 사바의 두 세계가 서로 뒤섞였지만, 각각이 드러낸 모습은 본래의 모습과 다름이 없었다.

그때 석가모니 세존께서 대중들에게 말씀하셨다.

"그대들 신선(神仙)들은 모두 묘희세계의 무동여래께서 아름답게 장식한 불국토와 모든 보살들과 성문들을 보느냐?"

그들은 입을 모아 말했다.

"세존이시여, 봅니다."

그때 유마힐은 곧 신통력을 가지고 여러 가지의 매우 묘한 하늘의 꽃들과 말향(末香)[795]을 만들어서 모든 대중에게 주어서 석가모니와 무동여래와 모든 보살에게 뿌려서 공양을 올리도록 하였다. 이에 세존께서 다시 대중에게 말씀하셨다.

"그대들 신선들이 이와 같은 공덕으로 아름답게 장식한 불국토를 갖추어[796] 보살이 되고자 한다면, 모두들 마땅히 무동여래께서 본래 닦은 온갖 보살행을 배워야 할 것이다."

유마힐이 신통력으로써 이와 같은 묘희세계를 나타냈을 때에 사바

---

794) 박책(迫迮) : ①물건이 조밀하게 바싹 붙어 있는 모습. ②비좁음. 협소함. ③곤궁함.

795) 말향(末香) : =말향(抹香). 침향(沈香)이나 전단향(栴檀香)을 분말로 만든 것.

796) 성판(成辦) : 잘 갖추다. 완전히 갖추다.

세계에 있는 인간세계와 하늘세계의 헤아릴 수 없이 많은 중생이 동시에 위없는 바르고 평등한 깨달음의 마음을 내었고 모두들 묘희세계에 태어나기를 원했다. 세존께서는 모두들 무동여래가 계신 불국토에 가서 태어날 것이라고 수기(授記)를 하셨다. 그때 유마힐이 신통력을 가지고 이와 같은 묘희세계와 무동여래와 모든 보살을 옮겨 온 것은 이 사바세계의 중생들을 이익 되게 하려고 한 것이었는데, 그 일이 끝나고 다시 원래의 자리로 되돌려 놓자 이쪽 세계와 저쪽 세계가 분리되어 양쪽의 중생이 모두 나타났다.

爾時大衆咸生渴仰, 欲見妙喜功德莊嚴淸淨佛土無動如來及諸菩薩聲聞等衆. 佛知衆會意所思惟, 告無垢稱言: "善男子, 今此會中諸神仙等一切大衆咸生渴仰, 欲見妙喜功德莊嚴淸淨佛土無動如來及諸菩薩聲聞等衆. 汝可爲現令所願滿?" 時無垢稱, 作是思惟: '吾當於此不起于座, 以神通力速疾移取妙喜世界, 及輪圍山園林池沼泉源谿谷大海江河, 諸蘇迷盧圍繞峰壑, 日月星宿天龍鬼神, 帝釋梵王宮殿衆會, 并諸菩薩聲聞衆等, 村城聚落國邑王都, 在所居家男女大小. 乃至廣說, 無動如來應正等覺, 大菩提樹聽法安坐, 海會大衆諸寶蓮華, 往十方界爲諸有情作佛事者, 三道寶階自然涌出, 從贍部洲至蘇迷頂, 三十三天. 爲欲瞻仰禮敬供養不動如來及聞法故, 從此寶階每時來下, 贍部洲人爲欲觀見三十三天園林宮室, 每亦從此寶階而上. 如是淸淨妙喜世界, 無量功德所共合成下從水際輪上至色究竟, 悉皆斷取置右掌中, 如陶家輪若花鬘貫, 入此世界示諸大衆.'

其無垢稱旣作是思, 不起于床入三摩地, 發起如是殊勝神通, 速疾斷取妙喜世界, 置于右掌入此界中. 彼土聲聞及諸菩薩人天大衆得天眼者, 咸生恐怖俱發聲言:“誰將我去? 誰將我去? 唯願世尊救護我等. 唯願善逝救護我等.”時無動佛爲化衆生方便告言:“諸善男子, 汝等勿怖. 汝等勿怖. 是無垢稱神力所引非我所能.”彼土初學人天等衆, 未得殊勝天眼通者, 皆悉安然不知不見, 聞是語已咸相驚問:“我等於今當何所往?”妙喜國土雖入此界, 然其衆相無減無增, 堪忍世間亦不迫迮. 雖復彼此二界相雜, 各見所居與本無異.

爾時世尊釋迦牟尼告諸大衆:“汝等神仙普皆觀見妙喜世界無動如來莊嚴佛土及諸菩薩聲聞等耶?”一切咸言:“世尊已見.”時無垢稱卽以神力, 化作種種上妙天花及餘末香, 與諸大衆令散供養釋迦牟尼無動如來諸菩薩等. 於是世尊復告大衆:“汝等神仙欲得成辦如是功德莊嚴佛土爲菩薩者, 皆當隨學無動如來本所修行諸菩薩行.”

其無垢稱, 以神通力, 示現如是妙喜界時, 堪忍土中有八十四那庾多數諸人天等, 同發無上正等覺心, 悉願當生妙喜世界. 世尊咸記皆當往生無動如來所居佛土. 時無垢稱, 以神通力, 移取如是妙喜世界無動如來諸菩薩等, 爲欲饒益此界有情. 其事畢已還置本處, 彼此分離兩衆皆見.

5. 사리자의 서원

그때 세존께서 사리자에게 말씀하셨다.

"그대는 묘희세계와 무동여래와 보살들을 보았느냐?"

사리자가 말했다.

"세존이시여, 이미 보았습니다.

모든 중생이 전부 이와 같이 장식된 불국토에 머물기를 바랍니다.

모든 중생이 이와 같이 복덕과 지혜로 두루 가득한 공덕을 성취하여 모두가 전부 무동여래와 같기를 바랍니다.

모든 중생이 전부 유마힐과 같은 자재한 신통을 얻기를 바랍니다.

세존이시여, 우리는 뛰어난 이익을 잘 얻어 이와 같은 유마힐 보살을 우러러보고 가까이 하게 되었습니다.

모든 중생이 만약 이러한 뛰어난 법문(法門)을 듣기만 한다면, 뛰어난 이익을 잘 얻는다고 말할 수 있음을 알아야 합니다.

하물며 법문을 듣고서 믿고 이해하고 받들어 지니고 읽고 외우고 밝게 통하여[797] 저 중생들을 위하여 자세히 말한다면[798] 어떻겠습니까?

더구나[799] 방편으로 정진(精進)하고 수행한다면 어떻겠습니까?

만약 모든 중생이 이와 같은 뛰어난 법문을 직접 얻는다면,[800] 곧 법(法)이라는 고귀한 보물창고를 얻는 것입니다.

만약 모든 중생이 이와 같은 뛰어난 법문을 믿고 이해한다면, 곧 모든 부처님을 이어받아 나아가는 것입니다.

만약 모든 중생이 이와 같은 뛰어난 법문을 읽고 외운다면, 곧 깨달음을 이루어 부처님과 짝이 되는 것입니다.

---

797) 통리(通利) : 통달(通達)하다. 사정에 밝게 통하여 거침이 없는 것.
798) 광설(廣說) : 자세히 말하다. 상세히 말하다.
799) 황부(況復) : 게다가. 더구나. =황우(況又).
800) 수득(手得) : 얻다. 손수 얻다. 직접 얻다.

만약 모든 중생이 이와 같은 뛰어난 법문을 받아서 지닌다면, 곧 위 없는 바른 법을 거두어들이는 것입니다.

만약 이 법을 배우는 자를 공양한다면, 그 방 안에는 곧 여래가 계신 다는 것을 알아야 합니다.

만약 이와 같은 뛰어난 법문을 베껴 적어서 공양한다면, 곧 모든 복 덕과 모든 지혜를 거두어들이는 것입니다.

만약 이와 같은 법문을 듣고 기뻐한다면,[801] 곧 대법(大法)의 제사(祭 祀)를 지내는 것입니다.

만약 이와 같은 뛰어난 법문 가운데 한 개의 사구게(四句偈)[802]라도 남에게 말해 준다면, 곧 물러나지 않는[803] 지위에 이미 이른 것입니다.

만약 착한 남자나 착한 여인[804]이 이와 같은 뛰어난 법문에 대하여 믿고 이해하고 인정하고[805] 좋아하고 살펴볼 수 있다면, 위없는 바르고 평등한 깨달음을 얻을 것이라는 수기를 이미 얻은 것입니다."

爾時世尊告舍利子:"汝已觀見妙喜世界無動如來菩薩等不?"舍利 子言:"世尊已見. 願諸有情皆住如是莊嚴佛土. 願諸有情成就如是福

---

801) 수희(隨喜) : 기쁨을 같이 하다. 선행을 같이 하다.

802) 일사구송(一四句頌) : =일사구게(一四句偈). 한 개의 사구게(四句偈). 네 개의 구절로 이 루어진 한 개의 게송.

803) 불퇴전(不退轉) : 물러나지 않음. 수행의 계위(階位)에서 믿음의 확립이나 법안(法眼)의 획득 등의 단계에 이르면 물러나서 악도에 떨어진다거나 이승지(二乘地)로 떨어진다거나 깨달아 얻은 법을 다시 잃게 된다거나 하는 일이 결코 없게 되는 것이다.

804) 선남자선여인(善男子善女人) : 선남(善男), 선남자(善男子), 신사(信士)는 남자 신도. 선 녀(善女), 선녀인(善女人), 신녀(信女)는 여자 신도.

805) 인수(忍受) : ①참고 견디다. ②올바르다고 인정하다. 승인하다.

德智慧圓滿功德, 一切皆似無動如來. 願諸有情皆當獲得自在神通如無垢稱. 世尊, 我等善獲勝利, 瞻仰親近如是大士. 其諸有情, 若但聞此殊勝法門, 當知猶名善獲勝利. 何況聞已信解受持讀誦通利廣爲他說? 況復方便精進修行? 若諸有情手得如是殊勝法門, 便爲獲得法珍寶藏. 若諸有情信解如是殊勝法門, 便爲紹繼諸佛相續. 若諸有情讀誦如是殊勝法門, 便成菩薩與佛爲伴. 若諸有情受持如是殊勝法門, 便爲攝受無上正法. 若有供養學此法者, 當知其室卽有如來. 若有書寫供養如是殊勝法門, 便爲攝受一切福德一切智智. 若有隨喜如是法門, 便爲施設大法祠祀. 若以如是殊勝法門一四句頌爲他演說, 便爲已逮不退轉位. 若善男子或善女人, 能於如是殊勝法門, 信解忍受愛樂觀察, 卽於無上正等菩提已得授記."

제13 법공양품(法供養品)

1. 제석천의 감탄

그때 제석천이 부처님께 아뢰었다.

"세존이시여, 저는 비록 부처님과 문수사리를 따라서 수많은 종류의 차별되는 법문(法門)을 들었습니다만, 이와 같이 불가사의하고 신통변화가 자재한 해탈법문은 처음 듣습니다.

제가 부처님께서 말씀하신 뜻을 이해한 바에 따르면, 만약 모든 중생이 이와 같이 말한 법문을 듣고서 믿고 이해하고 받아서 지니고 읽고 외우고 통달하여[806] 남에게 자세히 말한다면, 오히려 법을 담을 만한 그릇[807]이 되는 것이 의심 없이 결정적인데, 하물며[808] 성실하게 노력하고 법에 알맞게 닦아 익힌다면 어떻겠습니까?

이와 같은 중생들은 모든 악취(惡趣)[809]라는 위험한 길로 가는 문은

---

806) 통리(通利) : 통달(通達)하다. 사정에 밝게 통하여 거침이 없는 것.

807) 법기(法器) : 법을 담을 만한 그릇. 즉 불도를 수행할 만한 기량을 갖춘 인재.

808) 하황(何況) : 하물며. 항차. 더군다나.

809) 발기(發起) : 악취(惡趣) =악도(惡道). 악한 짓이 원인이 되어 태어나는 곳. 3악취·4악취·5악취·6악취로 분별.

닫아 버리고 모든 선취(善趣)[810]라는 평탄한 길로 가는 문은 활짝 열며, 언제나 모든 부처와 보살을 보아 모든 외도(外道)들의 다른 의론(議論)을 항복시키며, 모든 포악한 마귀의 군대를 쳐부수어 멸망시켜 깨달음의 길을 깨끗이 하며, 묘한 깨달음을 방편으로 드러내어[811] 여래가 가는 길을 밟습니다."

제석천이 다시 말했다.

"세존이시여, 만약 모든 중생이 이와 같이 말한 법문을 듣고서 믿고 이해하고 받아서 지니고 나아가 성실히 노력하고 법에 알맞게 닦아 익힌다면, 저는 마땅히 저의 모든 권속들과 더불어 이러한 선남자와 선여인들을 공경하고 공양할 것입니다.

세존이시여, 만약 시골과 성곽과 마을과 수도와 왕도에서 이러한 법문을 받아 지니고 읽고 외우고 이해하고 유통시키는 곳이 있다면, 저는 역시 저의 모든 권속과 더불어 법문을 듣기 위하여 그곳을 함께 방문하여 아직 믿지 않는 모든 사람이 믿도록 만들 것이고, 이미 믿는 사람들 모두가 법에 알맞게 보호하고 지님에 어려운 장애가 없도록 하겠습니다."

說無垢稱經

法供養品第十三

爾時天帝釋白佛言:"世尊, 我雖從佛及妙吉祥, 聞多百千法門差

---

810) 선취(善趣): ←악취(惡趣). 좋은 업인(業因)에 대한 과보로 중생이 태어나는 곳. 6취중의 인간·천상의 2취(趣), 혹은 아수라·인간·천상의 3취를 들기도 함.

811) 안립(安立): ①벌려 놓다. 설치하다. ②생각으로 헤아릴 수도 없고 말로써 나타낼 수도 없는 진여(眞如)를 방편으로 말로써 차별을 지어 나타내는 것.

別, 而未曾聞如是所說不可思議自在神變解脫法門. 如我解佛所說義
趣, 若諸有情聽聞如是所說法門, 信解受持讀誦通利廣爲他說, 尙爲
法器決定無疑, 何況精勤如理修習? 如是有情關閉一切惡趣險徑, 開
闢一切善趣夷塗, 常見一切諸佛菩薩, 降伏一切外道他論, 摧滅一切
暴惡魔軍, 淨菩提道, 安立妙覺, 履踐如來所行之路."

復言: "世尊, 若諸有情聽聞如是所說法門, 信解受持乃至精勤如
理修習, 我當與其一切眷屬, 恭敬供養是善男子善女人等. 世尊, 若
有村城聚落國邑王都受持讀誦開解流通此法門處, 我亦與其一切眷
屬, 爲聞法故共詣其所, 諸未信者當令其信, 諸已信者如法護持令無
障難."

2. 법문을 듣는 공덕

그때 세존께서 제석천에게 말씀하셨다.

"좋다, 좋다! 그대가 말한 그대로이다. 그대는 지금 여래가 말씀하신
이와 같이 미묘한 법문을 함께 기뻐할[812] 줄 아는구나.

제석천은 마땅히 알아라.

과거 현재 미래의 모든 부처님은 가지고 있는 위없는 바르고 평등한
깨달음을 모두 이와 같이 말씀하시는 법문에서 요약해 설명하여[813] 열

---

812) 수희(隨喜) : 기쁨을 같이 하다. 선행을 같이 하다.
813) 약설(略說) : 요약하여 설명하다. 요점을 설명하다.

어 보이신다.[814]

이 까닭에 만약 착한 남자든 착한 여자든 중생이 이와 같이 말하는 법문을 듣고서 믿고 이해하고 받아 지니고 읽고 외우고 통달하여 남을 위하여 자세히 말해 주고 베껴 써서 공양한다면, 곧 과거 현재 미래의 모든 부처님에게 공양하는 것이다.

또 제석천이여,

가령 삼천대천세계에 가득한 여래가 비유하면 사탕수수나 대나무나 갈대나 삼대나 벼나 산의 숲과 같다고 하되, 만약 착한 남자와 착한 여인이 1겁(一劫) 혹은 그 이상의 세월이 지나는 동안 공경하고 존중하고 찬탄하고 받들어 모시되,[815] 모든 천인(天人)의 온갖 뛰어나고 묘하고 안락한 공양물[816]과 온갖 뛰어나고 묘하고 안락한 거처[817]를 드려서 공양하고, 모든 여래가 반열반(般涅槃)[818]한 뒤에는 한 분 한 분의 전신사리(全身舍利)[819]를 공양함에 칠보(七寶)[820]로써 탑(塔)[821]을 세

---

814) 개시(開示) : 개(開)는 개제(開除), 미정(迷情)을 깨뜨리고 제법(諸法)의 실상(實相)을 보임. 시(示)는 현시(顯示), 번뇌가 사라지고 지혜가 나타나 우주의 만덕(萬德)을 밝게 나타나 보임. 선지식이 범부를 가르쳐 교화하는 일.

815) 승사(承事) : 받들어모시다.

816) 공구(供具) : 불·보살에게 공양하는 향(香)·화(華)·번개(幡蓋)·음식 따위. 또는 그런 것을 공양하는 데 쓰는 그릇.

817) 소거(所居) : 사는 곳. 주택. 거처.

818) 반열반(般涅槃) : parinirvāṇa의 음역. 원적(圓寂)이라 번역한다. 완전한 소멸이란 뜻이다. 석가세존의 살아 생전의 깨달음을 유여열반(有餘涅槃)이라고 하고 육체가 사라지는 것을 무여열반(無餘涅槃)이라고 하는데, 무여열반을 보통 반열반이라 한다. 그러므로 반열반은 육체의 죽음을 가리키기도 한다.

819) 전신사리(全身舍利) : 온몸의 유골. 사리(舍利)는 범어(梵語) śarīra의 음역(音譯)으로서 신체(身體) 혹은 유골(遺骨)이란 뜻. 전신사리(全身舍利)는 다보여래(多寶如來)의 사리와 같이 전신을 그대로 화석화(化石化)한 것. 이에 대하여 석가세존의 사리와 같이 화장

우되, 그 길이와 너비의 크기는 사주(四洲)[822]의 세계와 같고 그 높이는 범천(梵天)[823]에까지 이르도록 하고 기둥[824]·바퀴[825]·향·꽃·깃발·일산(日傘)과 여러 가지 진귀한 노래와 춤[826]을 가지고 가장 뛰어나게 장식한다.

이와 같이 한 분 한 분 여래의 칠보로 장식된 탑을 세우고 나서 1겁 혹은 더 이상의 세월 동안 모든 천인(天人)의 온갖 뛰어나고 묘한 꽃다발[827]·소향(燒香)[828]·도향(塗香)[829]·말향(末香)·의복·깃발·일산·

하여 얻은 8말 4되의 유골을 쇄신사리(碎身舍利)라 한다.

820) 칠보(七寶) : 7종의 귀금속이나 보석. 금(金), 은(銀), 유리(琉璃), 파려(頗黎 : 水晶이라고도 한다), 차거(硨磲 : 車磲라고도 하며, 조개의 일종이다), 산호(珊瑚 : 赤珠라고도 한다), 마노(瑪瑙) 등.

821) 솔도파(窣堵波) : stūpa의 음역. 탑파(塔波), 부도(浮屠), 탑(塔)이라고 한다.

822) 사주(四洲) : 사대주(四大洲). 수미산(須彌山)의 사방 바다 가운데 있는 대륙. 남섬부주(염부제)·동승신주(불바제)·서우화주(구야니)·북구로주(울단월). 우리가 사는 세계는 남섬부주이다.

823) 범천(梵天) : brahma-loka. 바라하마천(婆羅賀麽天)이라고도 쓴다. 우리가 사는 욕계(欲界) 위의 세계인 색계(色界)의 초선천(初禪天). 범(梵)은 맑고 깨끗하다는 뜻. 이 하늘은 욕계(欲界)의 음욕(淫欲)을 여의어서 항상 깨끗하고 조용하므로 범천이라 한다.

824) 표주(表柱) : 겉으로 드러나 있는 기둥. 노주(露柱)와 같은 말.

825) 윤반(輪盤) : 수레나 기계에 설치한 바퀴.

826) 기악(伎樂) : 노래와 춤.

827) 화만(花鬘) : 꽃으로 만든 꽃다발. 많은 꽃을 실로 꿰거나 묶어서 목이나 몸에 장식하는 것. 꽃은 주로 향기가 많은 것을 쓰며, 본래 인도의 풍속인데 출가자는 이것으로 몸을 꾸미는 것이 허락되지 않고, 다만 방 안에 걸어 두거나, 또는 부처님께 공양하는 데 쓴다. 후세에는 주로 금속으로 만든 꽃을 많이 쓴다.

828) 소향(燒香) : 불을 붙여 태우는 향 또는 향을 태워 공양함. 또 선향(線香)·도향(塗香)에 대하여 가구로 된 침향(沈香)을 말함. 선종에서는 염향(拈香)이라 함.

829) 도향(塗香) : 몸에 바르는 향료. 향나무를 가루로 만든 것. 인도는 날씨가 무더워 몸에 냄새가 나므로, 향을 발라 몸을 깨끗하게 하여 부처님과 스님들을 공양하는 일이 예사이다.

보당(寶幢)[830] · 등륜(燈輪)[831]과 여러 가지 진귀한 노래와 춤과 갖가지 공양물들을 가지고 공경하고 존중하고 찬탄하며 공양한다면, 어떻게 생각하느냐? 이러한 착한 남자나 착한 여인들이 이 인연으로 말미암아 얻는 복이 많지 않겠느냐?"

제석천이 말했다.

"매우 많습니다, 세존이시여! 생각하기 어렵습니다, 선서(善逝)시여! 아무리 오랜 세월 동안 말하더라도 그 복의 크기를 다 말할 수 없을 것입니다."

부처님이 제석천에게 말씀하셨다.

"그렇다, 그렇다. 내가 이제 다시 그대에게 진실로 말한다.

만약 착한 남자나 착한 여인이 이와 같은 불가사의하고 자재하고 신통한 해탈법문(解脫法門)을 듣고서 믿고 이해하고 받아 지니고 읽고 외우고 자세히 말하여 얻는 복의 크기는 그 복의 크기보다도 훨씬 더 크다.

까닭이 무엇인가?

모든 부처님의 위없는 바르고 평등한 깨달음이 여기에서 생겨나기 때문이다.

오로지 법공양(法供養)[832]만이 이와 같은 법문을 공양할 수 있고, 재물로써는 공양할 수 없는 것이다.

제석천은 마땅히 알아라.

---

830) 보당(寶幢) : 보배 구슬로 장식한 당간(幢竿). 도량(道場)을 장엄하는 데 쓰는 기구로서 법당(法幢)이라고도 함.
831) 등륜(燈輪) : 대형 등롱(燈籠)의 일종.
832) 발기(發起) : 물체가 처음 생김. 기획하기 시작하는 것. 생각을 냄.

위없는 깨달음은 공덕이 많기 때문에, 이 법을 공양하면 그 공덕도
매우 많은 것이다."

爾時世尊告天帝釋:"善哉善哉! 如汝所說. 汝今乃能隨喜如來所
說如是微妙法門. 天帝當知. 過去未來現在諸佛, 所有無上正等菩
提, 皆於如是所說法門略說開示. 是故若有諸善男子或善女人, 聽聞
如是所說法門, 信解受持讀誦通利, 廣爲他說書寫供養, 卽爲供養過
去未來現在諸佛. 又天帝釋, 假使三千大千世界滿中如來, 譬如甘蔗
及竹葦麻稻山林等, 若善男子或善女人, 經於一劫或一劫餘, 恭敬尊
重讚歎承事, 以諸天人一切上妙安樂供具一切上妙安樂所居, 奉施
供養, 於諸如來般涅槃後, 供養一一全身舍利, 以七珍寶起窣堵波,
縱廣量等四洲世界. 其形高峻上至梵天. 表柱輪盤香花幡蓋. 衆珍伎
樂嚴飾第一. 如是建立一一如來七寶莊嚴窣堵波已. 經於一劫或一
劫餘. 以諸天人一切上妙花窣燒香塗香末香衣服幡蓋寶幢燈輪衆珍
伎樂種種供具. 恭敬尊重讚歎供養. 於意云何? 是善男子或善女人,
由此因緣獲福多不?"天帝釋言:"甚多, 世尊! 難思, 善逝! 百千俱胝
那庾多劫, 亦不能說其福聚量."佛告天帝:"如是如是. 吾今復以誠
言語汝. 若善男子或善女人, 聽聞如是不可思議自在神變解脫法門,
信解受持讀誦宣說, 所獲福聚甚多於彼. 所以者何? 諸佛無上正等
菩提從此生故. 唯法供養乃能供養如是法門, 非以財物. 天帝當知.
無上菩提功德多故, 供養此法其福甚多."

3. 월개 왕자의 질문

그때 세존께서 제석천에게 말씀하셨다.

"지나간 과거, 생각할 수도 없고 헤아릴 수도 없는 무수한 세상에 나타나신 부처님이 계셨으니, 그 이름은 약왕여래(藥王如來) 응정등각(應正等覺) 명행원만(明行圓滿) 선서(善逝) 세간해(世間解) 무상장부(無上丈夫) 조어사(調御士) 천인사(天人師) 불세존(佛世尊)이셨다. 그 부처님이 계신 세계의 이름은 대엄(大嚴)이었고, 겁(劫)의 이름은 엄정(嚴淨)이었다. 약왕여래의 수명은 세간에 계신 것이 20중겁(中劫)[833]이었다. 그곳에 성문(聲聞)의 승려들은 36구지(俱?) 나유타(那庾多) 숫자가 있었고, 보살의 무리는 12구지가 있었다.

그때에 있었던 전륜왕(轉輪王)[834]은 이름이 보개(寶蓋)였는데, 칠보(七寶)를 이루고 사대주(四大洲)를 통치하였으며, 다른 나라 군대를 항복시킬 만큼 단엄(端嚴)하고 용맹하고 강건(强健)한 아들 천 명을 가지고 있

---

833) 중겁(中劫) : 20소겁(小劫)을 1중겁이라 한다. 소겁은 인수(人壽) 10세 되는 때부터 100년마다 1세씩 늘어나 인수 8만 4천세까지 이르고, 거기서 다시 100년마다 1세씩 줄어들어 인수 10세에 이르는 동안. 곧 1증(增)1감(減)하는 동안을 1소겁이라 함.

834) 전륜왕(轉輪王) : 전륜성왕(轉輪聖王)·전륜성제(轉輪聖帝)라고도 함. 줄여서 윤왕(輪王), 또는 비행(飛行) 황제라고도 한다. 수미(須彌) 4주(洲)의 세계를 통치하는 대왕. 이왕은 몸에 32상을 갖추었으며 즉위할 때에는 하늘로부터 윤보(輪寶)를 감득(感得)하는데, 이 윤보를 굴리면서 사방을 위엄으로 굴복시키므로 전륜왕이라 불린다. 또한 공중을 날아다니므로 비행황제라고도 불린다. 증겁(增劫)에 인수(人壽) 2만 세 이상에 이르면, 이 왕이 세상에 나고, 감겁(減劫)에는 인수 무량세에서 8만 세까지의 사이에 나타난다 함. 윤보에는 금·은·동·철의 네 종류가 있어 이들 윤보의 종류에 따라 왕의 이름이 나뉨. 즉 금륜왕은 수미 4주를 통치, 은륜왕은 동·서·남 3주를, 동륜왕은 동·남 2주를, 철륜왕은 남섬부주의 1주를 통치한다고 함.

었다. 그때 왕 보개와 그 권속들은 5중겁이 지나도록 약왕여래를 공경하고 존중하고 찬탄하고 받들어 모셨는데, 모든 천인의 온갖 뛰어나고 묘하고 안락한 공양물들과 온갖 뛰어나고 묘하고 안락한 거처를 5겁이 지나도록 드려서 공양하였다.

그때 보개왕(寶蓋王)은 천 명의 자식들에게 말했다.

'너희는 알아야 한다. 나는 이미 약왕여래에게 공양을 드렸다. 너희도 이제 나처럼 공양을 드려야 한다.'

이에 천 명의 자식들은 부왕의 가르침을 듣고서 기뻐하며 공경히 받들고는 모두들 말했다.

'좋습니다.'

그러고는 모두들 협동하여 5겁이 지나도록 그 권속들과 함께 약왕여래를 공경하고 존중하고 찬탄하며 받들어 모셨는데, 모든 천인의 온갖 뛰어나고 묘하고 안락한 공양물들과 온갖 뛰어나고 묘하고 안락한 거처를 드려서 공양하였다.

그때 한 왕자는 이름이 월개였는데, 외떨어지고 한적한 곳에서 이렇게 생각하였다.

'우리는 지금 이와 같이 간곡하고 정중하게 약왕여래를 공경하고 공양하지만, 이것을 넘어서는 가장 뛰어나고 가장 훌륭한 다른 공양이 많이 있지[835] 않을까?'

부처님의 신통력으로써 공중에 올라가 있던 천신(天神)이 소리 내어 왕자에게 말했다.

'월개는 마땅히 알아라. 모든 공양 가운데 법공양이 가장 뛰어난 공

---

835) 파유(頗有) : 흔히 있다. 적지 않다. 상당히 많이 있다.

양이다.'

이에 월개 왕자가 물었다.

'어떤 것을 일러 법공양이라 합니까?'

천신이 월개에게 답했다.

'너는 약왕여래를 찾아가 이렇게 물어보아라. "세존이시여, 어떤 것을 일러 법공양이라고 합니까?" 부처님께서 너에게 자세히 말씀해 주실 것이다.'

왕자 월개는 천신의 말을 듣고서 곧장 약왕여래를 찾아뵙고 두 발에 공손하고 정성스럽게 머리를 조아려 절을 올리고 오른쪽으로 세 바퀴를 돌고는 한쪽으로 가서 말했다.

'세존이시여, 저는 모든 공양 가운데 법공양이 가장 훌륭하다고 들었습니다. 이 법공양은 그 모습이 어떠합니까?'

爾時世尊告天帝釋:"乃往過去不可思議不可稱量無數大劫有佛出世, 名曰藥王如來應正等覺明行圓滿善逝世間解無上丈夫調御士天人師佛世尊. 彼佛世界名曰大嚴, 劫名嚴淨. 藥王如來壽量住世二十中劫. 其聲聞僧有三十六俱胝那庾多數, 其菩薩衆十二俱胝. 時有輪王名曰寶蓋, 成就七寶主四大洲, 具足千子端嚴勇健能伏他軍. 時王寶蓋與其眷屬, 滿五中劫恭敬尊重讚歎承事藥王如來, 以諸天人一切上妙安樂供具一切上妙安樂所居奉施供養過五劫已. 時寶蓋王告其千子:'汝等當知. 我已供養藥王如來. 汝等今者亦當如我奉施供養.'於是千子聞父王敎, 歡喜敬受, 皆曰:'善哉!'一切協同滿五中劫, 與其眷屬恭敬尊重讚歎承事藥王如來, 以諸人天一切上妙安樂供具一切上妙安樂所居, 奉施供養.

時一王子名爲月蓋, 獨處閑寂作是思惟:‘我等於今如是慇重恭敬供養藥王如來, 頗有其餘恭敬供養最上最勝過於此不?’以佛神力於上空中, 有天發聲告王子曰:‘月蓋當知. 諸供養中其法供養最爲殊勝.’卽問:‘云何名法供養?’天答月蓋:‘汝可往問藥王如來.〈世尊, 云何名法供養?〉佛當爲汝廣說開示.’王子月蓋聞天語已, 卽便往詣藥王如來, 恭敬慇懃頂禮雙足, 右遶三匝卻住一面白言:‘世尊, 我聞一切諸供養中, 其法供養最爲殊勝. 此法供養其相云何?’

4. 어떤 것이 법공양인가

약왕여래가 왕자에게 말했다.

'월개는 마땅히 알아라.

법공양(法供養)이라는 것은 말하자면,

모든 부처님이 말씀하신 경전에서 미묘하고 매우 깊거나 깊은 것 같은 모습이며,

모든 세간에서 믿고 받아들이기가 매우 어렵고 헤아리기가 매우 어렵고 보기가 매우 어려우며,

그윽하고 세밀하고 물듦이 없는 밝은 뜻이며,

분별로 아는 것이 아니며,

보살장(菩薩藏)[836]이 포함하고 있으며,

---

836) 보살장(菩薩藏) : 보살이 닦는 행법(行法)과 그 증과(證果)를 밝혀 설명한 대승 경전.

모든 것을 지니고 있는 경전의 왕이며,

부처님의 도장[837]이 도장 찍은 것이며,

물러나지 않는 법의 바퀴를 분별하여 보이며,

육바라밀(六波羅蜜)[838]이 이것에서 일어나며,

모든 받아들여야 할 것들을 잘 받아들이며,

보리분법(菩提分法)[839]이 바르게 따라서 행하는 것이며,

칠각지(七覺支)[840] 등을 직접 이끌어 낼 수 있는 것이며,

대자대비(大慈大悲)를 설명하여 보이며,

모든 중생의 무리를 고통에서 빼내고 어려움에서 구제하여 안락한 곳으로 이끌며,

모든 삿되고 허망한 견해(見解)[841]라는 악마를 멀리하며,

---

837) 불인(佛印) : ①부처님의 인상(印相). ②부처님의 깨달음 자체를 불심(佛心)이라 하고, 결정코 변함이 없으므로 인(印)이라고 함. 심인(心印) 또는 불심인(佛心印)이라고도 함.

838) 육도피안(六到彼岸) : 육바라밀(六波羅蜜)의 번역. 여섯 가지 수행을 통하여 피안에 이른다는 말.

839) 보리분법(菩提分法) : 삼십칠보리분법(三十七菩提分法), 삼십칠도품(三十七道品), 삼십칠조도품(三十七助道品). 열반의 이상경(理想境)에 나아가기 위하여 닦는 도행(道行)의 종류. 4념처(念處)·4정근(正勤)·4여의족(如意足)·5근(根)·5력(力)·7각분(覺分)·8정도분(正道分).

840) 칠각지(七覺支) : '칠각(七覺)'이라고도 하는데, 깨달음의 지혜를 돕는 일곱 가지를 뜻한다. 마음의 상태에 따라 존재를 관찰함에 있어서의 주의·방법을 일곱 가지로 정리한 것으로, 깨달음에 도움이 되는 일곱 가지 또는 깨달음으로 이끄는 일곱 가지 항목, 깨달음의 지혜를 돕는 일곱 가지 수행을 말한다.

841) 견취(見取) : 3계(界)의 사제(四諦) 아래 일어나는 아견(我見)·변견(邊見)·사견(邪見)·견취견(見取見) 등 모든 견혹(見惑)을 말함. 이에 30혹이 있음. 3계에 각각 고제(苦諦) 아래 신견(身見)·변견(邊見)·사견(邪見)·견취견(見取見)의 4견과 집제(集諦)·멸제(滅諦)·도제(道諦) 아래에 각기 사견·견취견의 2견이 있으므로 30혹이 된다.

매우 깊은 연기법(緣起法)을 분별하여 명백하게 주장하며,[842]

안에 내가 없고 밖에 중생이 없음을 말하며,

둘 사이에 수명(壽命)도 없고 양육(養育)도 없으며,

마침내 사람[843]이라는 자성(自性)이 없으며,

공(空)·무상(無相)·무원(無願)·무작(無作)·무기(無起)와 상응(相應)
하며,[844]

묘각(妙覺)으로 이끌 수 있으며,

법륜(法輪)을 굴릴 수 있으며,

천룡(天龍)·야차(夜叉)·건달바(乾達婆) 등이 함께 존중하고 칭찬하고
찬탄하고 공양하며,

중생들을 대법(大法)의 공양으로 인도하며,

중생들의 대법의 제사(祭祀)를 원만하게 하며,

모든 성인과 현자들이 모두 받아들이며,

보살의 모든 묘한 행위를 개발하며,

진실한 법의 뜻이 돌아가 의지하며,

가장 뛰어나고 장애 없음이 여기에서 나오며,

모든 법은 덧없고 고통스럽고 무아(無我)이고 적정임을 자세히 말
하며,

---

842) 천양(闡揚) : 명백하게 주장하다. 천명하여 선전하다.

843) 보특가라(補特伽羅) : pudgala 부특가라(富特伽羅)·복가라(福伽羅)·보가라(補伽羅)·
불가라(弗伽羅)·부특가야(富特伽耶)라고도 쓰며, 삭취취(數取趣)라 번역. 윤회하는 유
정(有情) 또는 중생이 삶과 죽음을 윤회하는 자아(自我) 즉 사람이라고 여기는 것.

844) 상응(相應) : ①서로 맞아떨어지다. 서로 응하다. ②응당 −해야 한다. ③함께 하다. 동반
하다. 함께 있다.

4가지 종류의 법인(法印)[845]을 발생시키며,

모든 인색함 · 금계를 범함 · 성내고 원망함 · 게으름 · 헛된 생각 · 나쁜 지혜 · 놀라고 두려워함 · 온갖 외도들의 삿된 주장과 나쁜 견해 · 집착 등을 제거하며,

모든 중생의 좋은 법을 개발하여 그 세력을 키우며,

모든 사악한 마귀의 군대를 항복시키며,

모든 부처님과 성인과 현자들이 함께 칭찬하고 찬탄하는 것이며,

모든 삶과 죽음의 커다란 고통을 잘 제거하며,

모든 열반의 커다란 즐거움을 잘 보여 주며,

온 우주에 있는 과거 · 현재 · 미래의 모든 부처님이 함께 말하는 것이다.

이러한 경전을 만약 즐겨 듣고 믿고 이해하고 받아서 지니고 읽고 외우고 통달하고,

그 깊고 깊은 뜻을 사유하고 관찰하여 드러나게 하고 베풀어 벌려 놓고,

분별하여 열어 보이고 명료하게 드러내 보이고,

다시 널리 타인을 위하여 두루 알리고 자세히 설명하고,

뛰어난 방편으로 바른 법을 잘 보호한다면,

이와 같은 모든 것을 일컬어 법공양(法供養)이라고 한다.

또 월개여,

---

845) 법올타남(法嗢拖南) : dharmoddāna의 번역. dharma는 법(法)이라 번역하고, uddāna는 올타남(嗢拖南)이라 음역함. uddāna는 '묶음'이라는 뜻으로서 섭송(攝頌)이라고 한역(漢譯)하지만, dharmoddāna는 법인(法印)이라고 번역함.

법공양이라는 것은 말하자면,

온갖 법에서 법답게 조복하는 것이며,

온갖 법에서 법답게 수행(修行)하는 것이며,

연기(緣起)를 따르고 온갖 삿된 견해에서 벗어나는 것이며,

무생법인을 닦고 익히는 것이며,

나도 없고 중생도 없음을 깨닫는 것이며,

온갖 인연에서 어긋남도 없고 다툼도 없고 다른 논의를 일으키지 않는 것이며,

나와 나의 것에서 벗어나 받아들이지 않는 것이며,

뜻에 의지하고 글자에 의지하지 않는 것이며,

지혜에 의지하고 의식(意識)에 의지하지 않는 것이며,

요의(了義)[846]에 의지하여 경전[847]을 말하는 것이며,

불료의(不了義)에 의지해서 말한 세속의 경전에 끝내 집착하지 않는 것이며,

법성(法性)에 의지하고 끝내 중생의 견해로 얻은 것에 의지하지 않는 것이며,

그 법성과 법의 모습에 알맞게 온갖 법을 깨달아 아는 것이며,

---

846) 요의(了義) : ↔ 불료의(不了義). 요(了)는 '끝까지' '밝게'란 뜻. 불법의 이치를 모두 밝혀 말한 것. 요(了)·불료(不了)의 해석에 대하여는 그 경에 말한 이치가 진실하냐 아니냐에 대하여, 또 교리를 표시한 말이 완비하냐 아니냐에 대하여 판단함. 의(義)는 의리(義理) 즉 도리(道理).

847) 계경(契經) : 불교의 경전. 계(契)는 계합한다는 뜻. 경(經)은 관천(貫穿)·섭지(攝持)의 뜻. 경문은 위로는 진리에 계합하고, 아래로는 중생의 마음에 맞고 뜻에 계합하며, 의리를 꿰어 중생을 잡아 거둔다는 뜻으로 경이라 함.

저장하거나 거두어들임이 없음에 들어가 아뢰야식⁸⁴⁸⁾을 소멸시키는 것이며,

무명(無明)에서 늙어 죽음까지의 연기(緣起)를 없애는 것이며,

시름 · 탄식 · 근심 · 고통 · 고뇌를 없애는 것이며,

이와 같은 십이연기(十二緣起)⁸⁴⁹⁾를 관찰하는 것이며,

끝없이 이끌어 내고 늘 이끌어 내지는 것이며,

모든 중생이 온갖 삿된 견해들⁸⁵⁰⁾을 버리기를 원하는 것이다.

---

848) 아뢰야식(阿賴耶識) : ālaya vijñāna. 8식(識)의 하나. 9식의 하나. 유식불교에서 뢰야연기(賴耶緣起)의 근본 되는 식. 진제 등은 무몰식(無沒識)이라 번역하고, 현장은 장식(藏識)이라 번역. 앞의 것은 아(阿)를 짧은 음으로 읽어 아는 무(無), 뢰야는 멸진(滅盡) · 몰실(沒失)이라 번역하여 멸진 · 몰실하지 않는 식이라 한 것이고, 뒤의 것은 아를 긴 음으로 읽어 가(家) · 주소(住所) · 저장소(貯藏所)의 뜻이 있으므로 장식이라 한 것임.

849) 십이연기(十二緣起) : 또는 십이인연(十二因緣) · 십이유지(十二有支) · 십이지(十二支) · 십이인생(十二因生) · 십이연문(十二緣門) · 십이견련(十二牽連) · 십이극원(十二棘園) · 십이중성(十二重城) · 십이형극림(十二荊棘林). 3계에 대한 미(迷)의 인과를 12로 나눈 것. ①무명(無明). 밝은 깨달음이 없음. ②행(行). 분별의식을 일으킴. ③식(識). 분별의식. ④명색(名色). 이름과 모습으로 나타난 물질. ⑤육처(六處). 안(眼) · 이(耳) · 비(鼻) · 설(舌) · 신(身) · 의(意) 등 6가지 감각기관. ⑥촉(觸). 명색(名色)과 육처(六處)가 접촉함. ⑦수(受). 분별의식을 받아들임. ⑧애(愛). 분별의식을 좋아함. ⑨취(取). 분별의식에 집착함. ⑩유(有). 의식 속에 분별된 대상이 있는 것으로 됨. ⑪생(生). 삶이 있음. ⑫노사(老死). 늙음과 죽음이 있음. 이처럼 연기를 해석할 적에 1찰나(刹那)에 12연기를 동시에 갖춘다는 학설과, 업설(業說)을 따라 삼세(三世)에 걸쳐 인과관계가 있다고 설명하는 2종이 있음. 뒤의 뜻을 따르면 양중인과(兩重因果)가 있음. 곧 식(識)으로 수(受)까지의 5를 현재의 5과(果)라 하고, 무명 · 행을 현재의 과보를 받게 한 과거의 2인(因)이라 함(過現一重因果). 다음에 애 · 취는 과거의 무명과 같은 혹(惑)이요, 유(有)는 과거의 행과 같은 업(業)이니, 이 현재는 3인(因)에 의하여 미래의 생 · 노사의 과(果)를 받는다 함(現末一重因果).

850) 견취(見趣) : =견취(見取). 3계(界)의 사제(四諦) 아래 일어나는 아견(我見) · 변견(邊見) · 사견(邪見) · 견취견(見取見) 등 모든 견혹(見惑)을 말함. 온갖 삿된 견해들.

이와 같은 것을 일러 뛰어난 법공양이라고 한다."'

藥王如來告王子曰: '月蓋當知. 法供養者, 謂於諸佛所說經典, 微妙甚深似甚深相, 一切世間極難信受難度難見, 幽玄細密無染了義, 非分別知菩薩藏攝, 總持經王佛印所印, 分別開示不退法輪, 六到彼岸由斯而起, 善攝一切所應攝受, 菩提分法正所隨行, 七等覺支親能導發, 辯說開示大慈大悲, 拔濟引安諸有情類, 遠離一切見趣魔怨, 分別闡揚甚深緣起, 辯內無我外無有情, 於二中間無壽命者無養育者, 畢竟無有補特伽羅性, 空無相無願無作無起相應, 能引妙覺能轉法輪, 天龍藥叉健達縛等, 咸共尊重稱歎供養, 引導衆生大法供養, 圓滿衆生大法祠祀, 一切聖賢悉皆攝受, 開發一切菩薩妙行, 眞實法義之所歸依, 最勝無礙由斯而起, 詳說諸法無常有苦無我寂靜, 發生四種法嗢拖南, 遣除一切慳貪毀禁瞋恨懈怠妄念惡慧驚怖一切外道邪論惡見執著, 開發一切有情善法增上勢力, 摧伏一切惡魔軍衆, 諸佛聖賢共所稱歎, 能除一切生死大苦, 能示一切涅槃大樂, 三世十方諸佛共說. 於是經典若樂聽聞信解受持讀誦通利, 思惟觀察甚深義趣, 令其顯著施設安立, 分別開示明了現前, 復廣爲他宣揚辯說, 方便善巧攝護正法, 如是一切名法供養.

復次月蓋, 法供養者, 謂於諸法如法調伏, 及於諸法如法修行, 隨順緣起離諸邪見, 修習無生不起法忍, 悟入無我及無有情, 於諸因緣無違無諍不起異議, 離我我所無所攝受, 依趣於義不依於文, 依趣於智不依於識, 依趣了義所說契經, 終不依於不了義說世俗經典而生執著, 依趣法性終不依於補特伽羅見有所得, 如其性相悟解諸法, 入

無藏攝滅阿賴耶, 息除無明乃至老死, 息除愁歎憂苦熱惱, 觀察如是
十二緣起, 無盡引發常所引發, 願諸有情捨諸見趣. 如是名爲上法供
養.'"

5. 월개 왕자의 출가

부처님께서 제석천에게 말씀하셨다.

"왕자 월개는 약왕불(藥王佛)에게서 이와 같이 뛰어난 법공양에 관한
말을 듣고서 법인(法忍)[851]을 따르게 되자 곧 보배로 장식한 옷과 온갖
장신구들을 벗고서 약왕여래에게 공양을 드리고 말씀을 드렸다.

'세존이시여, 저는 부처님께서 반열반하신 뒤에 바른 법을 받아서 법
공양을 행하고 정법을 보호하여 지니기를 원합니다. 오직 여래께 원하
옵나니, 중생을 불쌍히 여기시는 가피와 위신력[852]의 신통력으로써 악
마를 쉽게 항복시키고 바른 법을 보호하고 지녀서 보살행을 닦도록 해
주시기를 바랍니다.'

약왕여래는 월개가 더욱 염원하는 것을 이미 아시고는 곧 그에게 알
리셨다.

---

851) 법인(法印) : Dharma-mudrā. 교법의 표시. 인(印)은 인신(印信) · 표장(標章)이란 뜻. 세
    상의 공문에 인장을 찍어야 비로소 정식으로 효과를 발생하는 것과 같다. 3법인 · 4법인
    등이 있어, 외도(外道)의 법과 다른 것을 나타냄.
852) 가위(加威) : 가피(加被)와 위신력(威神力). 중생에게 베푸는 부처님의 자비의 힘. 부처님
    께서 자비의 힘을 베풀어 중생을 이롭게 하는 것이 가피이고, 부처님에게 있는 존엄하고
    측량할 수 없는 불가사의한 힘이 위신력이다.

'그대는 여래가 반열반한 뒤에 법의 성(城)을 잘 지킬 것이다.'

그때 그 왕자는 이러한 수기(授記)를 듣고서 뛸 듯이 기뻐하면서 곧 약왕여래가 머무는 세계의 성스러운 법과 가르침 속에서 깨끗한 믿음으로써 가정(家庭)을 버리고 가정 아닌 곳으로 나아갔다. 이렇게 출가하고 나서 용맹하게 정진하여 온갖 선법(善法)을 다 닦았으니, 선법을 부지런히 닦기를 권고 받았기 때문이었다. 출가하고 오래지 않아서 오신통(五神通)을 얻었고 마침내 끊어짐 없는 묘한 말솜씨의 다라니(陀羅尼)[853]를 얻었다.

약왕여래가 반열반한 뒤에는 얻은 신통한 지혜의 힘을 가지고 10중겁(中劫)이 지나도록 여래가 굴린 법바퀴를 따라서 굴렸다. 월개 비구는 10중겁이 넘도록 법바퀴를 따라 굴리며 바른 법을 보호하여 지니고, 용맹하게 정진하여 헤아릴 수 없이 많은[854] 중생을 벌려 놓고서 위없는 바르고 평등한 깨달음에서 물러남이 없도록 하였다. 14나유타(那庾多)[855]의 중생들을 교화하여 성문승(聲聞乘)과 독각승(獨覺乘)을 마음으로 잘 따르도록[856] 하고, 헤아릴 수 없는 중생들을 방편으로 인도하여 천상(天上)에 태어나도록 하였다.

부처님께서 제석천에게 말씀하셨다.

---

853) 다라니(陀羅尼) : 총지(總持) · 능지(能持) · 능차(能遮)라 번역. 불교와 힌두교에서 일반인들이 자신을 보호하기 위한 부적이나 주문(呪文)으로 사용하거나, 요가 수행자들이 정신집중의 상태에 이르기 위해 암송하면 커다란 효험이 있다고 믿는 신성한 글귀.

854) 구지(俱胝) : 수(數)의 단위로 10의 7승(乘). 십만, 천만, 혹은 억(億), 만억(萬億), 혹은 경(京)이라 함.

855) 나유타(那庾多) : nayuta. 인도에서 아주 많은 수를 표시하는 수량의 이름. 아유다(ayuta, 阿由多, 阿諛多)의 백배. 수천만 혹은 천억 · 만억이라고도 하여 한결같지 않다.

856) 조순(調順) : 얌전하게 따르는 것.

"그때 보개 전륜왕(轉輪王)이 어찌 다른 사람이겠는가? 의심을 내어서도 안 되고, 다르게 보아서도 안 된다. 까닭이 무엇인가? 이 사람이 곧 보염여래(寶焰如來)임을 마땅히 알아야 한다. 그 천 명의 왕자들은 곧 현겁(賢劫)[857] 속에서 차례차례 성불하신 천 분의 보살들이다. 최초로 성불한 이는 이름이 가낙가손견여래(迦洛迦孫馱如來)라 하고, 최후에 성불한 이는 노지(盧至)라고 부를 것이다. 4분의 부처님[858]은 이미 세상에 나오셨고, 나머지는 미래에 세상에 나타나실 것이다. 그때 법을 보호하는 월개 왕자가 어찌 다른 사람이겠는가? 바로 내가 그이다. 제석천은 마땅히 알아야 한다. 내가 말한 모든 것은, 모든 부처님들께 드리는 공양 가운데 법공양이 가장 존귀하고 가장 뛰어나고 가장 묘하여 위가 없는 것이라는 사실을 말한 것이다. 이 까닭에 제석천이 부처님께 공양을 올리고자 한다면, 마땅히 법공양이어야 하고 재물공양이어서는 안 된다."

---

857) 현겁(賢劫) : bhadra-kalpa. 발타겁(跋陀劫) · 파타겁(波陀劫)이라 음역. 현시분(賢時分) · 선시분(善時分)이라 번역. 3겁의 하나. 세계는 인수(人壽) 8만 4천 세 때부터 백 년을 지낼 때마다 1세씩을 줄어들어 인수 10세에 이르고, 여기서 다시 백 년마다 1세씩 늘어나서 인수 8만 4천세에 이르며, 이렇게 1증(增) 1감(減)하는 것을 20회 되풀이하는 동안, 곧 20증감(增減)하는 동안에 세계가 성립되고[成], 다음 20증감하는 동안에 머물러[住] 있고, 다음 20증감하는 동안에 무너지고[壞], 다음 20증감하는 동안은 텅 비어[空] 있음. 이렇게 세계는 성(成) · 주(住) · 괴(壞) · 공(空)을 되풀이하니, 이 성 · 주 · 괴 · 공의 4기(期)를 대겁(大劫)이라 함. 과거의 대겁을 장엄겁(莊嚴劫), 현재의 대겁을 현겁(賢劫), 미래의 대겁을 성수겁(星宿劫). 현겁의 주겁(住劫) 때에는 구류손불(拘留孫佛) · 구나함모니불(拘那含牟尼佛) · 가섭불(迦葉佛) · 석가모니불(釋迦牟尼佛) 등의 1천 부처님이 출현하여 세상 중생을 구제하는데 이렇게 많은 부처님이 출현하는 시기이므로 현겁이라 이름.
858) 4분의 부처님은 현겁(賢劫)의 주겁(住劫)에 출현하는 구류손불(拘留孫佛) · 구나함모니불(拘那含牟尼佛) · 가섭불(迦葉佛) · 석가모니불(釋迦牟尼佛)을 가리킴.

佛告天帝:"王子月蓋, 從藥王佛聞說如是上法供養, 得順法忍, 卽脫寶衣諸莊嚴具, 奉施供養藥王如來, 白言:'世尊, 我願於佛般涅槃後攝受正法, 作法供養護持正法. 唯願如來, 以神通力哀愍加威, 令得無難降伏魔怨, 護持正法修菩薩行.'藥王如來旣知月蓋增上意樂, 便記之曰:'汝於如來般涅槃後能護法城.'時彼王子得聞授記歡喜踊躍, 卽於藥王如來住世聖法教中, 以清淨信棄捨家法趣於非家. 旣出家已勇猛精進修諸善法, 勤修善故. 出家未久獲五神通, 至極究竟得陀羅尼無斷妙辯. 藥王如來般涅槃後, 以其所得神通智力, 經十中劫隨轉如來所轉法輪. 月蓋苾芻滿十中劫, 隨轉法輪護持正法, 勇猛精進安立百千俱胝有情, 令於無上正等菩提得不退轉. 教化十四那庾多生, 令於聲聞獨一覺乘心善調順, 方便引導無量有情令生天上."

佛告天帝:"彼時寶蓋轉輪王者, 豈異人乎? 勿生疑惑, 莫作異觀. 所以者何? 應知卽是寶焰如來. 其王千子, 卽賢劫中有千菩薩次第成佛. 最初成佛名迦洛迦孫馱如來, 最後成佛名曰盧至. 四已出世, 餘在當來. 彼時護法月蓋王子, 豈異人乎? 卽我身是. 天帝當知. 我說一切於諸佛所設供養中, 其法供養最尊最勝, 最上最妙最爲無上. 是故天帝欲於佛所設供養者, 當法供養無以財物."

제14 촉루품(囑累品)[859]

1. 미륵보살에게 부촉하다

그때 부처님께서 미륵보살[860]에게 말씀하셨다.

"나는 이제 이렇게 헤아릴 수 없고 잴 수 없는 기나긴 세월 동안 가지고 있던 위없는 바르고 평등한 깨달음과 유포시킨 대법(大法)을 그대에게 부탁하려[861] 한다.

이와 같은 경전(經典)은 부처님의 위신력이 지키는[862] 것이고, 부처님의 위신력이 보호하는[863] 것이다.

---

859) 촉루(囑累) : 부촉(付囑)과 같은 뜻. 위임(委任), 위촉(委囑)의 뜻. 가르침을 위임하고 전하는 것.

860) 자씨보살(慈氏菩薩) : 미륵보살(彌勒菩薩).

861) 부촉(付囑) : 부촉(付蜀)이라고도 함. 다른 이에게 부탁함. 부처님은 설법한 뒤에 청중 가운데서 어떤 이를 가려내어 그 법의 유통(流通)을 촉탁하는 것이 상례(常例). 이것을 부촉 · 촉루(屬累) · 누교(累敎) 등이라 함. 경문 가운데서 부촉하는 일을 말한 부분을 「촉루품(囑累品)」 또는 부촉단(付屬段)이라 하니, 흔히 경의 맨 끝에 있음. 『법화경』과 같은 것은 예외(例外).

862) 주지(住持) : 보호하다. 머물러 떠나지 않다. 지키다.

863) 가호(加護) : 부처님의 자비의 힘으로써 중생을 보호하여 주는 일.

그대는 여래께서 반열반(般涅槃)864)하신 뒤의 오탁악세(五濁惡世)865)에
도 위신력을 가지고 이 경전을 지키고 지녀서 섬부주(贍部洲)866)에 널리
유포케 하고 숨기거나 사라지게 하지 마라.

까닭이 무엇인가?

미래의 착한 남자나 착한 여인과 천룡(天龍) · 야차(夜叉) · 건달바(健達
縛) 등이 이미 헤아릴 수 없이 뛰어난 선근(善根)을 심고 이미 위없는 바
르고 평등한 깨달음에 대하여 뛰어나고 드넓은 이해를 구하는 마음을
내었는데, 만약 이와 같은 경전을 들을 수 없다면, 헤아릴 수 없이 뛰어
난 이익을 잃어버릴 것이기 때문이다.

---

864) 반열반(般涅槃) : parinirvāṇa의 음역. 원적(圓寂)이라 번역한다. 완전한 소멸이란 뜻이
다. 석가세존의 살아 생전의 깨달음을 유여열반(有餘涅槃)이라고 하고 육체가 사라지는
것을 무여열반(無餘涅槃)이라고 하는데, 무여열반을 보통 반열반이라 한다. 그러므로 반
열반은 육체의 죽음을 가리키기도 한다.

865) 오탁악세(五濁惡世) : 오탁(五濁)의 모양이 나타나 나쁜 일이 많은 세상. 오탁(五濁)이란
오재(五滓) · 오혼(五渾)이라고도 하며, 나쁜 세상의 5종류 더러움이라는 뜻. ①겁탁(劫
濁). 사람의 수명이 차례로 감하여 30 · 20 · 10세로 됨을 따라, 각기 기근(饑饉) · 질병(疾
病) · 전쟁(戰爭)이 일어나 흐려짐을 따라 입는 재액. ②견탁(見濁). 말법(末法)시대에 이
르러 사견(邪見) · 사법(邪法)이 다투어 일어나 부정한 사상(思想)의 탁함이 넘쳐흐름. ③
번뇌탁(煩惱濁). 또는 혹탁(惑濁). 사람의 마음이 번뇌에 가득하여 흐려짐. ④중생탁(衆
生濁). 또는 유정탁(有情濁). 사람이 악한 행위만을 행하여 인륜 도덕을 돌아보지 않고,
나쁜 결과를 두려워하지 않는 것. ⑤명탁(命濁). 또는 수탁(壽濁). 인간의 수명이 차례로
단축하는 것.

866) 섬부주(贍部洲) : =염부제(閻浮提). 산스크리트로는 Jambu-dvīpa이다. 수미산 남쪽에
있는 대륙으로 4대주의 하나이다. 수미산(須彌山)을 중심으로 인간세계를 동서남북 네
주로 나누었을 때, 염부제는 남주이다. 인간세계는 여기에 속한다고 한다. 여기 16의 대
국, 500의 중국, 10만의 소국이 있다고 하며 이곳에서 주민들이 누리는 즐거움은 동북의
두 주보다 떨어지지만 모든 부처가 출현하는 곳은 오직 이 남주뿐이라고 한다. 북쪽은 넓
고 남쪽은 좁은 지형으로 염부나무가 번성한 나라란 뜻이다. 원래는 인도를 가리키는 말
이었는데, 후세에는 인간세계를 아울러 지칭하는 말이 되었다.

만약 그가 이와 같은 경전을 듣게 되면, 반드시 믿고서 즐겨 놀랍게
여기는 마음[867]을 내어 기뻐하면서 공손히 받을 것이다.[868]

나는 이제 그 모든 착한 남자들과 착한 여자들 때문에 그대에게 이
경전을 부탁하니, 그대는 마땅히 잘 보호하여[869] 이 경전을 듣고 배움
에 장애나 어려움이 없도록 하고, 또 이와 같이 말한 법문(法門)이 널리
베풀어 유포되도록 하라.

說無垢稱經

囑累品第十四

爾時佛告慈氏菩薩: "吾今, 以是無量無數百千俱胝那庾多劫, 所
集無上正等菩提, 所流大法, 付囑於汝. 如是經典 佛威神力之所住
持, 佛威神力之所加護. 汝於如來般涅槃後五濁惡世, 亦以神力住持
攝受, 於瞻部洲, 廣令流布, 無使隱滅.

所以者何? 於未來世, 有善男子或善女人, 天龍藥叉健達縛等, 已
種無量殊勝善根, 已於無上正等菩提, 心生趣向勝解廣大, 若不得聞
如是經典, 卽當退失無量勝利. 若彼得聞如是經典, 必當信樂發希有
心歡喜頂受. 我今以彼諸善男子善女人等付囑於汝, 汝當護念, 令無
障難於是經典聽聞修學, 亦令如是所說法門廣宣流布.

---

867) 희유심(希有心) : 놀라워하는 마음. 진귀하게 여기는 마음. 진귀하게 여기는 마음.

868) 정수(頂受) : 예를 갖추어 받다. 공손히 받다. 공경하며 받다.

869) 호념(護念) : 명심하여 지키는 것. 모든 불·보살·하늘·귀신들이 선행을 닦는 중생이나
    수행자에 대하여 온갖 마장을 제하여 보호하며, 깊이 기억하여 버리지 않는 것. 가피(加
    被), 가지(加持)와 비슷함.

2. 두 종류의 보살

미륵은 마땅히 알아라.

간략히 말하면, 보살이 가진 두 종류의 특징[870]이 있다.

어떤 것들이 둘인가?

하나는 여러 가지로 아름답게 장식된 글귀를 믿고 좋아하는 것이고, 또 하나는 깊고 깊은 법문(法門)을 두려워하지 않고 그 본성과 모습에 알맞게 깨달아 들어가는 것이다.

만약 모든 보살이 아름답게 장식된 글귀를 존중하고 믿고 좋아한다면, 이들은 처음 배우기 시작한 보살임을 알아야 한다.

만약 모든 보살이 이러한 매우 깊고 더러움이 없고 집착이 없고 헤아릴 수 없고 걸림 없고 신령스러이 변하는 해탈법문(解脫法門)을 말하는 미묘한 경전에 대하여 두려움이 없고, 듣고서는 믿고 이해하고 받아 지니고 읽고 외우며, 그 통달한[871] 바를 널리 타인에게 말하며, 진실에 알맞게 깨달아 들어가 정진(精進)하고 실천하여 출세간의 깨끗한 믿음과 즐거움을 얻는다면, 이들은 오래 공부한 보살임을 알아야 한다.

慈氏當知. 略有二種菩薩相印. 何等爲二? 一者信樂種種綺飾文詞相印, 二者不懼甚深法門如其性相悟入相印. 若諸菩薩尊重信樂綺飾文詞, 當知是爲初學菩薩. 若諸菩薩於是甚深無染無著不可思議自在

---

870) 보살상인(菩薩相印) : 보살만이 가진 뚜렷한 특징. 상인(相印)은 다른 대상과 구별되는 뚜렷하고 특징적인 모습.

871) 통리(通利) : 통달(通達)하다. 사정에 밝게 통하여 거침이 없는 것.

神變解脫法門微妙經典無有恐畏，聞已信解受持讀誦，令其通利廣爲
他說，如實悟入精進修行，得出世間淸淨信樂，當知是爲久學菩薩.

3. 법인을 얻지 못하는 이유

미륵은 마땅히 알아라.

대략 네 가지 이유 때문에 처음 배우는 보살이 스스로 상처를 입어서
깊고 깊은 법인(法忍)을 얻을 수 없다.

어떤 것이 네 가지인가?

첫째는 이전에 듣지 못했던 깊고 깊은 경전을 처음 듣고서, 놀라고
두려워하여 의심을 일으켜 기뻐하지 않는 것이다.

둘째는 법문을 듣고서 비방하고 경멸하여, 이 경전은 내가 이전에
듣지 못했던 것인데 어디에서 왔는가 하고 말하는 것이다.

셋째는 이 깊은 법문을 받아 지니고 풀어서 말하는 착한 남자 등을
보고서 가까이 하거나 공경하거나 절하기를 즐거워하지 않는 것이다.

넷째는 뒷날 업신여기고[872] 싫어하고 미워하고 헐뜯고 욕하고 비방
하는 것이다.

이 네 가지 이유 때문에 처음 배우는 보살이 스스로 상처를 입어서
깊고 깊은 법인을 얻을 수 없는 것이다.

慈氏當知. 略由四緣, 初學菩薩爲自毀傷, 不能獲得甚深法忍. 何

---

872) 경만(輕慢) : 경시(輕視)하다. 업신여기다. 얕보다.

等爲四? 一者初聞昔所未聞甚深經典, 驚怖疑惑不生隨喜. 二者聞已誹謗輕毀, 言是經典我昔未聞從何而至. 三者見有受持演說此深法門善男子等, 不樂親近恭敬禮拜. 四者後時輕慢憎嫉毀辱誹謗. 由是四緣, 初學菩薩爲自毀傷, 不能獲得甚深法忍.

4. 법인을 깨닫지 못하는 이유

미륵은 마땅히 알아라.

대체로 네 가지 이유 때문에 깊고 깊은 법문을 믿고 이해하는 보살이 스스로 상처를 입어서 무생법인을 재빨리 깨달을 수 없게 된다.

어떤 것들이 네 가지인가?

첫째는 대승에 마음을 내고서도 아직 오래 수행하지 않은 처음 배우는 보살을 경멸하는 것이다.

둘째는 가르쳐 보이고 깨우쳐 주는 것을 받아들이기를 즐겨하지 않는 것이다.

셋째는 매우 깊고 드넓게 배우는 곳을 공경하거나 존중하지 않는 것이다.

넷째는 세간의 재물을 나누어 줌으로써 온갖 중생들을 보듬는 것은 즐기면서 출세간의 깨끗한 법을 나누어 주는 것은 즐기지 않는 것이다.

이러한 네 가지 이유 때문에 깊고 깊은 법문을 믿고 이해하는 보살이 스스로 상처를 입어서 무생법인을 재빨리 깨달을 수 없게 되는 것이다."

慈氏當知. 略由四緣, 信解甚深法門菩薩, 爲自毀傷, 不能速證無
生法忍. 何等爲四? 一者輕蔑發趣大乘未久修行初學菩薩. 二者不樂
攝受誨示敎授敎誡. 三者甚深廣大學處不深敬重. 四者樂以世間財施
攝諸有情, 不樂出世淸淨法施. 由是四緣, 信解甚深法門菩薩, 爲自
毀傷, 不能速證無生法忍."

5. 미륵보살의 약속

미륵보살은 부처님의 말씀을 듣고 나서 뛸 듯이 기뻐하면서 부처님
께 아뢰었다.

"세존의 말씀은 정말 보기 드문 것입니다. 여래의 말씀은 정말로 미
묘합니다. 부처님께서 보여 주신 것과 같은 보살의 허물을 저는 마땅히
모두 끝내 멀리 벗어나겠습니다. 여래께서 무한한 세월 동안 지니시고
전하신 대법(大法)인 위없는 바르고 평등한 깨달음을 저는 마땅히 잘 지
녀서 숨겨지거나 사라지지 않도록 하겠습니다. 만약 미래에 온갖 착한
남자들이나 혹은 착한 여자들이 대승을 배우고 싶어 하는 참된 법의 그
릇이라면, 저는 마땅히 그들의 손이 이와 같이 깊고 깊은 경전을 얻도
록 하고, 이 경전을 받아 지니고 읽고 외워서 마침내 통달하고[873] 또 베
껴 쓰고 공양하며 잘못됨 없이 수행하고 널리 남에게 말하도록 염력(念
力)[874]으로써[875] 만들겠습니다. 세존이시여, 후세에 이 경전을 만약 듣

---

873) 통리(通利): 통달(通達)하다. 사정에 밝게 통하여 거침이 없는 것.

고서 믿고 이해하고 받아 지니고 읽고 외워 통달하고 잘못됨 없이 수행하여 널리 남에게 말해 준다면, 이것은 모두 저의 위신력이 지키고[876] 보호한[877] 것임을 아셔야 합니다."

세존께서 말씀하셨다.

"착하다, 착하다. 그대는 지극히 착하니 여래가 잘 말씀하신 것을 좋아하고, 이러한 바른 법을 받아서[878] 보호하고 지닐 수 있구나."

慈氏菩薩聞佛語已, 歡喜踊躍而白佛言:"世尊所說, 甚爲希有. 如來所言, 甚爲微妙. 如佛所示菩薩過失, 我當悉皆究竟遠離. 如來所有無量無數百千俱胝那庾多劫所集無上正等菩提所流大法, 我當護持令不隱滅. 若未來世, 諸善男子或善女人, 求學大乘是眞法器, 我當令其手得如是甚深經典, 與其念力, 令於此經受持讀誦究竟通利書寫供養無倒修行廣爲他說. 世尊, 後世於是經典, 若有聽聞信解受持讀誦通利無倒修行廣爲他說, 當知皆是我威神力住持加護."世尊告曰: "善哉善哉. 汝爲極善乃能隨喜如來善說, 攝受護持如是正法."

---

874) 염력(念力) : 기억의 힘. 꾸준히 생각에 몰두하는 힘. 오력(五力)의 하나.

875) 여(與) : ①=이(以). ②=사(使), 교(敎). ③=피(被).

876) 주지(住持) : 보호하다. 머물러 떠나지 않다. 지키다.

877) 가호(加護) : 부처님의 자비의 힘으로써 중생을 보호하여 주는 일.

878) 섭수(攝受) : 얻다. 받다.

6. 보살들과 사천왕의 약속

그때 모임 가운데 있던 이 세계와 다른 세계에서 온 여러 보살들이 모두 합장을 하고서 함께 말했다.

"세존이시여, 우리도 여래께서 반열반한 뒤에 각자 다른 여러 가지 세계에서 모두 이리로 와서, 여래께서 위없는 바르고 평등한 깨달음을 얻어 유포시킨 대법을 보호하여 숨거나 사라지지 않도록 하여 널리 유포되도록 하겠습니다. 만약 착한 남자나 착한 여자가 이 경전을 듣고서 믿고 이해하고 받아 지니고 읽고 외워서 마침내 통달하여 잘못됨이 없이 수행하고 널리 남에게 말할 수 있다면, 저희는 마땅히 보호하고 염력을 가지고 장애와 어려움이 없도록 할 것입니다."

그때 이 모임 속에 있던 사대천왕(四大天王)들도 모두 합장하고 함께 부처님께 말씀드렸다.

"세존이시여, 만약 마을이나 성(城)이나 촌락이나 나라의 수도에서 이와 같은 법문이 유포되고 행해지는 곳이 있다면, 저희들은 모두 마땅히 저희의 권속들과 온갖 군사들을 거느린 힘센 장군들과 함께 법(法)을 위하여 그곳으로 가서 이와 같이 말씀하신 법문을 보호하겠습니다. 또 이 법문을 받아 지니고 읽고 외우라고 널리 말할 수 있는 자가 있다면, 아무리 먼 곳에서도 모두 편안하고 어떤 장애도 없어서 이해득실을 따지는[879] 일 없이 법문을 펼 수 있도록[880] 해 주겠습니다."

---

879) 사구(伺求) : 이해득실을 살피다. 이해득실을 따지다.
880) 득편(得便) : 기회를 얻다. 형편이 되다.

爾時會中所有，此界及與他方，諸來菩薩，一切合掌，俱發聲言：
"世尊，我等亦於如來般涅槃後，各從他方諸別世界皆來至此，護持
如來所得無上正等菩提所流大法，令不隱滅廣宣流布．若善男子或善
女人，能於是經聽聞信解受持讀誦究竟通利無倒修行廣爲他說，我當
護持與其念力令無障難．"

時此衆中，四大天王，亦皆合掌同聲白佛："世尊，若有村城聚落國
邑王都，如是法門所流行處，我等皆當與其眷屬并大力將率諸軍衆，
爲聞法故往詣其所，護持如是所說法門．及能宣說，受持讀誦此法門
者，於四方面，百踰繕那，皆令安隱，無諸障難，無有伺求，得其便
者．"

7. 이 경전의 이름

그때 세존께서 다시 아난다에게 말씀하셨다.

"그대는 마땅히 이러한 법문을 받아 지니고 널리 남에게 말하여 유
포되도록 하라."

아난다가 말씀드렸다.

"저는 이미 이러한 법문을 받아 지녔습니다. 세존이시여, 이와 같이
말씀하신 법문은 어떤 이름으로 불러야 하고, 저는 어떻게 지녀야 하겠
습니까?"

세존께서 말씀하셨다.

"유마힐에게 말한 헤아릴 수 없고 신통변화가 자유로운 해탈법문(설

무구칭불가사의자재신변해탈법문(說無垢稱不可思議自在神變解脫法門))이라고 부르고, 그와 같이 지녀야 한다."

그때 부처님께서 이 경전을 말씀하시고 나자, 유마힐보살과 문수보살과 아난다와 그 밖의 보살들과 성문의 무리들과 여러 천인(天人)들과 아수라 등이 부처님의 말씀을 듣고서는 모두 크게 기뻐하면서 믿고 받아 삼가 행하였다.[881]

유마경(설무구칭경) 제6권 끝.

爾時世尊復告具壽阿難陀曰："汝應受持，如是法門，廣爲他說，令其流布."阿難陀曰："我已受持，如是法門. 世尊，如是所說法門，其名何等？我云何持？"世尊告曰："如是名爲說無垢稱不可思議自在神變解脫法門，應如是持."時薄伽梵說是經已，無垢稱菩薩，妙吉祥菩薩，具壽阿難陀，及餘菩薩，大聲聞衆，幷諸天人阿素洛等，聞佛所說，皆大歡喜，信受奉行.

說無垢稱經卷第六

---

881) 신수봉행(信受奉行)：부처님의 가르침을 믿고 받아들여, 그 가르침을 받들어 행한다는 뜻. 경전의 끝에는 대부분 이 구절이 있다.

유마경

초판 1쇄 발행일 2014년 6월 26일
초판 2쇄 발행일 2017년 9월 12일

지은이 김태완

펴낸이 김윤
펴낸곳 침묵의 향기
출판등록 2000년 8월 30일, 제1−2836호
주소 10380 경기도 고양시 일산서구 중앙로 1542,
　　　635호(대화동, 신동아노블타워)
전화 031) 905−9425
팩스 031) 629−5429
전자우편 chimmukbooks@naver.com
블로그 http://blog.naver.com/chimmukbooks

ISBN 978−89−89590−45−3 03220

＊ 책값은 뒤표지에 있습니다.